심리학자가 한 신부(神父)의 **마음속 고통**을 풀어가는 상담소설

멍에를 벗어나기 위한 여정

장 성 숙 지음

유나미디어

멍에를 벗어나기 위한 여정

지 은 이   장성숙
초판발행   2021년 06월 18일
재판발행   2021년 10월 29일

펴 낸 이   최두삼
펴 낸 곳   도서출판 유나미디어
주   소   (04550) 서울특별시 중구 을지로 14길 8
            (을지로3가 315-4) 을지빌딩 본관 602호
전   화   (02)2276-0592
F A X   (02)2276-0598
E-mail   younamedia@hanmail.net
출판등록   1999년 4월 6일 제2-27902

I S B N   978-89-90146-23-6 /03180

값 16,000원

차 례

제1편 상담 항해의 시작

제2편 좌절과 혼돈

제3편 평화의 항구에 안착

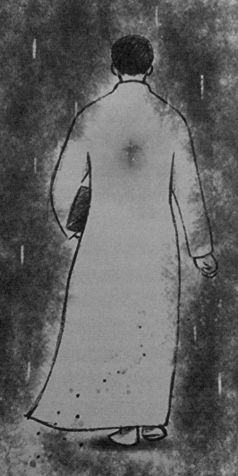

제1편

상담 항해의 시작

1. TV 브라운관을 깨부수다

TV 브라운관 깨지는 굉음이 요란하게 울렸다. 거실에 있던 몇몇 신부들은 깜짝 놀라 소리쳤다. 팔로 얼굴을 가리며 "무슨 짓이야?"라고 소리를 지르기도 하고, "요한 신부, 왜 그래?"라고 소리치기도 하였다.

누구보다 놀란 사람은 그런 행위를 한 요한이었는지 그는 굉음을 내며 사방으로 튀는 파편을 보며 뻥하니 서 있었다. 불끈하는 마음에 그런 짓을 했던 요한의 머리는 순간 하얬다. 곧이어 몸을 휙 돌리며 요한은 현관문으로 내달렸다.

내달리는 그의 뒤에서 관구장 신부가 "요한! 요한!"하고 소리쳤다. 그러면서 누구라도 한 사람 따라오라고 손짓하며 요한의 뒤를 쫓았다. 그와 동시에 무슨 일인가 하여 몇몇 신부들이 우당탕거리며 거실로 모여들었다.

숨 가쁘게 뛰쳐나온 요한은 수도회의 대문을 열어젖힌 다음, 차고 벽에 걸려있던 키를 가지고 차에 올라 황급히 시동을 걸었다. 그러고는 대문을 빠져나와 마을 도로를 통과해 대로에 들어섰다. 늦은 시각이라 도로는 그리 붐비지 않아 액셀을 밟을 수 있었다.

핸들을 잡은 두 팔에 잔뜩 힘을 주고 달리다 보니 한강 다리를 건너고 있었다. 그제야 '어디를 가는 거지?' 하는 의문을 던지면서 액셀 밟은 발에서 힘을 뺐다. 어딘가로 내달리고는 있는데 정작 목적지가 없는 것이었다. 그것을 인지하는 순간 막막함과 함께 맥이 풀렸다.

요한은 깜빡이등을 켜며 다리 난간에 차를 바짝 붙여 세웠다. 마침

다리 한가운데는 비상 주차가 가능하도록 살짝 난간이 휘어 있었다. 잠시 운전석에 앉아 있다가 이윽고 문을 열고 내리자 차가운 바람이 훅 몸속으로 파고들었다. 3월이지만 밤기운은 여전히 차가웠다.

냉기에 몸이 부르르 떨리는 순간 비릿한 것이 목구멍을 타고 올라왔다. 쌩쌩 질주하는 차들은 회오리바람을 남겼고 요한의 머리카락은 미친 듯이 날렸다. 요한은 난간에 몸을 기대고 다리 밑을 내려다봤다. 시커먼 강물은 괴물이 우는 것처럼 꿀렁꿀렁 깊은 소리를 내며 자신을 향해 속삭이듯 했다. 어서 와 함께하자는 말로 들렸다. 그 순간 요한은 자신도 모르게 소름이 돋는 것을 느꼈다.

'그래, 저 괴물의 아가리로 들어가면 모든 게 끝을 맺지!' 하는 동시에 몸서리가 쳐지며 자신도 모르게 가슴을 뒤로 젖혔다. '아, 어쩌다 이 지경에….' 하고 절로 신음하였다.

깐족거리듯 말하는 사무국장을 후려치고 싶다는 충동이 느껴지는 동시에 열이 확 솟으며 옆에 놓여있던 머그잔을 집어 TV 브라운관을 향해 냅다 던지고 말았다. 그야말로 순식간이었는데 그와 함께 브라운관 파편들이 사방으로 튀었다.

'내가 대체 무슨 짓을 한 것이지?' 하는 의문이 들면서 아득함이 엄습했다. 저 아래에는 어서 빨리 들어오라고 손짓하는 시커먼 강물에 몇몇 장면들이 포개졌다. 다시금 몸이 부르르 떨렸다.

뚝뚝 물이 떨어지는 행주를 들고 서 있는 꼬맹이, 어미 잃은 송아지처럼 눈만 말똥거리던 소신학교 시절, 사제품을 받던 날 오체투지를 하며 울먹이던 모습, 캄보디아에서 노상강도가 목에 칼을 들이대던 순간, 카지노에 처박혀 밤을 지새우던 초췌한 몰골, 참담한 심정으로

송환당하듯 귀국하던 날 햇살의 눈 부심…. 마침내는 브라운관을 깨부수는 불한당이 되어버린 자신이 기막혔다. 이렇게 되고자 그동안 그렇게 애면글면 살았는가 하는 회의에 울컥 목이 메어 몸을 구부리는 순간 누가 뒤에서 확 목덜미를 낚아챘다.

"요한 신부, 뭐하는 짓이야!"

관구장 신부였다. 바짝 뒤를 쫓은 덕분에 요한을 놓치지 않았고, 요한이 울컥하며 고개를 떨어트리는 순간 뛰어내리는 줄 알고 황급히 그를 잡아당겼다.

"…."

뒤로 목덜미를 잡힌 채 요한은 꼼짝도 안 했다.

"돌아가야지!"

"… 죄송합니다."

"이야기는 내일 하도록 하고 일단 돌아가자고."

관구장 신부는 함께 나온 다른 신부에게 본인이 몰던 차를 맡기고, 요한이 가지고 나온 차는 자신이 몰고 요한은 조수석에 앉혔다. 수도회로 돌아가는 내내 두 사람은 굳게 입을 다물었다. 막막한 심정으로 의자 깊숙이 몸을 묻은 요한은 어쩌다 이 지경에 이르렀는지 본인 자신도 어리둥절하였다.

요한은 그날 오후 동기인 나 신부와 만나기로 한 장소에 나갔다. 이미 와있던 나 신부가 요한을 보자 평소 보이던 뿌루퉁한 모습과는 달리 애써 웃음을 지었다. 함께 술을 마시다 보니 늦어지고 말았다. 예외가 없는 것은 아니지만 10시 이전에는 들어가는 게 수도회의 규율인데 벌써 10시가 다 되어갔다. 자리에서 일어나며 나 신부에게 함께 본원으로 들어가자고 하였지만, 나 신부는 고개를 흔들며 그냥 용인으로 내려가겠다고 하였다.

막차를 놓치지 않도록 부지런히 나 신부를 전철역까지 데려다주면서 요한은 어금니를 꽉 물었다. 나 신부의 어정쩡한 모습은 결코 남의 모습이 아니었다.

나 신부는 몇 달 전까지만 해도 해외 선교지에서 활동했었다. 20년 가까이 미얀마의 열악한 지역에서 선교활동을 해왔던 그는 공동체 일원들과 화합하지 못했다. 그의 팩하는 성미 때문이었는지 동료들이 함께 살 수 없다며 자꾸 이전 신청을 했다. 더구나 미얀마는 워낙 불교가 강세를 보이는 지역이라 가톨릭 선교활동에서 만족하기 어려웠다. 오랫동안 고생하던 나 신부는 자기에게도 본국에서 일할 기회를 달라고 몇 차례 청했지만, 번번이 그러한 요청은 무시되었다.

화가 났던 나 신부는 귀국해서 인사가 편파적이라고 거칠게 항의하였다. 이러한 과정에서 인사담당자도 아닌 사무국장 신부와 부딪쳤고, 그에게 똑바로 일하라고 버럭했다. 난데없이 비난을 들은 사무국장이 자기가 그렇게 만만하냐고 대드는 과정에서 선배면 선배답게 굴라고 맞짱을 떴다. 그러자 나 신부는 자기가 선배답지 못하게 군게 뭐냐며 흥분했고, 그 과정에서 사무국장은 다른 신부들이 다들 싫어하는지 모르느냐며 나 신부의 아킬레스건을 건드렸다. 이러한 말에 흥분한 나 신부는 거친 욕설을 내뱉고 말았다.

사제들 간에 벌어진 볼썽사나운 싸움을 수습하는 과정에서 나 신부가 불만스러워했던 본래 내용은 묻혀버리고, 사무국장에게 거친 욕설을 퍼부었다는 사실만이 크게 드러났다. 소집된 수도회의 참사 위원들은 표면적인 사안에 주목하며 운영진의 후배들이 마음 놓고 일할 수 있도록 선배들이 함부로 욕설하는 것은 근절해야 한다고 입을 모았다. 그리하여 사제들의 행동 지침을 강화하였고, 나 신부에게 본보기 차원에서 징계를 내렸다.

위악자인 양 삐딱한 표현방식에 길들어 있던 나 신부는 참사위원회의 결정을 수용하기는커녕 도리어 발끈했다. 끼리끼리 잘해 처먹으라며 안식년을 신청하고는 나가버렸다.

큰소리를 치고 나왔지만 50대 중반에 이른 사제, 더구나 오랫동안 외국에서 지내느라고 한국 물정에 어두웠던 나 신부는 막막하기 그지없었다. 더구나 그의 아버지는 오랜 병고로 그나마 있던 돈을 다 소비한 후 작고했고, 연로한 어머니는 동생네 집에 가 얹혀살듯 지내고 있었다.

변변찮은 벌이로 근근이 지내던 남동생은 어머니를 모시게 되자, 방이 세 개인 집에서 아들과 딸이 각각 방을 쓰는 바람에 어머니를 거실에서 지내도록 할 수밖에 없었다. 이렇게 되자 식구들이 겪는 불편함은 한둘이 아니었고, 그의 어머니는 짐 덩어리 같은 존재로 전락할 수밖에 없었다.

장남이면서도 사제가 되는 바람에 집안에 아무런 이바지를 하지 못했던 나 신부는 가족에게 늘 죄인이 된 심정으로 지냈다. 더구나 그의 집안 식구들은 가톨릭 신자가 아니었기 때문에 그가 사제가 된 것을 이기적이라고 욕하였다. 그래서 나 신부는 항상 마음 한편에 돌덩이를 안고 사는 듯했다.

수도회를 박차고 나온 나 신부는 교구 소속인 신학교 동창 신부에게 연락을 취했다. 그러자 동창 신부는 자기가 있는 본당에 와 잠시 지내라고 하였다. 마침 그 동창은 보좌 신부 없이 지내고 있는데 교구청의 어떤 위원장을 맡게 되어 제법 바빴다. 그래서 자기를 대신해 간간이 미사를 드릴 수 있는 누군가를 필요로 하던 차였다.

사실, 요한은 나 신부와 서품 동기이긴 하였어도 그와는 그리 배짱이 맞지 않았다. 평소 가깝게 지내진 않았어도 동기인 까닭에 무슨 일이 있을 때는 의기투합하는 정도였다. 특히 이번 사건에 대해서는 요한도 인사가 치우치게 돌아간다고 여기고 있었다. 그리하여 언젠가 한 번 관구장 신부에게 말한 적이 있는데, "요한, 자네도 그런 소리를 하는가?" 하고 관구장 신부가 난색을 하는 바람에 그 후부터는 일절 말하지 않고 지내는 중이었다.

그러던 중 나 신부가 이렇게 되자 요한은 썩 편치 않았다. 나 신부의 입이 너무 거칠어 수도회 측에서도 조처할 수밖에 없었을 거라고 이해하면서도, 꼭 그렇게 징계까지 해야 했었는가 하는 의문이 들었다. 더구나 관구장 신부가 좀 더 본질적인 것을 고민하기보다 의결기구인 참사위원회에서 결정한 이상 어쩔 수 없다며, 나 신부에게 1년 휴직이라는 중징계를 내린 사실에 이만저만 실망스러운 게 아니었다.

나 신부를 만나러 나갈 때만 해도 위로를 해줄 요량이었지만, 막상 만나 보니 나 신부의 마음은 더 얼어붙어 있었다. 그리하여 제대로 위로도 못 해주고 마음만 더 무거운 채 돌아왔다. 나 신부와 헤어져 터덜터덜 수도원으로 돌아오면서 요한은 '이렇게 살려고 사제가 되었나?' 하는 회의에 사로잡혔다. 대단한 위상을 갖추고 살리라고는 생각지 않았지만 그래도 이렇게 초라한 모습이 될 줄은 몰랐다.

수도회에 도착하여 대문의 쇠창살을 통해 안을 바라다보니, 거실의 창가에서 불빛이 환하게 새어 나왔다. 늦은 시간인데도 아직 사제들이 그곳에 있다는 표시였다. 곧바로 침소로 올라갈까 하다가 대문 여는 소리가 크게 울렸던 것 같아 요한은 방향을 틀어 간단하게나마 늦었다는 인사를 하려고 거실에 들렀다.

거실에는 다섯 명 정도 사제들이 각자 편안한 자세로 앉아 있었다. 은퇴하신 아일랜드 노신부 두 분은 늘 그 자리를 지키며 각종 드라마를 보는 편이었는데, 그날따라 관구장 신부와 사무국장 신부 그리고 다른 한 명의 신부가 있었다.

"오늘 좀 늦었습니다."

이렇게 요한이 인사를 건네자, 사무국장 신부가 응수하였다.

"귀한 분을 만나고 오셨나 보지요?"

그냥 던지는 인사말인지는 몰라도 요한에게는 그 말이 빈정거리는 것처럼 고깝게 들렸다. 그래서 머뭇거리는데 옆에 있던 관구장 신부가 거들듯이 말했다.

"그러게, 오늘은 좀 늦었구먼."

"예, 나 신부를 만나 이야기를 나누다 보니 좀 늦어졌습니다."

이렇게 나 신부를 만났다는 말이 나오자, 그와 언쟁을 벌였던 사무국장이 요한을 향해 힐긋 눈을 치켜떴다. 그러는 사이 관구장 신부가 요한에게 물었다.

"그래? 그 친구는 요즈음 어디에 있다고 하던가?"

이런 질문을 받는 요한은 훅 열기가 솟는 것을 느꼈다. '수도회 일원이 정처 없이 떠돌고 있는데, 관구장이라는 사람은 그가 어디 있는지 정녕 모른단 말인가?' 하는 의문이 들어 퉁명스럽게 쏘듯 말했다.

"나 신부가 정말 어디 있는지 몰라서 물으시는 겁니까?"

요한이 이렇게 반문하자, 옆에 있던 사무국장이 총알처럼 튀어나오는 게 아닌가.

"자기 멋대로 사라진 분을 관구장 신부님께서 어떻게 아시겠어요?"

이러한 말을 듣는 순간 요한은 불끈하는 마음으로 옆에 있는 탁자 위의 머그잔을 움켜쥐어 TV 브라운관을 향해 던졌다. 차마 사람을 향해 달려들진 못하고 그딴 식으로 애꿎은 브라운관이나 박살 내자, 삽시간에 거실은 폭탄을 맞은 것처럼 아수라장으로 변하고 말았다.

"요한, 요한 신부!"

눈을 감고 그날 밤의 광경을 하나하나 떠올리고 있는 요한을 보고 관구장 신부는 그가 잠든 줄 알았는지 큰 소리로 불렀다. 그 소리에 눈을 떠보니 어느새 수도회 내 주차장에 와 있었다. 자정을 넘긴 시각이라 그런지 방마다 불은 다 꺼져있었고 사방은 조용하기만 했다. 듬성듬성 켜져 있는 몇몇 외등만이 빛을 힘없이 머금고 있었다.

관구장 신부는 차를 주차해 놓고 요한을 방까지 데려다주었다. 요한이 방안으로 들어서는 것을 보고 관구장 신부가 말했다.

"오늘 밤엔 푹 자도록 하게."

"죄송합니다."

"죄송하다는 말은 인제 그만하고!"

그만하라는 관구장 신부의 다정하면서도 단호한 말에 요한은 입을 꾹 다물었다. 어느 때부터인가 그에게 죄송하다는 말 외에 달리 말할 게 없었다.

2. 상담이라는 항해를 시작하다

관구장 신부는 상담자인 주선희에게 전화를 걸었다. 안부 인사와 함께 번번이 자기네 수도회의 사제들을 상담해주어 고맙다고 말했다.

"며칠 전 자살을 하려던 신부가 있었습니다. 상담을 부탁드리고자 해서 전화를 또 하게 되었네요."

사제가 자살을? 대체 무슨 곤란한 일이 있어 자살이라는 극단적인 행위를 저지르려 했는가 하여 선희가 거의 반사적으로 물었다.

"무슨 일 때문이지요?"

"… 괜찮던 사제였는데 얼마 전부터 무너지는 조짐을 보였습니다."

이렇게 선희의 질문에 혹시 관구장 신부 자신의 말이 선입관을 갖게 할까 봐 조심하는 식으로 우회적으로 말하였다. 그러다 너무 피했나 하는 생각이 들었는지 다시금 덧붙였다.

"얼마 전부터 상담을 권유했어도 말을 듣지 않았는데, 며칠 전 TV 브라운관을 깨는 사고를 쳤습니다."

관구장인 베드로 신부는 선희와 통화를 끝내고 생각에 잠겼다. 요한과는 친형제처럼 가까운 사이였다. 그런데 언제부터인가 꼬이기 시작하더니 이제는 어디서부터 손을 대야 할지 모를 정도로 그가 흔들리고 있어 답답하기 짝이 없었다. 요한은 나 신부처럼 밉상으로 굴지 않고 인정스러워 그를 따르는 후배들이 많았다. 그렇다고 뒤늦게 이렇게 허물어질 줄이야….

그날 밤 사건 후, 수도회 내에 거주하는 20명 가까이 되는 사제들 간에는 말이 많았다. 요한이 요즈음 왜 그러냐며 걱정을 하기도 하고, 엉뚱한 면이 있어 언젠가 터질 줄 알았다고 말하기도 하고, 단지 한 개인의 문제가 아니라 수도회의 문제라고 말하기도 하였다.

　요한이 엉뚱하다고 하는 것은 느닷없이 대청소한다며 집안을 발칵 뒤집어놓는다든가, 해외로 파견되는 이를 위한 송별 파티를 벌인다며 흥청망청 돈을 쓴다든가, 술을 마시면 곤죽이 되도록 들이켠다든가 하는 것들이었다. 이러했던 그가 사제들이 보고 있는 TV 브라운관을 박살내고 말았으니, 더구나 그곳에는 퇴임한 원로 외국인 사제들도 있었다. 다행히 튀는 파편에 다친 사람이 없었으나 하마터면 큰일 날 뻔했다.

　얼마 전 나 신부의 거친 언행에 대해 징계처분을 내렸는데, 요한의 그러한 파괴적 행위는 나 신부의 것에 비해 훨씬 컸다. 형평성 때문에라도 요한을 그냥 내버려 둘 수는 없었다. 원칙대로 하자면 중징계를 내려야 마땅하지만, 관구장인 자기가 요한은 심리치료를 받아야 하는 불안정 상태에 있다고 강력하게 주장했다.

　신학생 때부터 각별했던 요한, 교구 소속이었던 그를 이쪽 이냐시오 수도회로 입회시켰던 사람도 자기 자신이었다. 그런 연유로 요한은 자기를 베드로 신부라고 하기보다 다른 사람들이 없을 때는 베드로 형이라고 부르기도 하는 사람이었다.

　약속 시간보다 일찍 상담소에 도착한 요한은 깡마른 체구에 중간 정도의 키를 한 인물로 꼿꼿하게 허리를 세우고 대기실에 앉아 있었다. 앞 챙이 달린 모자를 꾹 눌러쓰고 있었는데 챙 밑의 얼굴은 무표정한 채 굳어있었다.

　잠시 후 한쪽 상담실 문이 열리면서 여자가 나오는데, 눈시울이 붉게 물든 것으로 보아 상담을 받으러 온 내담자인 듯했다. 그런데 그 뒤를 따라 나오는 사람이 남자가 아니라 여자였다.

그 순간 요한은 당황하며 '아, 상담자가 여자인가?' 하고 모자챙 밑에 가려진 눈을 치켜떴다. 으레 남자 상담자려니 여겼던 요한은 놀라며 '베드로 신부는 왜 나에게 상담자가 여자라고 말해주지 않았지?' 하고 의아해했다. 곧이어 '그래, 굳이 그런 말을 꼭 해주어야 하는 것은 아니지.' 하고는 지그시 입술을 깨물었다.

이렇게 당혹해하고 있는데 상담자인 듯한 여자가 앞서 나온 여자에게 잘 가라고 인사를 한 다음, 요한을 향해 말을 건넸다.

"문요한 신부님이신가요? 제가 주선희 상담자입니다."

선희가 이렇게 인사를 건네자, 요한은 혼잣말로 "상담자가 여자라…"하고 중얼거렸다. 그런데 그만 이 소리가 컸던 탓에 선희의 귀에 들리고 말았다.

"아, 관구장 신부님께서 상담자가 여자라는 것을 말씀하지 않으셨나요?"

이러한 질문에 도리어 당황하며 요한이 우물거렸다.

"예, 약속을 잡았다며 장소와 시간을 알려주시면서 가 보라고만 말씀하셨습니다."

상담실에 들어와 자리를 잡은 요한은 선희를 빤히 바라보았다. 좀 전에 상담자가 여자라는 사실에 당황해 혼자 중얼거렸던 것도 민망하고, 상담을 받으러 오긴 했지만 무슨 말을 어떻게 해야 할지 막연했다. 무엇보다 남의 모범이 되어야 할 직분의 사제라는 사람이 상담을 받으러 왔다는 게 창피해 뚱하니 입을 꽉 다물었다.

요한에게서 어떤 말이든지 나오기를 기다리던 선희가 그를 응시하다가 물었다.

"어떻게 오시게 되었는지 말씀해주시겠어요?"

이러한 요청을 받은 요한은 무표정한 채 가만히 있었다. 내심 '말을 하라고? 무슨 말을 어떻게 하란 말이야?' 하는 반발심이 들기도 하였다. 그러면서도 입을 다물고 있을 바에야 아예 오질 말든지, 그곳까지 와놓고는 입을 다물고 있다는 게 말이 안 되는 것 같았다. 그리하여 어정쩡해하다가 질문하는 식으로 입을 열었다.

"상담을 받으면 어떤 효과를 보게 됩니까?"

단도직입적으로 퉁명스럽게 묻는 요한, 그는 자기가 무슨 일 때문에 왔는지를 말하는 대신 상담자에게 상담 성과에 대해 말해보라는 식의 요구를 하였다.

비단 요한만이 아니라 비자발적으로 온 사람들이 그렇게 하는 것을 봐왔던 선희는 그러려니 하였다. 오히려 이런 사람에게는 친절한 게 상책임을 알고 있었다.

"어쨌든 자꾸 말을 하면 속이 풀리게 마련이지요. 우리를 괴롭히는 것은 외부상황이라기보다 속에서 들끓는 감정인 화 때문이니까요."

의외로 쉽게 말하는 선희의 설명에 요한은 수긍한다는 듯이 고개를 끄덕였다. '그렇지, 속이 시끄러우니까 가만히 있지를 못하는 것이지!' 하고 동의하면서 선희의 대답에 근거해 다시 물었다.

"어떻게 속을 푼다는 말씀입니까?"

여전히 요한의 질문은 건조했지만, 선희는 아무렇지도 않은 양 대답했다.

"주거니 받거니 나누는 과정을 거치다 보면 속에 자리 잡고있는 응어리가 희석되게 마련입니다."

"아, 예!"

다소 까칠하게 물었는데 친절하게 대꾸하는 상담자를 바라보며 요한은 고개를 끄덕였다. 그러한 요한을 바라보던 선희는 그가 상호작용하는 과정에서 최소한 정화 정도는 이룩할 수 있다는 의미를 얼마나 이해하였는지는 몰라도 상담이라는 항해의 닻은 올렸다고 여겼다.

"일반적으로 상담은 문제에서 출발합니다. 문 신부님께서는 어떤 사유로 오셨는지 말씀해주시겠어요?"

이러한 질문을 받은 요한은 그 많은 문제를 어떻게 말할 수 있을지 막막했다. 잠시 머뭇거리다 그는 며칠 전 사건에 대해 말했다.

"며칠 전 거실에서 TV 브라운관을 깨부순 적이 있습니다."

베드로 신부에게 들어서 그 사실은 알고 있었지만, 선희는 요한 자신이 그것을 언급하는 게 다행이라고 여기며 놀라운 듯이 말했다.

"TV 브라운관을? 어쩌다 그런 일이…. 몹시 화나는 게 있으셨군요."

"무슨 일이 있었다기보다 제게 문제가 있는 거지요. 저 자신도 어쩌지 못하는 꼬라지 피우는 게 제게 있으니까요."

요한은 멋쩍다는 듯이 피식 웃으며 자신에게 문제가 있다고 하면서 자신을 비하하는 꼬라지라는 비속어를 썼다. 이러한 어휘에 선희는 긴장을 날려버리듯 웃으며 물었다.

"하하하 꼬라지라고요? 무엇 때문에 그게 폭발된 거예요?"

"…."

선희가 그 표현에 재미있어하며 촉발 계기를 묻자, 요한은 초면의 사람에게 꼬라지가 있다고 술술 말하는 자신도 낯설었고, 어떤 말을 해도 아무렇지도 않게 다가서는 선희라는 사람에 대해 그리 싫은 감정이 드는 게 아니었다. 잠시 가만히 있다가 요한이 입을 열었다.

"해외 오지에서 고생하던 동기 신부가 인사 문제에 불만을 품고 거칠게 욕설을 했습니다. 그런 일로 징계를 받고 나가서 고생하던 그와 술을 마셨는데 이래저래 속상했더랍니다. 그 친구와 헤어지고 울적한 마음으로 돌아와서는 거실에서 TV를 보고 있던 후배와 시비가 붙어 사고를 냈지요."

"아, 그런 일이 있었던 거군요. 다치신 데는 없고요?"

"다행히 다친 사람은 없는데 굉음과 함께 파편이 요란하게 튀었지요. 그 길로 내달려 한강 다리 위에 섰는데, 발아래 시커먼 강물이 괴물처럼 꿀렁이는 게 무섭더라고요. 그러던 차에 뒤쫓아온 관구장 신부님에게 목덜미를 잡혀 끌려들어 왔지 뭡니까. 하하하."

"극적인 순간들이었군요."

"어찌하다 그만 그렇게 되었고, 그래서 이 자리에 오게 된 것입니다."

상담자가 여자라는 사실에 움찔했던 사람치고는 비교적 술술 요한은 그 사건에 대해 말해주었다. 이러한 요한을 바라보며 선희는 그가 남자라는 의식에 강하게 사로잡혀 있는 사람은 아닌 것 같다는 인상을 받았다.

면담을 마칠 무렵 선희는 상담에 대해 간략히 설명해주었다. 겉에 드러난 문제는 빙산의 일각으로 내재한 갈등의 표현이라며 접근방식은 크게 두 종류로 나뉜다고 하였다.

하나는 장기간에 걸쳐 진행하는 것으로 내재한 분노가 어떤 과정을 통해 형성되었는지, 그리고 이러한 분노가 어떤 계기를 만나 분출되었는지를 본인이 철저히 이해하는 것이라고 하였다. 이런 접근에서는 무의식적인 것을 자각하는 것에 역점을 두며, 특히 어렸을 때 중요 인물에 대해 가졌던 관계 패턴이 상담자에게 나타나는 전이를 적극적으로 활용해 개선하는 것이라고 하였다.

다른 하나는 당면한 문제를 해결하는 데 역점을 두는 것으로 짧으면 5~6회기, 아니면 10~20회기 정도 하는 게 일반적이라고 하였다. 여기서는 심층에 있는 분노에 초점을 맞추기보다 현실에 좀 더 적응하도록 돕는 것을 목표로 한다고 하였다.

이러한 설명을 들은 요한은 말했다.

"제가 워낙 많은 문제를 가지고 있어서 이참에 단단히 거듭나지 않으면 안 된다고 수도회 측에서 기대하는 것 같습니다. 최소한 1년 정도는 상담을 받도록 하라고 합니다."

"그렇다면 일주일에 한 번씩 오시겠어요, 아니면 두 번씩 오시겠어요?"

"한 번씩 오도록 하겠습니다."

이러한 대구를 들은 선희는 그렇다면 50회기 정도인데, 그 정도라면 깊은 내면의 갈등에 초점을 맞추기보다 주로 의식적인 것에 비중을 두면서 과거 경험과 현재 적응 간의 연결성을 살펴보는 게 바람직하겠다고 여겼다. 즉, 현재의 당면한 문제에 초점을 맞추면서 그 문제가 자신의 어떠한 과거 행동양식에서 발달하였는지를 이해하는 정도로 상담 목표를 잡는 게 적절하다고 생각했다.

"그럼 과거의 갈등이 현재에 어떤 식으로 영향을 미치는지를 이해하고, 나아가 그러한 갈등의 영향력을 줄이는 것으로 상담 목표를 잡는 게 어떨까요? 성장 과정에서 결핍이나 상처가 크게 자리 잡고 있으면 '나'라고 하는 주체성 확립을 원만하게 이룩하기 어려웠을 거라고 보거든요. 주체성이 약하면 외부자극에 쉽게 휘청거리는 식의 부적응을 일으키기 일쑤입니다."

"알겠습니다."

이렇게 상담 목표 및 계획에 관한 이야기를 한 다음 선희가 다시 물었다.

"어떤 목표로 나아가든 상담은 문제에서부터 출발합니다. 신부님께서 가장 다루고 싶은 문제가 있다면 어떤 것일까요?"

"글쎄요…."

"좀 전에 신부님께서 많은 문제를 가지고 있다고 말씀하셨는데, 어떤 것을 말씀하시는 거지요?"

"한두 개가 아닙니다. 첫날부터 다 말씀드리기는 어렵고…. 그나저나 관구장 신부가 저를 소개할 때 골치 아픈 친구라고 말씀하시지는 않던가요?"

이 시점에서 관구장 신부가 자기에 대해 뭐라고 말하였는지를 궁금하게 여기는 요한, 이러한 모습에서 선희는 그가 다른 사람의 평가를 꽤 의식하는 인물인가 하는 의문을 품었다. 어쨌든 내담자가 질문을 하였기에 선희는 대꾸하였다.

"골치 아픈 친구라는 말씀을 하지는 않으시고, 괜찮던 사제였는데 근래에 무너진 것 같다며 안타까움을 표현하셨어요."

이러한 대꾸를 들은 요한은 안도하면서 다른 한편 그렇게 물었던 자신에 대해 민망해하였다. 이러한 요한을 바라보며 선희는 그가 윗 사람의 지시로 왔지만, 그와의 라포(관계 형성)는 원만하게 수립할 수 있겠다고 생각했다. 그는 군더더기 없이 말하는 듯하였고, 변화의 필요성을 그 자신도 느끼고 있던 것 같았다.

첫 회기를 마치고 상담소 밖으로 나간 요한은 혼잣말로 중얼거렸다. '상담자가 여자라….' 굳이 여자라고 해서 안 될 것은 없지만 왠지 허를 찔린 기분을 면하기 어려웠다.

다른 한편, 여자에 대해 그리 마음이 내키지 않던 사람이 처음 보는 여자 앞에서 술술 잘도 떠든 데다가 예의 바르게 행동하려 했던 자신의 이중성을 보는 듯해 찜찜한 마음이 들었다. 도대체 어느 게 진짜 모습인지 자신도 헷갈렸다.

3. 심란한 마음 추스르기

전철에 몸을 실은 요한의 마음은 묵직했다. 상담자가 어떤 문제를 상담하고 싶으냐고 물었을 때, 말 머리를 돌리긴 했어도 결국은 다 토해낼 게 뻔하다. 도대체 어느 정도 자신의 문제를 밝혀야 하는지 생각만 해도 머리가 지끈거렸다. 더구나 여자 상담자 앞에서 자신을 발가벗긴다는 게….

자기라는 인간, 복음을 전하는 사제라면서 그 어떤 사람보다 많은 허물을 지니고 있다. 더욱이 자신은 그토록 엉망진창이면서 다른 사람의 모순에 대해서는 길길이 뛰고 있으니 이런 이중성이 어디 있는

가. 과연 위선 덩어리인 자기를 그 여자 상담자가 감당할 수 있을지도 의문이었다. 또박또박 말하는 것으로 봐서는 그리 어수룩할 것 같지는 않지만 그래도 여자가 아닐까 하였다.

4~5개월 전 중국에서 돌아왔던 것은 후배 신부가 본원에 진정서를 냈기 때문이다. 별일 아닌 것에 흥분해 책들을 패대기치거나 술을 들이켜고 고주망태로 지내자, 후배가 이런 사실을 본원에 보고했다.

수도회에서는 요한에게 일주일 내에 귀국하도록 통보하였고, 그로 인해 후닥닥 가방을 싸 비행기에 몸을 실어야 했다. 본원의 여러 사제에게 자신의 초라한 모습을 보이기 전에 자신이 탑승한 그 비행기가 추락하기를 얼마나 빌었던가. 하지만 비행기는 그 흔한 연착도 없이 제시간에 정확하게 도착하였다. 야속함을 안고 터덜터덜 터미널을 걸어 나오면서 지진이라도 일어나기를 또 얼마나 빌었던가. 떠밀리듯 공항 밖으로 나오자, 날씨는 왜 그리도 쨍쨍하게 눈부시던지…. 지구는 정말 자기식대로 흘러갈 따름이지 눈곱만치도 배려라는 것을 모르는 것 같았다.

중국에 더 두었다가는 아무래도 큰일이 날 것 같아 요한을 귀국하도록 해놓고 수도회에서는 고심했다. 안식년을 주어 재충전할 기회를 주든지, 아니면 사제로서의 품행을 문제 삼아 근신토록 할 것인지 논의하였다. 이 과정에서 관구장 신부가 요한은 치료 차원에서 접근해야 한다며 그를 본원에 머물게 하였다.

처음 귀국하였을 때만 해도 요한은 수치감으로 고개를 들기 어려워했지만, 어쩔 수 없기 때문인지 점차 무뎌진 채로 하루하루를 지냈다.

중국이라는 열악한 환경을 이길 수 없어 그렇게 된 것이 아니냐며 오히려 주변에서는 수도회의 파견이 무리였다고 말하기도 하였다.

관구장 신부는 요한에게 본부에 머물면서 심리치료를 받으라고 권했다. 하지만 요한은 좀처럼 그 말을 따르려 하지 않았다. 조만간 회갑을 맞는 나이에 무슨 상담이냐고 걷어찼다.

요한이 심리치료에 응하지 않자, 관구장 신부도 억지로 밀어붙이진 못했다. 심리치료나 상담은 다른 질병과 달리 본인의 의지가 있어야 성과를 낸다고 믿었던 때문이다. 그래서 요한에게 회계 소임을 맡겨 본원에 머물게 하면서 기회를 엿보던 중, 그가 TV 브라운관을 깨부수는 난동을 벌이자, 관구장 신부는 그 참에 상담을 받도록 밀어붙였다.

90명 정도의 회원들을 둔 수도회는 주된 영성이 선교이기 때문에 많은 이들이 해외로 파견 나가 있고, 20명 정도만 본원에 머물고 있었다. 이곳에서 내부 살림에 관한 입출금을 담당하는 당가 신부라는 직위는 한직으로 그런 소임을 맡도록 한 것은 본원에 머물게 하는 명분을 주고자 함이었다. 사실, 2년 전 어머니가 돌아가신 이후 시골에 있는 고향 집도 매각되었기 때문에 요한은 수도회 외에 딱히 머무를 곳이 없었다. 그렇다고 혈기 왕성했을 때처럼 봉사한다며 떠돌아다닐 수 있는 나이도 아니었다.

남자들만 거주하는 본원의 생활은 단조로웠다. 아침에 거행하는 미사에 참석한 다음 다 같이 아침 식사를 하고는 사제들 대개가 자신의 일정에 따라 뿔뿔이 흩어졌다. 그랬다가 저녁에 다시 모여 저녁 식사를 마친 다음 각자 자기 방으로 가는 식이었다.

요한은 일주일에 두 차례씩 어깨치료를 위해 외출하는 것 외에 별로 하는 일 없이 지내고 있었다. 간간이 본원에 남아있는 퇴임한 서양 신부와 별 의미 없는 이야기나 나누며 지내는 정도였다. 그곳에는 정년을 맞이한 후 본국에 돌아가지 않고 남아있는 몇몇 서양 신부 중 두 사람이 거주하고 있었다.

어느 순간 고개를 들어보니 낯선 역 이름이 눈에 들어왔다. 생각에 빠져있느라 갈아타야 할 전철역을 많이 지나치고 말았다. 얼른 내려서는 반대 방향으로 가는 전철로 갈아탔다. 하지만 또다시 갈아타는 곳을 지나쳐 이번에는 상담소로 향하고 있었다.

두 번이나 같은 실수를 반복하며 헤매다 늦게 수도회에 도착하니, 저녁 식사 시간이 지난 뒤였다. 심란한 마음이라 다른 사제들과 식탁에 앉아 담소하기도 부담스러웠을 것으로 여겨 요한은 차라리 잘됐다고 생각했다. 더구나 입안이 깔깔하던 차라 식사를 거르고 곧바로 침실로 향했다.

방에 들어서는 순간, 눈까풀이 무겁게 내려앉았다. 꾹 눌러쓴 모자를 책상 위에 벗어놓고 까부라지듯 침대에 몸을 던졌다. 끝없는 나락으로 곤두박질치는 느낌이 들었다. 잠시 눈을 감았다가 뜨니 방안이 여간 칙칙한 게 아니었다. 보지 않는 게 상책이라며 다시 눈을 꾹 감았지만, 오히려 칙칙한 게 더욱 덮쳐오는 듯 갑갑했다. 심호흡을 하다 도저히 안 되겠다 싶어 요한은 벌떡 일어나 창문을 있는 대로 열어젖혔다.

냉기가 훅 들어오니까 그나마 숨을 쉴 수 있을 것 같았다. 그와 동시에 '좀 치워야 살지!' 하는 생각이 스쳤고, 그때부터 요한은 신들린 사람처럼 우당탕거리기 시작했다. 어느새 그는 침대고 테이블이고 모든 것을 뒤집어엎으며 그 좁은 방을 헤집어놓기 시작했다. 심지어 커튼까지 떼어내고 천장에 매달린 전구에 앉아 있는 먼지도 털어내고 구석구석 닦아내느라 안간힘을 쓰기 시작했다.

빨아야 할 것들을 한 보따리 끌어안고 세탁실로 내려가니, 너저분하게 널려있는 물품들이 눈에 들어왔다. 도대체 담당 아주머니는 뭐하는 거냐고 투덜거리며 세탁실부터 정리해야겠다고 마음먹었다. 팔을 걷어붙이고 본원 구석구석을 돌아다니며 통을 구해와서는 흩어져 있는 물건들을 담아 한쪽 귀퉁이에 두고, 언제부터 뭉쳐있는지 모를 세탁기 안의 먼지 주머니를 탁탁 털어내었다. 그러자 이번에는 하수구 안쪽에 붙어있는 지저분한 오물이 눈에 띄었다. 요한은 다시 오만 상을 찌푸리며 뚜껑을 열어젖히고는 속에 있는 것들을 파낸다고 쿵쿵 요란한 소리를 내었다.

그렇게 하는 사이 몇 시간이 훌쩍 흘렀는데, 또다시 문의 한쪽이 처져 꼭 닫히질 않는 게 보였다. 그것을 그냥 두는 게 어려웠던 요한은 문짝을 뜯어내고 망치질을 하며 법석을 떨었다. 대낮도 아니고 밤에 그렇게 요란을 떨자, 다른 사제들은 이게 뭔가 하여 소리가 나는 그곳에 와봤다. 그러다가 요한이 혼자 끙끙거리며 씨름하는 것을 보고 "도와드릴까요?"하고 묻는 후배가 있기도 하였다. 하지만 요한이 아무런 대꾸도 않고 화난 사람처럼 하던 일에만 열중하자 슬그머니 돌아섰다. 하지만 다른 이들은 그곳에 왔다가 요한이 그러고 있는 것을 보고 "또 시작이구나!"하고 이맛살을 찌푸리며 발길을 돌렸다. 이미 밤 11시가 다 되어가고 있었기 때문에 그들은 아무도 못 말리는 요한의 고질적인 버릇이 도진 것으로 여겼다.

어느새 나타났는지 관구장 신부가 요한 뒤에서 한마디 던졌다.

"또 시작이야?"

"…."

관구장 신부의 목소리라는 것을 알고 요한은 멈칫하였다. 하지만 고개를 돌려 뒤를 돌아보지도 않고 다시 하던 일을 계속하였다.

"상담을 다녀왔는가?"

"… 상담자가 여자더군요."

"왜 여자인 게 걸리나?"

"아니, 걸린다기보다 그냥 그렇다는 말입니다."

"나름대로 엄선한 상담자이니 잘 받아보도록 하게."

"…."

요한은 관구장 신부의 말에 더는 대꾸하지 않으면서 '아니, 왜 또 툴툴거리는 거지?' 하고 자신을 나무랐다. 상담자 앞에서 불편함을 내비쳤는데, 또다시 베드로 신부 앞에서 그런 푸념을 하는 자신이 못 마땅했다.

다른 사제들은 금기시하는 여성과의 만남을 즐기는 편인데 자기는 여자라고 하면 딱 질색이었다. 여자 하면 변덕스럽고 이기적인 게 먼저 떠오르니 그게 문제였다. 가끔 여자 문제로 곤경에 처한 동료들을 보면, '여자가 뭣이 좋다고 그 난리지?' 하고 의아해하며 삐져나오는 웃음을 참느라 애를 먹었다.

아마 상담자가 여자라는 사실을 미리 알았더라면 남자 상담자를 물색해달라고 했을는지도 모른다. 하지만 이미 시작을 해버렸으니 인제 와서 번복하기도 그렇고 입맛이 떨떠름하긴 하다. 여성에 대해 자신은 왜 그런 태도를 지니게 된 것일까? 그나마 다행인 것은 상담자가 노련해 보였고 인상도 그런대로 괜찮았다. 그리고 뭔가를 물으면 알아듣기 쉽게 설명해주었다.

　요한이 그냥 하던 일을 계속하자, 베드로 신부는 물끄러미 그를 바라보다 돌아섰다. 사제가 된 이후 요한은 언제부터인가 느닷없이 법석을 떨며 대청소를 하였는데, 주위 사람들이 불편하다고 아우성쳐도 그 짓을 멈추지 못하였다. 일종의 병이지 싶었다. 이번에 억지로라도 상담을 시작하였으니 그러한 습성도 고쳐지기를 바랐다.

　관구장인 베드로 신부가 발길을 돌린 뒤에도 요한은 구석구석을 손대었다. 자정이 넘을 무렵 그런대로 정돈되었다는 생각에 허리를 펴는 순간, 번쩍 전기가 등줄기를 타고 흘러내렸다. 그러지 않아도 시원찮던 허리였는데 장시간 꾸부리고 무리를 한 탓에 삐끗하고 말았다.

　가까스로 계단을 한 걸음씩 올라 방으로 올라서니 진땀이 솟았다. 겨우 침대에 몸을 누이자 물먹은 솜처럼 늘어져 꼼짝달싹하기 어려울 지경이었다. 허리 통증만이 아니라 천장이 뱅뱅 돌며 구토가 나올 것처럼 메스꺼웠다. 점심도 먹는 둥 마는 둥 하고 상담소에 갔다가 저녁도 굶고 그렇게 늦은 시각까지 법석을 떨었으니 몸이 반란을 일으킬 만도 하였다.

　요한은 두 눈을 꾹 감은 채 "또 무슨 미친 짓을 한 거지?" 하고 중얼거렸다. 속이 뒤집히면 그런 식으로라도 풀지 않으면 견디기 어려웠다. 주변을 뒤집어엎듯 정리하고 나면 그나마 속이 후련해지는 탓에 아니면 기진맥진해 아무런 생각도 할 수 없는 게 좋아서인지, 간혹 그 버릇이 터져 나왔고 어느덧 몸에 배었다.

　아침에 눈을 떴을 때 요한의 마음은 어제의 그 어수선했던 때와는 달리 차분했다. 하지만 허리의 통증 때문에 옆으로 돌아눕기가 힘들었다. 그래도 미사에 참석하려고 일어나려다 쩍 갈라지는 통증에 '억!' 하고 소리를 내고는 도로 눕고 말았다.

미사를 마치고 식당에 가면 다른 사제들이 전날 밤 우당탕거리며 청소했던 자신의 행위를 화제로 삼을 것이 뻔했다. 그들 앞에서 우물 거리느니 차라리 피하는 게 나을 것도 같았다. 다른 한편, 이미 시작된 상담에 전혀 기대감이 없는 것도 아니었다. 롤러코스터를 타듯 종잡을 수 없던 자신의 생활이 지긋지긋하기도 했던 터라 상담이 그런 것에 종지부를 찍어줄 수 있을지 궁금하기도 했다.

아침 식사 시간을 훌쩍 넘긴 뒤 요한은 살살 일어나 성당으로 향했다. 미사에 빠진 대신 성체조배라도 하려고 성당 문을 여는데, 높다란 창문으로 비끼는 햇살이 실루엣을 이루며 장관을 연출했다.

무릎을 꿇은 채 두 팔에 고개를 묻고 "십자가에 매달려 계신 사랑이신 예수! 사람의 죄에 대해 속죄하고자 십자가에 못 박히신 예수! 끝끝내 사람을 사랑하신 예수!"라고 읊조리는데 울컥 눈물이 솟았다. 그 순간 요한은 "주님이시여! 이 불쌍한 죄인을 긍휼히 여기소서!"하고 절로 탄식하였다.

얼마 만에 그렇게 마음에서 올리는 기도였는지. 순간 온 마음이 말할 수 없이 편안해졌다. 얼마나 긴 시간이 흘렀는지 눈을 떠보니, 조금만 더 있으면 점심시간이었다. 좀 더 그곳에 있다가 점심을 먹으러 주방에 갈지, 아니면 지금 들러 대충 요기하고 병원으로 향할지 망설이다가 굳이 점심때까지 기다리느니 간단히 때울 요량으로 발길을 주방으로 돌렸다.

그 시각에는 일하는 아주머니만 있을 줄 알았는데, 며칠 전 사고를

칠 때 그곳에서 TV를 보던 외국인 기 신부가 그곳에 자리하고 있었다. 문을 열고 문 신부가 들어서자, 기 신부는 반갑다는 듯이 소리쳤다.

"아, 문 신부! 아침 식사 시간에 나오지 않았는데 어디 아픕니까? 어젯밤에 늦게까지 혼자 대청소하였다는 말을 들었습니다."

요한을 보고 또박또박 한국말로 인사를 하며 기 신부님은 윙크까지 해주었다.

"예, 허리를 삐끗하여 누워있었습니다. 혹시 저 때문에 잠을 못 주무셨나요?"

"걱정하지 마세요. 잠을 잘 자진 못했지만 문 신부 때문은 아닙니다."

이렇게 대꾸하며 어린애처럼 환하게 웃는 기 신부를 보고, 요한은 멋쩍게 따라 웃었다. 한국에 선교하러 온 지 40년이란 세월이 흘렀어도 기 신부는 여전히 한국말을 잘하지 못했다. 단어나 어순은 괜찮아도 발음과 억양이 어색했다. 그래도 언제나 싱글거려 도대체 생각이나 고민을 하는 것 같지 않았다. 그리하여 머리가 조금 달리는 사람이 아닌가 하는 의심을 하곤 하지만, 아무도 그를 싫어하진 않았다. 가끔 예상치 않은 곳에서 팩할 때가 있긴 해도 언제 그랬느냐는 듯이 곧바로 낙천적으로 되기 때문이었다.

기 신부는 외동이로 사제품을 받고 곧바로 선교사로 한국에 와 청춘을 바친 분으로 고국에는 아무런 핏줄이 없다고 했다. 한국에서도 누군가와 특별히 교분을 쌓지 않아 다른 퇴임 신부들처럼 초대받아 나가는 일도 거의 없었다. 그런 연유로 터줏대감처럼 온종일 수도회를 지키고 있는 분이다.

"문 신부, 조금만 기다리면 맛있는 음식을 먹을 수 있습니다. 조금만 기다리세요. 나도 기다리는 중입니다."

기 신부는 이렇게 말하며 주방 안쪽에서 부지런히 손을 놀리고 있는 아주머니를 향하여 소리쳤다.

"세실리아 자매님, 오늘 문 신부에게도 맛있는 거 해줄 거지요?"

그러자 그녀가 환하게 웃으며 응답했다.

"그럼요. 지금 미트볼(meat ball)을 만들고 있으니 잠시만 기다리라고 하세요."

아주머니도 흥겨운 듯 이렇게 응수하는데, 이러한 말을 들으며 요한은 씩 웃었다. 별로 대수롭지 않은 그들의 말속에는 아무런 근심이나 걱정이 없고 단지 푸근함만이 물씬 배어 나왔기 때문이다. 그날 수도회에는 다들 외출하고 기 신부만 남아있다고 하였다. 그리하여 기 신부가 주방 아주머니에게 미리 짜놓은 식단대로 점심을 준비하지 말고, 맛있는 고기 완자(meat ball)을 만들자고 졸랐다고 한다. 그 말에 아주머니도 식단을 변경해 그것을 만드는 중이라고 하였다.

딱히 할 일이 있지 않은 기 신부는 심심하면 주방에 내려와 아주머니와 말동무를 하며 지냈다. 이러한 기 신부를 보면서 요한은 과연 잘 산다는 게 어떤 것일까 하는 생각을 다시금 하였다. 재능이 많다고 잘 사는 것도 아니고, 일을 많이 한다고 잘 사는 것 같지도 않았다.

요한은 기 신부 옆에 다소곳이 앉아 물을 따라 마시며 생각했다. '사는 게 별것 아닐 텐데 나는 왜 기 신부님처럼 단순한 마음으로 살지 못하는 것일까? 상담자는 내게 화가 많이 있다고 하였는데, 대체 무슨 화가 그리 많은 것일까?

4. 분노의 뿌리는 어디까지

상담을 받기 위해 대기실에 와 앉아 있던 요한은 앞 상담을 마치고 선희가 나오자, 자신도 모르게 자리에서 벌떡 일어나 인사했다. 선희가 환하게 웃으며 요한에게 상담실로 들어가자고 하자, 요한은 시계를 쳐다보며 아직 몇 분 남았다며 잠시 쉬어야 하는 것 아니냐고 배려의 말을 건넸다.

자리에 앉은 요한이 무엇을 말해야 할지 모르겠다고 하면서 공손한 태도를 보이자, 그가 먼저 말하기를 기다리던 선희가 이윽고 물었다.

"저번에 상담을 마치고는 어떠셨어요?"

"무엇을 물으시는 것인지요?"

"괜찮으셨는지 궁금합니다. 어떤 사람은 첫 회기를 마치고 힘들어하기도 해서요."

선희가 이렇게 양탄자를 깔아주듯 말하자, 요한이 수월하게 말했다.

"머리가 복잡했습니다. 무엇을 말해야 하는지도 혼란스러웠고, 마침내 자신의 문제를 짚어보게 되었다고 생각하기도 했습니다. 저도 방황에 대해 종지부를 찍고 싶던 차였으니까요."

상담의 성패는 첫 만남에서 판가름 난다고 말하는 이들도 있다. 치부를 다루기도 하는 심리상담은 서로를 예민하게 살피기 때문에 불과 몇 초 만에 상대를 가늠한다고 한다. 즉, 화학반응과도 같이 빨리 자기에게 맞는지를 파악한다는 것이다.

그래서 융(Jung)을 주축으로 하는 분석심리학에서는 첫 대면 이후 환자가 어떤 꿈을 꾸었는지를 중요하게 살피기도 한다. 환자가 자신의 인생에 중요 인물로 등장하는 치료자에 대한 인상 및 예견을 꿈에 펼쳐내기 때문이다.

선희는 요한이 여성 상담자를 썩 달가워하지 않으면서도 상담자가 여성이라는 사실에 집요하게 저항하지 않는 것을 다행으로 여겼다. 특히 그가 자신의 문제를 짚어보게 되었다는 말에 안도했다.

"좀 전에 방황에 대해 종지부를 찍고 싶다고 말씀하셨는데, 어떤 방황을 말씀하시는 거지요?"

"문제란 문제는 거의 다 가졌다고 보시면 됩니다."

"너무 포괄적으로 말씀하시면 알아들을 수가 없어요. 구체적으로 어떤 문제로 어려움을 겪으시는 건지 말씀해주시겠어요?"

이렇게 요한이 한 말을 따라 선희가 쓱쓱 다가서자, 요한은 멈칫하였다. 저번에도 그렇게 다가오는 것 같아 베드로 신부에 대한 말로 돌렸는데, 이번에도 그렇게 다가오는 것 같았다.

잠시 침묵하다가 요한이 말했다.

"저번에 제가 상담자가 여자라고 말한 게 결례였다면 사과드립니다."

"결례라고까지는 할 것 없고, 신부님께서는 상담자가 여자이리라고는 전혀 생각지 않으셨나 봐요."

"으레 남자려니 생각했습니다. 하하하, 어떻게 들으실지 모르겠지만 제가 여자를 그리 좋아하지 않거든요."

"하하하, 남자가 여자를 안 좋아하면 여자가 외로워서 어떡한대요?"

"아, 말이 그렇게 돌아가나요? 하하하."

이렇게 선희가 농담을 던지자 둘 사이의 서먹함이 한결 이완되는 것 같았다.

"독신생활을 하기 때문인지 신부님들이 비교적 여자에 대해 환상을 가지시더라고요. 그런데 문 신부님께서는 그렇지 않으신가 봐요."

"글쎄요."

이렇게 지나가는 듯이 말하면서도 선희는 요한이 여자에 대해 그리 호의적이지 않다는 사실에 주목했다. 하지만 그것은 그리 급한 사안이 아니라 차차 다룰 문제로 넘기고, 일단 현안인 브라운관을 깨트린 사건에 집중하고자 했다. 그런데 요한이 질문을 해도 되냐며 이렇게 물었다.

"주거니 받거니 말하는 과정을 통해 속을 풀어낸다고 저번에 말씀하셨는데, 말을 나누면 왜 그렇게 되는 겁니까?"

선희는 요한이 핵심적인 질문을 한다는 인상을 다시금 받았다. 그러한 질문은 전문상담자들이 씨름하는 쟁점이기 때문이다. 선희 자신도 그러한 질문을 수도 없이 던지며 고심했던 차여서 마치 준비하고 있었다는 듯이 대답하였다.

"말 자체가 논리에 기반하기 때문에 말을 하다 보면 뒤엉킨 감정들이 풀리면서 정연해지게 마련입니다. 그럴 뿐만 아니라 서로 주거니 받거니 하는 과정에서 자신의 문제를 객관적으로 바라볼 수 있게 되지요. 상담은 바로 그러한 말의 힘에 근거해 이루어지는 작업이라고 할 수 있습니다."

"… 그렇겠네요. 예전에 읽었던 철학서 '말의 힘' 이란 게 생각나는군요."

요한은 이렇게 대꾸하며 숨을 깊게 내쉬었다. 태초에 말씀이 있었다는 성경 구절을 늘 읽어왔는데, 상담이 다름 아닌 말의 위력에 기대어 펼치는 작업이라 생각하니 친근함이 느껴지는 것도 같았다. 그래서였는지 요한은 자신이 의식하지 못하는 사이 좀 전에 선희가 던졌던 질문에 성의를 보이는 것이었다.

"좀 전에 제가 구체적으로 어떤 문제를 가지고 있느냐고 물으셨던가요?"

"예, 어떻게 하다가 TV 브라운관을 깨트리시게 되었는지 궁금합니다."

선희가 이렇게 방향을 좁혀 구체적으로 묻자, 요한은 고개를 들어 허공을 응시하다가 말했다.

"두어 달 전에 인사 문제에 불만을 품었던 동기 신부가 보직자인 후배 신부에게 거칠게 욕한 게 문제가 되어 참사위원회에 넘겨졌지요. 그 과정에서 본질은 묻히고 거친 태도만을 문제로 삼자, 그 친구는 징계고 뭐고 안식년을 갖겠다며 자리를 박차고 나가버렸어요. 그랬던 그를 만나 술을 한잔하고 돌아오면서 울분에 휩싸여 사고를 쳤던 것입니다."

"아, 그런 일이…. 특히 어떤 점에서 그토록 울화가 치미셨습니까?"

"저 역시 그 친구와 유사한 불만을 품고 있습니다. 저도 해외에서 후배와 맞지 않아 고생했었고, 인사가 편파적으로 돌아가는 점에 편치 않았었지요."

"그렇게 유사한 불만을 품으실 수 있다고 봅니다. 특히 신부님께서는 어떤 면에 그렇게 화가 나셨던 것인지 궁금합니다."

상담자가 이렇게 반응하며 좁혀오자, 요한은 뭔가 조여 오는 듯한 느낌을 받았다. 하지만 그러한 조임이 그리 싫은 것은 아니었고 선명함을 위한 작업 같아 호기심을 갖게 하였다. 자기 내면에 뭐가 있어 그렇게 파괴성을 보였는지 궁금하던 차였다. 그러면서 머릿속에 사무국장 신부의 깐족거리는 모습이 떠오름과 동시에 '그래, 그놈의 면상을 후려치고 싶었지!' 하는 그 순간의 충동이 감지되었다.

"그러지 않아도 울적한 상태로 돌아왔는데 사무국장이 깐족거리니까 후려갈기고 싶었어요."

"그가 어떻게 깐족거렸기에 후려갈기고 싶었던 거지요?"

이러한 질문을 받은 요한은 잠시 생각하다 자신의 밑으로 파견된 후배가 그 사무국장과 동기라는 사실을 연결 짓고는 이맛살을 찌푸렸다. 파견된 두 명의 후배 중 한 사람인 율리아노는 처음부터 자기에게 비딱하게 굴었다. 늦은 나이에 수도회에 들어온 그는 자기보다 10살 정도 아래였고 기수로는 더 아래였다. 그 정도 격차면 선배에게 깍듯한 게 일반적인데, 그는 깍듯하기는커녕 자기에게 선배가 그동안 해놓은 게 뭐냐며 서슴지 않고 비난했다. 그런 비난을 들으며 '뭐 저런 놈이 있어?' 하다가 한번은 가볍게 싫은 소리를 하였다. 그런데 그는 기다렸다는 듯이 "사제면 사제답게 처신을 하셔야지요."라고 소리치는 게 아닌가. 후배에게 그런 말을 듣고 치욕스러웠지만, 그동안 썩 잘 산 것 같지도 않아 아무런 말도 못 했다. 그 후 자기는 달리 어떻게 하지는 못하고 술이나 퍼마시며 지내곤 했었다.

그 두 사람이 오기 전에도 잘 지냈던 것은 아니지만, 그들이 오고 난 이후 자기는 더 형편없이 살았다. 울화가 치밀면 견딜 수 없어 술을 마셨고, 그러다 카지노로 달려가 밤을 지새울 때가 종종 있었다. 그러다 결국 귀국 명령을 받고 말았으니…

요한이 괴로운 장면을 떠올리며 얼굴을 찡그리자, 선희가 다시 물었다.

"사무국장이 어떻게 했었다고요?"

"실은 저를 공격했던 후배가 사무국장하고 동기인데….."

이렇게 대꾸하다 요한은 '사무국장과 율리아노가 동기인 게 뭐가 어때서?' 하는 의문을 스스로 가졌다. 냉정하게 말해 사무국장이 율리아노와 동기인 게 죄도 아니고, 또 그가 까칠하게 말하는 나 신부에게 못 할 말을 한 것도 아니었다. 그런데 왜 자기가 사무국장을 그토록 패고 싶도록 미워했는지 이해되지 않았다.

"불편했던 후배와 사무국장이 동기라고요?"

"예, 저를 본부에 고자질한 후배가 사무국장과 동기인데, 도둑이 제 발 저리듯 저 자신이 괜스레 꿀려 그를 불편하게 여긴 것도 같네요. 저에 대한 험담을 많이 들었을 거라고 제가 지레짐작했던 것 같아요."

"그의 깐족거리는 말투에서 문 신부님이 찔렸던 게 무엇인데요?"

"제가 찔렸던 게 있기도 했지만, 그보다 그 깐족대듯 말하는 게 거슬리더라고요."

"사람마다 자기 스타일을 갖게 마련인데, 그런 말투가 어떤 면에서 그리 거슬리는 거예요?"

"… 아, 그러네요! 그의 말투가 제 넷째 형과 똑같아요."

"넷째 형과 똑같다, 그럼 넷째 형에 대해 가졌던 유감을 사무국장에게 터트렸다는 말씀이신가요?"

"이야기가 그렇게 돌아가나요? … 아니라고는 말 못 하겠네요."

선희는 요한을 물끄러미 바라보았다. 요한이 넷째 형에 대한 유감을 사무국장에게 과도하게 전가했다는 점이 드러났다.

"마음속에 분노가 있으면 어떤 형태로든 삐져나오게 마련입니다. 그러니까 우리는 촉발요인을 아는 것도 필요하고, 그 못지않게 내재한 분노의 정체를 알아야 합니다. 그런 분노가 어떠한 과정에서 생겨났고, 어떠한 형태로 영향을 미치는지 쭉 훑어보는 게 자신을 이해하는 지름길이 됩니다."

대개의 사람은 미해결된 감정을 지녀도 환자 수준이 아니라면 어느 정도 절제하며 지낸다. 특히 현시점에서 원만한 적응을 이루고 있으면 과거의 상처를 그냥 묻고 지내는 편이다. 그러므로 일반인 수준의 사람이 과거의 상처를 떠올리며 그것에 흔들린다면, 그것은 과거의 상처 때문이라기보다 현재 적응을 이루지 못하기 때문이라고 보는 게 합당하다. 그리하여 선희는 요한이 과거에 어떤 경험을 하였느냐에 역점을 두기보다 현재 그가 무엇 때문에 적응하지 못하고 있는지를 살피고자 하였다. 즉, 그가 현시점에서 펼치고 있는 부적응적인 문제들이 어떤 것인지 확보한 다음, 그의 어떤 취약성이 이러한 결과에 봉착하도록 만들었는지 살펴볼 필요가 있었다.

"그래, 본인은 자신에게 어떤 게 문제라고 보세요?"

"제가 툭하면 대청소라며 집안을 벌집 쑤시듯 발칵 뒤집어놓으니까 주위 사람들이 힘들어해요. 또 어느 하나에 꽂히면 밤낮으로 미친 짓거리를 하는 편이에요. 가령 원하는 모자를 사겠다며 열흘이고 보름이고 온 가게를 쑤시고 돌아다닌다든가 하지요. 하하하."

"신부님께서는 주로 자신을 괴롭히는 식으로 까탈을 부리시는군요. 그런 게 다 화에서 파생하는 변형이지요."

이렇게 선희가 그의 별난 행동거지를 화의 표현이라고 말하자, 전혀 생각지 못했던 관점이었는지 요한은 눈을 크게 떴다. 그러면서 뭔가를 골똘히 생각하였다.

선희는 다시 현 상태에 좀 더 비중을 두자는 취지에서 관구장 신부가 언급했던 자살이라는 쪽으로 화제를 돌렸다.

"한강으로 달려 나갔을 때 뛰어내리려 하셨던 거예요?"

"자살? 죽고 싶다는 생각은 하였지만, 워낙 겁쟁이라서 그런 짓은 하지 못해요. 그렇게 브라운관을 박살 내고 저도 놀라 무작정 내달렸던 거지요. 한참을 달려가다 차를 세우고 강물을 내려다봤을 때, 시커먼 강물이 꿀렁꿀렁 소리 내는데 소름이 돋도록 무섭고 울컥했지요."

"그래서요?"

"새가슴이라서 뛰어내리진 못하고…. 아마 그때 베드로 신부에게 잡혀 오지 않았다면 비루먹은 개처럼 제 발로 돌아오고 말았을 거예요. 하하하, 그러고 보니 또 관구장 신부님의 덕을 봤네요."

비루먹은 개라고 표현하며 그는 자조 섞인 웃음을 지었다. 선희는 이러한 요한이 자살을 감행할 만큼 독한 사람은 아니고 여린 사람이지 않을까 하는 인상을 받았다. 그런 사람이 대체 무엇 때문에 이 지경에 이르렀는지 살피고자 하였다.

"관구장 신부님의 덕을 또 봤다고 하시는 것을 보니 전에도 도움을 받으셨던가 봐요."

"그렇습니다. 베드로 신부가 한국인으로는 초대 관구장인데 그분은 워낙 인기가 많았던 사람입니다. 저도 신학생 때부터 그분을 따랐고, 그 인연으로 교구에서 수도회로 이적하기도 했습니다. 최근에는 제가 속을 썩이고 있긴 하지만요."

"관구장 신부님과의 인연으로 이적까지 하셨다면 가까운 관계이셨군요. 그런데 최근 들어 뭐가 그렇게 불편하셨어요?"

이러한 질문을 받은 요한은 말하자면 길다고 하면서 생각나는 대로 말해보겠다고 하였다.

50년 전에 외국인 신부들이 한국에 파견되어 선교활동을 주로 하는 이냐시오 수도회 지부를 설립하였다고 한다. 베드로 신부는 소신학교를 거치지 않고 대신학교로 들어오게끔 사제 양성제도가 바뀌고 나서 바로 입학한 몇몇 사람 중 한 사람인데다 수도회에서도 한국인 첫 세대라고 하였다. 그는 일반대학교를 졸업한 이후 다시 신학교에 들어왔기 때문에 다른 학생들보다 나이도 많았고 품도 넉넉한 사람이라고 하였다.

요한이 군 복무 이후 성소 문제로 방황할 때, 베드로 형을 찾아가 그의 도움으로 현 수도회에 들어왔다고 하였다. 그랬던 만큼 그와는 각별한 관계였다고 한다.

그런데 그가 초대 한국인 관구장이 되고 나서는 사람들이 기대했던 만큼 변화를 주도하지 않아 욕을 먹고 있단다. 그런 상황이 안타까워 그에게 충언한 적이 있는데, 그 말을 들은 관구장은 "너마저…."하고 정색하는 바람에 두 번 다시 그러한 말을 하지 않는다고 하였다. 자기 앞가림도 못하는 주제에 남에게 충언한 게 너무 부끄러웠다는 것이다. 이러한 이야기를 하면서 요한은 베드로 신부에게서 그런 말을 들었을 때의 노여움이 되살아나는지 눈시울을 벌겋게 물들였다.

그렇게 감정의 동요를 보이는 요한을 바라보며 선희는 '너마저….'라는 말이 얼마나 서운했으면 그렇게까지 눈시울을 붉히나 하여 의아했다. 그는 50대의 남자로서 나이가 제법 들은 사람이기 때문이다.

"관구장 신부님의 그런 반응에 몹시 마음이 상하셨군요."

자기가 그렇게 울먹이리라고는 생각지 못했던 요한은 선희의 이런 말에 응수하기보다 당혹스러워하며 얼른 다른 말을 하였다.

"이미 끝날 시간이 다 되지 않았나요?"

이렇게 말하고는 상담 시간이 몇 분 더 남았어도 요한은 황급히 자리에서 일어섰다. 그러고는 도망치듯 서둘러 그 자리를 떠났다.

5. 아들을 사제로 만들고 싶은 어머니

두 번째 상담을 마치고 돌아오면서도 요한의 머릿속은 어수선했다. 전혀 생각지도 않았던 넷째 형에 대한 기억이 불쑥 튀어나오지를 않나, 베드로 신부에 대한 말을 하면서는 울컥 눈물까지 비치지를 않나 도무지 예상하지 않았던 일들이 일어났다. 그러지 않아도 남성성이 약한 것 같아 은근히 위축되어 있었는데 계집아이처럼 질질 짜기까지 하였으니…. 체면을 구긴 것도 속상했고, 특히 여자 앞에서 그런 모습을 내보였다는 사실이 창피했다.

수도회에 돌아와서도 마음이 안정되지를 않고 이리저리 산만하게 떠다녔다. 뜬금없이 가족에게 가서 붙기도 하고, 어린 시절로 돌아가기도 하고, 베드로 신부에게로 가기도 하고….

무엇보다 넷째 형에 대한 반감이 사무국장에게로 옮겨졌다는 사실이 찝찝했다. 사무국장으로서는 얼마나 억울하겠는가. 하지만 그렇다 치더라도 여전히 그에 대해 싫은 감정이 앞서는 것도 야속했다.

지난 몇 년 동안 자신의 생활은 형편없었다. 어머니를 잃었다는 상실감이 자신의 방황을 더 부추겼던 것일까? 하지만 고향에 홀로 계셨던 어머니는 부담이 되는 존재이기도 했다. 자식을 그렇게 많이 두었어도 누구 하나 선뜻 모시지를 않았다는 사실도 창피했다.

휴가를 맞아 고향에 내려가면 폐가처럼 변해가는 집안에 노인이 홀로 계셨다. 부리나케 집 둘레 잡초를 뽑아내고, 찌든 때로 번들거리는 이불 홑청을 뜯어 빨고, 시멘트를 개어 허물어진 곳을 보수하는 등 휴가 날짜가 모자랄 판이었다. 허리가 휘어지도록 일을 하는데, 어머니는 또 얼마나 쫓아다니며 그만하라고 성가시게 잔소리를 하였던가. 고향 집을 떠나지 않으려는 어머니의 고집도 만만치 않았지만, 그렇다고 노인을 그냥 그곳에 두는 형제들도 용서하기 어려웠다.

어머니가 돌아가신 후 이래저래 피붙이들과의 소식을 끊어버렸다. 그렇게 연락을 안 하고 지내 차라리 뱃속 편했는데, 어쩌자고 넷째 형에 대한 반감을 그렇게 표출하고 말았는지….

다음 약속 시간에도 요한은 일찍 상담소에 도착했고, 상담실에 들어가 자리에 앉자 이번에는 그가 먼저 말했다.

"가족이라는 게 참 거추장스러워요. 언제부터인가 형제나 조카들을 상대하고 싶지 않아 아예 연락을 끊어버렸습니다. 그런 걸 보면 제 성격도 그리 좋지는 않아요."

"형제들이 많으세요?"

마침 가족에 대한 말을 하여 선희는 잘됐다는 심정으로 요한의 가족관계를 물어보았다. 그리하여 요한이 말하는데, 경북 봉화에서도 몇십 리 들어간 곳에 고향 집이 있고 형제는 5남 1녀나 된다고 하였다. 첫째, 둘째, 셋째는 아들이고, 넷째가 딸이고, 다섯째가 아들이며, 자기는 여섯째로서 막내라고 하였다. 어머니가 자녀를 이미 다섯 명이나 낳았기 때문에 그만 낳으려고 하다가 임신이 되어 낳는 바람에 자기는 하는 수 없이 낳은 아들이라고 했다. 그리하여 자기는 바로 위의 형과 7살이나 차이가 난다는 것이다.

어머니는 일찍이 천주교 신자로서 수녀가 되고자 했으나, 외조부가 서둘러 시집을 보내 그 뜻을 이루지 못했다고 하였다. 워낙 말수가 적었던 아버지는 농사에나 열중하는 사람이었다고 했다. 다른 형제들은 인물이 훤칠한 데 반해 노산으로 태어난 자기는 그리 튼튼하지도 못하고 인물도 없다고 하였다. 그래서였는지 나이 차이가 많은 형들이 자기에게 다리 밑에서 주워온 아이라고 놀리는 바람에 자기는 자주 울었다고 했다. 어렸을 때는 그 말이 왜 그렇게 싫었는지 모른다며 요한은 웃음을 터트렸다.

그리고 자기에 대해서는 세례명으로 출생신고를 하였기 때문에 어려서부터 동네 아이들이 자기를 특이하게 보기도 했단다. 특히 어머니를 졸졸 따라다니며 일을 도왔던 연유로 가끔 어머니가 "너를 낳지 않았으면 어쩔 뻔했노!"하며 칭찬했었다고 하였다.

요한이 가족에 관한 이야기를 혼자서 너무 길게 말하는 것 같아 선희가 중간에서 끼어들듯 물었다.

"몸도 허약했다면서 왜 그렇게 어머니를 돕느라고 애를 썼어요?"

"그러게 말입니다. 누가 시키지도 않았는데 제가 알아서 열심히 했어요. 학교에 입학하기 전부터 어린 나이에 걸레질하고, 빨래하고,

채소 다듬고, 안 하는 거 없이 다했어요. 초등학교 다닐 때는 심지어 바느질까지 했다니까요. 하하하."

"원 세상에, 그 어린 머슴아이가 앉아서 바느질했다고요?"

"그랬다니까요. 한번은 동네 아주머니가 우리 집에 왔다가 고사리 같은 손으로 부엌에서 일하는 저를 보고 계집아이도 저렇게는 할 수 없다고 혀를 내둘렀다니까요. 아무튼 제가 빨랫감을 대야에 들고 개울로 나가면, 아주머니들이 "재 보거래. 뭐 저런 머슴아이가 있노!" 하며 저를 구경하기도 했어요. 제가 동네에서 유명한 아이였답니다. 하하하."

자신이 생각해도 기가 찼던지 요한은 너털웃음을 터트리는데, 과장되게 웃음을 터트리는 그 모습에 허허로움이 물씬 묻어나는 듯했다. 어린아이가 천진스럽게 뛰어놀지 않고 그토록 바스락대며 어머니를 도왔다는 것은 아무래도 이상했다. 그래서 선희는 혹시 그가 인정에 목말랐던 것은 아닌가 하여 우회적으로 슬쩍 물었다.

"혹시 어머니께서 어디 편찮으셨어요?"

"그렇지는 않고 혼자 뻘뻘거리며 애쓰는 모습이 딱했어요. 형들은 말할 것도 없고 심지어 누나도 어머니를 돕지 않더라고요. 어머니가 촌사람이긴 했어도 사람은 공부해야 잘산다고 철석같이 믿었던 분이에요. 그래서 자식들을 억척스럽게 교육했고, 공부하는 시늉만 하면 아무리 일이 많아도 일절 시키지를 않았어요. 그래서인지 형제들이 어머니를 돕는 게 어떤 것인지 전혀 모르더라고요."

이렇게 가족에 대해 이야기를 하다가 요한은 자기가 너무 말을 많이 한다고 여겼는지, 문득 선희에게 물었다.

"그런데 상담에서 이렇게 가족에 대해 이야기를 해도 되는 겁니까?"

"예, 그러지 않아도 문 신부님이 어떤 배경에서 성장하셨는지 여쭤
려던 참이었어요."

이렇게 대꾸하며 선희는 요한에게 상담에 대해 어느 정도 설명을
해주는 게 좋겠다고 여겼다. 상담에 대해 전반적인 이해를 하는 게
앞으로의 진행에 도움을 줄 것 같아서였다. 그리하여 선희는 요한에
게 문제라는 것은 미해결된 그 무언가가 내재해 있다가 계기를 맞아
터져 나오는 것이라고 하였다. 여기에서 계기는 일종의 열쇠에 해당
하는 것이고, 좀 더 본질적인 문제는 일찍이 경험했던 불만족 내지는
상처들이라고 하였다. 그러므로 상담에서는 어떤 배경에서 어떻게
살아왔는지를 간략하게나마 쭉 훑어보는 과정이 필요하다고, 이렇게
훑는 과정을 통해 자신에 대한 이해가 좀 더 명확하게 수립되고, 나
아가 자신의 삶에 주인의식을 갖게 되는 것이라고 하였다.

이러한 설명을 듣자, 요한은 성장에 대해 쭉 훑어보는 과정이라는
말에 고무되었는지 다시 가족에 관한 이야기로 돌아가 신나게 말하
였다. 어머니가 어떤 연유로 수녀가 되고자 했는지 자세히는 알 수
없지만, 성당의 풍금 소리에 가끔 넋을 잃을 정도로 빠져 드셨다고
했다. 그러한 어머니가 농부의 아내가 되어서는 자식들만큼은 남부럽
지 않게 가르치겠다고 결심했고, 자식 중 한 명은 신부를 만들겠다는
집념을 가졌다고 하였다. 그런 까닭에 아버지와 어머니는 뼈가 부서
져라 일을 하였고, 그 덕분에 자식들이 그 동네에서는 유명할 정도로
모두 다 공부를 웬만큼 할 수 있었다고 하였다. 두 분의 손은 그야말
로 갈퀴처럼 휘어져 제대로 펴지지 않을 정도였다는 말도 덧붙였다.

자기가 태어나기도 전에 큰형은 초등학교를 졸업하자마자 어머니

뜻에 따라 소신학교로 보내졌었단다. 하지만 거기에 적응하지 못했던 큰형은 한 학기를 마치고 돌아와 자기는 죽어도 그곳에 가지 않겠다고 버텼다고 한다. 큰아들의 고집을 꺾을 수 없었던 어머니는 병약했던 둘째 형을 건너뛰고는 몇 년을 기다렸다가 셋째 형을 소신학교로 보내려 했단다. 그러나 큰형이 그곳에 가지 말라고 선동하여 셋째 형이 울고불고 난리를 피우는 바람에 어머니의 꿈은 좌절되고 말았다는 것이다.

하지만 또다시 몇 년이 지나자 어머니는 딸 밑에 있던 넷째 형을 소신학교에 보내고자 갖은 애를 썼단다. 이미 그때에는 위의 형들이 다 커서 대놓고 어머니의 뜻을 훼방 놓으려 하지는 않았던 것 같다고 하였다. 하지만 영악했던 넷째 형은 호락호락 넘어가지를 않았고, 어머니의 소원을 들어줄 것처럼 하면서 이것저것 본인이 원하는 것을 다 빼먹고는 뒤로 나자빠졌다고 한다.

막판에 넷째 형이 어머니와 씨름하다 죽어버리겠다고 난리를 치자, 어머니가 하는 일이라면 다 따라주던 아버지가 나서서 인제 그만 좀 하라고 말렸단다. 그러자 어머니가 자신의 가슴을 두 주먹으로 두드리며 대성통곡을 하였는데, 꼬맹이였던 자기는 그러한 어머니의 모습을 보며 어머니가 딱해 따라 울었던 기억이 있다고 말했다. 이렇게 어머니를 속상하게 하는 형들을 싫어했다고도 말하다가 요한이 어이없다는 듯이 물었다.

"그 어린애가 어머니를 딱하게 여겼다는 게 말이 됩니까? 어려서부터 제가 분수도 모르고 그렇게 오지랖을 떨었다니까요."

이렇게 자신을 헐뜯으며 웃음을 터트리는 요한을 바라보며 선희는 앞서 물었던 질문, 즉 무슨 이유로 그렇게 어머니를 돕거나 편을 들었는지를 살피고자 했다.

"다른 형제들은 자기가 원하는 대로 행동했는데, 신부님께서는 무엇 때문에 그 어린 나이에 어머니를 도우려고 애를 썼던 것 같으세요?"

"글쎄요. 무엇 때문인지는 잘 모르겠고…. 제가 좀 모자라지 않았나 싶어요. 어느 날 옆에서 어머니를 돕는다고 꼼지락거리고 있는 저를 바라보다가 문득 어머니가 '네가 신부가 되면 안 되겠니?' 하시는 거예요."

중요한 대목이라는 생각에서 선희는 귀를 쫑긋 세우고 물었다.

"몇 살 때 그런 말을 들으셨어요?"

"10살 무렵이었어요."

"그 말을 듣고 어떤 마음이었어요?"

"무슨 마음이었는지는 잘 모르겠고, 그냥 가만히 있었던 장면이 또렷해요."

"가만히 있던 심정이 어떤 것이었을까요?"

"싫다고는 말하지 못하고…. 무엇보다 신부가 되려면 어머니와 떨어져 살아야 한다고 생각하였던 것 같아요. 아, 생각해 보니 가만히 있다가 울었던 게 기억납니다. 워낙 고집 센 어머니여서 아무도 이기지 못했는데, 어린 나이였지만 저도 어머니가 말한 이상 어쩔 수 없다고 여겼던 것 같아요. 아버지가 돌아가신 이후 홀로 시골에서 20년 이상 사시다 돌아가셨지요. 제가 34살에 사제가 되었는데 그때만 해도 어머니가 그토록 오래 사실 줄은 몰랐지 뭡니까? 하하하."

공허하게 들리는 요한의 웃음소리에서 선희는 뭔가 자조하는 듯한 인상을 받았다. 그렇게 오래 사실 줄 몰랐다고 하는 말속에는 어머니가 너무 오랫동안 사셨다는 의미를 내포하기 때문이다.

단산하고자 했지만, 임신이 되는 바람에 하는 수 없이 출산한 아이로 그는 어려서부터 자신의 존재에 불안했고, 그만큼 어머니의 비위를 맞추고자 했었겠다고 선희는 유추했다. 그렇게 지내다 어머니의 제안으로 신학교로 떠밀려 갔던 그가 과연 어떤 정서를 지니게 되었는지 궁금했다.

"오늘 가족에 대해 많은 말씀을 해주셨어요. 당부하고픈 점은 그냥 기억을 말하는 게 아니라, 그러한 기억의 저변에 어떠한 느낌이 있었는지를 알아차리고 말해주는 것에 주력하셨으면 하는 것입니다. 그래야 가벼워지고 나아가 자신에 대한 이해가 깊어질 수 있답니다."

"그렇군요. 말하는 동안 그다음 이야기가 막 떠올라 분주해졌던 것 같습니다."

선희가 말하는 것, 즉 말하기에 몰두할 게 아니라 그 기저를 살펴보는 게 필요하다는 말에 요한은 고개를 끄덕였다. 이러한 요한을 보며 선희는 그가 말귀를 정확하게 알아듣는다는 인상, 즉 그의 인지 상태는 양호한 편이라고 생각했다.

"말을 하다 보면 거기에 빠져 그렇게 되기 쉽지요. 중요한 대목에서는 제가 그때마다 언제, 무엇 때문에, 왜 어떻게 등을 여쭤볼 테니까 너무 부자연스럽도록 애를 쓰지는 마시고요."

"이렇게 가족에 대해 이야기를 해보기는 처음인데, 말을 많이 하고 나서인지 제가 어리어리합니다. 선생님께서도 이러한 제 말을 주의 깊게 듣느라 수고가 많으셨습니다."

"듣는 것이야 직업상 늘 하는 것이라 그리 어렵진 않아요. 그런데 어머니가 돌아가신 게 언제라고 하셨지요?"

이렇게 물었던 것은 그가 균열을 보이기 시작한 시점과 어머니가 돌아가신 시기와 맞물려 있는 것은 아닌지 해서였다. 하지만 상담자의 의도를 모르는 요한은 그 말을 흘리고 다른 말을 하였다.

"다른 사람과 달리 이상하게 제게는 굴곡이 많았어요. 주위에서 '너는 도대체 알다가도 모르겠다.' 라고 할 정도로 제가 들쭉날쭉합니다."

"뭔가 안 풀리는 게 있는가 본데, 실제로 어떤 굴곡이세요?"

"잘 가다가 한 번씩 심하게 요동을 치는 편입니다. 몇 해 전부터 또 그런 시기를 맞이했나 싶습니다."

"어떤 요동인지…. 어머님이 언제 돌아가셨다고요?"

"2년 전, 아…."

그는 말을 하던 중 '아….' 하고 나지막이 소리 내었다. 자신이 요동 치기 시작한 시기와 어머니가 작고한 시기가 얼추 연결된다고 여기는 게 아닌가 하였다. 동시에 좀 전에 담담하게 자신을 회고하던 때와는 경직된 얼굴을 하였다.

6. 요한신부를 알아보는 성 소수자

요한은 수도회로 돌아와 저녁을 먹고 났는데 뭔지 모르게 속이 울렁울렁했다. 두통이 수반되지 않는 것으로 보아 체기는 아닌 것 같고 아무래도 어머니에 대한 갖가지 생각이 올라오기 때문인 듯했다.

어머니가 고향에서 홀로 지내시는 것은 큰 걱정거리였다. 마침내 어머니가 돌아가시고 나자 뭐라고 표현하기 어려운 감정이 오르락내리락하였다. 뭔가 휘저어진 듯한데 선명치 않았다.

혼자 있으면 울렁증이 심해져 견디기 어려울 듯했다. 차라리 사람들과 떠들면 외면이라도 할 수 있을 것 같아 요한은 거실로 내려갔다. 브라운관을 깨트린 이후 너무도 부끄럽고 면목이 없어 그곳에는 가지 않고 지냈다.

그러한 곳을 간다는 게 내키지 않았지만 그래도 누군가와 떠들어야 그 울렁거림에서 벗어날 것 같아 거실문을 열었다. 불은 환하게 켜져 있는데 눈에 띄는 사람은 없었다. 그래서 그곳의 지킴이 격인 기 신부가 잠시 화장실에 갔겠거니 하였다.

잠시 후 저쪽 의자 등받이 위로 누가 고개를 들어 자기를 쳐다보는데 다름 아닌 사무국장이었다. 그는 의자에 파묻히듯 앉아 있다가 누가 들어오니까 몸을 곧추세웠다. 그 사람만이 있으리라고는 생각지 않았던 요한은 난감하였다. 그날 저녁 사건 후 직접적인 상해를 입힌 게 아니어서 풀고 말고 할 것도 없었지만, 서로 감정적으로 껄끄러운 게 사실이었다. 그렇다고 방금 들어와 놓고 도망치듯 나오기도 민망했다.

넷째 형에 대한 감정을 사무국장에게 전가했다는 것을 알고 그가 다소 억울할 수도 있었겠다고 여기면서도, 그렇다고 얄밉게 이죽거리는 그가 예쁜 것은 아니었다. 그도 요한과 단둘이 있는 게 편치 않았는지 자꾸 헛기침을 하였다. 그렇게 두 사람이 어색해서 어정쩡하게 있는데 기 신부가 들어왔다.

"아, 문 신부! 오랜만에 이곳에 왔군요. 매우 반갑습니다."

여전히 벙글거리며 그곳에 자기가 왔다는 사실을 반기는 기 신부를 향해 요한은 몇 마디 인사말을 나누다가 일어서고 말았다. 그러자 기 신부는 왜 금방 가냐고 묻는데, 사무국장이 무표정하게 힐긋 요한을 쳐다보았다. 한데 그 눈빛이 싸늘하고 자기를 무시하는 것 같아 요한은 그곳을 나오고 말았다.

방으로 올라와 앉아 있자니 이제는 울렁울렁한 정도가 아니라 속이 부글부글했다. 도저히 안 되겠다 싶어 요한은 겉옷을 걸치고 밖으로 나왔다.

아이답지 않게 어머니 몸종처럼 비위를 맞추며 살았던 자신의 모습이 자꾸 눈앞에 어른거렸다. 전에는 효자 아동으로 지냈다는 사실을 은근히 뻐기듯 했는데, 사실 그렇게 처신한 것이 원치 않은 자식으로 태어났기 때문일지도 모른다는 생각이 드니 새삼 서러웠다. 그리고 어머니가 "네가 신부가 되면 안 되겠니?"라고 물었을 때, 아무런 저항도 못하고 울었던 것도 꺾임의 징표 같아 속이 우글거렸다. 뭔가 억울한 것 같기도 하고, 약 오르는 것 같기도 하여 복잡한 심경이었다.

이미 어두움이 깔려 미처 귀가하지 못했던 사제들이 속속 들어오는데 거꾸로 요한은 근처에 가서 술이라도 한잔 들이켜야 할 것 같아 수도회를 빠져나왔다. 중국에서 돌아온 이후에는 술을 입에 대지 않았는데, 속이 뭐라고 표현하기 어려울 정도로 출렁여 그만 술을 마시고 말았다.

술이 술을 마신다고 요한은 처음에 들렀던 술집에서 나와 택시를 타고는 종로3가로 향했다. 중국으로 떠나기 전 몇 차례 들렀던 그곳은 주로 성 소수자들이 드나드는 곳으로 제법 아늑했었다. 요한이 테이블에 앉아 자신의 잔에 술을 따르는데, 비슷한 연배의 남자가 동석해도 되겠느냐고 물었다. 원하는 대로 하라고 하자, 그는 자리에 앉아 요한에게 술을 따르며 인사말을 건넸다.

"처음 뵙는 분인데 전에 여기에 오신 적이 있습니까?"

"해외에 나가기 전에 몇 차례 온 적이 있습니다."

그 남자는 사람들이 자기를 신 선생이라 부른다며 스스럼없이 이야기를 끌어갔다. 그곳을 찾는 성 소수자들은 비교적 제한된 숫자이기 때문인지 이성애자들처럼 대상에 대하여 이리저리 재느라 많은 시간을 허비하지 않고 누군가에게 관심이 생기면 적극성을 띠는 편이다. 요한은 신 선생이라는 자도 그런 부류의 사람이 아닌가 하였다.

그가 자기에게 뭐라고 부르면 되겠느냐고 물었지만, 요한은 씩 웃기나 하고 응답하지 않았다. 그래도 신 선생은 개의치 않고 자기는 경상도 사람으로 결혼해 가정도 두고 있으며 가족은 대구에서 생활하고, 본인은 사업상 주로 서울에서 지낸다고 하였다. 뒤늦게 자신이 동성애자임을 발견하고 한동안 고심하였으나 굳이 아내나 두 아들에게 자신의 성 정체성을 알릴 필요가 없었다고 한다. 대구에서 지내는 아내는 지금도 자기가 서울에서 다른 남자와 동거하는 줄 모르고 외지에서 고생하며 지낸다고 안타까워하고 있단다. 그렇게 말하며 신 선생은 모르는 게 약 아니냐며 껄껄 웃었다.

요한의 머리에 혹시 그가 자기에게 관심을 두는 게 아닐까 하는 의문이 스쳤지만, 좀 전에 다른 남자와 동거한다고 말했던 것을 상기하며 안도하였다. 아무튼 초면에 그렇게 자신에 대해 개방하는 그의 태도는 호방해 보였다.

잔을 주거니 받거니 나누는 사이 취기가 돈 요한은 어느덧 자신의 복잡한 심경을 잊고 신 선생과 신나게 떠들고 있었다. 세상 사람들이 편견을 갖고 동성애자들을 괴기스럽게 취급하는 것은 개선되어야 한다든가, 동성애자에게도 인권이 있다든가, 서양에서는 합법적인 결혼도 가능하게 되었다는 등의 이야기를 거리낌 없이 나누었다.

시간 가는 줄 모르고 늦게까지 떠들던 두 사람은 자리에서 일어났다. 자정에 가까운 한밤중이라 그런지 기온이 내려앉아 어깨를 움츠리며 옷깃을 여미는데 신 선생이 말했다.

"너무 늦어 돌아가는 게 어려우면 우리 거처에 가서 자고 가는 게 어때요? 새로운 인물에 대해 제 파트너도 싫어하지는 않을 겁니다."

"하하하, 제가 돌아가는 게 어렵다고요? 마치 저를 잘 아는 사람처럼 말씀하시는군요."

"초면인데 제가 무엇을 알겠습니까마는 곰님이라는 정도는 알겠습니다."

신 선생의 입에서 곰님이라는 말이 떨어지는 순간 요한은 번쩍 정신이 들었다. 곰이라는 것은 몇 해 전 자신에 대해 자꾸 알려는 이상섭이라는 사람이 있어 그냥 곰으로 부르라고 말한 적이 있었다. 문씨라는 성을 거꾸로 하면 곰이 되므로 농담으로 던졌던 말인데, 그것을 낯선 사람인 신 선생이 알고 있다니…. 기절초풍할 일이라 요한은 술에서 확 깨었다.

자신과 가까워지고 싶어 했던 이상섭과 신 선생이 어떠한 사이인지도 궁금했고, 또 신 선생이 자기를 어떻게 알아봤는지도 의문이었다. 어쨌든 사제 신분인데 자기로 인해 가톨릭에 누가 될까 봐 머리카락이 곤두설 지경이었다.

"곰님이라고요? 누가 저를 곰님이라고 합디까?"

술기운으로 혀가 꼬부라졌어도 요한이 또박또박 힘주어 말하자, 신 선생이 받아쳤다.

"이상섭을 모른단 말이오? 당신을 찾아 헤맸던 그를 모른다고요?"

이러한 실랑이가 일어나는 가운데 그곳을 빨리 뜨고 싶었던 요한이 팔을 들어 택시를 잡고자 했다. 용케 빈 택시가 주르르 달려와 요한이 황급히 택시에 몸을 싣자, 신 선생은 서둘러 명함을 꺼내 요한의 호주머니에 꽂으며 소리쳤다.

"곧 다시 보도록 합시다."

소리치는 신 선생을 뒤로하고 도망치듯 택시를 탄 요한은 고개를 돌려 뒤를 바라다보았다. 닭 쫓던 개 지붕 쳐다보는 식으로 신 선생은 도로로 나와 떠나가는 택시를 황망히 바라다보고 있었다.

수도회에 도착하니 대문의 양 기둥 위로 외등이 희미하게 빛을 밝히고 있었다. 안쪽 수도회 건물은 방마다 불이 꺼져있어 깜깜했다. 어찌하여 그 안에 함께 있지 못하고 이렇게 홀로 밖으로 튕겨 나와 있는지…. 도대체 건물 안에 있는 자들과 자기 사이에 무엇이 가로막혀 있는지 알 수 없는 상태에서 요한은 자신도 모르게 몸을 부르르 떨었다.

중국에서 귀국할 때만 하여도 자기를 실은 비행기가 폭파되었으면 하고 바랐다. 이랬던 자가 어쩌자고 그 술집에는 슬금슬금 갔었는지…. 무엇보다 자기가 사제라는 사실을 사람들이 알고 있을까 봐 두려웠다.

안쪽으로 들어가려면 대문의 쇠창살을 타고 넘어가야 하는데, 취기로 중심을 잡기 어려워서인지 도무지 엄두가 나질 않았다. 휘청거리는 몸을 대문 기둥에 기대고 주저앉은 요한은 '이놈의 구차스러운 인생은 언제 끝나지?' 하고 혼잣말을 하였다.

얼마 지나지 않아 부들부들 몸이 떨렸다. 몸속으로 파고드는 냉기가 보통이 아니었다. 한겨울 추위면 얼어 죽기라도 하겠는데 3월 말의 추위로는 죽지도 않고 딱 골병들기 십상이었다. 어느 순간부터 한기로 이가 딱딱 마주치자 요한은 견디기 어려워 대문을 타고 넘을 요량으로 쇠창살에 오르려 하는데 쑥 뒤로 대문이 밀리는 게 아닌가. '아니 문을 잠그지 않았단 말이야?' 하고 깜짝 놀라는 한편, 그러한 사실을 모른 채 그렇게 부들부들 떨고 있었다는 사실에 기가 막히도록 허탈했다.

살며시 안으로 들어와 대문을 잠그고는 건물로 들어와 도둑고양이처럼 까치발을 하고 소리 나지 않도록 걸었다. 계단을 올라 방으로 돌아오면서 요한은 "또 베드로 형이야!" 하면서 이맛살을 찌푸렸다.

그날 밤 요한은 온몸이 깊숙이 파고든 한기로 따끔따끔하는 통에 밤새 잠을 이루지 못했다. 너무 이를 악문 탓에 턱이 빠질 듯 아팠고 몸이 방망이로 두들겨 맞은 것처럼 얼얼했다. 새벽녘에는 몸을 풀고자 따뜻한 물로 샤워를 했지만 여전히 얼얼했다. 그래도 정신은 말짱해 옷을 차려입고 미사에 참석했다.

지난밤에 그 난리를 쳤으면서도 언제 그랬느냐는 듯이 경건한 모습으로 영성체를 모시는 자신의 모습, '이중성을 용서하소서!' 하고 읊조렸다. 그렇다고 지난밤의 일을 말할 수도 없어 시치미를 뚝 떼고 있을 수밖에 없었다.

식탁에서 사제들은 여느 때와 다름없이 가볍게 이야기를 나누었다.

그러던 중 한 후배가 요한에게 물었다.

"혈색이 영 안 좋으신데 어디 편찮으세요?"

이렇게 묻는데 저쪽에 앉아 있는 사무국장이 요한을 힐긋 쳐다보았다. 그러자 관구장 신부가 뭔가가 생각난다는 듯이 중간에 끼어들어 그 후배 신부에게 물었다.

"아, 저번에 말했던 그 문제는 어떻게 되었지?"

이렇게 관구장 신부가 묻자, 그 후배는 요한의 대꾸를 들을 사이 없이 그 질문에 답한다고 한참을 뭐라 뭐라 말했다. 그러자 사무국장은 이상하다는 듯이 관구장 신부의 얼굴을 쓱 흘기듯 쳐다보는 게 아닌가. 요한은 아무것도 모른 척 눈을 내리깐 채 저쪽에 놓인 식탁의 소금 병을 달라고 하여 자신의 달걀부침에 흔들어서 뿌렸다. 비로소 요한은 베드로 신부가 자기를 위해 남몰래 대문을 풀어놓았다는 것을 알았다. 말이 길어지면 요한이 늦은 밤에 어떻게 들어왔는지에 관한 이야기가 나올 게 뻔하니까, 베드로 신부는 얼른 말을 자르고 다른 데로 화제를 돌려버렸던 게 분명했다.

사실, 요한은 술 문제로 선교활동을 중단하고 돌아왔을 뿐만 아니라, 얼마 전에도 술을 마시고 브라운관을 깨부수는 난동을 피웠던 인물이다. 그래서 교정 차원에서 심리치료를 받고 있는데, 이러한 사람이 또 술을 마시고 늦게 들어왔다는 게 알려지는 것은 곤란한 일이었다.

관구장 신부는 전날 저녁 거실에 왔다가 기 신부를 통해 요한이 그곳에 들렀다는 사실을 알았다. 그러지 않아도 저녁 식사 때 영 편치 않은 모습이어서 무슨 일인가 궁금하던 차였는데, 그가 많이 부대끼고 있다고 여겼다. 요한이 외출하였다는 것을 알고 한 바퀴 산책하고 돌아오려나 했는데, 자정이 되도록 돌아오지 않은 것을 확인하고 혹시나 하여 문을 살짝 열어 놓았었다.

아니나 다를까, 아침 미사 때 나타난 요한의 몰골은 말이 아니었다. 술 문제로 심리치료를 받고 있는데 그가 또다시 술을 마셨다는 사실이 다른 사람들에게 알려지면 곤란했다.

요한은 자칫하면 관구장 신부가 난처해질 수도 있겠다는 생각이 들어 식사하는 내내 고개를 들기 어려웠다. 그리하여 빵조각을 억지로 목구멍으로 밀어 넣으며 힘겹게 식사 시간을 버티었다. 마침내 아침 식사를 끝내고 방으로 돌아온 요한은 침대에 쓰러져 일어나지를 못했다. 비몽사몽으로 점심도 거른 채 온종일 끙끙 앓았다.

그런 와중에도 머릿속은 자신이 어디까지 노출되었는지에 대한 불안이 가시지 않았다. 혹시 수도회나 가톨릭계에 피해를 줄까 봐 두려웠다. 중국에서 돌아올 때도 치욕스러움에 힘들었는데, 이번의 두려움은 그런 개인적인 것과는 달리 주위에 피해를 줄 것 같았다. 정말이지 증발해버리고 싶은 마음 간절했다.

7. 사제가 되라는 어머니

몸살감기로 호되게 앓다 보니 어느새 상담을 받으러 가는 날짜가 돌아왔다. 상담을 받는 게 영 편하진 않았어도 쾌감을 느끼게 하는 그 뭔가가 있는 것 같았다. 전혀 예측할 수 없는 시점에서 툭툭 의식으로 올라오는 것들이 있어서였다.

상담실에 일찍 당도한 요한은 이번 상담에서 어떤 말을 할지에 대해 잠시 생각해보았다. 당장 코앞에 닥친 문제라면 신 선생을 만난 것이겠지만 그 이야기는 하기가 싫었다. 너무 못난 모습을 보이는 것 같아 수치스러웠기 때문이다.

일주일 사이에 수척한 모습으로 나타난 요한을 바라보며 선희는 물었다.

"힘든 게 있으세요?"

"말을 하다 보니까 생각지 못한 것들이 연결되어 놀라게 됩니다. 그런 게 싫은 것은 아니고요."

이런 식으로 요한이 말을 돌리자, 선희는 '상담을 받는 게 그렇게 힘든가?' 하고 의아해하면서도 더 캐지는 않고 응수했다.

"그런 게 상담의 묘미이지요."

이런 말을 들으며 요한은 의도적으로 저번에 하던 말을 이어가고자 했다.

"제가 허물어진 것은 어머님이 돌아가신 후 더욱 심해졌던 것 같습니다. 제가 53살 때 어머니가 돌아가셨는데, 그 나이에 어머니를 잃었다고 휘청거리는 게 정상입니까?"

이렇게 말하는 요한에 대해 선희는 반가웠다. 그러지 않아도 그 둘 간의 연관성을 살피고자 하던 차였다.

"어머니에 대한 상실감 때문이라기보다 미해결된 어떤 게 어머니의 작고를 계기로 터져 나온 게 아닐까요?"

이러한 대꾸에 요한은 잠시 생각에 잠기다 말했다.

"많은 생각이 포개지는데 무엇부터 말씀을 드려야 할지 모르겠습니다."

"무엇이든 내키는 대로 말씀하세요. 연결은 제가 짓도록 도울 테니까요."

"…."

그래도 주춤거리는 요한에게 선희는 물꼬를 터주듯 방향을 잡아주었다.

"일단 자신을 하나의 줄기로 엮어보는 작업을 해보는 게 좋습니다. 어머니가 돌아가신 것을 계기로 허물어지셨다면, 도대체 어떤 게 내재해 있었기에 그런 계기를 맞이해 터진 것인지 살펴볼 필요가 있습니다."

이러한 말에 요한은 고개를 끄덕이며 그렇다면 출생에서부터 연대기적으로 말하는 게 좋을 것 같다고 생각했다.

일찍이 선교사를 통해 가톨릭 신앙을 갖게 된 어머니는 수녀가 되기를 원했었다고 한다. 하지만 외할아버지는 집에서 일하던 노총각을 데릴사위로 맞이해 딸을 잡아두었다. 그 당시만 해도 사람들은 사윗감이 건장한 몸만 지녔으면 밥은 굶기지 않을 거라고 여겼다.

아버지는 강원도 산골에서 태어나 일찍이 부모를 여의고 큰아버지 집에 들어가 눈칫밥을 먹고 자란 사람이었다. 어느 정도 머리가 굵어지자 도망치듯 나와서는 여기저기 떠돌았고, 청년이 되어서는 요한의 외가댁에 들어와 농사일을 거들며 눌러살았다. 외할아버지는 유달리 말수가 적고 성실했던 청년을 괜찮게 보고 사위로 삼고자 했다. 그래도 머슴이었던 사람에게 어떻게 딸을 주느냐고 할머니가 반대하였지만, 정작 당사자였던 어머니가 펄쩍 뛰지 않았기 때문에 결혼이 성사되었다.

주인집 딸과 결혼함으로써 노총각 신세를 면했던 아버지는 감지덕 지했기 때문인지 평생토록 어머니에게 너그러웠다. 어머니의 성화에 세례를 받긴 했어도 아버지 자신은 종교에 무심했고, 아내와 아이들이 주일에 공소나 성당에 나가는 것에 대해서는 반대하지 않았다.

어머니와 아버지가 밤낮을 가리지 않고 논밭에서 일한 덕분에 자식들이 수북했어도 보릿고개를 넘길 때 배를 곯지는 않았다. 오히려 논마지기가 많은 다른 집안보다 신식 분위기를 내는 집안으로 다른 집 애들이 부러워하기도 했다. 가령, 주일이면 옷을 깔끔히 입고 공소에 다녀온다든가, 성탄절이나 부활절에는 성당이 있는 먼 곳에 나들이 하는 등 그 당시 농촌에서는 확실히 튀는 집안이었다. 공소에 오셨던 신부와 수녀가 아주 드물게 고향 집을 방문하기도 했는데, 그럴 때는 원님이라도 모신 듯 형제들이 으스대기도 했다.

서사시를 읊어가듯 집안 배경을 말하던 요한의 모습은 해맑아 조만간 회갑을 맞이할 나이로 보이지 않았다. 이야기에 취한듯 계속 이야기를 이어가던 요한은 어머니가 더는 자식을 낳고 싶어 하지 않았지만, 임신이 되는 바람에 어쩔 수 없이 낳았던 게 자기라고 하였다. 어려서부터 자기는 젖을 제때 물리지 않아도 보채지 않는 아이였다고 하였다. 그렇게 순둥이였던 아이가 자라면서 어머니의 몸종처럼 굴자, 어머니가 "아이고, 우리 막둥이 요한을 낳지 않았으면 어쩔 뻔했노!" 하는 말을 자주 하였고, 그럴수록 자기는 더 열심히 어머니를 도왔다고 하였다.

이러한 이야기를 하다가 그는 갑자기 입을 꾹 다물어서 선희는 왜 그러냐고 물었다.

"무슨 생각을 하세요?"

"어머니를 그렇게 도왔던 것은 저를 낳지 않으려 했었기 때문이었지 않나 하는 생각이 방금 스쳐 갑니다. 어렸던 저는 그렇게라도 해서 잘 보이려고 했던 것 아닐까요?"

이렇게 말하며 요한은 멍한 표정을 지었다. 잠시 후 그는 이러한 통찰에 기초해 다음과 같은 이야기로 그것을 확증하였다.

다소 멀리 떨어져 있는 초등학교에 다녀오면 다른 애들은 몰려다니며 노느라 정신없었단다. 하지만 자기는 거기에 끼이지 않았고 책 보따리를 마루에 휙 던져버리고는 밭으로 달려갔다고 한다. 거기서 어머니가 하던 일을 돕다가 함께 집으로 돌아오곤 했는데, 마을에서는 물론 이웃 동네에까지 효자 아동으로 소문났었다고 하였다. 심지어 사람들이 어떻게 생긴 아이인지 얼굴이나 보자며 일부러 집에 들러 자기를 보고 가기도 했다는 것이다.

"어린아이가 천방지축으로 나대며 놀아야지, 그렇게 애어른처럼 철이 드는 게 이상하지 않아요?"

도리어 이러한 물음을 던지며 요한은 고개를 좌우로 흔들었다. 그동안 한 번도 그렇게는 생각지 않았는데 인제 보니 이상하다는 것이었다. 그러면서 연이어 말하기를, 그날도 자기가 어머니 옆에 앉아 뭔가를 부지런히 하고 있는데 어머니가 자기를 물끄러미 바라보더니 물으시더란다.

"요한아, 네가 신부가 되어주면 안 되겠냐?"

이렇게 말하면서 어머니가 자기를 찬찬히 살펴봤는데 그런 태도가 여느 때와는 달리 매우 진지했다는 것이다. 그때 자기는 무슨 말을 해야 하는지 몰라 눈만 깜박거리다 싫다고도 말하지 못하고 울었단다. 지금도 그 모습이 선하다며 요한은 무거운 표정을 지었다. 그 이후 어머니는 막내아들이 신학교에 가리라고 확신했기 때문인지 자기에게 잘해주었다고 말하며 요한은 큰 소리를 내며 웃었다.

그렇게 소리 내어 웃는 요한을 바라보며 선희는 짠하다는 인상을 받았다.

"어머님께서 일방적으로 밀어붙이셨군요."

"예, 그랬지요. 지금 와서 돌아보니 '덫에 걸린 쥐였구나!' 하는 생각이 듭니다."

형들과 나이 차가 많았던 데다 어머니만 졸졸 따랐던 자기를 형들이 별종으로 취급하며 끼워주지를 않아 형들이 공유했던 신학교에 대한 거부감을 요한은 몰랐다고 한다. 어쨌든 어머니의 입에서 그런 말이 떨어진 이후부터는 멀리 떨어져 있는 읍내 성당으로 주일마다 미사 참례를 하러 다녔고, 얼마 뒤에는 복사를 서기도 했다.

초등학교를 마치자 본당 주임신부 손에 이끌려 서울로 가게 되었다. 몇몇 면접과 절차를 거쳐 입학을 시켜놓고 주임신부가 돌아가는데, 그때 비로소 홀로 뚝 떨어졌다는 사실을 실감하며 요한은 두 눈에서 눈물을 뚝뚝 떨어트렸다.

소신학교에 대한 기억은 음산한 회색빛이었다. 특수전문학교인 그곳에 온 학생들은 통틀어 50명 정도 되는 한 반이었는데 전원이 기숙사 생활을 하며 통제를 받았다. 이른 아침에 눈을 뜨면서부터 잠자리에 들 때까지 학생들은 정해진 시간에 맞춰 씻고, 미사 드리고, 식사하고, 공부하고, 기도하고, 운동하고…. 지도를 맡은 신부님들은 하나같이 다들 근엄하기만 하였다.

전국에서 모여든 올망졸망한 아이들 틈에서도 요한은 유독 숫기가 없는 아이였다. 온종일 묻는 말에나 대답했고 밤에 침대에 들어가서는 어머니가 보고 싶어 소리 죽여 울었다. 누군가가 먼저 훌쩍거리면 이쪽저쪽에서 따라 우는 소리가 연쇄적으로 일어났는데, 개중에는 '어느 놈이 우는 거야?' 하고 냅다 소리 지르는 아이도 있었다. 그리하여 요한은 훌쩍거리는 소리를 내지 않고자 이를 악물고 울었던 적이 한두 번이 아니었다.

이러한 이야기를 들려주던 요한은 눈시울을 붉혔다. 40년이 넘는 세월이 흘렀어도 그때의 외롭고 춥던 기억이 생생한지 그는 주머니에서 손수건을 꺼내어 눈물을 닦아냈다.

"어린 나이에 어머니 곁을 떠나 엄격한 생활을 한다는 게 보통 힘든 일이 아니지요."

"어머니가 엄청나게 보고 싶었어요. 그러면서도 나를 멀리 떠나보낸 사람이 어머니였기 때문에 복잡한 마음이었어요. 그립다가도 야속한 마음이 들어 엎치락뒤치락했으니까요. 어떨 때는 그리움에 제가 파묻혀 죽을 것만 같았지요."

이렇게 말하는 요한의 외견은 머리카락이 희끗희끗한 50대 후반의 남자였지만, 내면에는 어머니 품을 그리워하는 어린아이의 모습과 정서가 고스란히 남아있었다. 이렇게 여린 사람이 어쩌다 브라운관을 박살 내는 상황에 부닥쳤던 것인지 딱했다.

"방학을 맞이해 집에 돌아가서 큰형이 그랬던 것처럼 서울에 가기 싫다고 말하진 못했나요?"

"그러질 못했어요. 어머니에게 그런 말을 할 엄두를 내지 못하고, 내심 덜컥 병이 나서 서울에 올라갈 수 없기를 얼마나 간절히 빌었는지 모른답니다. 실제로 개학이 가까워질 즈음에는 설사나 감기 등의 병을 앓기도 했지만, 그 정도로는 서울에 못 올라갈 처지가 아니어서 등 떠밀리듯 서울로 올라왔지요."

"어린아이였어도 마음 놓고 속내를 말하지 못했나 봅니다."

"그러게요. 거죽만 아이였고 속에는 영감이 들어 있었어요. 돌이켜 보니 어머니에게 투정을 부려본 적이 없는 것 같네요."

"어째서 그렇게 애어른처럼 굴었던 것 같으세요?"

"잘 모르겠습니다. 어머니를 무척 좋아하면서도 어려워했던 것 같습니다. 지금도 어머니를 생각하면 뭔가 모르게 긴장하는 거 같습니다."

이런 대화를 나누다 요한은 단 한 번도 어머니에게 투정을 부려보지 못했다는 것을 깨달았다. 선희도 최진사 집 셋째 딸이라는 노래를 떠올리며, 그가 남아선호 사상이 강하던 시절 딸이 아닌 아들로 태어났음에도 불구하고 원치 않는 자식의 전형과 같은 정서를 지녔다고 여겼다. 즉, 그는 이미 자식이 많아 더는 낳고 싶지 않았던 어머니에게 태어났기 때문에 유달리 어머니의 비위를 맞추는 데 연연하며 살았던 인물이지 싶었다.

그러한 상황에서 자신의 솔직한 욕구를 억압하며 살았던 인물은 임계점에 다다르면 폭발하는 경향을 보이는데, 요한이라는 사람도 뒤늦게 그러한 과정을 밟는 게 아닐까 하였다.

다시 요한이 말을 이어갔다.

"1학년을 마치고 고향에 내려가 있다가 개학 즈음 감기로 비몽사몽해 누워있는데, 아버지가 그 두툼한 손으로 제 이마를 짚어주셨어요.

그때 저는 아버지께서 "이렇게 아픈데 그냥 집에 있거라."하고 말씀해주시기를 얼마나 간절히 기도했는지 몰라요. 하지만 아버지는 끝내 그런 말씀을 하시지 않으셨지요."

"아이고, 어린 아들의 간절한 바람을 아버지가 알아채지 못하셨군요."

"제 마음을 모르진 않으셨을 거예요. 잘 아셨어도 아버지는 어머니의 뜻을 거스르는 분이 아니었어요. 어머니의 성정이 워낙 강했고, 아버지는 주인집 딸과 결혼한 사실에 일종의 채무 감을 가졌던 게 아닐까 합니다. 아무튼 아버지가 제게 잘못해주신 것도 없는데, 그때 토라졌던 때문인지 아버지를 썩 가까이하지 않았고, 그래서 아버지에 대한 추억도 별로 없어요. 어머니보다 20년이나 일찍 돌아가셨는데 평생 소처럼 일만 하셨던 분입니다."

"감기에 걸린 채 그냥 소신학교가 있는 서울로 올라갈 때, 그 마음이 어떠셨어요?"

"하하하, 형들보다 제가 확실히 얼떴나 봅니다. 찍소리도 못하고 등 떠밀리듯 서울로 올라왔으니까요."

이런 이야기를 하며 요한은 천장을 응시하며 눈을 가늘게 뜨는데 눈꺼풀이 파르르 떨렸다. 이윽고 다시 상담자인 선희를 바라보는 그 눈동자는 사슴의 눈을 연상케 하도록 맑고 슬펐다.

시간의 속절없음에 그 여릿여릿했던 소년은 어느새 장년을 뒤로하고 있었다. 나이 들면서 중후해지는 게 아니라 질풍노도를 달리고 휘청이고 있는 사제, 그를 바라보는 선희는 애절함을 느끼며 사람에게 외로움보다 더 힘든 게 있을까 하는 의문을 품었다. 만병의 근원이 외로움이라더니 눈앞의 사람이 바로 그런 문제로 흔들리고 있었다.

"희한한 것은 반세기 가까운 세월이 지났는데도 그때의 장면이 생생하게 그려진다는 것입니다. 겨울방학을 끝내고 핼쑥해진 얼굴로 버스 창가에 기대어 멍하니 밖을 내다보며 서울로 향하던 때가 바로 엊그제 같습니다. 아무런 색깔도 없이 희뿌옇게 펼쳐지는 차창 밖의 풍경이 어쩌면 그리도 을씨년스럽던지…. 울적할 때면 그때의 장면이 눈앞에 어른거리곤 합니다."

서울로 올라가기 싫다는 말조차 하지 못하고 등 떠밀리듯 서울로 향하던 까까머리 중학생의 모습, 그것이 요한의 사춘기 모습이었다. 그런 애잔한 모습이 그 중장년의 사제에게 여전히 남아있었다.

8. 임시휴교, 뜻밖의 선물

요한은 상담을 받으며 자신에 대해 하나하나 순차적으로 되돌아보는 것에 재미를 느꼈다. 상담을 받는 것은 일주일에 한 차례인 50분에 불과했지만, 일주일 내내 온통 마음이 상담에 가 있는 것 같았다.

이번 상담에 와서도 요한이 먼저 말했다.

"제가 지난번에 어디까지 말씀드렸던가요?"

"상경할 즈음 심하게 감기를 앓았을 때, 병이 심해서 가지 못하게 되기를 바라셨다고 하셨어요."

"하하하, 맞아요. 그때가 1학년을 마치고 2학년으로 올라갈 때였어요. 죽으리만치 아팠으면 서울에 못 갔겠지만 야속하게도 며칠 앓고 났더니 웬만큼 나아지는 거예요. 그래서 도살장 끌려가는 기분으로 떠밀려 상경하고 말았지요."

방학을 마치고 돌아와 보니, 학우 중 대여섯 명이 돌아오지 않았다고 했다. 그들 중에는 겨우 말을 트기 시작했던 아이도 있었는데, 그 아이는 두 번 다시 보지 못했다고 했다. 돌아오지 않게 된 아이들은 특혜를 받은 것 같아 부러웠고, 다시 돌아온 그곳의 아이들이 활달하게 지내면 '패잔병 같은 주제에 뭐가 그리 잘났다고 떠드냐?' 하고 속으로 비웃기도 하였단다.

그러면서도 지도 신부님들의 눈 밖에 나면 성소가 부족하다며 집으로 돌려보낼까 봐 겁을 내었으니, 그런 모순이 어디 있느냐며 요한은 피식 웃음을 터트렸다. 어쨌든 자기는 눈에 띄지 않고자 쥐 죽은 듯이 지냈는데, 자기와는 달리 배포 큰 아이들도 있더라고 하였다. 2학년이 되었을 때 한 아이가 삐딱한 표정을 짓다가 자기의 발을 걸어 나동그라지게 하였단다. 화가 나서 왜 그러냐고 따지자, 그 아이가 다짜고짜 달려들어 자기를 엎어치기해 싸움이 벌어졌다고 했다. 학우 간의 싸움으로 2주간 화장실 청소를 하도록 징계받았는데, 그 아이는 배 째라는 식으로 청소를 하지 않더라는 것이다. 결국 그 아이는 성소가 부족하다며 쫓겨나게 되었는데, 가방을 싸면서 그는 원하는 것을 이루었다는 식으로 득의만만한 표정을 짓는 것을 보고 충격을 받은 사람은 자기였단다. 그래서 한동안 누가 승자이고 누가 패자인지, 옳은 게 무엇이고 그른 게 무엇인지에 대한 혼란을 겪었다고 하였다.

2학년이 되어 그런 혼란을 겪고 있을 무렵, 기숙사에 큰불이 났다. 그로 인해 선배인 3학년 학생이 다치는 사고가 발생했고, 그래서 학교에서는 임시휴교를 결정했다. 14살이었던 요한에게 휴교는 뜻밖

의 선물로 얼마나 좋던지 표정 관리를 하느라 애를 쓸 정도였다. 겉
으로는 걱정하면서도 속으로는 학교가 홀랑 타버리기를 얼마나 학수
고대했는지 모른다고 하였다.

학교 측에서는 어린 학생들을 갑자기 그냥 돌려보낼 수 없어 보호
자를 오게 하였다. 요한의 보호자로서는 서울에 살고 있던 큰형이 왔
다. 사실, 말이 큰형이지 30대인 큰형은 요한에게 삼촌이나 다름없
이 어려운 존재였다. 요한이 태어났을 때 큰형은 고등학교를 마칠 즈
음이었기 때문에 형제라도 고향 집에서 겹치며 살았던 기간이 거의
없었다.

큰형에 대한 기억 중 하나는 시선이 마주쳤을 때 어쩔 줄 모르던 자
신의 못난 모습이었다. 초등학교 입학을 전후해 부엌에서 설거지를
마치고 나오는데, 갓 결혼한 형이 서울에서 본가를 방문하고자 집에
막 들어서는 중이었다. 서먹했던 큰형을 보고 뻔히 쳐다보기만 하자,
어머니가 인사를 하지 않고 뭐하냐며 요한에게 한마디 했다. 그리하
여 꾸벅 고개를 숙였는데, 이러한 요한을 바라본 큰형이 짜증스럽다
는 듯이 소리쳤다.

"사내새끼의 꼬락서니가 이게 뭡니까?"

자신의 모습에 이맛살을 찌푸리며 언짢아하는 큰형 앞에서 요한은
어쩔 줄 몰랐다. 설거지할 때 물이 튀어 옷이 흥건히 젖어있던 터였
는데, 큰형이 나무라니까 무안해진 자기는 그만 어머니 치맛자락을
잡고 뒤로 숨으며 울음을 터트렸다는 것이다.

전에도 형들이 머슴아이의 꼬락서니가 이게 뭐냐고 퉁을 주었지만,
어렸을 때라 그게 무슨 말인지 잘 몰랐다고 한다. 어머니가 많은 식

구를 거두느라 정신이 없을 지경이었어도 이상하게 형들이나 누나는 어머니를 돕지 않았다. 그런데 사내아이였지만 요한은 어머니에게 바짝 붙어 뭐든지 따라 하니까 어머니가 흐뭇해하였고, 그것이 좋아 누가 뭐라든 더 잘하려고 애를 썼다. 아무튼 그때 큰형이 그런 말을 내뱉자, 주위에 있던 식구들이 와~ 하고 웃음을 터트렸는데 특히 누나가 유별나게 까르르하고 웃었던 게 기억난다고 요한은 말했다.

"지금 번뜩 드는 생각이, 제가 그렇게 핀잔을 들어 홍당무가 되었을 때 형제들이 상당히 좋아했던 거 같아요."

"글쎄요. 어머니가 막내아들만 유달리 총애해서였을까요?"

"총애라고는 볼 수 없고…. 제가 일방적으로 어머니에게 따라붙었어요, 하하하. 그런데 10살 위인 누나가 '요한 때문에 창피해 죽겠어. 친구들이 막냇동생이 남자인지 여자인지 자꾸 물어본다니까.' 하고 말했던 게 기억납니다. 그때도 형들이 키득키득 웃었고, 무안해진 저는 어머니 치마폭에 얼굴을 감쌌지요."

그러지 않아도 큰형과는 나이 차이가 너무 커 서먹하였는데, 그렇게 핀잔을 받은 후부터 요한은 큰형을 더욱 어려워했다. 그래서 형이 집에 내려오면 슬금슬금 피했는데 17살이나 차이가 나는 큰형을 뭐라고 불러야 할지 난감해했다. 더구나 큰형이 집에 오면 어머니는 손님을 맞이하듯 콧잔등에 땀이 송골송골 맺히도록 분주하였고, 그러면 자기도 어머니를 따라 덩달아 부산을 떨었다고 했다.

어머니는 신학기 때가 되면 자녀들의 학자금을 마련하기 위해 이집 저집으로 돈을 꾸러 다니느라 여념이 없었다. 다들 돈이 부족했던 시절이라 퇴짜를 맞을 때가 많았는데, 한번은 어머니가 돌아누워 베개가 젖도록 울어 그 모습을 보고 있던 자기도 따라 울었다고 했다. 어려서부터 부모가 돈 때문에 고생하는 것을 봤었던 자기는 학교에 안 가고 그냥 부모 곁에서 농사를 지으며 살겠다고 생각하기도 했단다. 그래서인지 공부에 별 관심을 두지 않았었다고 말했다.

자기를 데리러 온 큰형과 중앙선 기차를 타기 위해 청량리역으로 향하면서도 둘은 말이 없었다. 큰형은 일찍 결혼해 아이를 둘이나 둔 30대 초반이었고, 그러한 큰형이 어려워 요한은 입을 꼭 다물었다. 어린 동생이 어색했던 것은 큰형도 마찬가지였다. 고등학교 시절 동네 어른들이 길에서 "또 동생을 봤다며." 하고 자기를 보고 웃었는데, 그럴 때면 남세스러운 마음에 화난 사람처럼 대꾸도 없이 휙 지나치곤 했었다.

그런데다가 아들을 신부로 만들고자 하는 어머니의 기대를 자기가 걷어찼기 때문에 막둥이가 대신 그 길을 밟고 있나 하여 빚진 마음이 들기도 하는 것이었다. 아무튼 이래저래 막내와는 멋쩍고 서먹했던지 큰형도 요한을 상대로 말하지 않았다.

큰형과 기차를 타고 내려가는 내내 요한은 어색하여 입을 꾹 다물고 있었지만, 속은 마냥 들떴다. 엊그제까지만 해도 패잔병 같은 기분으로 살았는데 휴교한다는 뜻하지 않은 선물을 받으니 세상이 달리 보였다. 심지어 자신의 간절함을 알아차리고 하느님이 그렇게 배려해주신 것 같아 감사하기까지 하였다. 그래서였는지 막연하고 서먹하던 하느님 존재와 그분의 일에 신비감과 친밀감이 느껴지기도 하는 것이었다.

중앙선 기차 차창 밖으로 스쳐 지나가는 산은 아직 새순이 다 돋지 않아 여전히 희끄무레했다. 하지만 희뿌연 색깔도 폭신한 연둣빛을 띤 이불처럼 따듯하게 느껴졌다. 한 달 전 상경할 때 그 을씨년스럽던 광경이 그렇게 살포시 비친다는 게 여간 신기한 게 아니었다. 크고 작은 산들이 포개져 아득하게 펼쳐져 있는 것도 파도가 물결치는 것 같아 근사하기만 했다.

영주에 도착해 봉화로 가는 버스를 타고 가다 내려 한참을 걸어 모퉁이를 돌아가니, 서녘의 유순한 햇살 아래 고즈넉하게 자리한 마을이 한눈에 들어왔다. 꿈에 그리던 고향의 정경이었다. 집을 향해 총총걸음을 내디디는데 구름 위를 걸어가듯 붕붕 뜨는 것만 같아 여간 신나고 좋은 게 아니었다.

부모님은 두 아들이 이내 도착할 것을 알고 미리 밥상을 차려놓고 있었다. 밖에서 인기척 소리가 들리자, 어머니는 방문을 활짝 열어젖히며 "우리 아들들, 어서 오이소!"하고 소리쳤다. 따라 나오는 아버지는 만면에 웃음을 머금은 채 여전히 말은 하지 않았다.

시골밥상이지만 다른 때보다 반찬 가짓수가 많은 것을 보며 신나게 수저를 드는데, 쪼그마한 여자아이가 보글보글 끓는 된장찌개 뚝배기를 들고 살살 방 안으로 들어왔다. 처음 보는 여자아이라 의아해하는데, 어머니는 그 아이를 명희라고 부르며 이것저것을 시켰다. 그런데 그 아이는 어머니에게 "예, 할머니!"라고 하는 게 아닌가.

요한은 어머니를 할머니라고 부르는 게 걸려 밥술을 입에 떠 넣으며, '도대체 저 아이는 누구야?' 하고 마뜩잖아했단다. 초등학교 다닐 때 친구들의 어머니는 젊어 보이는데, 자신의 어머니는 50대로 할머니처럼 보이는 게 싫었다.

"식기 전에 먹지 않고 뭐하나? 몹시 시장할 거구먼!"

이렇게 재촉하는 어머니의 음성에 퍼뜩 현실로 돌아온 요한은 허겁지겁 밥을 떠 입안에 떠넣었다. 시장해서인지 아니면 집에 돌아온 게 기뻐서인지 꿀맛이 따로 없었다. 집안의 기둥인 장남과 사제 후보생인 막내가 게 눈 감추듯 밥술 뜨는 모습을 바라보며 아버지와 어머니는 만면에 웃음을 가득 물었다.

밥상을 물리자, 어머니를 돕는 그 여자아이가 분명 자기보다 어린 애 같은데 몸놀림이 애 같지 않게 쟀다. 전에는 어머니 곁에서 자기가 하던 일을 이제는 그 아이가 맡아서 하고 있었다. 얼른 일어나서 자기도 어머니를 도와야 할지 아니면 그냥 뭉개듯 앉아 있어야 하는지조차 분간할 수 없던 요한은 어정쩡 해했다.

고향에 내려온 요한은 휴교가 계속 이어지기를 남몰래 빌고 또 빌었다. 그러다가 어느 순간부터는 소신학교가 영원히 폐쇄되기를 간절히 바라기도 했다. 그런데 하루하루 지날수록 집이 마냥 좋기만 한 것은 아니었다. 학기 중이라 동네 아이들은 다 학교에 가고 없는 데다가 명희라는 애가 어머니 곁에 바짝 붙어있었기 때문에 자신의 자리가 별로 없었다. 그리고 아버지가 하는 일은 거의 다 힘든 일이었기 때문에 그것을 돕기도 어려웠던 터라 온종일 빈둥거리듯 지내는 게 슬슬 고역으로 변해갔다.

이상하게 자기를 대하는 어머니의 태도도 전과 달랐다. 명희가 온 다음부터는 자기에게 장차 사제가 될 아들이라며 존댓말까지 섞으니 영 어색했다. 한 번은 동틀 무렵 아버지를 따라 논두렁을 한 바퀴 돌고 왔는데 어머니가 말했다.

"아이고 우리 학사님 시장할 텐데 어서 씻고 밥상머리에 앉으시소.”

이러한 높임말에 움찔하자, 이러한 모습이 웃겼는지 옆에 있던 명희가 까르르 웃음을 터트렸다. 익숙지도 않은 여자애가 자기를 보고 그렇게 웃음을 터트리니까 왠지 기분이 상하기도 하고, 부끄러움 같은 게 올라와 쥐구멍이라도 찾는 심정이었다고 요한은 말했다.

고등학생인 넷째 형도 고등학교를 마치고 대구에서 직장생활을 하는 누나와 지냈던 까닭에 집에는 가족이 별로 없었다. 막내였던 요한이 서울로 간 뒤 아버지와 어머니만이 지내던 집에 명희가 왔고, 또 자기가 휴교를 맞이해 와서 고향 집에는 네 사람이 전부였다.

명희는 동남아 아이처럼 커다란 눈망울에 까무잡잡한 피부를 지닌 아이였다. 그 애는 자기보다 3살 위인 요한에게 아제라고 불렀는데, 요한은 그런 호칭을 들을 때마다 질색하였다. 외가로 7촌뻘이라는 명희는 어른이 요한을 그렇게 부르라고 시켰지만, 본인도 그런 호칭에 불편해하는 것 같았다. 그래서 명희도 될 수 있으면 호칭을 부르지 않고 응시하거나 고갯짓으로 대신했다.

요한은 명희가 그 큰 눈으로 자기를 주시하면 감시라도 받는 것 같아 불편했다. 소신학교에서 지낸 기간은 1년 남짓에 불과했지만, 여자를 돌같이 보라고 교육받은 탓에 요한은 아예 명희를 상대하려 들지 않았다. 이러한 요한의 어정쩡한 태도가 웃겼는지 명희는 슬쩍슬쩍 곁눈질하거나 혼자 웃곤 하였다.

요한이 자신의 어린 시절은 명희의 출현을 기점으로 막을 내렸던 것 같다고 하였다. 꿈에 그리던 예전의 고향 집이 더는 아니었다고 한다.

"명희가 우리 집에 5년 정도 더 있었는데, 그 때문에 방학을 맞이해 고향 집에 가서도 썩 편치가 않았어요. 더구나 학교에서 신부님들이 여자는 바라보지도 않아야 한다고 가르쳤기 때문에 명희에게는 아예 말을 걸지도 않고 지냈다니까요."

"하하하, 어린 나이에 내외하느라 고생 많으셨어요."

"그러게 말입니다. 하하하. 서당 개 3년이면 풍월을 읊는다고 그렇게 되더라고요."

이렇게 웃음을 터트리며 주거니 받거니 하는 가운데 요한과 선희 사이의 서먹함은 점차 해소되어 갔다.

9. 성 소수자들이 갖는 회한

종로3가 술집에서 요한과 작별한 신 선생은 그날 밤 처소로 돌아와 많은 생각을 하였다. 이상섭이 그토록 찾았던 인물을 마침내 찾았다는 반가움과 함께 그 인물이 그렇게 당황하며 내뺐기 때문에 또 숨어버리는 게 아닌가 하고 걱정되었다.

이상섭은 이쪽 성 소수자 세계에서는 보기 드물게 깔끔한 인물이다. 그래서 아끼며 든든하게 여기던 사람인데 안타깝게도 그는 굳이 살고 싶어 하지 않고 있다. 어떻게든 그가 삶에 의욕을 내도록 하기 위해서는 곰님을 놓쳐서는 안 되었다.

평소 이상섭을 알고 지냈던 신 선생은 2년 전에 그를 만났을 때 평소와는 달리 축 처져 있었다. 깜짝 놀라 무슨 일이 있었느냐고 다그치자, 이상섭은 신 선생을 믿을 만하다고 여겼는지 속내를 털어놓았다.

시간이 지나면 기억이 희미해져 가는 게 일반적인데 자기는 그 반대가 되어간다고 하는 것이었다. 북한산에서 드문드문 마주쳤던 사람이 있는데 어느 때부터인가 그와 한 잔씩 나누었다고 했다. 그러다 그가 종적을 감추었는데, 그가 잊히는 게 아니라 더 생생하게 그리움의 대상이 되어 견디기가 어렵다고 했다. 그리하여 혹시 그를 만날 수 있지 않을까 하는 기대감으로 자주 산을 찾았는데, 그것이 강박증이 되어 하루라도 거를 수가 없다고 하였다.

그런 말을 들을 때만 하여도 신 선생은 이상섭이 상사병에 걸렸다며 싱긋이 웃었다. 그러다가 1년 후 다시 그를 봤는데, 이번에는 놀라울 정도로 야윈 모습을 하고 있었다. 어찌 된 일인가 하였더니, 안타깝게도 그는 AIDS라고 하는 후천성면역결핍증을 앓고 있었다.

성 소수자와 AIDS를 동일시하려는 사회적 편견에 강하게 맞서왔던 인물이 바로 이상섭이었기 때문에 그러한 사실은 본인에게 엄청난 좌절감을 주었다. 그러한 내용을 접한 신 선생도 많이 놀랐는데, 무엇보다 안타까운 것은 그가 삶에 대한 의욕을 잃었다는 사실이다. 그는 외로움과 좌절감에 찌들어 하루빨리 이 세상에서 사라지기를 바라며 약도 먹지 않고 있었다.

전에는 그 병에 걸리면 으레 죽는 것으로 여겼지만, 눈부신 의학의 발전으로 이제는 관리를 철저히 하면 자연사를 할 수 있을 정도의 질병이 되었다. 즉, 완치는 아니더라도 약을 잘 먹으면 오래 살 수 있다는 것이다. 그리하여 신 선생은 인생을 더 산 선배로서 이상섭을 어르고 달래어 약만큼은 먹도록 종용하고 있는 상태였다.

그런 병을 앓게 된 이후 이상섭은 곰이라는 사람을 찾아다니지는 않았다. 사람들이 혐오하는 HIV 감염자인 자기가 무슨 염치로 누구를 찾느냐며 씁쓸히 웃는데, 이상섭의 그러한 체념이 신 선생의 마음을 더욱 아리게 했다. 비록 말은 그렇게 할지라도 이상섭이 마음속 깊이에서는 곰이라는 사람을 그리워하는 게 역력했다.

신 선생은 곰이라는 사람을 만난 것 같다는 말을 들려주기 위해 급하게 이상섭을 만났다. 영문을 모르는 이상섭은 신 선생을 보자 머리를 긁적이며 겸연쩍게 말했다.

"약을 제대로 먹고 있는지 확인하시려는 거지요? 그래도 전보다는 잘 먹고 있는 편입니다."

"그래야지! 거르지 말고 잘 먹어야지. 그런데 말이야, 얼마 전에 자네가 말하던 그 곰이라는 사람을 본 것 같아. 그 사람이 종로3가에 나타났더라고."

이러한 말을 듣자 이상섭의 눈이 순간적이나마 반짝 빛났다. 그러나 곧이어 고개를 아래로 떨어트렸다.

"점잖은 인상의 사람으로 바로 알겠더군. 술을 나누고 헤어질 무렵 곰님이 아니냐고 물었더니, 당황하며 줄달음치는 것으로 보아 그 사람이 틀림없어. 그 사람을 찾아봐 줄까?"

"… 그냥 놔두세요."

"자네가 그토록 찾아 헤맸던 인물 아닌가?"

신 선생이 이렇게 묻자. 이상섭은 울컥하고 말았다. 혹시 그를 다시 만날 수 있을까 하여 그렇게 북한산을 헤집고 다녔는데 이제는 그 앞에 나타날 수조차 없는 사람이 된 자신의 처지가 참담했기 때문이다. 그리움과 면목 없음이 혼재된 가운데 잠시 넋을 놓다가 이상섭은 입을 열었다.

"인제 와서 그분을 찾은들 무엇 하겠어요. 다 지난 일이지 싶습니다."

이렇게 말하는 이상섭의 눈시울이 벌겋게 물들었는데, 그것은 창백한 얼굴과 대비되어 더욱 붉게 비쳤다.

그날 이상섭과 헤어진 신 선생의 마음은 복잡했다. 곰이라는 사람을 운운함으로써 그의 상처를 다시 건드린 것은 아닌가 하는 후회도 되었다. 다른 한편, 곰이라면 이상섭에게 삶의 의지를 북돋워 줄 수 있지 않을까 기대하는 마음도 들었다.

마침 신 선생은 성 소수자 중에 어렸을 때 사제양성 교육을 잠시 받았다고 하는 황영철이라는 사람을 알고 있었다. 그가 거칠게 구는 데다가 사람들 사이에 좋은 평을 얻지 못하고 있지만, 그래도 연배가 비슷해 누가 누군지는 서로 알고 지냈다. 신 선생이 황영철을 떠올린 것은 곰이라고 하는 사람이 어쩌면 신부일지도 모른다는 생각에서였다. 표정이 어두웠어도 일반인에게서 묻어나는 생활의 찌든 때가 그에게서는 보이지 않았고, 말을 할 때도 깍듯하게 하는 게 종교계의 사람 같았기 때문이다.

고심하다가 신 선생은 황영철에게 연락을 취했다. 곧바로 만나서 곰이라는 사람에 대한 인상착의를 설명하며 그 사람을 찾을 수 있느냐고 물었다. 그러자 황영철은 서울에서 김 서방을 찾는 격이라며 손사래를 쳤다. 그리하여 신 선생이 그를 찾아주면 얼마간의 사례비를 주겠다고 하자, 황영철은 못 이기는 척하며 한 번 알아보겠다고 대꾸하였다.

　요한이 상담을 마치고 수도회로 돌아오자, 사무실 직원이 요한에게
말했다.

　"문 신부님! 어떤 남자가 전화를 걸어 자꾸 뭘 묻는데, 가만히 들어
보니 문 신부님을 찾는 것 같더라고요. 그래서 문 신부님은 외출 중
이라며 계실 때 직접 통화하라고 했습니다. 황유스티노라고 하면서
신부님과는 옛날 친구라고 하는데 좀 이상했어요."

　이런 이야기를 들으면서 요한은 "황유스티노 옛날 친구?"하고 읊
조리며 생각해 보았지만, 도무지 누구인지 알 수 없었다. 다만 '귀국
해 한국에 있다는 사실을 사람들에게 말하지도 않았는데 잘도 알고
연락하는구먼.' 하고 대수롭지 않게 여겼다.

　그날만큼은 상담을 마치고 그리 요동치지 않았다. 휴교를 맞아 신
나게 집에 갔다가 뜻하지 않은 인물이 있어 어정쩡했다는 게 이야기
의 중심이었다. 하지만 다시 생각해 보니 중학생이나 되어서 예전처
럼 어머니의 시종 노릇을 하는 것도 적절치 않았을 것 같았다.

　요한은 갑자기 계절이 바뀐 것처럼 기온이 오른 것 같아 두툼한 옷
가지를 정리하려 했다. 몇 개 안 되는 옷이었지만 세탁해서 둘 요량
으로 잠바 호주머니를 털었다. 그런데 주머니에서 명함이 하나 나왔
다. 2~3주 전에 신 선생이라는 자가 황급히 꽂아준 것이었다. 초면
의 사람에게서 곰님이 아니냐는 말을 듣고 당황했던 것을 상기하며
요한은 멈칫했다. 이상섭에게 장난처럼 "곰이라고 부르면 돼."했던
말을 신 선생이라는 자가 알고 있다니…. 아울러 그날 밤 대문 밖에
서 쭈그리고 앉아 온몸을 떨던 기억이 올라와 자신도 모르게 부르르

떨었다.

처음 보는 사람이 자기가 곰이라는 것을 알 정도면 자신에 관한 이야기가 많이 퍼져 있다는 증거가 아닌가. 이상섭이 도대체 자기에 대해 뭐라고 떠들고 다녔는지도 궁금했다. 그러한 궁금함이 일어나는 순간, 좀 전에 이상한 사람이 전화하여 자기에 대해 꼬치꼬치 물었다는 직원의 말이 떠올랐다. 어쩌면 황유스티노라는 사람도 신 선생과 같은 부류의 사람일지 모른다는 생각이 들면서 요한은 갑자기 불안을 느꼈다. '지금 무슨 일이 벌어지고 있는 거야?', '정작 나 자신만 모르고 있는 것 아니야?', '황유스티노가 나의 예전 친구라고?' 하는 의문들로 머릿속이 복잡해지면서 두려움이 엄습했다.

뭔가 편치 않은 마음이 들어 요한은 그 명함을 쭉쭉 찢어 쓰레기통에 던졌다. 하지만 잠시 후 그 찢어진 명함을 주워 조각을 맞추었다. 아무래도 그 전화번호를 알고 있는 게 나을 것도 같아서였다.

그날 저녁 요한은 입안이 깔깔해져 저녁 식사를 걸렀다. 일찍 침대에 누워 두서없이 이런저런 생각에 잠겼다. 캄보디아로 파견되어 10년 남짓 활동하다 팔을 다치는 바람에 서둘러 귀국했었다. 다시는 그곳으로 돌아가지 않았는데 임지에서 버티지 못하고 도중하차하였다는 사실은 자격지심을 갖게 하기에 충분했다.

마침 베드로 신부가 파푸아뉴기니에서 돌아와 있었기 때문에 그에게 마음을 의지하며 지냈다. 그런데 점차 마음이 그에게 치우치면서 힘든 나날을 보내야 했다. 그를 든든한 선배 이상으로 연모한다는 것을 누구에게 밝힐 수 있는 처지도 아니어서 힘든 마음을 다스리기 위해 틈틈이 찾은 곳이 북한산이었다. 정릉이나 우이동 쪽에서 올라가면 가팔라 힘이 들어 다소 시간이 걸리더라도 구파발 쪽으로 방향을 잡곤 하였다. 그쪽에는 경사가 완만해 걷기가 편했고 풍광도 더 나았다.

그날도 사람들이 붐비는 일요일을 피해 월요일에 구파발 쪽에서 산행을 시작했다. 헉헉거리며 올라가 바위에 걸터앉아있는데, 싱그러운 오이 냄새가 코끝에 와 닿았다. 냄새를 쫓아 고개를 돌리니, 어떤 남자가 우걱우걱 오이를 씹고 있다가 자기와 시선이 마주치자 그는 가볍게 눈인사하였다. 그러면서 얼른 배낭을 뒤져 오이를 두 개 건네주는 것이었다.

자기는 아니라고 사양을 하면서도 이미 손은 그 오이를 덥석 받아 쥐고 있었다. 그래서 겸연쩍게 웃자, 오이를 건넨 사람도 "어서 드세요." 하면서 웃었다. 그렇게 하면서 각자 홀로 산에 올랐던 두 중년의 남자들은 말꼬를 텄다.

그 이후에도 산길에서 얼굴을 마주치는 일이 몇 차례 더 있었는데, 그때마다 "수고하세요." 하는 인사 정도나 나누었다. 그러던 중 수통 하나만 달랑 허리에 차고 북한산에 올랐다가 갑자기 쏟아지는 비를 옴팍 맞는 일이 생겼다. 비가 온다는 예보가 없어 아무런 대비를 안 했던 자기로서는 난감하기 그지없었다. 그야말로 물에 빠진 생쥐가 되어 내려오다가 몇 발자국 앞서 판초를 걸치고 가던 그 남자를 만났다.

산 입구까지 함께 내려오던 그 남자는 말했다.

"그렇게 젖은 상태로는 차를 타기가 곤란하지 않으시겠어요? 제 거처가 저쪽에 있으니 대충 물기라도 닦고 가세요."

자기가 봐도 그렇게 쫄딱 젖은 채 버스를 타는 게 어렵겠다는 생각이 들었다. 그리하여 선택할 여지 없이 고맙다는 듯이 물었다.

"그래도 결례가 안 될는지요?"

"결례랄 게 뭐 있겠습니까? 그렇게 하도록 하시지요."

그가 사는 곳은 작은 공간으로 정돈이 잘되어 있었다. 제법 나이 든 중년인데 아무리 봐도 혼자 사는 것 같았다. '대체 뭐 하는 사람이지?' 하고 의아해하고 있는데, 그 남자가 전기포트로 물을 끓여 뜨끈한 홍차를 내밀며 담백한 어조로 자신을 개방하였다.

"제 성향이 이성애자가 아니라는 것을 뒤늦게 알고 좌절했었지만, 지금은 성 소수자로 혼자 지내고 있습니다."

그렇게 자신을 소개하는 그 남자를 보고 요한은 흠칫 놀랐다. 초면은 아닐지라도 그렇게 자신을 개방한다는 게 쉬운 일은 아니었기 때문이다. 특히 보수적인 한국 사회에서는 자신의 성 정체성을 밝히는 걸 거의 금기시하였다. 어쩌면 그 사람 눈에 자기도 그러한 부류의 사람으로 비쳤기 때문이 아닐까 하여 긴장했지만 그래도 빙긋이 웃기나 하였다. 그러한 식으로 말을 아껴도 그는 그 이상 묻지 않고 그러려니 하였다.

그날 이상섭에게 저녁 식사까지 대접받고 돌아온 자기는 그에게 너무 방어적으로 굴었나 하여 미안한 마음이 들기도 했다. 어쨌든 그 후 그를 산에서 만나기라도 하면 함께 내려와 종로3가의 아지트 같은 곳에 가 몇 차례 술을 마셨다. 성 소수자들이 즐겨 찾는다고 하는 그곳은 일반인들이 오지 않는 연유로 나름대로 아늑했다.

언젠가 한 번은 이상섭과 함께 술을 마셨는데, 취기가 돌은 그가 자기네 집으로 가자고 졸랐다. 어느 정도 취했던 자기도 그를 데려다주느라 그의 집에 갔는데, 그날 그는 마치 어린애처럼 자기에게 파고들었다. 정신이 번쩍 들었던 자기가 서둘러 돌아서자, 이상섭은 이름이라도 알려주어야 하는 것 아니냐고 소리쳤다. 신상에 대해 굳이 캐물으려 하지 않던 그가 그렇게 물으니까 하는 수없이 "곰이라고 부르면 돼요."라고 농담하듯 대꾸하였다. '문' 자를 거꾸로 하면 '곰'이 되니까 그다지 틀린 말이 아니었던 때문이다.

 이상섭과 그렇게 헤어진 후 북한산에서 한 번 더 마주친 적이 있었는데, 그때 이상섭은 자기에게 확 다가서려 했다. 마침 그즈음 수도회에서도 중국 선교에 대해 계획을 하고 있던 차였다. 그리하여 자기가 그쪽에 가 보겠다고 자원하였고, 그렇게 하여 일단 홀로 그쪽에 가서 선교 가능성을 살펴보겠다고 하며 서둘러 떠났다.

 그 이후 이상섭에 대해서는 까맣게 잊고 지냈었다. 중국은 공산주의 잔재가 남아있는 사회주의 국가로서 종교 활동을 금하고 있어 숨죽이고 지내는 고달픈 나날이었다. 그러던 중 어머니께서 돌아가셨다는 연락을 받고 잠시 귀국했었다.

 장례 후 다시 중국에 가서 지내는 동안 뒤늦게 파견된 후배들과 갈등하다 음주 문제로 소환되는 수모를 겪었다. 여러 가지 어려움 때문에 상담을 받는 형편에 처해있는데, 자신에 대한 소문이 어떤 식으로 퍼져있는지 꺼림칙했다. 신 선생이 자기가 곰이라는 사실을 어떻게 알게 되었는지, 또 황유스티노라는 자는 대체 누구이기에 수도회로 전화를 건 것인지 불안감이 스멀스멀 올라왔다. 어쨌든 자기가 성 소수자들 사이에서 회자하고 있는 것만은 분명한 것 같아 머리카락이 곤두서는 듯했다.

10. 베드로 형의 멋들어진 모습

　상담실에 나타난 요한의 머릿속은 온통 성 소수자들에 관한 생각으로 가득했지만, 그것을 말하진 않았다. 아직 사건화되지도 않은 것인데 창피해지는 게 싫었고 이왕 시작한 자신을 훑어보는 작업에 몰입하고 싶었다.

　"저번에 제가 집에 갔더니 명희라는 애가 있어서 어정쩡하게 지냈다고 말씀드렸지요?"

　"예, 그렇습니다."

　"고향에서 한 달 남짓 지냈을 무렵 올라오라는 통지가 왔습니다."

　"그때는 어떤 심정이었어요?"

　"불과 일 년 남짓 고향을 떠났던 것인데 이미 그토록 그리워하던 고향 집이 아니었어요. 집에 있는 게 썩 편하지도 않았고, 다른 애들은 다 학교에 가고 없는데 저만 멀뚱멀뚱 있는 게 영 어색하더라고요. 겨울방학 때만 하여도 그 좋던 곳이 낯설게 느껴졌으니 말입니다."

　이렇게 말하며 요한은 잠시 눈을 감았다. 바로 엊그제 같은데 이미 중년의 막바지에 다다랐다는 것도 생소했고. 그 긴 세월을 보내면서 중후해지기보다 부적응으로 상담을 받고 있으니…. 더구나 주님의 종으로 살겠다고 서약한 자가 본보기가 되기는커녕 성 소수자들 사이에 회자되는 것 같아 난감했다. 문득 '이렇게 되려고 그동안 그렇게 애를 썼는가?' 하는 의문과 함께 눈시울이 뜨거워졌다.

　불과 몇 마디 나누지 않은 상담 초입에서 요한이 그렇게 감정적으로 되는 것을 보고 선희는 그가 뭔가에 부대끼고 있다는 것을 직감했다. 그러지 않고서야 그렇게 감정적으로 될 리 없기 때문이다.

잠시 후 요한이 고개를 들어 선희의 시선과 마주쳤을 때, 자기를 바라보며 미소 짓고 있는 그녀가 아늑하게 느껴졌다. 그녀의 표정은 뭐든지 다 말하라고 하는 듯한데, 그래도 자신이 사제라는 사실에 갇혀 차마 입을 열기 어려웠다. 그리하여 요한은 둘러대고 말았다.

"고향을 잃은 낭인 같아 울컥하고 말았네요. 죄송합니다."

이러한 말을 들은 선희는 갸우뚱하며 고향 집이 꿈에 그리던 곳이 아니라고 하여 낭인 같은 심정으로 떨어진다는 게 비약이지 싶었다. 그리하여 탐색의 고삐를 조일지 아니면 그가 말할 때까지 기다릴 것인지를 두고 주춤했다. 그런데 요한이 먼저 말했다.

"여전히 서울이 싫었지만, 으레 가야 한다고 여겨 군말 없이 상경했어요. 그러고는 공부를 열심히 하는 것도 아니고, 전처럼 고향에 가고 싶어 안달하지도 않고 그냥 무덤덤하게 지내기 시작했던 것 같아요."

"공부라는 것도 마음이 안정되어야 집중하여 할 수 있지, 그렇지 않으면 하기 어렵지요. 교우관계는 어떠하셨어요? 학교에서 말이 통하는 학우가 한 사람이라도 있으면 그나마 생활하기가 수월해지니까요."

선희가 이렇게 응답하면서 그가 무엇 때문에 현시점에서 그토록 마음이 심란한지에 대한 탐색은 차차 하자고 마음먹었다. 요한 자신이 회고하는 것에 더 비중을 두는 것 같았기 때문이다.

"제가 워낙 소극적이라 적극적으로 학우에게 다가가질 못했어요. 되도록 눈에 띄지 않으려고만 했으니까요. 그 당시 지도 신부님들이 엄청 무서웠는데, 어린애들을 데리다 뭘 그리 엄격하게 했는지 지나놓고 보니 기가 막혀요. 그곳에 정을 붙이지 못하면서도 다른 한편 쫓겨날까 봐 겁을 내며 살았다니까요. 그 시절에 대해서는 그런 암울했던 기억 외에 별로 생각나는 게 없어요. 하하하."

이렇게 너털웃음을 짓는 요한, 어색할 때면 그는 그렇게 소리 내어 웃곤 하였다. 어쩌면 그렇게 함으로써 애써 자신을 끌어올리려는 나름의 기제인지도 몰랐다.

요한이 말했듯이 청소년 시절 그는 어머니를 애타게 그리워하는 아이도 아니었고, 그렇다고 희망찬 미래를 꿈꾸는 의욕을 지닌 학생도 아니었다. 결핍이 적어 속이 꽉찬 아이들은 머리가 굵어지면서 호기심이나 모험심을 향해 돌진하는 편이지만, 속이 허했던 그는 자신을 보호하기에 바빠 숨죽이며 지내지 않았나 싶었다.

"그런데 한창 성장할 시기여서 그랬는지 늘 배가 고팠어요. 식당에서 밥의 양을 제한하지 않았는데도 괜히 눈치가 보여 실컷 먹지를 못했지요. 하하하."

"한참 자랄 때니까 밥맛이 아주 좋았겠고, 또 속이 허하면 그만큼 식탐이 솟는다고 합니다. 그런데 무슨 눈치를 그렇게 보셨던 거예요?"

"있는 둥 마는 둥 하는 놈이 밥이나 밝힌다고 할까 봐 저 스스로 조심했어요. 선생님 말씀처럼 딱히 마음 붙일 데가 없으니까 먹는 것에 더 집착하는 마음이 생겼던 게 아닐까 합니다."

"중학교 시절은 그렇게 보냈고, 고등학교에 가서는 어떠셨어요?"

"사제양성을 위한 특수학교였기 때문에 고등학교라고 하여 별반

달라지는 것은 없었습니다. 방학을 끝내고 올 때마다 몇 명씩 돌아오지 않았는데, 그때마다 스산한 느낌이 들곤 했지요. 그래서인지 지금도 신학기를 맞는 3월과 9월에는 마음이 스산해지곤 합니다. 지도 신부님들은 동요를 막기 위해서였는지 그곳에서 교육받는 학생들은 선택받은 복된 자들이라고 귀에 못이 박히도록 읊어대었지요."

"한참 까불대며 살아야 할 시기에 우리에 갇히듯 규율 속에서 사느라 고생 많으셨습니다."

"그렇다고 우중충하기만 했던 것은 아닙니다. 우리가 정예부대라며 한껏 사기를 북돋워 주시는 바람에 으쓱하는 자부심을 품기도 했었으니까요."

"사제가 된다는 소명 의식을 키우는 고교 시절을 보내고 나서, 대신학교로 진학해서는 어떠셨습니까?"

"그때에도 돌아오지 않는 학생들이 꽤 있었어요. 그렇게 해 사제지망생들이 적어지자, 너무 어린 학생들을 데리다 사제양성 교육을 하는 게 과연 바람직하냐는 회의론이 대두되었답니다. 자발적인 선택이 아니라 부모의 선택에 의한 사제생활에는 문제가 많다고 해 마침내 제도를 바꾸었지요. 소신학교를 없애고, 대신학교부터 들어와 사제양성을 받도록 하면서 이름도 소신학교와 대신학교라는 구별 없이 그냥 신학교로 통일시켰답니다."

이렇게 말하며 요한은 그때의 상황을 들려주었다. 자기가 대신학교에 들어가기 1년 전부터 일반 고등학교를 졸업한 학생들을 받아들였다고 한다. 그러면서 성골이니 진골이니 하는 표현들이 떠돌았는데. 그때까지만 해도 중심세력을 이룬 이들은 소신학교 출신들이었다. 하지만 어려서부터 갇혀 살았던 탓에 이들의 마음 씀씀이는 협소하기 이를 데 없었다는 것이다. 자기도 성골에 속하긴 했어도 워낙 숫기가 없어 드러나지 않은 채 조용히 지내는 축에 속했다고 하였다.

어느 시점에서 요한은 피식 웃으며 재미있는 이야기가 있다고 하였다.

"사내아이들끼리만 살아서 그런지 간혹 발광하듯 미친 짓을 하며 독기를 발산할 때가 있어요. 마침 일반 고등학교를 졸업하고 신학교에 입학한 학생 중 한 명이 유독 나대었어요. 뭐 대단한 것은 아니고 수업 시간에 자기가 공부해온 것을 자랑하듯 열심히 떠들었지요. 그 꼴을 봐 넘길 수 없었던 몇몇 학생들이 그에게 잘난 척한다고 시비를 걸었고, 그것이 싸움으로 번졌지 뭡니까."

"말 망아지 같은 청년들을 모아두었으니 아무리 예비 사제라 해도 기회만 있으면 울근불근했군요."

선희가 이렇게 거들자, 요한은 신나듯 말했다. 앞서 자신에 대한 자괴감으로 울컥했던 만큼 어쩌면 균형을 갖추기 위한 반작용인지도 몰랐다. 사뭇 진지하기만 하면 지치게 마련이어서 선희도 그러한 반작용을 반기듯 추임새를 넣었다. 그렇게 해 진지하여 무겁기만 하던 상담 과정이 모처럼 재미있게 되었다.

"어느덧 성골이라는 이름 아래 소신학교 출신들이 한패가 되었습니다. 저도 흥분하여 그 건방진 놈에게 본때를 보여주어야 한다며 들썩거렸으니 말입니다. 하루가 멀다고 어떻게 손을 볼 건지 대책 회의를 하였다니까요. 왜냐하면 교수 신부님들이 그 학생이 총명하다고 말하며 아꼈거든요. 자칫하다가는 역풍을 맞을 수도 있어 소심하기 짝이 없던 우리는 거의 매일 머리를 맞대며 작전을 세웠어요."

"그랬어요? 큰 싸움이 벌어졌겠네요."

"하하하, 그런데 베드로 형이 낌새를 알아차려 산통이 깨졌지 뭡니까."

"저런, 베드로 형이란 사람이 산통을 깼다고요?"

"예, 지금 관구장 신부님이 바로 그 베드로 형입니다."

"아, 관구장 신부님이 그 형이었군요."

이렇게 선희가 맞장구를 쳐주자, 요한은 신이 나서 그때의 상황을 이야기했다.

베드로는 신학교가 일반 고등학교 출신자들을 받아들이기 시작한 첫해에 입학한 몇몇 학생 중 한 사람이었다. 이미 군 복무와 일반대학교를 마친 뒤 뒤늦게 사제가 되고자 하는 소명으로 신학교에 왔던 그는 다른 학생들보다 나이가 많았다.

2년 차였던 베드로가 1학년 학생에게 뭔가를 부탁하려 했는데, 그 1학년 학생은 급히 갈 데가 있다며 베드로의 말을 건성으로 들었다. 수도회 소속의 몇몇 학생들을 제외하고는 거의 모두가 기숙사에 살기 때문에 이들의 동선은 빤했다. 그리하여 베드로가 그 학생에게 뭐가 그리 급한지 의아하다며 뭐냐고 물었는데, 그 학생은 우물거리고 말았다.

이상한 낌새를 느낀 베드로는 무슨 일인가 하여 다른 학생을 붙잡고 대체 무슨 일이냐고 물었다. 그리하여 잘난 척하는 한 학생에게 본때를 보여주고자 한다는 것을 알아내었다. 그러지 않아도 패가 갈린다고 하여 교수 신부님들이 신경을 곤두세우고 있는 판이었기 때문에 그냥 놔두었다가는 누군가가 다칠 게 뻔했다.

곧바로 베드로는 그 문제가 되는 학생을 만났는데, 그는 자신이 그러한 표적이 되어있는지도 모르고 있었다. 한참 이야기를 나누어 보니 그는 단지 훌륭한 사제가 되고자 하는 열의에 좀 나댔던 것에 불과했다. 잘한다는 칭찬에 의기양양해져 더 잘하려다 표적이 되었을 따름이지 그리 꼬이거나 건방진 학생도 아니었다. 베드로는 그 학생에게 진행되고 있는 상황을 알려주자, 그는 펄쩍 뛰며 왜 자기가 미움의 대상이 되는지 이해할 수 없다고 흥분하였다. 그러면서 성골이랍시고 기득권을 가지고 나대는 그들이 나쁘다고 목청을 높였다.

베드로는 그 학생에게 자기도 소신학교를 거치지 않은 인물이기 때문에 같은 편이라고 강조하면서 그가 이해할 수 있도록 이런저런 많은 말을 해주었다. 성골이라며 자부심을 품는 학생들이 지적으로는 그 학생보다 조금 뒤떨어져도 오랫동안 다져진 그 무엇을 가지고 있다는 점을 강조했다. 안갯길을 걷다 보면 옷이 눅눅해지듯이, 그들은 사제로서 지녀야 할 덕목을 익힌 게 많다며 그것을 존중해주는 태도가 필요하다고 간곡하게 일러주었다.

아직 어렸던 그는 무슨 말인지 잘 이해하지 못했고, 자기는 교수 신부님이 물어서 대답한 것밖에 없다며 벅벅 우겼다. 그래도 베드로가 끈질기게 설득하자, 마침내 그 학생은 수그러드는 태도를 보였다.

베드로는 그를 데리고 한곳에 모여 쑥덕대고 있는 성골 학생들 앞으로 갔다. 두 사람이 느닷없이 나타나자, 한참 머리를 맞대고 있던 학생들이 당황해하는 모습을 보였다. 뭐 그리 대단한 것을 논의한다고 그렇게 깜짝 놀라는지, 베드로 눈에는 그들이 마냥 귀여울 따름이었다.

아무튼 그 자리에서 베드로는 다른 무엇보다 자기가 신학교에 왔을 때 동 학년 생들이 어떻게 도와주었는지를 말하며 고마움을 표현했다. 그러고 나서 문제가 되는 그 학생에게 신학교에 입학하여 지금까지 어떻게 지냈는지를 말하도록 하였다.

그러자 그 학생은 잔뜩 경직된 표정으로 한 음절 한 음절 말을 이어 갔다. 훌륭한 신부가 되는 게 꿈이었기 때문에 신학교에 온 것을 매우 기뻐했다고, 막상 들어와 보니 소신학교를 거친 학우들에 비해 많이 뒤떨어진 점을 발견했다고, 그리하여 밤잠을 줄여가며 열심히 공부했다고 말했다.

그 학생의 말이 다소 길어지니까, 대체 무슨 말을 하겠다는 것인지 모르겠다며 일부 학생들이 웅성거렸다. 그때 베드로는 웅성거리는 학생들을 다독이며 조금만 더 들어보자고 간청했다. 그러자 그 학생은 얼른 말을 줄이고 본론으로 들어갔다. 밤새워 공부한 것을 신부들이 알아주니까 신이 나서 그만 잘난 척하고 말았다는 실토를 하였다. 좋은 신부가 되는 것은 지식에 의해서가 아닌데, 그만 깜박 잊고 나대는 오류를 범했다고 말하며 용서를 구했다. 아울러 자신으로 인해 기분이 상한 친구가 있다면 사과한다고 머리 숙여 사죄하는 몸짓을 취하기도 했다.

그렇게 깍듯이 실수를 인정하며 머리를 숙이자, 성골이라 자처하는 학생들인들 어떻게 하겠는가. 침묵이 흐르는 사이 누군가가 손뼉을 쳤고 곧이어 다른 학생들도 따라 손뼉을 쳤다. 그러자 베드로는 그 학생의 어깨를 툭툭 치며 용기를 가진 자만이 깨끗하게 용서도 구하는 법이라며 그를 추켜세웠다. 그리고 그 자리에 있는 모두가 훌륭한 사제가 되고자 같은 목표를 가지고 있는 사람들인 만큼 합심해 잘해 보자고 격려와 당부의 말을 하였다. 그렇게 하여 마침내 그곳에 모였던 학생들이 환한 표정을 지었다.

이러한 광경을 바라보던 요한은 가슴이 뜨거워지는 것을 느꼈다. 시시비비를 가리는 볼썽사나운 논쟁을 펼치지 않고 매끈하게 일단락 짓는 게 근사해 보였다. 만약 베드로가 나서지 않았으면 성골이라고 하는 학생들이 그 학생을 무릎 꿇게 하였을 것이고, 그러면 그 학생의 기는 꺾이고 말았을 것이다. 아무튼 그날 베드로에 대한 인상은 닮고 싶은 인물로 또는 기대고 싶은 인물로 요한의 가슴에 각인되었다.

11. 황유스티노에게 모욕당하는 요한

방학을 맞이하면 신학생들은 자신의 교적이 있는 본당으로 돌아가 사목 실습을 하고, 그러면 주임신부는 그들이 얼마나 잘했는지를 평가해 준다고 설명하다가 요한이 이렇게 말했다.

"제가 성직에 회의하는 마음을 품기 시작했던 게 본당에서 실습하면서부터였어요. 저를 신학교에 추천했던 아버지 신부님은 전근 가셨고, 새로 부임한 신부님이 이상한 사람이었어요."

"어떤 면에서 이상했어요?"

본인이 이상한 사람이라고 먼저 말을 꺼내고서도 남을 흉본다는 사실에 불편했는지 요한은 멈칫했다. 그러다가 상담자를 믿지 못해서가 아니라며 서둘러 변명하였다.

"누군가를 뒷담화하는 것 같아 주춤한 것이지 선생님을 믿지 못해서가 아닙니다."

그렇게 말하는 요한에게서 선희는 그가 나이 들었음에도 떨어지는 잎새 하나에도 마음 저리는 소년 같다는 인상을 받았다.

"마음 가는 대로 그냥 편하게 말씀하셨으면 합니다."

"아, 예! 본당신부님은 신학생을 방학 동안이나 일정 기간 관찰하고 증언서를 써주는데, 새로 부임한 신부는 사람을 차별하듯 부자나 지위가 있는 그 지역의 유지급에 해당하는 사람들하고만 어울리는 거예요. 그런 분이 어느 날 제게 자신의 부모가 농사짓는 과수원에 가서 일하고 오라고 했지요. 성당에서 몇십 리를 가야 하는데, 지시를 받았으니 하는 수 없이 다녀오곤 했습니다. 그 신부의 부모도 제가 만만했는지 부려 먹으려고만 하지 뭡니까. 점차 '이게 뭐지?' 하는 반발심이 생기더라고요."

"저런, 그래서요?"

"당시 저의 아버님이 70대 노인이셨는데, 한번은 제가 아버지를 도왔으면 해서 며칠 동안 집에 있을 시간을 달라고 부탁했어요. 그런데 주임 신부님이 비정하게 딱 잘라 거절하는 거였어요. 거기다 그가 추천했던 다른 학생이 1년 후배였는데, 그 애는 유지 아들이어서 그랬는지 총애를 하니까 제 속이 부글부글했지요. 그런 상황에서 또 자기네 과수원에 가서 일하라고 하여, 제가 조심스럽게 그것은 사가의 일이 아니냐고 반박했더랍니다. 그랬더니 참을 수 없다는 듯이 눈을 이글거리다가 그때부터 저를 대놓고 뭉갰지요. 강론 시간에 제가 들으라는 식으로 복종하지 않는 놈은 모가지를 떼야 마땅하다고 말하지를 않나 별별 소리를 다 하는 거였어요."

"그래도 문 신부님이 참기만 한 것이 아니라 아닌 것에 대해서는 아니라는 표현을 하시는 분이었네요."

"하하하, 저도 놀랐어요. 늙은 아버지를 돕고자 실습시간을 며칠

빼달라고 했을 때 딱 잘라 거부를 하니까, 저도 그분의 부모를 돕고 싶은 마음이 싹 사라졌던 거였어요. 그게 반항인지 모르겠습니다만 가만히 있다가 그렇게 훅 용감해질 때가 있곤 합니다."

"평소 말을 하지 않던 사람이 화나면 폭발하는 경향을 보입니다. 하지만 주임 신부님에게 조심스럽게 말씀드린 것이었다면 그것은 용기라고 봐야 하지 않을까 합니다."

"글쎄, 헷갈리긴 하는데 간혹 제가 팩 대들기도 합니다. 아낌없이 잘해주다가 느닷없이 그렇게 성질을 부리곤 하니까 주위에서 종잡을 수 없다고 말하기도 합니다. 이참에 제가 어떤 인간인지 제대로 살펴봤으면 합니다."

이렇게 자신이 어떤 사람인지 살펴보고 싶다는 요한에게서 어느덧 상담에 대한 동기가 생겨나고 있음을 선희는 알아차렸다.

"자기를 이해하는 것은 성장의 발판이 된다고 봅니다. 평소 아무런 말도 하지 못하던 사람이 한계에 다다르면 폭발하고 마는데, 평소 감정을 섞지 않고 담백하게 말하는 연습을 해야 합니다. 아무튼 어떻게 하다가 평소 말을 안 하게 되었는지를 이해하고, 있는 그대로의 자신을 표현하고, 나아가 자신을 있는 그대로 수용하는 힘을 키워야겠습니다."

"자기를 있는 그대로 수용하는 힘을 키워야….'

요한은 선희가 한 말을 따라 읊조리다 다시금 물었다.

"그러한 힘을 어떻게 해야 키우는 것입니까?"

"어떤 것이든 참거나 누르면 화가 되어 나중에 파괴적으로 올라오게 마련이지요. 그래서 느끼거나 생각한 바를 일단 솔직하게 그때그때 말하는 게 필요합니다. 그렇게 하는 과정에서 자기가 느끼고 생각한 바에 대해 승인 받는 과정을 통해 점차 신뢰하게 되고, 그러한 게 자신감의 원천으로서 용기를 갖게 됩니다."

"그때그때 표현함으로써 용기를 키워가라는 말씀이군요."

이렇게 말하며 요한은 선희가 하는 말을 가슴에 새겨두고자 하였다.

주임신부와 불편해지면서 방학 때 고향에 내려가는 게 고역이었다고 하였다. 주임신부는 청년회 모임이나 주일학교 교사회에서 여봐란듯이 요한을 배제해버렸고, 변경된 모임의 정보를 알려주지 않아 허탕을 치게 했다.

요한은 2학년까지의 과정인 철학 공부를 마치고 입대하였다. 군대에 가서는 군종신부 밑에서 복무하였는데, 군종신부는 내성적인 사람으로 사진 찍는 일에나 열중하였다. 그런데 요한의 선임자가 까칠한 사람이었는데 이상하게 자기에게는 너그러웠다고 한다. 그러더니 아니나 다를까, 언젠가 막사에 두 사람만 있게 되었을 때 그가 자기를 덮쳤다고 하였다.

고등학교 1학년 때도 기숙사에서 어느 동기생이 자기에게 다가와 몸을 더듬는 일이 있었는데, 어쩔 줄 모르던 자기가 그만 어린애처럼 울어버렸다고 한다. 그러자 동기가 황당해하며 뒷걸음쳤고, 자기는 어린애처럼 울었다는 사실이 창피해 그를 바라보지도 못했단다. 결국 그 동기는 다른 학생에게도 그런 짓을 하다 발각되어 퇴학을 당했다고 하였다. 동성애는 신학교에서 극도로 터부시하는 금기사항이라 속전속결로 그 학생을 내쫓아버렸다는 것이다.

군대에서 선임자가 자기를 덮쳤을 때도 자기는 심장이 멎는 줄 알았다고 했다. 그래도 전처럼 큰소리는 내지 않고 이를 악물고 버텼는데, 마침 누군가가 막사에 들어오는 바람에 선임자는 아무렇지도 않은 듯 일어섰고, 자기도 시치미를 떼었다고 하였다.

그런 일이 있고 난 뒤, 될 수 있는 대로 그 선임자와는 부딪치지 않으려고 안간힘을 썼다고 했다. 하지만 내심 만약 다른 병사가 그 시각에 들어오지 않았다면 어떻게 되었을까 하는 궁금함을 떨쳐버리기 어려웠다고도 말했다. 이러한 이야기를 하다 요한이 선희에게 물었다.

"이러한 동성애자들은 왜 생겨나는 겁니까?"

"다양한 설이 있어요. 교회에서는 동성애를 금기시하지만, 워낙 성소수자가 많은 연유로 미국에서는 1980년대에 합법화를 시켰지요. 선거를 의식했던 때문이지 싶습니다. 어쨌든 전에는 동성애를 무조건 죄악시하였지만, 오늘날에는 선천적인 경향으로 보는 관점이 우세한 것 같습니다."

"아, 그렇군요."

이렇게 응수하는 요한의 얼굴이 살짝 붉어졌다. 잠시 뭔가를 생각하다가 그는 다시 군종신부에 관한 이야기로 넘어갔다. 군종신부는 소심하고 조용한 사람으로 어디든 늘 사진기를 들고 다녔다고 한다. 조금이라도 색다르거나 근사한 게 있으면 셔터를 눌러댔는데, 그 당시만 해도 필름 값 또는 인화 비용이 만만치 않았다고 했다. 그는 시간만 나면 테이블 위에 사진을 쭉 깔아놓고, 때때로 자기를 불러 어느 것이 더 나은지를 묻다가 사진예술에 대해 긴 설명을 해주기도 했었단다.

사진에 대해 문외한이었던 자기도 반복해 듣다 보니까 제법 식별력이 생기더라고 했다. 빛에 따라 다르게 표현되는 물체에 관심을 가지면서 빛과 생명과의 관계를 생각하게 되었다고도 했다. 생명은 스스로 존재하기보다 빛에 의지해 나타나는 것이라고, 즉 이 세상의 모든 만물이 그 자체의 독립된 개체가 아니라 서로 의지한다는 것을 사진을 통해 알았다고 말하기도 하였다.

요한의 이야기는 또 다른 국면으로 넘어가 전개되었다.

어려서부터 자기는 천주교가 가장 선진화되고 훌륭하다는 것에 추호의 의심도 하지 않았기 때문에 불교는 고리타분한 구식의 종교라고 여겼다고 한다. 어렸을 때 같은 반 아이의 아버지가 스님이었는데, 그 아이는 이른 아침에 학교에 왔다가 멍하니 앉아 있기만 하다 돌아가는 식이었단다. 말을 붙여도 좀처럼 대꾸도 안 하는 그를 보면서 '부처를 믿어서 그런가?' 하고 생각하기도 했는데, 그 이후 불교 하면 그 아이가 떠오르면서 뭔가 촌스럽고 미신 같다는 느낌을 면하기 어려웠다는 것이다.

그런데 군대에서 무던하고 늘 싱글거리는 사병이 있었는데, 알고 보니 절에서 승려 전 단계의 사미승으로 지냈던 사람이라고 하였다. 처음에는 스님도 군대를 오는가 하여 의아해했는데, 돌이켜보니 자기와 하등 다를 게 없더란다. 아무튼 자기와 유사한 위치의 그 사병은 성격이 느긋하고 늘 싱글벙글하는 모습이었다고 했다. 마침 농촌 출신이었던 자기와 그나마 통하는 게 있어 그와 가깝게 지내는 동안 절집에 관한 이야기를 많이 들었단다.

일찍이 아내를 잃었던 그의 아버지는 아들을 혼자 키우기가 힘들어 8살 난 아들을 절에 맡겼다. 그는 천성이 그랬던 것인지 아니면 스님들 밑에서 살아남느라 그렇게 된 것인지 알 수는 없지만 늘 싱글벙글 웃었다고 하였다. 절에서 자잘한 심부름을 도맡아 했던 그는 20~30리 산길을 걸어야 학교에 올 수 있었는데, 절에 행사가 있거나 기후가 좋지 않으면 옳다구나 하고 결석을 밥 먹듯 하였다고 했다. 아무리 아파도 학교만큼은 꼭 가야 하는 줄 알고 등에 업혀서라도 출석했던 자기와는 퍽 대조적이었다.

그는 세상의 갖가지 차별적인 모습이나 현상에 대해 모든 게 업(業)이 결정하는 거라며 늘 그러려니 하였단다. 심지어 군대에서 기압을 받을 때도 안달하는 자기와는 대조적이었다고 했다. 그렇게 낙천적이었던 그에 비해 자기는 비록 말을 하진 않지만, 속으로는 시시비비를 끊임없이 가리며 안달하는 사람이라는 것을 알았다고 하였다.

"그 사병에 비하면 저는 많은 것을 누렸던 사람인데, 왜 그처럼 너그럽지 못했던 것일까요? 부모님이 많이 배우진 못하셨어도 자식들에게 헌신하셨고, 더구나 저는 서울 중심에 있는 학교에서 최상의 교육을 받았다고 해도 과언이 아닐 정도로 혜택을 누린 사람 아닙니까?"

"좋은 말씀입니다. 대상이나 사물을 바라보는 눈이 순해지려면 무엇보다 정서적으로 안정되어야 한다고 봅니다. 하지만 신부님에게는 자연스럽게 살지 못했던 연유로 긴장하며 지내느라 '나'라는 주체를 확립하기 어려웠던 게 아닌가 합니다."

"그런가요? 그 사병은 부모 없이 절에서 머슴처럼 살았는데 그래도 마음이 느긋했단 말입니다. 제게는 자꾸 삐딱해지는 그 무엇이 있는 것 같아요. 처음부터 타고난 천성이 달라서 그런 것인지는 모르겠습니다만…. 아무튼 그 친구 덕분에 군대 생활이 지루하지 않았어요. 그는 어느 보살의 딸에게 반해 주접을 떨다 된통 혼났던 사건, 마을에 내려가서 몰래 닭서리를 해 계곡에서 구워 먹고 왔다가 몽둥이로 두들겨 맞았던 사건 등 많은 이야기를 해주었지요. 그가 그런 구수한 이야기를 해줄 때마다 얼마나 배꼽을 잡고 웃었는지 몰라요."

"버터 냄새만 맡는 식으로 살다가 그 사병 덕분에 구수한 된장 냄새 같은 것을 맡았다니, 듣는 제가 다 편안해지는 기분입니다."

"하하하, 버터 냄새와 된장 냄새의 대비가 재미있습니다."

별 부담 없이 이야기를 이어가다 상담을 마치고 돌아오면서 요한은 '상담에서 이렇게 한가한 이야기를 나눌 수도 있구나.' 하였다. 그동안은 주로 팽팽한 이야기를 하였던 것 같은데, 상담에서 이렇게 뜨듯한 구들장의 온기 같은 것을 느끼기도 한다는 게 새로웠다.

수도회에 거의 도착할 즈음 근처에서 서성이는 남자가 있었다. 무심코 그를 지나치는데 그 남자가 묵직한 저음으로 부르는 게 아닌가.

"문요한! 문요한 신부!"

요한은 그 낯선 사람이 자기를 부르는 것에 놀라 그를 쳐다보았다. 살이 찐 얼굴에 붉은 기운이 감도는 그는 얼추 자기 또래의 나이이지 싶었다.

"누구시지요?"

"나, 황유스티노라고 모르겠나?"

그렇게 반말로 말하는 게 무례하게 비쳐 요한은 꼿꼿하면서도 정중하게 대답했다.

"누구신지 모르겠습니다."

"자네와 무려 4년이나 같이 살았는데 모른다고 하면 섭섭하지."

4년이나 같이 살았다는 말에 요한은 소신학교를 떠올렸고, 그제야 그가 누구인지 알 것 같았다. 좀 전에 상담에서 고등학교 1학년 때 동기 녀석이 자신의 몸을 더듬었던 적이 있다고 했는데 바로 그 작자였다. 다른 학생에게도 그런 짓을 하다 퇴학을 당했던 바로 그 학생, 황유스티노였다.

순간 요한은 불길한 예감에 휩싸였다. 얼마 전 수도회로 전화를 걸어 자기에 대해 꼬치꼬치 물었던 사람이 바로 이 사람이지 싶었다. 그렇다면 이 친구가 속해있는 성 소수자 세계에서 자기가 많이 회자되었다는 게 분명했다. 순간적으로 턱하고 숨이 막혀와 얼어붙은 듯 가만히 있자, 황유스티노가 요한을 아래위로 훑어보고는 던지듯 말했다.

"우리 이야기 좀 나누어야 하지 않을까?"

"나는 당신과 나누어야 할 아무런 말이 없소."

한때 함께 지냈던 학우라 해도 불길함이 스쳤던 까닭에 요한은 거리를 두듯 정중하게 말했다. 그러자 그는 거칠게 응수했다.

"문요한, 왜 그래? 너무 박절 맞게 구는 것 아니야? 신부가 되면 그렇게 목에 힘을 줘도 되는가? 신부가 되었으면 신부답게 굴라고."

황유스티노는 작정하고 싸움꾼이나 하는 시비조로 언성을 높였다. 워낙 그런 식인지 아니면 겁을 주고자 일부러 그런 것인지 알 수는 없으나 거칠기 짝이 없었다. 이렇게 수모를 당한 요한은 머리가 하얗게 되면서 나락으로 떨어지는 듯 아득했다.

이렇게 얼어있는 요한을 아래위로 훑어보다가 황유스티노가 한마디 툭 던졌다.

"그때나 이때나 새가슴은 여전하군. 하루를 살더라도 배짱대로 살아야지 어떻게 그리 오그리고 사는가? 오늘은 확인만 하고 이만 돌아가도록 하겠네!"

"…."

"곧 그 술집으로 나오게. 너무 기다리게 하는 것은 예의가 아니고. 알겠나?"

"…."

요한을 그렇게 휘저어 놓고 황유스티노는 발길을 돌렸다. 처음부터 확인만 하고 돌아갈 참이었는지, 아니면 요한이 너무 질겁하니까 그 정도로 하고 돌아선 것인지 알 수 없으나, 아무튼 그날 두 사람의 만남은 그렇게 거칠었다.

황유스티노가 터벅터벅 발걸음 소리를 내며 돌아가는데도 요한은 한참을 그 자리에 우두커니 서 있었다. 이윽고 정신을 차리고 발걸음을 내디디는데 다리가 휘청거렸다. 겨우겨우 수도회에 돌아오면서 뭐라고 표현하기도 어려운 치욕감에 그만 콱 죽어버리고 싶었다. 그런 무지막지한 인간에게 장차 무슨 수모를 당할지 겁을 넘어 두려움이 엄습하는 거였다.

12. 베드로가 종교에 끌린 이유

관구장 신부는 요한이 상담에 다녀오는 날에는 저녁 식사를 거르곤 하는 것으로 보아 그가 많이 부대낀다고 여겼다. 그리하여 관구장 신부는 상담자에게 전화를 걸었다.

"문 신부가 상담을 받으며 많이 힘들어하는 것 같습니다. 혹시 그가 자살과 같은 극단적인 행동을 하진 않겠지요?"

"걱정을 많이 하시는군요. 문 신부님이 힘들어하면서도 자신을 돌이켜보는 것에 흥미를 갖는 것 같습니다. 저는 문 신부님이 자살과 같은 극단적인 선택을 하지 않으리라 보는데, 혹시 무슨 일이 있으세요?"

선희의 응답에 관구장 신부는 멈칫하다가 천천히 말했다.

"어떤 일이 있는 것은 아니고 혹시나 하여 여쭈어보는 것입니다."

"문 신부님이 언제 자살과 같은 시도를 했던 적이 있었습니까?"

"아, 그렇다기보다 그 친구가 간혹 욱하거나, 느닷없이 청소한다며 온통 뒤집어엎는 식으로 자신을 들들 볶지요. 그리하여 별나다고 하는 말도 있는데, 동시에 인정스러워 따르는 후배들이 많기도 합니다."

이런 식으로 관구장 신부는 한 발 빼듯 말을 아꼈다. 혹시 자기가 한 말 때문에 상담자가 문 신부에 대해 선입견을 품을까 봐 조심스러웠다. 그리하여 문 신부에 대해 많은 신경을 써달라고 부탁하였다.

상담자와 통화를 끝낸 관구장 신부는 선희의 질문에 자기가 너무 사린 것은 아닌가 하고 되짚어보았다. 수도회 내에서 거의 모든 사제가 요한과 자기가 각별하게 지낸다는 사실을 알고 있다. 요한은 불과 몇 년 전까지만 해도 둘이 있을 때는 자기를 신부라고 호칭하는 대신 형이라고 부를 정도로 친밀했고 언제나 자기 편이 되어주었다. 간혹 너무 밀착되는 것 같아 거리를 둘 때도 있었지만, 어느 순간부터 그는 삐친 계집아이처럼 샐쭉해졌다.

오래전부터 자기를 따랐던 요한, 그렇게 자기에게 충실한 후배 동료를 두고 있다는 것은 큰 복이었다. 가정을 꾸리기보다 좀 더 큰 가치나 보람을 위해 살고자 사제가 되었지만, 사실 그 삶은 외롭기 그지없다. 그러한 삶이 원만하게 유지되려면 누군가가 그것을 읽어주고 위로해주어야 하는데, 그러한 역할을 요한이 톡톡히 해주었다고 봐도 과언이 아니었다. 그런데 최근 들어 그가 흔들리고 있으니….

　대학교에 다니면서 산타기를 좋아했던 베드로는 등산부 동아리 활동에 열중했다. 그리고 틈나는 대로 남대문 시장을 누비며 갖가지 고가의 등산 장비를 갖추면서 으스대기도 하였다. 그러다 군 복무를 마치고 와서도 등산부 동아리에 드나들며 선배 노릇을 하며 후배들에게 훈수를 두었다. 그러면서 등산의 백미는 겨울 등산이라 강조하며 후배인 동아리 회장을 부추겨 겨울 산행을 계획했다.
　졸업은 했어도 여전히 연결을 이어가고 있던 등산부 동아리 선배들은 제대로 훈련받지 않은 부원들을 데리고 겨울 산행을 떠나는 것은 위험하다며 말렸다. 하지만 고가의 장비를 제대로 써볼 기회를 얻고자 했던 베드로는 그러한 우려를 흘려들었고, 속성으로 부원들을 훈련해서라도 겨울 산행을 감행하고자 했다. 그리하여 후배들을 이끌고 훈련 목적으로 북한산 백운봉을 자주 찾았다.
　북한산은 서울 주변에 있어 근접성이 뛰어난데다 바위도 크고 가팔라 훈련하기에 적격이었다. 몇몇 부원들을 데리고 백운봉에 올랐는데, 그날따라 갑작스러운 기상변화로 손을 쓸 사이 없이 바위에 오르기 위해 부원들을 묶은 몇 가닥의 자일이 세찬 바람에 엉켜 순식간에 한 부원이 대롱대롱 매달리는 위험에 처했다. 그러자 옆 자일에 매달린 사람이 돕는다며 엉뚱한 것을 손대는 바람에 밧줄이 풀리면서 매달려있던 부원이 추락하고 말았다. 그야말로 눈 깜박할 사이에 벌어진 사고였다.

그 부원이 비명을 지르며 떨어지는 모습을 바로 옆에서 지켜보던 베드로는 자신의 삶이 산산조각 나는 장면이 그 위에 덮치는 것 같았다. 다른 자일에 몸을 묶고 있던 두 명이 비명을 지르는데, 베드로는 느린 동작의 장면을 보듯 그저 멍할 따름이었다.

학생들이 겁 없이 나대다 돌이킬 수 없는 사고를 냈다며 온 매스컴은 요란을 떨었다. 학교에서도 난리가 났으며, 생존자들은 경찰조사 및 현장 조사 등을 하느라 거의 매일 불려 다녔다. 죽은 학생의 부모는 울부짖다 졸도를 하기도 하고, 장례식장 곳곳에서는 죽은 학생의 친인척들이 심심찮게 야유를 던지기도 하였다. 그 모든 비난을 베드로는 맨몸으로 받아내는 수밖에 없었다.

어느 정도 소용돌이가 잦아지자, 베드로의 부모는 아들에게 영국의 금융계통에서 일하는 큰아버지가 뒤를 봐주기로 했으니 유학을 떠나라고 제안했다. 하지만 세계사를 공부하면서 서양인들의 잔혹했던 식민지 정책에 반감을 품은 바 있었고, 그들이 이룬 산업혁명이라는 게 자연 파괴와 직결된다고 믿었던 베드로는 유학을 썩 내켜 하지 않았다. 즉, 서구중심의 문화에 반감을 드러내며 굳이 그들의 사회에 가서 배우고 싶다는 포부를 갖지 않았다. 그렇게 하여 부모가 많이 낙담하자, 이러한 부모를 대하기 민망스러워진 베드로는 잠시 여행이나 다녀오겠다며 집을 나섰다.

여행 중 기차 안에서 만난 사람은 로만칼라를 한 서양 신부였다. 베드로와 마주 앉은 그는 가볍게 눈인사를 나누고 얇은 입술을 꼭 다물고 있었다. 이러한 그가 차창 밖을 내다보다가 뭔가를 암송하듯 중얼거렸다.

베드로는 그를 뚫어지게 쳐다보는 것도 실례일 것 같아 시선을 돌리려 애썼지만 그래도 자꾸 쳐다보게 되었다. 그러자 그 신부도 베드로가 자기를 의식한다는 것을 알고 말을 건넸다.

"저 밖의 광경이 참으로 아름답습니다."

"아, 예!"

베드로에게는 그저 익숙한 산천인데, 그 파란색 눈동자의 신부에게는 그런 풍광이 새삼스레 비쳤는지 이렇게 말했다.

"방금 'Pied Beauty'라는 시를 암송했습니다. 아기자기하게 펼쳐진 한국의 농촌이 매우 아름답습니다."

"그게 어떤 내용의 시입니까?"

"젖소가 얼룩덜룩한 것도 하느님이 창조하신 작품으로 아름답다는 내용입니다. 저기 산 아래에 옹기종기 모여 있는 집들이 참 아름답습니다. 동그랗게 모여 있는 묘지들도 다정하게 보입니다."

중년으로 보이는 그 신부는 프랑스 사람이라고 했다. 파리 외방 선교회의 소속으로 한국에 파견되어 대구대교구 관할의 농촌지역에서 활동한다고 하였다.

또박또박 한국말을 구사하는 그와 이야기를 나누면서 베드로는 신선함을 느꼈다. 등반사고 이후 피폐해진 나무토막처럼 지내고 있는데, 그는 하느님이 창조하신 이 세상이 참으로 아름답다고 찬양하고 있으니…. 문득 베드로는 '삶이란 전적으로 자신이 의미 부여를 해가는 과정이지 않을까?' 하고 생각했다.

이렇게 생각하며 베드로는 그 신부와 깊은 대화를 나누고 싶었다. 하지만 그가 구사하는 한국어는 그냥 생활언어 정도였지 그 이상의 의미나 가치를 논하기에는 턱없이 부족해 보였다. 더욱이 베드로 자신도 자기가 무엇을 말하고 싶어 하는지 명확하지 않았고, 그래서 답답한 마음만 더해갔다.

　10일 정도의 여행을 마치고 돌아온 베드로가 관심을 두기 시작한 것은 종교였다. 어려서부터 성당에 다녔어도 관습적으로나 다녔는데, 이번에는 진지하게 성당에 나가며 봉사활동도 하였다. 그러다 어느 시점에서 신학교에 가고 싶다는 포부를 밝히자, 어머니는 반색하는 반면에 아버지는 실망감을 역력히 드러냈다.

　아버지가 중재안으로 내놓은 것은 일단 복학해 학부를 마치고 다시 생각해보자는 거였다. 그렇게 하는 동안에도 계속 신부가 되고 싶으면 그때는 말리지 않겠다고 하는 것이었다. 그리하여 복학한 베드로는 학부를 마치고서도 사제가 되겠다는 뜻을 굽히지 않았다. 아버지도 그동안 마음의 준비를 했기 때문인지 처음처럼 당황해하지는 않고 몇 차례 만류하다 아들의 뜻을 받아주었다.

　그런데 문제는 교구 소속의 사제가 되려면 본당신부의 추천을 받아야 하고, 그러려면 몇 년 더 성당 활동을 해야 하므로 긴 시간을 기다려야 했다. 이미 나이가 들었던 베드로는 교구가 아닌 수도회 소속의 사제가 되기로 하였다. 그렇게 하여 몇몇 수도회를 찾아보다 결정한 곳이 해외선교를 중점으로 활동하는 이냐시오 수도회였다. 이곳 수도회에서는 그동안 자국민 성소자(聖召者)를 받지 않다가 최근에 개방하고 한국인 성소자를 받아들이기로 하였다. 다른 두 사람과 함께 베드로는 한국인 1기로 입회하였고, 외국인 신부들은 처음으로 맞이하는 방인인데다 숫자가 적기 때문에 이들에게 많은 관심을 기울였다.

　베드로가 수도회의 양성과정 2년을 마칠 즈음 대신학교, 즉 대학교에 해당하는 신학교에서도 일반 고등학교를 졸업한 이들을 받아들이기 시작했다. 그리하여 거기서도 1기로 입학하였는데, 베드로 눈에 비친 신학교 학생들은 협소한 모습이었다. 어려서부터 소신학교에 갇혀 살았기 때문인지 순진성은 지녔지만 생각하는 폭이 좁았다. 그리하여 동생을 대하듯 다독이니까 따르는 학생들이 많았다. 그런 무리에서 유달리 자기를 좋아하는 학생이 있었는데 그가 바로 한 학년 후배인 요한이었다. 요한은 베드로와 시선이 마주칠 때마다 쑥스러움을 이기지 못해 얼굴을 발갛게 붉히곤 했는데, 그런 모습이 해맑아 보여 베드로도 요한을 반겼다.

베드로는 요한이 군대에 가 있는 동안 신학교를 졸업하고 대학원에 입학하였다. 대학원에 다니는 동안 사제 전 단계인 부제가 되어 학부 학생들을 데리고 나환자 마을에 견학하러 간 적이 있었다. 그곳에서 군 복무를 마친 뒤 복학하지 않았던 요한을 만나 깜짝 놀랐는데, 자신의 처지가 수치스러웠는지 요한은 당황해하며 그곳에서도 자취를 감추고 말았다.

그 후 1년 정도 지났을 무렵, 요한이 베드로 앞에 나타나서는 교구를 떠나 수도회로 소속을 옮기고 싶다고 말했다. 그리하여 베드로는 요한을 자신이 속해있는 이냐시오 수도회로 안내하였고, 거기로 입회한 요한은 베드로와 같은 수도회 형제로 가깝게 지냈다.

그런데 그 여리고 수줍어하던 요한이 어찌 된 일인지 나이 들어가면서 부적응을 일으키고 있다. 곧 회갑을 맞는 나이로 상담을 받는 게 부대끼는지 저녁 식사도 자주 거르는 것 같아 마음이 쓰였다.

이러한 요한을 그냥 내버려 두기도 뭣해 베드로 신부는 요한의 방을 노크하였다. 하필 그날은 요한이 수도회 건물 앞에서 황유스티노에게 봉변을 당하고 왔던 날이다.

"오늘도 저녁 식사를 거르는 것 같던데 상담받기가 그리 힘든가?"

"아닙니다. 받을 만합니다."

"안색이 안 좋은데 내려와 맥주나 한잔하는 게 어때?"

격려해주고 싶은 마음에 베드로 신부가 그렇게 제안하였지만, 요한은 너무 산란한 나머지 그렇게 하기도 어려웠다.

"죄송합니다. 오늘은 머리가 아파 그냥 이대로 있어야 할 것 같습니다."

이렇게 말하는 요한의 얼굴에 미세한 경련이 일어났다. 평소 한잔하자면 신바람을 내는 사람이 바로 요한이었는데…. 얼마나 부대끼면 그렇게 혼자 있고 싶어 할까 하는 생각을 하며 베드로는 주춤했다.

앞서 상담자는 요한이 자신에 관한 회고에 제법 열중한다고 말하며 요한의 상태를 그리 걱정하지 않는 듯했다. 하지만 자기가 보기에 그는 힘들어하는 게 역력했다. 그래서 혹시 상담자가 요한의 상태에 대해 뭔가 놓치고 있는 것은 아닐까 하는 의문을 가지면서 요한에게 물었다.

"안색이 안 좋아 보이는데 혹시 내가 도울 수 있는 게 있다면 무엇일까?"

"…."

"혹시 상담자가 여자라서 말하지 못하는 게 있기라도 한가? 자네가 너무 힘들어하는 것 같아 보기가 딱해. 이왕 시작한 상담이니까 가리지 말고 다 드러냈으면 한다네. 그렇게 해야 상담 성과가 있다고 하거든."

"예, 잘 알겠습니다."

요한을 뒤로하고 돌아서면서 베드로 신부는 그냥 지켜보는 수밖에 없다고 생각했다. 사람들은 누구도 도울 수 없는 자신만의 멍에를 갖는 것 같기 때문이다.

베드로 신부가 발걸음을 돌리자, 요한은 침대에 걸터앉아 산란해지는 마음과 씨름했다. 황유스티노가 대체 왜 자기를 만나려 하는지 궁금하기 짝이 없었다. 험악한 말투로 보아 그리 잘 풀리지는 않은 듯했다. 소신학교 시절에도 겁 없이 나대었는데 퇴학을 당한 이후에는 아예 막무가내로 살았던 사람이지 않을까 싶었다.

아무튼 그가 원하는 게 있기는 한데, 그렇게 고압적으로 나오는 이유가 뭔지 아무리 머리를 쥐어짜도 알 수 없었다. 분명한 것은 그가 자기를 색출해내듯 찾아온 이상 피할 수는 없을 것 같았다. 생각이 이렇게 돌아가자 요한은 벌떡 일어나 책상 서랍을 열어 저번에 찢었다가 다시 맞춰둔 신 선생이라는 사람의 명함을 찾았다. 아무래도 그 사람에게 연락을 해봐야 할 것 같았다.

13. 주임신부를 피해 도망다니기

요한은 황유스티노로 인해 심란했지만, 상담자에게 그 이야기를 하자니 자존심이 상해 그냥 자신을 회고하는 일에 열중하고자 했다. 그리하여 저번에 어디까지 이야기했었는지를 더듬다 그 뒷이야기를 이어갔다.

군 복무 3년을 마치고 나니까 훌쩍 어른이 된 것 같았다고 하였다. 그러면서 과연 자기가 복음을 전파할 수 있는 인물이 되는지를 곱씹었다. 특출 난 재주를 가진 것도 아니고 그렇다고 선교활동에 대해 강력한 소명 의식을 가진 것도 아니었기 때문이다.

여름에 제대했기 때문에 복학하려면 반년 이상을 기다려야 했다. 제대하고 주임신부에게 인사하러 갔을 때, 그는 여전히 요한을 무시하듯 쌀쌀맞게 대하였다. 그런 취급을 견디기 어려웠던 요한은 고향에 있는 게 고역이었고, 다른 한편 자신도 군종신부처럼 사진 찍기와 같은 취미를 갖고 싶었다.

사진을 찍으려면 어느 정도 렌즈의 성능이 받쳐주는 사진기가 필요했다. 군종신부처럼 독일제 라이카 정도는 아니어도 캐논이나 니콘 정도의 사진기는 마련해야 할 것 같았다. 그래서 가격을 알아보니 만만한 게 아니었다. 취미생활을 위해 사진기를 사겠다고 농사를 짓는 노부모에게 손을 벌릴 수 있는 처지도 아니었다.

뜻이 있으면 길이 열린다고, 몇십 리 떨어져 있는 고찰에서 대대적인 불사를 한다는 소문이 파다했다. 그곳에서는 일손이 모자라 일당을 넉넉히 쳐준다고 하는 거였다. 타 종교의 일이라 다소 망설이다가 요한은 사진기값을 손에 쥘 요량으로 일단 가 보기로 하였다. 하지만 절에서 하는 일을 도우러 간다고 하면 부모가 걱정할 것 같아 상세히 말하지는 않고 잠시 일할 데가 있어 다녀온다며 집을 나섰다.

불사를 하는 곳에 가 보니 여간 큰 공사가 아니었다. 불타버린 법당을 새로 건립하는 것을 비롯해 법당 좌우로도 큰 건물을 짓고 있었다. 저쪽에서는 토목공사가 진행되고, 이쪽에서는 목수들이 나무를 깎거나 세우는 작업을 하는 등 어수선하였다.

일꾼을 모집한다고 하여 왔다고 말했더니, 책임자는 요한을 아래위로 훑어보고는 탐탁지 않아 했다. 도무지 힘쓰는 일을 할 사람처럼 보이지 않았는지 그는 요한을 목수에게로 데리고 가서 쓰든지 말든지 알아서 하라고 했다. 그러자 요한을 건네받은 대목은 몇 마디 물어보고는 심부름을 도맡아 할 사람이 필요하던 차인데 그런 일을 하겠느냐고 물었다. 사진기값이 필요했던 요한은 힘쓰는 일보다 심부름이나 하는 일이 더 나을 것 같아 그렇게 하겠다고 했다.

요한은 관공서를 들락거리거나 필요한 소소한 물품을 사 오거나 반환하는 등의 일을 하였다. 그리고 거리가 좀 떨어진 대목수의 사가에 가서 필요한 의복과 물건을 챙겨오는 것이었다.

대목의 집에는 어린 여자아이가 있었다. 대목이나 그의 부인은 50대 후반으로 보이는데 7살 전후한 어린아이가 있어 요한은 의아해했다. 어렸을 때 자신의 어머니가 늙었다는 사실을 싫어했는데, 그 어린아이는 자기보다 더 늙은 엄마를 둔 것 같아 딱하게 여겨 잘해주었다.

어느 날 급하게 보고할 게 있어 대목을 만나러 갔는데, 그는 요한이 가까이 다가온 줄 모르고 어느 스님과 말하고 있었다. 그는 스님에게 아이가 곧 학교에 가게 되니까 돈을 더 줘야겠다고 말했고, 그 말을 들은 스님은 잘 말씀드려보겠다고 응답하는 것이었다. 본의 아니게 이러한 말을 들은 요한은 그 어린아이가 대목의 딸이 아니라 맡아 키우는 아이라는 것을 알았다. 정확히 누구의 자식인지는 알 수 없으나 스님이 잘 말씀드려보겠다고 응답하는 것으로 보아 제법 위치가 있는 사람의 자식인 듯했다.

그 순간 불교에 대해 다소 호의적으로 여겼던 마음에 금이 갔다. 가톨릭의 엄격함에 답답함이나 저항을 느끼기도 했지만 그래도 도덕적으로 무장된 종교가 아닌가 하는 생각을 하였다. 아무튼 그때부터 스님들의 투박함이 다듬어지지 않은 촌스러움으로 보였고, 일꾼들도 돈을 쥐고 있는 스님들 앞에서는 굽실거리면서도 뒤에서는 중놈이라고 욕하는 게 유독 귀에 들어왔다. 문득 그런 무리 속에 끼어있다는 게 싫어 하루빨리 그곳을 떠나고 싶은 마음이었다.

요한이 일을 그만두겠다고 하자, 요한의 깔끔한 일 처리에 흡족해하던 대목은 자기 밑에서 목수 일을 배우고자 하면 키워주겠다고 붙잡았다. 하지만 이미 사진기 살 돈을 모은 요한은 요지부동이었다. 요한에게 아쉬운 점을 꼽으라면 대목의 집에 있는 그 아이를 다시 보지 못한다는 사실이었지 목수 일에 관한 기술이 아니었다. 그 집에 갈 때마다 과자를 사주거나 번쩍 들어 올려주면, 그 아이는 까르르 까르르 웃으며 좋아했었다. 어린아이와 그렇게 노는 게 처음이었던 요한은 그런 게 마냥 싱그러웠다. 저번에도 그 아이가 앙증맞게 물었다.

"아저씨 언제 또 와?"

"금방 올게."

"정말이지? 꼭 와."

"그럼, 꼭 오지."

그러면서 새끼손가락을 걸었는데, 철석같이 자기를 기다릴 그 아이를 떠올리며 약속을 지키지 못하는 게 걸렸다. 그렇다고 그 아이를 보러 일부러 그 집에 간다는 것도 이상했다.

사진기를 사 들고 집에 당도하자, 어머니는 집에서 푹 쉬지를 않고 어디를 갔다가 그렇게 오랜만에 왔느냐며 야단을 쳤다. 집에 며칠 머무는 동안 주일을 맞이하자, 요한은 본당 주임신부와 마주쳐야 하는 게 싫었다. 그리하여 궁리 끝에 나환자 마을에 가서 봉사하겠다며 요한은 다시 짐을 챙겼다. 거기는 가톨릭 신부가 운영하는 곳으로 군대 가기 전에 학우들과 다녀왔던 적이 있었다.

경기도 산골에 자리 잡은 나환자 마을에 도착한 다음, 요한은 사무실에 가서 봉사할 뜻을 밝혔다. 신학생이라는 신분 때문인지 직원은 친절했고, 어떤 일을 할지는 옆방에 계신 책임자 신부에게 여쭈어 보고 알려주겠다고 했다. 그런데 때마침 책임자 신부가 나타났다.

요한이 허리 굽혀 인사를 하는 사이 직원이 얼른 신부에게 요한에 대해 설명해주었다. 그러자 책임자 신부는 큰 소리로 말했다.

"아, 오랜만이군. 그래 그동안 잘 지냈는가?"

마치 잘 아는 사람처럼 책임자 신부가 과장된 반응을 보이자, 요한은 어리둥절한 나머지 얼굴을 붉혔다. 몇 년 전 여러 신학생과 잠시 다녀갔을 뿐인데 그렇게 아는 척하는 게 이상했기 때문이다. 그리하여 요한이 도리어 절절매는 형국이 되고 말았다.

"아, 예! 예!"

이렇게 어쭙잖게 인사를 마치고 봉사자들이 머무는 숙소에 들어온 요한은 벽에 등을 기대고 잠시 멍하니 앉아 있었다. 집을 떠나오는 자기를 불안한 눈빛으로 바라보던 어머니, 힘겹게 농사일하는 아버지를 돕지 못하고 나온 죄송함, 책임자 신부의 과장된 인사말 등이 머릿속에서 뒤엉켜 돌아갔다.

요한은 나환자 마을에서 닥치는 대로 허드렛일을 하였다. 책임자

신부를 후원하는 사람들이 우르르 몰려오면 차양을 치며 의자를 배열하였고, 간혹 책임자 신부가 따라오라고 하면 수행비서처럼 가방을 들고 동행하기도 하고, 별다른 일이 없을 때는 건물 짓는 곳에 가서 공사를 돕기도 하였다. 나환자들과 함께 하는 밭일은 주로 단기봉사자들이 맡아 하였기 때문에 환우들과 접촉할 일은 별로 없었다.

나환자 마을에 온 지 두 달 정도 지났을 무렵 요한은 복학을 위해 집에 돌아갈 궁리를 하였다. 그즈음 사무실 직원이 신학교 학생처장 신부에게서 전화가 왔다며 요한에게 회신 전화를 해보라고 하였다.

무슨 일인가 하여 전화를 했더니, 학생처장 신부가 다짜고짜 몇 가지 확인할 게 있다고 말하는 게 아닌가. 군 복무를 마치고 본당에서 활동하지 않고 몇 달째 증발했던 게 사실이냐고 질문하며 절에 가서 노역한 게 맞느냐고 확인하였다. 요한이 얼어붙은 채 그렇다고 대답하자, 학생처장 신부는 다시 요한에게 나환자 마을에 가서 지내는 것을 주임신부의 허락을 받고 갔던 것이냐고 물었다. 심문하듯 묻는 말에 요한은 하얗게 질려 대답했고, 학생처장 신부는 곧 있을 학교 사정회에서 요한의 복학 여부를 결정짓겠다고 하였다.

전화를 끊은 요한은 그 자리에 우두커니 서 있었다. 그동안 자신의 행적이 이렇게 심각한 문제가 되리라고는 전혀 생각지 못했던 까닭에 충격에 휩싸이고 말았다. 신학생이라는 신분이 그리도 엄중한 것인지 자신이 모르고 있었다는 사실이 어처구니없었다. 그리하여 넋나간 사람처럼 멍하고 있는데, 그곳 책임자 신부는 빙긋빙긋 웃으며 기강을 잡기 위해 겁주는 것일 테니 너무 염려하지 말라고 요한을 위로하였다. 하지만 당사자인 요한은 1% 일이라도 일단 벌어지면 100%가 되는 것이라 여겨 복학이 거부될지도 모른다는 두려움에 떨었다.

아니나 다를까. 두려워했던 일이 현실로 닥쳐와 신학생으로서 처신에 문제가 있다며 과연 소명이 있는지 신중하게 살펴볼 필요가 있다고 하였다. 즉, 다가오는 연도에는 복학을 허락할 수 없다는 통보였다. 망연자실하는 요한을 보고 책임자 신부도 의외라는 듯이 무거운 표정을 지었다. 그러다가 학교에서 본보기로 삼으려고 그러는 것 같은데 너무 상심할 것 없다며, 이왕 그렇게 되었으니 1년 늦게 복학하는 것으로 하고 이곳에서 함께 지내자고 하였다.

달리 대안이 없었던 요한은 어금니를 꽉 물었다. 무엇보다 일일이 다 보고하며 지내야 한다는 것을 몰랐던 자기에게 화가 치밀었다. 설사 몰라서 그랬다 하더라도 그것이 그리 큰 잘못인가 하는 의아함을 떨쳐내기 어려웠고, 아울러 분한 마음이 자꾸 일어나는 것이었다.

나중에 알게 되었지만, 학생처장 신부와 본당 주임신부가 교구는 달라도 신학교 동기였다. 본당 주임신부가 학생처장에게 요한에 대해 온갖 비방을 했었고, 학생처장 신부는 요한이 나환자 마을에 가 있다는 것을 알아내어 그렇게 전화를 했었다.

요한이 복학을 못 하고 나환자 마을에서 엉거주춤 지내는 동안 신학기가 시작되고 두 달 후, 베드로가 후배들을 데리고 나환자 마을에 견학을 나왔다가 요한을 발견하였다. 그러지 않아도 요한이 군 복무를 마치고 징계를 맞아 복학하지 못했다는 소문을 듣고 이상하게 여기던 차였다.

요한이 허름한 작업복 차림으로 일하던 중 베드로가 자기를 부르자, 요한은 반가움에 활짝 웃다가 이내 고개를 떨어트렸다. 징계를 맞아 복학하지 못한 자신의 처지가 부끄러웠고, 자신의 형편없는 행색도 창피했기 때문이다. 요한이 그렇게 수치스러워하자, 베드로도 얼른 자리를 피하며 저녁 식사 후 다시 보자고 하였다.

잔뜩 긴장한 탓인지 요한은 저녁 식사 후 체기를 느껴 베드로 형을 만나러 가지 못하고, 다음 날 찾아보겠다고 연락을 취했다. 두통이 심해 약을 먹고 자리에 누웠는데 자정이 지나고부터는 토사곽란이 일어나 요한은 죽도록 고생하다 새벽녘이 되어서 도움을 청했다. 사람들은 요한의 상태를 보고 급히 병원으로 이송했고, 병원에서는 요한이 급체를 하였다며 링거 주사를 맞으며 안정을 취해야 한다고 했다. 그리하여 사람들은 먼저 돌아갔고, 요한은 홀로 남아 탈수상태를 회복하고 나서 저녁에야 타박타박 걸어 돌아왔다.

돌아와 방에 누워있는데 자신의 처지가 한없이 초라하게 여겨지면서 본당 주임신부에 대한 화가 들끓었다. 번번이 머슴처럼 부리려 해 그것의 부당성을 언급했다고 복학도 방해하는 도무지 사제 같지 않은 인간에 울분이 솟구치는 것이었다. 끼리끼리라고 그런 주임신부에 부화뇌동하는 학생처장 신부 또한 그런 부류의 인간이지 하여 회의감이 번져왔다.

아무튼 요한은 베드로 형에게 자신의 초라한 몰골을 보이는 게 무엇보다 싫었다. 더구나 그가 데리고 온 신학생들은 저 아래 후배들인데, 그들에게 복학을 거부당한 선배의 모습을 보여주는 게 수치스러웠다. 온갖 생각이 난무하여 잠을 이루지 못했던 요한은 충동적으로 그곳을 떠나기로 결심을 굳혔다. 마침 책임자 신부도 후원금을 모으기 위해 출장을 떠난 상태여서 여러 말을 할 것도 없이 당장 떠나는 게 좋을 것 같았다.

다음 날 새벽에 사람들이 일어나기 전에 나환자 마을을 빠져나왔다. 4월의 새벽공기는 차가우면서도 상큼했다. 패대기칠 때 따라붙는 후련함이 몰려오는 것은 잠시였고, 곧이어 '어디로 가지?' 하는 의문이 들었다. 한참을 걸어 나와 신작로에 서서 서울이 있는 위쪽으로 갈 것인지 아니면 대전이나 부산이 있는 아래쪽으로 갈 것인지 망설였다.

한동안 망설이고 있는데 서울 쪽에서 버스 한 대가 내려왔다. 손을 들어 버스에 올라탔는데 얼마 가지 않아 종착역인 수원에 당도하였다고 하였다. 거기에서 또 요한은 아무 버스나 타듯 대전으로 갔다가 다시 기차를 타고 부산으로 내려갔다. 무작정 가는 데까지 가 보자는 심산이었다.

경상도 사람임에도 부산은 난생 처음이었다. 부산 하면 항구도시라는 게 떠올라 요한은 물어물어 부두 쪽으로 향했다. 아무래도 그쪽으로 가면 일자리는 쉽게 구할 수 있을 것 같았다. 부두에 다다르자 찝찔한 갯내가 진동했다. 갈매기들도 깍깍 소리를 내며 부두 주변을 낮게 비행하였고, 고깃배들이 정박한 곳에는 사람들이 잰 놀림으로 분주하게 움직였다. 누군가에게 일자리를 구하려면 어디로 가면 되느냐고 물었더니, 그는 팔을 뻗으며 저쪽으로 가면 일용직 알선 사무소가 있다고 말해주었다.

거기에 가서 일자리를 구한다고 하자, 그곳의 사람이 요한에게 고기잡이배도 괜찮으냐고 물었다. 별생각 없이 고개를 끄덕이자, 그는 즉시 그쪽으로 연결해주었다. 그쪽 일은 사람들이 꺼리기 때문인지 일자리는 언제든지 있는 것 같았다.

속성으로 얼마간의 안전교육을 받은 후 바다에 대해서는 왕초보임에도 불구하고 요한은 배를 탈 수 있었다. 처음에는 제일 어렸던 그를 사람들이 취급도 하지 않았는데, 고분고분한데다 눈썰미가 제법 있어 일을 빨리 따라 하기 때문인지 사람들은 시간이 지날수록 요한에게 호의적이었다.

망망대해를 항해하다가 고기 떼를 만나면 온 선원들은 혼이 쏙 빠지도록 분주했다. 그런 소동을 치른 후에는 망가진 그물을 손본다든지 연장을 고친다든가 하는 등의 일로 시간을 보냈다. 간혹 배 위에서 단조로울 때면 요한은 자신의 보물인 사진기를 꺼내 만지작거렸다. 필름 값이 만만치 않아 마냥 셔터를 눌러댈 수는 없었어도 특이하거나 마음을 끄는 광경을 목격하면 셔터를 누르곤 했는데, 그럴 때는 대단한 특권을 누리는 듯 우쭐했다.

며칠씩 작열하는 태양 아래 망망대해만 보일 때는 뭐라고 표현하기 어려운 고독에 숨이 막힐 것 같았다. 그런 순간에는 한없이 작아져 '산다는 게 뭐지?' 하는 의문에 사로잡히곤 했다. 한 점의 물방울에도 미치지 않을 만큼 작게 느껴지는 존재감에 먹먹해질 때를 종종 맞기도 하였다. 특히 배가 지나가는 자리에 거칠게 소용돌이치는 물살을 지켜볼 때는 거기에 빨려 들어갈 것 같은 공포에 몸서리를 쳤다.

배를 타는 것은 사람들이 택할 수 있는 마지막 직종인 것 같았다. 농사를 지으려면 손바닥만 한 땅이라도 있어야 하는데 그마저 없으면 부득이 도시로 밀려 나온다. 또 도시에 나와 장사라도 하려면 요령이나 수단이 필요한데, 그것도 없는 사람은 노동자로 전락하고 만다. 이런 이들이 그나마 목돈을 손에 쥐기 위해서는 고기잡이배를 타는 게 쉽기 때문이다.

바다 위의 생활에 진절머리를 내던 사람들은 배에서 내릴 때 다시는 배를 타지 않겠다고 맹세한다고 한다. 하지만 육지의 치열한 삶에 적응하지 못하면 그들은 또다시 배를 타게 마련이라고 하였다. 남자들이 집을 비운 사이 바람나는 부인들도 허다하고, 세상 물정에 뒤처진 이들을 노리는 사기꾼에게 돈을 털리고 알코올 중독자로 전락하는 이들도 부지기수라고 하였다.

이러한 이야기를 죽 하다가 요한은 자신의 새끼손가락을 선희에게 내밀어 보였다. 그 손가락은 30~40도 정도 휘어져 있었다.

"갑판에서 한갓지게 일하던 중 '왜 우리는 살아내느라고 이토록 애를 써야 할까?' 하는 생각을 하다 그만 연장으로 새끼손가락을 내려찍고 말았어요. 제가 실수한 거라서 아프다고 요란을 떨지도 못하고 약이나 바르고 동여맸는데, 골절된 상태에서 염증이 심해지고 말았지요."

"아이고, 바다 한가운데 계셨던 연유로 제때 치료를 받지 못하셨군요."

"염증이 심해 고통이 커지니까 이러다가 손이 점점 썩어들어가는 게 아닌가 하는 공포가 몰려왔어요. 겁에 질려 얼마나 조바심을 치며 육지로 돌아가고자 했는지 몰라요, 하하하."

"손톱 밑에 가시도 아픈데 골절된 것을 그냥 두었으니 그 고통이 어마어마했겠어요."

"배에서 내려오는 즉시 병원으로 달려갔더니, 의사 선생님도 염증 때문에 뼈가 붙지를 않았다며 하마터면 손가락을 잘라낼 뻔했다고 하더라고요. 한동안 부산에 머물며 치료를 받았는데, 그사이 배포가 생겼는지 크게 부끄러워할 필요가 없다는 생각이 들어 치료를 마치는 대로 고향으로 돌아왔습니다."

"그렇게 바다로까지 헤집고 다니시다 돌아오셨군요."

"그런 셈입니다. 그런데 아버지께서 저를 앉혀놓고 말씀하셨습니다. '네가 꼭 신부가 되어야 하는 것은 아니다. 그 길이 너의 길이 아닌 것 같으면 가지 말아라. 네가 원하면 우리와 함께 농사를 짓고 살아도 된다.' 라고 말씀하셨는데, 그런 아버지의 말씀에 뭉클했습니다."

"아, 아버지께서 결정적인 순간에 전폭적인 지지를 해주셨네요."

"예, 그렇습니다. 그렇지만 어머니는 별소리를 다 한다며 아버지에게 미간을 있는 대로 찌푸렸지요. 그러면서 저에게 주임신부가 바뀌었다면서 새로 부임한 신부가 잘 말해주면 복학하는 데 문제가 없을 거라고 하셨어요."

새로 부임한 주임신부는 40대 초반의 젊은 사제로 어떻게든 요한을 도와주려고 애썼다. 그 신부와 가깝게 지내면서 알게 된 사실은 그분의 아버지뻘 되는 추천 신부가 주교님과 사이가 나쁜 연유로 그 주임신부도 계속 오지로 발령받고 있다는 거였다.

종교계에 대한 내부사정을 알수록 요한은 성직의 권력구조에 회의를 느꼈다. 그러다 교구의 권위 체제에 염증이 느껴지면서 차라리 수도회로 이적했으면 하고 생각했다. 그러면서 머리에 제일 먼저 떠오른 사람이 베드로 형이었다.

서울로 올라오는 즉시 요한은 베드로가 있는 수도회에 연락해 그를 만났다. 연락을 받은 베드로는 여간 기쁜 게 아니었다. 더구나 요한이 수도회 입회에 관해 관심을 표명하자, 베드로는 득달같이 요한을 수도회의 윗분들에게 인사시켰다.

그날 저녁 요한은 수도회의 외국인 신부들과 베드로를 비롯한 몇몇 한국인 신학생들과 식사를 나누었는데, 식탁에서 웃어가며 식사하는 모습은 신선한 충격을 주었다. 수평적인 듯 자유로우면서도 발랄하게 대화하는 모습이 너무도 생소했기 때문이다. 그동안 자기가 경험한 생활이 얼마나 수직적이고 무거웠는지 극적으로 대비되었다.

그날 밤 수도회 객실에서 묵게 되었는데 그때 베드로 형이 찾아와 주었다. 요한은 베드로 형이 자기에게 세심한 배려를 해주는 게 여간 설레는 게 아니었다. 그동안 베드로 형을 은근히 동경했었는데 호젓하게 마주 앉아 있으니 마냥 구름 위를 걷는 듯했다.

만면에 웃음을 머금고 벙글거리는 요한을 보고 베드로가 호방하게 말했다.

"요한, 재지 말고 그만 이곳 수도회로 결정하고 우리와 형제로 살지!"

"그래도 되겠어요?"

"그게 좋겠어!"

그날 이후 요한은 이적에 대한 절차를 진행했다. 로마에 총원을 두고 있는 수도회에서는 몇 해 전부터 한국인 지원자들을 받아들이기 시작했지만, 지원자들이 워낙 교구로 몰리는 바람에 숫자가 늘지 않던 상황이었다. 그런 연유로 수도회에서는 요한의 입회에 그리 까탈을 부리지 않고 환영했다.

입회 후 수도회의 기본 양성과정을 거치면서 요한은 신학교에 복학하였다. 그러면서 이전처럼 학교 기숙사에 살지 않고 수도회에서 통학하며 지냈다. 그러면서 요한은 안정을 찾기 시작했는데, 돌이켜보면 이때가 자신의 인생에서 가장 순탄한 시기였다고 요한은 말했다.

이렇게 자신을 돌아보는데 열중하는 요한을 바라보며 선희는 그가 좀 더 빨리 자신에 대한 회고를 마쳤으면 하였다. 회고에 치중하느라 현재 상황을 소홀히 하는 게 아닌가 하여 내심 조바심을 쳤던 까닭이다. 사실, 과거는 배경이지 살아있는 전경이 아니므로 그것이 상담의 주축이 되어서는 안 된다고 여겼다.

요한도 자신에 관한 회고를 이어가면서 마음은 콩밭에 가 있다고 해도 과언이 아니었다. 상담을 마치고 신 선생을 만나기로 약속되어 있는데, 그가 어떤 이야기를 할지 내심 걱정되었다.

14. 성 소수자 이상섭과의 재회

요한이 상담을 마치고 종로3가에 있는 술집으로 나갔더니, 아직 이른 시각이라 그런지 사람들이 별로 없었다. 자리를 잡고 기다리니까 잠시 후 신 선생이 나타났다.

요한이 구면인 그와 간단히 인사를 나누고 나서 물었다.

"며칠 전에 황유스티노가 저를 찾아왔던데, 혹시 그를 알고 계십니까?"

"황영철이라는 사람의 세례명이 유스티노군요. 그가 벌써 곰님을 찾아갔네요."

"신 선생님께서 저에 관한 이야기를 그 사람에게 하셨던 건가요?"

"그렇습니다. 제가 곰님을 찾아달라고 그 사람에게 부탁했었습니다."

"…."

막상 신 선생 입에서 자기를 찾아달라고 본인이 부탁했었다는 말을 들으니까, 무슨 말을 더해야 할지 몰라 요한은 멈칫하였다.

"지난번에 뵙고 나서 이상섭 씨에게도 곰님을 만난 것 같다고 말했습니다. 그랬더니 전에 곰님을 애타게 찾던 때와는 달리 미온적인 태도를 보이며 다 지난 일이라고 하였습니다. 그래도 그 친구에게 도움이 될까 하여 제가 곰님을 찾고자 했던 것입니다. 왠지 곰님이 종교계에 계신 분 같다는 직감이 들어 그쪽 방면에 대해 좀 안다고 하는 황영철 씨를 찾아가 부탁했던 거지요."

"그렇게까지 저를 찾고자 하는 목적이 무엇입니까?"

요한이 이렇게 단도직입적으로 묻자, 신 선생은 잠시 요한을 응시하다가 길게 한숨을 내쉬었다.

"사람마다 다 사정이 있겠지만, 사람의 마음을 있는 대로 흔들어놓고 갑자기 자취를 감추면 그 뒤에 남은 사람은 뭐가 됩니까? 이런 표현이 적절할지 모르겠습니다만 사람을 희롱하는 태도가 아니냐는 겁니다."

"남의 감정을 흔들어놓았다는 죄를 물어 따끔하게 야단을 치겠다는 말씀입니까?"

이렇게 요한이 다소 까칠하게 대꾸하자, 신 선생은 자신의 말에 무리가 있다고 여겼는지 수긍하듯 고개를 끄덕이다가 무겁게 입을 열었다.

"이상섭 씨가 혹시 곰님을 만날까 싶어 매일 북한산을 헤집고 다녔답니다. 외로움이 사무치다 보면 병이 되는지 아무튼 그렇게 하면서 그는 허물어지고 말았답니다. 그 깔끔하던 친구가 낙담 끝에 사람을 잘못 만나 치명적인 병에 걸리고 말았습니다. 물론 곰님 때문이라고 말할 수는 없지만, 그 친구가 HIV(후천성면역결핍증)에 걸렸는데 도무지 약을 먹으려 들지 않아요. 삶에 대한 의욕을 저버리고 하루하루를 되는 대로 지내고 있지요."

"이상섭 씨가 AIDS를 앓게 되었다고요?"

요한이 놀라며 눈을 크게 떴다. 자기가 알고 있는 이상섭은 많은 사람이 성 소수자와 AIDS 환자를 동급으로 취급한다며 속상해하던 사람이었다. 그랬던 사람이 그 병에 걸리고 말았다니, 그 두 가지를 구별해야 한다고 주장하던 사람으로서 이루 말할 수 없이 참담했으리라는 생각이 들었다.

요한이 말을 잃고 침통한 표정을 짓자, 신 선생이 다시 말했다.

"약을 거부하는 그를 보며 안타까웠습니다. 그의 됨됨이를 아꼈던 사람으로서 그를 설득해 가까스로 약을 먹겠다는 약속을 받아내긴 하였지만, 삶의 의욕을 잃어서인지 약을 제때 먹지 않는 것 같습니다. 지금은 약이 좋아져 잘 관리하면 별 탈 없이 살 수 있는데 말입니다."

"…그래서 제게 원하는 게 무엇입니까?"

여전히 요한은 딱딱했다. 며칠 전 황유스티노에게 당한 모멸감을 좀처럼 잊을 수 없었던 때문이다.

"곰님이 나서준다면 이상섭 씨가 삶에 대한 의지를 가질 수 있지 않을까 하고 생각했습니다. 그래서 황영철 씨를 찾아가 곰님을 찾아달라고 부탁했던 겁니다."

"무슨 말인지 알겠습니다. 그런데 황유스티노가 저를 찾아와 어떻게 했는지 아십니까?"

"그 친구가 어떻게 했다는 거지요?"

"…치욕스러움을 느끼게 하고 갔습니다."

"아, 저런! 그 친구가 곰님에게 무례하게 행동했단 말씀이군요?"

이렇게 신 선생은 화들짝 놀라며 난감해했다. 그로서도 낭패스러웠는지 한참을 입을 꽉 다물었다.

두 사람 간에 그렇게 무거움이 흐르고 있을 때, 이상섭이 그곳에 와 주위를 둘러보다 그들을 보고는 터벅터벅 걸어왔다. 누군가가 테이블 앞에 서는 것 같아 요한이 고개를 들어 바라보니, 이상섭인데 몇 년 전과는 달리 많이 수척해진 모습이었다.

신 선생은 이상섭이 거기에 나타나리라고는 예상치 못했는지 반색하며 그를 반겼다.

"함께 가자고 했을 때는 한사코 아니라고 하더니, 결국은 왔구먼. 잘 왔네, 잘 왔어!"

이렇게 신 선생이 이상섭을 반기는 사이, 그는 요한을 뚫어지게 쳐다보았다.

"방금 신 선생님에게서 건강에 이상이 생겼다는 말을 들었습니다."

이렇게 말하다 요한이 뒷말을 잇지 못하고 멈추자, 이상섭 역시 말없이 요한을 바라보다가 눈가를 축축하게 적셨다. 그런 게 사랑인지 그런 병마에 걸려 위축되었어도 요한을 향한 마음은 좀처럼 사그라지지 않았다. 그리하여 신 선생이 함께 곰님을 만나러 가자고 할 때는 극구 아니라고 해놓고, 그래도 보고픈 마음에 마침내 그 장소에 나오고 말았다.

이상섭이라는 인물도 남 못지않게 애달프게 살았던 사람이다. 아버지의 폭력에 시달렸던 어머니는 수시로 도망을 쳐 집에 없을 때가 많았다. 그래도 어린 자식들을 잊지 못해 어머니는 며칠이나 몇 달 만에 다시 집으로 돌아오곤 했는데, 이상섭은 어머니가 사라질까 봐 늘 불안해했다. 학교에 가서도 불안했던 것은 물론 어머니가 사라질까 봐 심지어 잠도 푹 자지 못했다.

아버지는 어머니가 가출하면 술을 마시고 이상섭을 두들겨 팼다. 여러 아들 중 유독 외모라든가 여릿한 성격 등이 아내를 빼닮았기 때문이다. 고등학교를 마칠 때까지 간신히 버티다가 집을 나올 때도 이상섭이 제일 마음에 걸렸던 대상은 어머니로 누가 어머니를 보호하고 위로할지 걱정했다.

상경한 이상섭은 숱한 고생을 하며 전전하다 인쇄소에 있으면서 자리를 잡기 시작했다. 곧이어 그는 방송통신대학을 다니며 자신의 발전을 도모했다. 인쇄업 쪽의 고급 기술자가 된 그는 여자를 사귀기도 하였으나 도무지 끌리지 않아 괴로워하다 자신이 동성애자라는 사실을 알고 충격을 받았다. 이러한 충격을 완화하고자 상담자를 찾기도 했는데, 상담자는 보수적인 인물로 동성애 경향을 후천적인 경험 탓으로 돌리며 어떻게든 그것을 극복해야 한다고 주장했다. 그럴수록 이상섭은 그러한 성향이 자신도 어쩔 수 없는 태생적인 문제라는 것을 더 확신하게 되었다.

마침내 이상섭은 자신의 성향이 호르몬 분비의 비율, 즉 일반 남성

들보다 남성 호르몬의 분비가 적기 때문에 여성에게 그다지 끌리지 않는다는 것을 확신하고 동성애자로 자신을 드러냈다. 이상섭이 자신을 노출했던 이유는 끝없이 밀려오는 고독감을 홀로 안고 씨름하기보다 누군가와 떳떳하게 만나기 위해서였다. 하지만 현실의 냉대는 생각보다 컸고, 자신과 호흡을 같이할 수 있는 사람을 만나기가 하늘의 별을 따는 것처럼 어려웠다.

성 소수자들이 어려서부터 치이듯 살았던 때문인지 대체로 많은 피해의식을 가졌고, 그만큼 성격도 꼬여 있기 일쑤였다. 그런 탓에 일반인들보다 더 의심하고, 배반하고, 모함하는 경향을 보였다. 그래서 이쪽 세계에서는 누군가와 1년을 살았으면 이성애자들이 10년을 산 폭이 될 정도로 안정적인 관계를 이어가지 못했다. 그러다 보니 대상을 만나면서도 언제 헤어질지도 모른다는 불안감으로 통장 관리도 각자 하는 편이었다.

아무튼 그가 자신을 동성애자로 밝힐 당시만 하여도 동성애자들과 AIDS 환자를 동급으로 여길 정도로 사회 인식이 나빴다. 그리하여 그는 사회적 편견을 타파하기 위해 앞장섰고. 그렇게 하면서 성 소수자들 사이에서 제법 중요 인물로 꼽히기도 했다. 하지만 측근 사람들이 보이는 변덕이나 거침에 지쳤던 이상섭은 자연이나 벗 삼으며 지낼 요량으로 은평구 북한산 초입으로 거처를 옮겼다. 내성적 성향이었던 그는 외로움이 사무칠 때면 북한산을 한 바퀴 휙 다녀오는 것으로 자신을 달래곤 했다.

그렇게 산을 찾던 이상섭은 깔끔한 인상의 사람을 알게 되었다. 몇 차례 만나면서 이상섭은 그를 마냥 이상화시켜갔는데, 어느 날부터 그 사람은 자취를 감추었다. 그러자 이상섭은 그 남자의 모습에다 살아생전에 고생만 하다 돌아가신 어머니에 대해 사무치는 그리움을 덧씌워 놓고 마냥 그를 그리워했다. 사무치도록 그리워하는 게 병적인 집착이라는 것을 알면서도 어떻게 저지할 수 없이 자기가 만들어 놓은 틀에 갇히는 꼴이 되고 말았다. 집착이나 어리석음의 힘이 그렇게 무서운 것이었다.

사라진 그를 잊지 못하던 이상섭은 어느 날 젊은 친구가 자기에게 다가오는 것을 물리치지 못하고 하룻밤을 함께하였다. 그런데 용코로 걸리듯 감염이 되고 말았다. 그 젊은이는 HIV 감염자로 자신이 그런 병에 걸렸다는 사실에 억장이 무너져 자기만 그런 병을 앓을 수 없다며 사람들을 향해 복수심을 다졌다. 그리하여 닥치는 대로 사람들을 오염시키고자 그야말로 발광하는 친구였다. 앳돼 보이는 외모와는 달리 복수심을 불태우는 그런 망나니를 알아보지 못한 자신의 경솔함에 통탄해 마지않았으나 이미 엎질러진 물이었다.

감염되고 나서는 '그래, 이참에 죽어버리자.' 하고 이상섭은 삶의 의욕을 놓아버렸다. 그래서 약도 먹지 않고 지내다 신 선생의 설득으로 약을 먹기도 하는데 건성이었다. 그러다가 신 선생에게 뜻밖의 소식을 접한 이상섭은 다시금 뒤흔들렸다. 솟구치는 그리움과 자괴감 사이에서 오락가락하다가 그래도 꿈에 그리던 그 인물을 보고 싶은 마음에 그 자리에 오고 말았다.

이상섭이 그곳에 나타난 데에는 두 가지 이유가 있었다. 하나는 기어이 다시 보고 싶은 그리움이었고, 다른 하나는 곰이라는 사람과 어머니가 다른 모습이라는 것을 확인하고자 함이었다. 자신이 생각해도 그토록 많은 의미를 부여하는 게 병적이어서 이제는 그것에서 벗어나 죽음을 맞이하더라도 홀가분하게 죽었으면 했다.

두 사람이 무언의 교감을 하는 동안 잠자코 옆에 있던 신 선생이 요한에게 물었다.

"황영철이 무엇을 원하는 것 같습니까?"

이러한 질문을 받은 요한은 그때야 현실로 돌아와 대답하였다.

"글쎄, 저도 그것을 잘 모르겠습니다. 어쨌든 곧 만나야 하지 않겠느냐며 시간을 끌지 말라고 하는데 그 말투가 협박적이었지요."

이러한 말을 듣던 이상섭은 그게 무슨 말인가 하여 눈을 휘둥그레 떴다. 신사 중의 신사라고 알고 있는 곰님이 황영철에게 협박을 당하다니 무슨 내막인가 하여 놀라움을 금하지 못했다. 그러자 신 선생이 당황하며 자기가 황영철을 만나 곰이라는 사람을 찾아보라고 당부했었다고 말했다. 그런데 황영철이 곰님을 찾긴 찾았는데 그렇게 무례하게 굴었다는 것을 자기도 이제야 알고 난감해하고 있다고 말했다.

전후 사정을 알게 된 이상섭은 곰님을 곤경에 빠트린 신 선생에게 차마 화를 내진 못하고, 당황해하며 벌겋게 상기된 모습을 보였다. 자기로 인해 곰님이 그런 수모를 당하고 있다는 사실을 참을 수 없었다.

세 사람 간에 묵직한 침묵이 흐른 뒤 황영철을 끌어들였던 신 선생이 이상섭에게 말했다.

"그가 그 정도 인간인 줄은 몰랐네. 아무튼 내가 그를 끌어들였으니 내가 그를 만나 말해보도록 하겠네."

신 선생이 이렇게 말하자, 이상섭이 말했다.

"황영철 씨가 지저분하게 군다는 말을 여러 차례 들었던 적이 있습니다. 단물을 빼먹을 수 있을 것 같으면 좀처럼 물러서지 않을 겁니다."

이런 이야기를 듣게 된 요한은 현기증을 느꼈다. 황영철이 고교 때

퇴학을 당하고 말았지만, 그래도 한때는 사제가 되겠다고 양성교육을 받던 사람이지 않은가. 그러한 사람이 어쩌다 이렇게 남의 등을 쳐서 먹고사는 사람이 되었는지 부끄럽기도 하고 기가 찼다. '아, 사람이란 게 이렇게 변하기도 하는구나!' 하는 생각에 요한은 아득해지는 심정이었다.

이상섭이 요한을 향해 입을 열었다.

"죄송합니다. 상황을 그렇게 만들어 면목 없습니다. 사실 곰님께서 그 사람에게 시달릴 이유가 하나도 없습니다. 황영철 씨가 뭔가 잘못 생각하고 있는 것 같은데, 제가 그분을 만나 담판을 짓도록 하겠습니다. 너무 심려하지 마세요."

단호한 어조로 자기가 해결하겠다고 말하는 이상섭의 얼굴에 경련이 파르르 일어났다. 이러한 이상섭을 바라보다 요한은 '이 친구가 나를 그렇게 목메도록 찾았단 말이지! 대체 내가 뭐라고….' 하는 생각을 하며 좀 전에 이상섭이 황영철에 대해 묘사했던 표현을 혼잣말로 읊조렸다.

"단물이라…."

단물이라고 하면 남자들끼리의 관계에서는 돈을 의미한다. 생각이 여기에 미치자 요한은 문득 자기야말로 지닌 게 아무것도 없는 무일푼의 사람이라는 사실을 다시금 인식했다. 그런데 가톨릭계에 대해 어느 정도 알고 있는 황유스티노가 자기에게 돈을 노리다니…. 뭔가 연결이 어려워 고개를 갸우뚱했다. 자기는 교구 소속도 아닌 수도회 사제로서 가난하기 짝이 없는데, 어쩌자고 자기 같은 사람에게 그가 그렇게 나오는지 이해하기 어려웠다.

아무튼 그날 세 남자는 맥주를 마셨는데, 특히 이상섭의 마음은 복잡하기 이를 데 없었다. 곰님에 대한 그리움으로 열병을 앓았던 자기가 마침내 그 대상과 마주하고 있는데 뭐가 뭔지 벙벙하기만 하고 실감 나질 않았다. 과연 그리던 사람이 이 사람인가 하여 낯설기까지 했다.

요한 역시 이상섭을 만나니까 기억들이 아련하게 떠오르며 서로 다른 대상을 그리며 숨박꼭질하는 게 희한하게 여겨졌다. 다른 한편, 신 선생과 이상섭이 나서서 황유스티노를 상대하겠다고 하니까 한결 가벼워지는 마음이었다. 과연 황유스티노가 그들의 말을 잘 들을는지 의문이지만, 그렇다고 자기가 어찌할 수 있는 일도 아닌 듯했다.

15. 싸움판이 된 아버지 장례식장

상담 약속이 잡혀있는 날인데 아침부터 비가 요란하게 퍼부었다. 장대처럼 쏟아지는 빗줄기를 뚫고 나가야 한다는 사실에 요한은 주춤했다. 잠시 창가에 기대어 세차게 떨어지는 비를 바라보다가 상담을 다른 날로 옮기자고 해볼까 하고 궁리했다. 하지만 당일에 취소하는 게 예의가 아닐 것 같아 그냥 나서기로 하였다.

선희는 그날 비가 너무 쏟아져 상담을 취소하거나 연기한다는 전화를 몇 차례 받았다. 그래서 요한에게서도 그런 연락이 오겠거니 했는데, 잠시 후 요한이 평소보다 일찍 상담소 문을 열고 들어왔다. 평소 말쑥한 차림과는 달리 바짓가랑이가 젖은 것은 물론 어깨를 비롯한 등 뒤도 물방울이 수없이 달려있었다.

"저런, 옷이 다 젖었네요!"

이렇게 말하며 선희가 티슈를 한 움큼 뽑아 요한의 어깨를 닦아주려고 팔을 뻗치는 순간, 요한이 화들짝 놀라며 선희의 팔을 걷어치웠다. 그리하여 선희가 휘청거렸는데 하마터면 쓰러질 뻔했다. 그러자 요한도 놀라 소리쳤다.

"죄송합니다! 죄송합니다!"

쓰러질 듯 뒤뚱거리는 선희에게 요한이 그렇게 연거푸 사과하였고, 순식간에 큰일 날 뻔했던 선희도 자리에 앉으면서 사제인 남자에게 자기가 너무 격의 없이 굴었나 하여 무안하기 짝이 없었다.

"도리어 제가 죄송합니다."

이렇게 서로 사과를 하면서 두 사람 다 어색함을 감추지 못했다. 이윽고 상담자가 먼저 말했다.

"비를 뚫고 오시느라 힘드셨을 텐데 오늘은 어떤 말을 나누고 싶으세요?"

이런 질문을 들었는지 못 들었는지 요한은 묵묵부답이었다. 그리하여 선희가 다시금 물었다.

"제가 결례를 하였는데, 많이 불편하셨지요?"

"선생님께서 결례했다기보다 제가 과민했던 거지요. 누가 제 몸에 닿으면 화들짝 놀라곤 하니 말입니다."

"전에도 그러셨던 적이 있나 보지요?"

이러한 질문을 받은 요한은 눈을 감았다. 그러다가 고개를 끄덕이며 말했다.

"예, 전에도 그랬던 적이 있습니다."

"과도하게 반응하는 것에는 나름의 의미가 있다고 봅니다. 언제부터 또 어떤 상황에서 그랬는지 들려주시겠어요?"

"대학원에 입학한 지 얼마 되지 않아 고향에 계신 아버지께서 돌아가셨다는 소식을 접했습니다. 수도회로 입회한 후 거의 부모님을 잊고 지내다 아버지께서 급성폐렴으로 돌아가셨다는 소식을 접하고 황망하기 그지없었습니다."

이렇게 하여 요한은 아버지의 사망에 관한 이야기를 하였다.

막내로 집안에서 별 존재감 없이 지냈던 요한은 아버지 장례식에서 중요한 인물로 주목받았다고 한다. 먼 거리인데도 수도회에서 세 명의 신부들과 부제 및 신학생들이 문상을 와준 데다 장례를 천주교 의식으로 경건하게 치렀기 때문이다.

그런데 아버지의 장례를 치르는 내내 큰형수가 거슬리게 굴었다. 서울서 고급관리직의 친정아버지를 둔 그녀는 용모가 준수한 큰형과 사귀다 집안의 반대를 무릅쓰고 결혼하였고, 나아가 남편을 제법 괜찮은 자리에 취직시켜 주었다. 이런 연유로 형수는 문씨 집안에서 일등 공신의 위치에 있었는데, 그녀는 시골에 있는 시댁의 누추한 환경을 견디기 어려웠는지 잘 내려오지 않았다. 그래도 부득이 방문해야 할 경우, 남편을 먼저 보내고 자기는 직장을 핑계 대며 당일치기로 내려왔다가 곧바로 상경하는 식의 태도를 보였다. 하지만 아무도 이러한 형수의 처신에 무어라 하지 못했다.

요한은 소신학교 시절 하루나 이틀 정도 학교가 쉴 때 고향은 너무 멀어 가지 못하고 큰형댁으로 가곤 했었다. 어느 날 요한이 여느 때처럼 큰형 집에 갔는데, 그날 저녁에 누군가를 저녁 식사에 초대했던 모양이다. 요한이 집안으로 들어서자, 형수는 난감한 표정을 짓다가 요한에게 아이들 방에 있으라며 부르기 전에는 나오지 말라고 하였다. 졸지에 불청객으로 몰려 무안했지만 그렇다고 도로 갈 수도 없어 요한은 형수가 시키는 대로 조카 방에 가서 쭈그리고 앉아 있었다.

잠시 후 손님들이 들이닥치는 소리가 들렸는데, 엉덩이가 무거웠던 그들은 장장 3시간이나 있다가 가는 게 아닌가. 그러는 사이 배도 고팠고 무엇보다 소변이 마려워 참느라 애를 먹었다. 마침내 손님들이 떠나자 요한에게 나오라고 하여 저녁 식사를 차려주는데, 요한은 배가 고팠어도 먹지 않았다. 그날 밤 배가 고파 밤새워 얼마나 뒤척이었던지…. 그런 일이 있고 난 뒤 요한은 큰형네 집에 다시는 들르지 않았다고 하였다.

직계가족 중 시아버지 장례에 제일 늦게 나타난 사람은 형수였다. 직장에 급한 용무가 생겼다고 핑계를 댔는데 아무도 그 말을 믿지 않았다. 그런데 아버지 영구를 성당으로 모셔서 장례미사를 마치자 형수는 그 길로 상경하겠다고 하였다. 그러자 큰형이 장지까지는 가봐야 하지 않느냐고 말했고, 형수는 짜증스럽다는 듯이 냉랭한 표정을 지으며 장지에 따라왔다. 하지만 하관하고 봉분을 올리기도 전에 또다시 형수가 자기는 먼저 가봐야겠다고 하였다. 이러한 모습을 지켜보던 요한이 참다 못해 쏘아붙였다.

"언제까지 그렇게 남의 식구처럼 행동하실 겁니까?"

시동생의 도발적인 언사에 놀란 형수는 눈을 치켜떴다. 평소 말이 없던 요한이 그렇게 내뱉자, 큰형은 물론 어머니도 놀라는 기색이었고, 그러는 사이 형수가 앙칼지게 대꾸했다.

"오늘따라 도련님이 말을 이상하게 하네요!"

사실, 싸움을 건 사람은 요한이었고 그래서 각오하며 받아쳤다.

"제가 틀린 말을 했습니까? 사람 위에 사람 없고 사람 밑에 사람 없다는데, 이 집안의 맏며느리로서 형수님은 어쩌자고 그렇게 하고 싶은 대로만 합니까?"

요한이 작정하고 대차게 말하자, 사람들은 눈을 휘둥그레 뜨며 주시했다.

"아니, 내가 이 집안에서 뭘 내 멋대로 했다고 그러세요?"

형수가 분하다는 듯이 대들자, 정작 큰형은 아무런 말도 못 하고 있는데 어머니가 벼락같이 소리쳤다.

"요한! 뭐 하는 게야? 어미가 잠자코 있는데 네가 어쩌자고 형수에게 대드느냐 말이다!"

이렇게 나무라자 주위는 삽시간에 얼어붙었다. 다행히 외부 손님들은 장례미사를 전후해 거의 다 돌아갔고, 장지에는 가까운 일가친척들과 몇몇 일꾼들 정도가 있었다. 사실, 남편을 잃었어도 서울에서 신부들을 비롯한 많은 신학생이 내려와 장례를 치르는 동안 흐뭇해하던 어머니였다. 이러한 어머니는 그래도 며느리보다 아들이 편했던지 요한을 야단치며 찍어 눌렀다. 그러자 큰형이 자기 아내를 향해 소리 질렀다.

"어서 가지 않고 뭐 하고 있어?"

큰형이 이렇게 소리치자, 그런 대우를 받는 게 분했는지 형수가 신경질적으로 반응했다.

"아니, 왜 내게 소리를 질러요? 내가 놀러 가겠다는 것도 아니고 일하러 간다는데, 뭘 그리 잘못했다고 난리를 치느냐 말이에요?"

형수가 앙칼지게 남편에게 소리를 높이자, 어머니가 털썩 주저앉아 참을 수 없다는 듯이 자기 가슴을 두들기며 소리쳤다.

"아이고, 내 팔자야! 아이고, 내 팔자야!"

그러자 누나가 얼른 나서서 어머니를 부추기는데, 다른 형수들은 눈을 반짝이며 서로의 얼굴을 번갈아 가며 쳐다보았다. 그들은 그동안 큰동서가 고고하게 구는 것에 비위가 상했어도 워낙 시어머니가 감싸는 바람에 입도 벙긋 못했던 사람들로 이런 상황이 벌어지자 다들 속으로 쾌재를 불렀다. 이때 느닷없이 튀어나온 사람이 넷째 형이었다.

"지가 뭐 대단한 인물이라도 된 듯 나대는 꼬락서니 하고…. 야, 막내 놈이면 막내답게 굴라고!"

특히 요한에 대해 늘 곱지 않은 시선을 보냈던 사람은 넷째 형이었다. 자기가 막내인 줄로 알고 지내다 7살 터울로 요한이 태어나는 바람에 막내 자리를 빼앗긴 인물인데, 그의 눈에는 요한이 계집아이처럼 어머니에게 찰싹 붙어사는 못난이였다. 그 자리에서 넷째 형이 그렇게 튀어나오리라고는 전혀 예상하지 못했던 요한은 벙찌고 말았다. 그러는 사이 넷째 형수가 왜 초를 치냐며 황급히 자기 남편의 입을 손으로 가로막았다. 그러나 넷째 형은 아내의 팔을 걷어치우며 오히려 더 크게 소리 질렀다.

"아니, 지가 뭐라고 나대느냐고! 신부가 된다며 대접만 받았던 자기가 뭘 잘했다고 인제 와서 잘난 척하느냐고!"

이렇게 넷째 형이 고래고래 소리 지르자, 만만치 않은 성깔의 소유자였던 넷째 형수가 자기 남편을 향해 맞받아치는 것이었다.

"아니, 내가 뭘 잘못했다고 나를 밀쳐요? 내가 그렇게 만만하냐고요?"

큰일을 치르고 난 뒤에는 한 바탕씩 큰 싸움이 난다고 하더니 정말 그랬다. 졸지에 식구들이 뒤엉키듯 서로를 향해 소리치는 아수라장이 되자, 누군가가 요한의 팔을 잡아당겼다. 그래서 돌아보니 젊은 여자여서 요한은 반사적으로 "누구세요?"하고 물었는데, 순간적으로 커다란 눈망울로 보아 명희라는 것을 알았다.

명희는 요한의 아버지가 돌아가셨다는 소식을 듣고 재취로 들어갔던 친정엄마와 함께 서둘러 요한의 집에 당도했다. 장례를 치르는 내내 산더미 같이 쌓이는 부엌일에 정신없이 지내느라 요한에게 제대로 인사를 나눌 겨를도 없이 분주히 돌아쳤다. 더구나 요한은 서울에서 내려온 수도회 식구들을 챙기느라 여념 없어 보였기 때문이다.

영구가 성당으로 떠나자 친정엄마는 집으로 돌아갔지만, 명희는 그길로 장지로 올라가서 솥단지를 걸어 일꾼들에게 먹일 음식을 만들었다. 그런데 느닷없이 이런 소란이 벌어지자, 명희는 아무래도 요한을 거기에 두어서는 안 될 것 같아 그렇게 잡아끌었다. 일단 요한을 거기서 피하도록 하는 게 상책이라고 생각했다.

뒤엉켜 있는 식구들을 떠나 명희에게 이끌려 산자락을 내려오다 요한이 물었다.

"지금 어디를 가는 거니?"

"글쎄, 아재는 어딜 가고 싶어요?"

명희의 질문을 받은 요한은 '그놈의 아재라는 소리' 하고 구시렁거리며 명희를 흘끔 쳐다보았다. 명희 역시 그렇게 부른 것을 취소라도 하듯 얼른 손으로 자신의 입을 가리는 것이었다. 사실, 명희도 어떤 복안을 가지고 있는 게 아니었다. 단지 반사적으로 그 싸움터에서 요한을 피해 있도록 하는 게 상책이라고 생각했을 따름이었다.

"결혼했다는 소식은 들었어. 남편하고는 잘 지내니?"

"예!"

수줍은 듯 고개를 숙이는 명희의 얼굴이 발갛게 물들었다.

"아이는 몇이나 되니?"

"아직 아이는 없어요."

"결혼한 지 꽤 되지 않았나?"

"예, 햇수로 6년째이긴 한데…."

딱히 명희에게 할 말이 없어 이것저것 말하는데, 좀처럼 아이가 들어서지 않는 불임이라는 아픈 곳을 건드렸나 하여 요한은 멈칫하다가 천천히 말했다.

"하느님께서 곧 주시겠지!"

이렇게 하느님에 관한 언급을 하자, 명희가 대꾸하였다.

"남편은 절에 다녀요. 승려가 되려고도 했던 사람인데, 워낙 집안의 반대가 심해 결혼을 하게 된 사람이에요."

"그래?"

그러는 사이 신작로에 다다랐고 잠시 기다리니 저쪽에서 버스가 왔다. 두 사람은 버스에 올라탔고, 잠시 후 내려서는 다시 버스를 갈아타고 명희네 집으로 향했다. 요한은 아무런 말도 하지 않고 명희가 이끄는 대로 두었다. 아무런 준비 없이 맨몸으로 나섰기 때문에 본인이 할 수 있는 게 아무것도 없었다. 그렇다고 집으로 돌아가 먼저 있자니 좀 전에 부딪쳤던 가족들과 마주칠 게 뻔해 내키지 않았다.

"시부모님께서 살림을 내주셔 신랑과 저는 읍내에서 살고 있어요. 신랑은 종교에 많은 관심을 두고 있는 사람이기 때문에 우리 집에 가서 만나면 말이 잘 통할 거예요."

"그러니!"

명희의 시부모는 아들을 결혼시켜 다 함께 살면, 아들이 마음 놓고 아내를 두고 절에 가서 지낼지도 모른다고 걱정했다. 그래서 단둘이만 살도록 하면 아들이 젊은 아내를 혼자 두고 절에 가서 지내지는 않을 거라고 여겨 살림을 내주었다.

명희로서도 남편과 단둘이서만 지내는 게 단출하고 좋았다. 7살이나 위인 신랑은 성정이 부드러운데다 아내와 함께 책 읽는 것을 즐겼고, 단둘이 살기 때문인지 절에 가더라도 당일치기로 다녀오거나 아니면 아내와 동행하였다. 불자인 남편은 아이에 대한 욕심을 그리 갖지 않았지만, 시부모는 간절히 손자를 원했다. 그리하여 시어머니는 명희의 몸이 냉해 임신이 잘되지 않는다고 여겨 수시로 보약을 지어 보냈기 때문에 명희는 출산에 대한 부담을 상당히 갖는 편이었다.

명희네 집에 당도해 보니 문이 잠겨 있었다. 명희가 초상집에 간다며 며칠 동안 집을 비울 거라고 하니까, 남편은 절에 가서 지내다 오겠다는 쪽지를 남기고 집을 비운 상태였다. 남편이 평소 은사 스님을 뵈러 수시로 절에 가기 때문에 명희는 잠시 멈칫하다가 이내 요한에게 절에 계신 큰스님을 친견하러 가는 게 어떠냐고 물었다.

요한은 별다른 대꾸를 하지 않았다. 굳이 명희 남편을 만나야 하는 것도 아닌데다가 큰스님이라는 분에 대해 아무런 흥미도 없었다. 하지만 달리 대안이 없었던 요한은 아무래도 좋다는 식으로 무표정하였다. 내심 '절에서 하루 이틀 지내다가 삼우 미사에 참례한 다음 서울로 가면 되겠구나.' 하고 생각하였다.

다시 버스를 타고 가니 제법 큰 마을이 나타났고, 정류장에 내린 두 사람은 절이 있는 산을 향해 걸었다. 어느덧 해가 뉘엿뉘엿 저물어갔다. 절에 당도해 큰스님을 찾으니, 후원의 별좌 스님은 큰스님께서 만상좌가 있는 절에 불사가 있어 명희 남편과 함께 거기에 가셨다고 하였다. 명희로서는 요한까지 데리고 왔는데 난감하기 짝이 없었다. 별좌 스님은 남편과 간간이 그곳에 왔던 명희가 누구인지 아는 터라 데리고 온 처사 즉, 요한과 함께 그 절에 묵어도 좋다고 하였다.

하지만 이런 말을 들은 요한은 고개를 가로저었다. 꼬이기 시작한 그날의 일정에 슬슬 짜증이 올라왔고, 그 절에 멀뚱멀뚱 있는 것도 내키지 않았다. 군말 없이 따르기만 하던 요한이 그렇게 거부표시를 하자, 명희도 어쩔 수 없었는지 별좌 스님에게 되돌아가겠다고 말했다.

절을 뒤로하고 내려오는 동안 긴장이 풀려서인지 요한은 다리가 후들거리는 것을 느꼈다. 이러한 요한에게 명희는 돌아가려면 서둘러야 한다며 재촉하였고, 그리하여 요한과 명희는 거의 뛰다시피 내려왔다. 하지만 버스 정류장에 가 보니 이미 막차 버스가 떠난 뒤였다. 두 사람은 황당하여 말을 잃었고 다시금 절에 올라가야 할지를 두고 망설였다. 맥이 풀린 요한은 일단 허기부터 채우자고 말했고, 명희도 절절매며 요한이 하자는 대로 따랐다.

두 사람은 차부 근처에 있는 식당으로 들어가 식사를 주문했고, 요한은 소주를 추가했다. 식사가 나오기 전에 가져다준 소주 마개를 따며 요한은 자신의 잔에 술을 부은 다음 안절부절못하는 명희에게도 따라주며 마시라고 하였다.

"미안해요. 아재. 일이 이렇게 어그러지리라고는 생각지 못했어요."

"어그러지긴 뭐가 어그러져. 사는 게 다 그렇지! 자, 너도 한잔해.

그러면 한결 마음이 느긋해질 테니까."

그렇게 하여 술을 마신 두 사람의 얼굴이 발갛게 상기되었다. 곧이어 나온 저녁 식사를 하고 나자 배가 불러서 그런지 한결 느긋해지는데 뭐라고 표현하기 어려울 만큼 피곤이 몰려왔다. 식사와 함께 몇잔 더 마신 요한이 알딸딸해져 벽에 기대고 있는 사이, 명희는 숙소를 찾아보겠다며 밖으로 나갔다.

아버지 장례식에서 있었던 이런 이야기를 들려주던 요한은 잠시 말을 멈추고 허공을 응시하였다.

"정말 그날은 뭐 하나 되는 게 없었어요."

"살다 보면 엎친 데 덮치는 격으로 그렇게 꼬일 때가 있곤 하지요?"

"그렇게 긴긴 하루를 돌아치다 인근 숙소에 가서 묵은 다음 휑한 마음으로 집으로 돌아왔지 뭡니까. 돌아와 보니 언제 그랬느냐는 듯이 그 북적이던 사람들도 썰물 빠지듯 다 돌아가고 몇몇 사람밖에 남아 있지 않았어요. 어머니나 누나는 전날 식구들 간에 그런 싸움이 벌어졌다는 사실에 충격을 받았는지 제가 돌아왔을 때 입도 벙긋하지 않았고, 저 역시 아무런 말도 안 했습니다. 그렇게 서로 어색하게 지내다 다음 날 삼우 미사를 마치는 대로 상경하고 말았지요."

"원래 큰일을 치르고 나면 사람들이 묵은 감정을 그런 식으로 쏟아내곤 합니다."

"그런가요? 아무튼 그때 식구들이 그렇게 폭발했더랍니다."

"각각의 욕구가 다르니까 큰일을 맞이해 그 기회에 충돌하며 풀어내는 것 같아요."

"…"

이렇게 잠자코 있던 요한이 문득 생각이 난다는 듯이 저 앞에서 선희가 물었던 질문에 대해 언급했다.

"언제부터 몸에 손을 대면 그렇게 놀랐느냐고 좀 전에 제게 물으셨지요?"

"예, 그렇습니다."

선희는 요한이 그 질문을 기억하고 그렇게 말해주는 게 반가워 환한 표정을 지었다.

"글쎄, 저도 언제부터 그렇게 되었는지는 잘 모르겠습니다."

이렇게 말하는데 요한의 표정이 갑자기 어두워지는 것 같아 선희가 궁금하다는 듯이 물었다.

"무슨 생각을 하기에 그렇게 표정이 어두워지는지 궁금합니다."

그때야 정신을 차린 듯 선희를 바라보는 요한의 얼굴에 살짝 경련이 일었다. 좀 전에 아버지의 장례 때 어떤 싸움이 일어났는지를 말할 때는 비교적 상세하게 말을 해주었는데, 무엇 때문인지 그는 어두운 표정을 짓는 것이었다.

"죄송합니다. 오늘은 이만 마쳤으면 합니다."

요한이 이런 예상치 않은 말을 갑자기 내뱉는 바람에 선희는 놀라고 말았다. 억수같이 퍼붓는 비를 뚫고 왔다가 상담 시간을 다 채우지도 않고 그냥 돌아가겠다니…. 그렇다고 말리기에는 요한의 어투가 너무 단호했다.

"정 원하신다면 그렇게 하시는데, 무엇 때문인지 궁금합니다."

"죄송합니다. 오늘은 이만 가봐야겠습니다."

이렇게 양해를 구하고 황급히 요한은 일어나 상담소를 떠났다. 무

엇 때문인지 모르는 선희는 사라지는 그의 뒷모습을 보며 그가 상당
히 괴로워하고 있다는 인상을 강하게 받았다.

16. 명희가 남편 될 사람을 만나다

명희는 중학교를 마칠 때까지 요한네 집에서 지내다 고등학교에 가
면서 영주로 나와 자취를 하기 시작했다. 명희는 고등학교를 마칠 무
렵부터 진로를 놓고 예민해졌다. 후처로 사는 엄마에게 계속 지원을
받는 것도 편편하지 않았던 명희는 대학교 진학은 꿈도 꾸지 못하고
취직자리를 알아보았다. 구미공단 쪽에서는 주로 생산직 여공을 원
했고, 대구나 울산 또는 부산과 같은 도시로 나가기에는 여러 가지
여건이 따라주지를 않았다.

마땅한 일자리를 찾지 못해 초조해하고 있던 즈음 중매가 들어왔
다. 명희의 처지를 아는 중신아비는 명희 엄마에게 다 자란 딸을 홀
로 내보내는 것은 위험하다며 적당한 곳에 시집보내는 게 상책이라
고 하였다. 그 아주머니가 말하는 남자는 몸이 아파 대학교에 가지
못했지만, 농촌에서 땅을 많이 가진 집안의 외아들이라고 하였다. 명
희가 그 집안에 들어가서 아들만 낳으면 얼마든지 대접받고 살 수 있
다는 것이다.

농지가 많아도 시골 부자는 고달프게 마련이라는 것을 아는 명희
엄마는 그런 혼처 자리를 탐탁지 않게 여겼다. 그리하여 중신아비가
몇 차례 말했어도 명희가 아직 어리다며 물리치곤 했는데, 명희가 취

직자리를 찾지 못해 좌불안석하는 것을 보고 명희 엄마도 조금씩 생각을 달리하였다.

성씨 집안의 외아들이라는 남자는 어려서부터 영특해 공부를 잘했다고 하였다. 그런데 대구로 나가 고등학교에 다니는 동안, 야밤에 다른 사람으로 오인되어 그만 갈비뼈가 부러지는 폭행을 당하고 말았다. 그 후 치료를 받아 몸은 회복되었지만, 정신적으로는 많은 후유증에 시달렸다. 특히 사람 만나기를 겁냈고 툭하면 아픈 탓에 대학교 진학도 하지 못했다.

폭행당한 충격에서 벗어나지 못하고 시름시름 앓던 그를 데리고 그의 부모는 용하다는 데를 수도 없이 찾아다녔다. 그러다 어느 무당이 그를 자기에게 수양아들로 주든지, 아니면 절에 가서 지내야 생명을 부지할 수 있다고 하였다. 이러한 무당의 말에 그의 어머니는 아들을 무당의 수양아들로 주는 게 어떠냐고 했지만, 유교적 전통을 중시하던 그의 아버지는 펄쩍 뛰었다. 아무리 그렇더라도 아들을 무당의 수양아들로 줄 수 없다며 차라리 절에 가서 생활하는 게 낫다고 하였다.

요양 차 절에 들어간 그 아들은 불교에 대해 전혀 아는 바가 없었고, 절은 아녀자들이 기복을 위해 불공을 드리는 곳이라고만 여기고 있었다. 하지만 절에서 지내는 동안 그는 젊은 스님들과 어울리며 심심풀이로 염불을 따라 외웠다. 그런데 어찌 된 일인지 그는 아주 쉽게 반야심경을 외우는 것은 물론 천수경도 줄줄 외워 자신도 놀랄 지경이었다.

천수경을 외우고 나서 금강경을 읽는데 거기에는 공(空)에 대한 언급이 수도 없이 반복해 나왔다. 알 것 같다가도 모르는 그 개념이 모호했지만 이상하게 마음을 끌었다. 그리하여 큰스님이라고 하는 그곳의 어른에게 그것이 뭐냐고 묻자, 큰스님은 빙긋이 웃으며 눈 앞에 펼쳐지는 모든 현상의 공허성에 대해 말해주었다. 심지어 나라고 하는 자신도 조건들에 의지해 일어나는 주인 없는 현상이라고 하면서 진아(眞我)를 봐야 한다고 하였다. 진아가 아닌 것들은 다 마음이 빚어내는 환상일 따름이라는 것이었다.

몸이 아파 고통을 겪고 있는데 그것도 환상이라니…. 그렇다면 마음 한편에 분해하는 자신의 마음도 기실 아무것도 아니란 말인가? 모든 게 공허하다면 진아라고 하는 것은 대체 무엇인지 헷갈렸다. 그러면서도 기복종교로나 여겼던 불교가 매력적으로 다가오는 것이었다. 그리하여 슬쩍슬쩍 주의를 기울여 보니 뜻밖에도 불교의 개시자가 왕족이었다. 석가모니 싯다르타는 세속적인 영화가 그리 대단한 것이 못 된다며 시공을 초월하는 가치를 위해 걸식하는 사문이 되었고, 치열한 수행 끝에 깨달음을 얻은 후 세상의 고통에서 벗어나는 길을 다른 이들에게 알려주고자 가르침을 폈다고 하였다.

울화로 절망감에 시달리던 그에게 석가모니 부처님은 일종의 광명이었다. 세상의 어느 것도 덧없지 않은 것이 없다고 하는 그 자체가 충격이었고, 점점 석가모니에 대한 경외심으로 그분의 가르침에 귀의하는 제자가 되고 싶었다. 어쩌면 괴한에게 폭행을 당해 절에 와 지내게 된 것도 우연이 아닌 필연, 즉 부처님을 만나기 위한 과정일지 모른다고 생각하게 되면서 그는 좌절감을 내려놓아서인지 건강도 많이 회복하였다.

아들의 건강이 나아지자, 그의 부모는 부처님의 가피에 감사하다며 절에 크게 시주하였다. 그런데 아들이 출가에 대한 뜻을 내비치자,

그의 아버지는 외아들이 머리를 깎고 중이 된다는 것은 있을 수 없는 일이라며 노발대발했다. 그의 어머니도 조상님들 뵐 면목이 없다며 절에 찾아와 울고불고 난리를 치며 앓아누웠다. 어려서부터 부모의 극진한 보호를 받으며 자랐던 그는 차마 부모의 뜻을 거역할 수 없었다. 큰스님도 그의 부모가 극성스럽게 난리를 치자 그에게 출가는 하지 말고 그냥 유발 상좌가 되어 삼보(부처님, 가르침, 승가)를 모시도록 하라는 타협안을 제시했다. 이렇게 하여 아들을 데리고 돌아온 그의 부모는 아들의 결혼을 서둘렀다. 행여 아들이 마음을 바꿔 다시 절로 들어간다고 할까 봐 얼른 짝을 지어주고자 했다.

  명희는 고등학교를 졸업하면서 자취방을 없앴던 터라 엄마 밑에 와 있었다. 새아버지의 아들들이 다 자라서 집을 떠나 있었기 때문에 함께 살지는 않았지만, 간혹 그들이 집에 들러 마주치게 될 때는 어색하기 이를 데 없었다.
  기회를 엿보다 명희 엄마는 중매쟁이에게서 들었던 그 남자에 관한 이야기를 명희에게 꺼냈다. 명희 역시 취직이 되지 않아 초조해 있는 데다 달리 대안이 없었던 연유로 대놓고 싫다는 말도 못 하고 미적거리다 떠밀리듯 맞선을 보게 되었다.
  맞선 자리에 나가기로 한 시간이 다가오자 명희의 산란함은 커졌다. 마음 한편에서는 요한 어머니의 권유, 즉 수녀원으로 가는 것을 진지하게 고심했었다. 하지만 어려서부터 엄마와 떨어져 지냈던 명희는 홀로 사는 독신생활을 생각만 해도 냉기가 느껴져 선뜻 내키지 않았다. 더구나 언젠가 한 번 수녀원에 가는 게 어떨까 하는 생각을 내비쳤을 때, 엄마가 질색하는 바람에 두 번 다시 그런 말을 입에 올리지 못했다.

하지만 결혼이란 사랑하는 사람들끼리 맺어져야 한다고 믿었던 명희는 결혼을 위한 결혼, 즉 결혼하기 위해 낯선 남자를 만나야 한다는 사실에 현기증을 느꼈다. 인생이 그렇게 어이없이 진행되어 갈 수도 있다는 사실에 허무감이 올라와 자신도 모르게 몸을 떨었다.

맞선을 주선한 아주머니를 따라 다방으로 들어갔더니, 남자가 이미 와 기다리고 있었다. 중신아비는 서로 인사를 나누게 하고 약간의 덕담을 하고는 둘이 잘해보라는 말을 남기고 사라졌다. 두 사람만 남게 되었을 때 찬찬히 앞에 있는 대상을 바라보니, 다소 유약한 듯한 인상의 남자가 명희를 물끄러미 바라다보고 있었다. 눈이 마주치자 그가 먼저 말을 건넸다.

"일찍이 아버지를 여의고 지내느라 힘드셨겠어요."

초면에 그렇게 헤아리는 말을 들은 명희의 눈에는 눈물이 핑 돌았다. 전혀 예상치 못했던 말에 명희가 당황하며 가방에서 손수건을 꺼내려 하는데, 그날따라 손수건을 빼놓고 나왔는지 영 잡히질 않았다. 그래서 당혹스러움에 어쩔 줄 몰라 하자, 이런 모습이 딱했는지 그가 슬그머니 자기 주머니에서 손수건을 꺼내주었다.

어쩔 수 없이 그 손수건을 받아 눈물을 훔쳤던 명희는 '영화를 찍는 것도 아니고 이게 뭐야?' 하고 생각하다 그만 빵하고 웃음을 터트렸다. 어색함이 눌러지지 않아서 그런지 웃음은 도무지 통제되질 않았다. 웃음을 터트리면서도 명희는 미치지 않고 이럴 수가 있느냐고 자문하며 어처구니없어했다. 눈에서는 눈물이 흐르고 입에서는 웃음이 터져 나오고, 테이블 밑의 두 발은 동동 구르고, 그야말로 미칠 것 같은 순간이었다.

이런 명희의 모습에 그 남자도 어리둥절해하긴 마찬가지였다. 처음 보는 그런 상황을 어떻게 해야 좋을지 몰라 멍하니 있는데, 명희가 손사래를 치며 "아, 어쩌면 좋아! 어쩌면 좋아!"하는 말을 내뱉으며 진땀을 흘렸다. 마침내 그 남자는 그런 자리가 너무 불편해 명희가 견디기 어려워한다는 것을 알고 나가자고 제안했다. 그렇게라도 해야 명희가 거기에서 빠져나올 수 있을 것 같았다.

다방이라는 밀폐된 공간에 있기보다 건물 밖으로 나오니 가슴이 뻥 뚫리고 시원했다. 그제야 명희는 숨을 크게 들이쉬며 진정할 수 있었다. 그렇게 건물 밖으로 나오게 된 두 사람은 누가 먼저 걷자고 제안할 것도 없이 모퉁이를 돌면서 자연스럽게 개천의 제방으로 발걸음을 옮겼다.

명희는 상대가 자기보다 7살이나 위라고 하여 아저씨 같은 사람이 나올 줄 알았는데, 전혀 그렇지 않은 말쑥한 인상의 남자가 나와 그리 싫은 것은 아니었다. 그 남자도 자신의 어려움을 알아주는 말에 왈칵 눈물을 쏟는 명희의 모습이나 당황스러움을 어쩌지 못해 웃음을 터트리고 절절매는 모습에서 때 묻지 않은 싱그러움을 느꼈다.

함께 둑을 걷는 동안 두 사람 다 무슨 말을 해야 할지 몰라 한동안 발걸음만 떼어놓았다. 마침 정오가 지난 한참 후라서 들판에 내리쬐는 햇살은 순하고 따사로웠다. 그런 햇살 아래 풋풋함을 풍기는 한 여자와 섬세함을 지닌 한 남자가 나란히 걸었다.

그 남자와 긴 시간을 마치고 돌아오자, 초조히 기다리던 명희 엄마는 조심스럽게 물었다.

"그 남자가 어떻더냐?"

"…"

사실, 명희는 그 남자와 무슨 이야기를 나누었는지 하나도 기억나지를 않았다. 다방에서 갑자기 눈물이 터져 당황했고, 미친 사람처럼 통제 불능이 되어 절절맸고, 햇살을 받으며 그와 함께 걸었다는 것은 알겠는데, 대체 그와 무슨 이야기를 나누었는지는 전혀 기억나지 않았다.

얼마나 걸었는지 잘 모르겠는데 주위가 어스레해지자 그는 명희에게 식사나 하자고 했다. 아무런 소리도 못 하고 명희는 그저 그가 하자는 대로 따랐고, 식당에 들어가서도 무슨 정신으로 무엇을 먹었는지 기억나지 않았다. 잠시 저 멀리 행성에 다녀온 듯한 기분이 들 따름이었다.

명희가 아무런 대꾸를 하지 않자, 명희 엄마도 더는 캐묻지 않았다. 그동안 늘 가슴 아렸던 딸인데 어느새 다 자라 맞선을 보고 왔다는 게 믿기지 않았다. 어느 사이 그렇게 컸는지 대견스러운 동시에 아직 어린애인데 등 떠밀듯 시집을 보내려는 게 아닌가 하여 마음이 아렸다.

며칠 후 중신아비가 명희 엄마를 찾아왔다. 저쪽에서 명희를 좋다고 하는데, 이쪽에서는 그 남자를 어떻게 생각하느냐고 물었다. 명희 엄마가 딸의 의중을 아직 모르겠다고 대답하자, 중신아비는 이런 자리를 놓치지 말라고 신신당부했다.

그날 저녁에 명희 엄마는 딸에게 그 사람이 어떠냐고 다시 물었다. 그랬더니 명희가 얼굴을 발갛게 물들이며 가만히 있는 게 아닌가. 그 남자가 싫다고 하지 않는 것을 보고 명희 엄마는 명희가 그를 그런대로 괜찮게 여긴다고 생각하였다. 동시에 '명희가 이제는 다 자란 여자이구나.' 하는 생각을 하는데 가슴 한편에서 뭔가가 쿵 하고 내려앉는 것 같았다. 명희가 더는 품 안의 딸이 아니라는 발견에 뭔가 예리한 것이 가슴을 훑고 지나가는 듯했다.

"그쪽에서는 너를 좋다고 한다는데, 너도 그가 괜찮으냐?"

어머니가 재차 물었지만, 명희는 뭐가 뭔지 잘 모르는 심정일 따름이어서 아무런 대꾸를 하지 않았다. 그가 우악스럽지 않고 따뜻한 마음을 지닌 남자 같아 나쁘진 않지만, 그렇다고 좋은 것도 아니고 모든 게 두렵기만 했다. 특히 자기 입에서 괜찮다고 말이 나오면 정신을 차릴 겨를도 없이 휙휙 결혼으로 빨려들어 갈 것 같아 무서웠다. 적어도 결혼만큼은 그렇게 해서는 안 된다고 여기고 살았던 자기였는데….

명희 엄마 역시 저쪽에서 좋다고 하니까 나쁘지는 않았지만, 그렇다고 그 혼처 자리가 그리 탐탁한 것은 아니었다. 일찍 남편이 죽어 어린 딸을 데리고 과부로 살았던 세월이 모질었기 때문에 그 남자가 부잣집 아들이라고 하여도 몸이 아팠던 사람이라는 게 걸렸다.

"부담은 절대 갖지 말도록 해. 회복이 되었다고는 하지만 아팠던 사람이라 나도 그리 내키지는 않으니까."

명희는 그래도 엄마가 그렇게 말해주는 게 고마웠다. 자기를 해치우듯 시집 보내려는 게 아닌가 하는 속상함도 없지 않았던 때문이다. 하지만 엄마가 그가 아팠던 사람이라며 탐탁지 않다고 말하니까 그것도 속상했다. 그래도 그 남자는 자기에게 자상했고 섬세한 듯해 그리 싫지 않았다. 오히려 명희가 두려워했던 것은 자신의 마음이었다. 그동안 결혼을 위한 결혼에 대해 경시하는 태도를 보여왔는데, 결혼을 목적으로 단 한 번밖에 보지 않은 그 남자에게 시집을 간다는 것이 믿어지지 않고 마땅치 않았다.

그 후 며칠 동안 명희는 대답을 기다리는 어머니를 자꾸 피했다. 결혼이란 사랑하는 사람하고 해야 한다고 믿었는데, 현실에서는 그런 게 고려되지 않고 단지 결혼할 것인지 아닌지를 놓고 씨름을 하니 이게 뭔가 싶었다. '아, 그동안 꿈꾸어왔던 사랑, 결혼, 삶이 이런 것이었나?' 하는 생각을 수도 없이 곱씹으며 명희는 어지러워했다. 그동안 꿈꾸어왔던 이상과 자신이 처한 현실 사이를 오르락내리락하던 명희는 어느 날 어머니 눈을 피해 이불을 뒤집어쓰고 엉엉 소리 내어 울었다.

그 남자도 어정쩡하기는 마찬가지였다. 부모의 반대가 너무 심해 출가하는 것을 접긴 하였지만 그렇다고 결혼할 의사를 가진 것도 아니었다. 누군가를 만나 자식을 낳으면 거기에 손발이 묶일 게 뻔했다. 부모의 상심이 너무 커 유발 상좌가 되는 것으로 타협했어도 언젠가 기회가 되면 부처님의 제자가 되고 싶었다. 그렇게 하자면 인연을 정리하는 방향으로 가야 하는데, 그 반대로 가정을 꾸려 더 많은 업(業)을 쌓는 길을 가려 하니 여간 묵직한 게 아니었다.

한데 맞선을 본 아가씨가 의외로 순진해 보였다. 그런 자리가 처음이라서 그랬겠지만 어쩔 줄 몰라 하는 모습에서 때 묻지 않은 순진성이 물씬 배어 나왔고, 일찍이 삶의 시련을 겪었던 때문인지 그 아가씨에게 애수가 느껴지기도 해 시련을 겪었던 자기와 유사한 게 많을 듯도 싶었다.

며칠이 지나도 명희네 측에서 기별이 오지 않자, 그 남자의 어머니는 그 아가씨를 다시 만나보라고 아들에게 성화하였다. 그렇게 하여 다시 명희를 만나게 되었을 때도 두 사람은 여전히 무슨 말을 해야 할지 몰라 어색해하였다. 이번에도 그 남자가 명희에게 물었다.

"저번처럼 밖에 나가 걸을까요?"

"예!"

어색하게 앉아 있기보다 걷는 게 훨씬 낫겠다고 여겼던 명희는 자신도 모르게 환하게 웃으며 크게 대답하였다. 명희의 그런 모습도 그 남자에게는 마냥 싱그럽고 귀여웠다. 그날도 두 사람은 제방으로 발길을 돌려 따뜻하게 내리쪼이는 햇살 아래 걷고 또 걷는 식으로 다리가 아프도록 걸었다. 지천으로 수북하게 솟아난 길섶의 풀들은 바람에 물결쳤고, 그 위를 나는 날벌레들도 흥겹게 소리 내며 윙윙거렸다. 간간이 고개 들어 저 멀리 하늘을 바라보면, 군데군데 떠 있는 하얀 뭉게구름은 눈부시게 빛났다.

그 후 몇 차례 더 만남이 이어지면서 결혼은 급물살을 타기 시작했다. 이렇게 어른들 사이에서 결혼이 진행되고 있음에도 당사자인 명희는 여전히 자신의 의사를 명확히 밝히지를 않았다. 이미 주위 상황이 결혼으로 줄달음치고 있다는 사실을 알았지만, 그래도 뭔가 한 가닥 자신을 놓아주지 않는 끈 같은 게 있었다.

명희 엄마는 분명하게 대꾸하지 않는 딸의 태도를 보고 수줍음 때문이라고 여겼다. 나아가 결혼을 향해 사람들이 일사불란하게 움직이는데도 아무런 말을 않는 것은 승인으로 믿었다.

17. 요한의 만행이 시작되다

상담을 받던 도중 도망치듯 나오니 비가 좀 전보다는 덜 세차게 내렸다. 전철을 타고 한강을 건너는데, 몇 달 전 난간에 기대어 다리 밑 시커먼 한강을 내려다보았던 기억이 났다. 요한은 다리를 건너자마자 전철에서 내려 강가의 공원으로 발길을 돌렸다. 그렇게라도 좀 걸어야 숨통이 트일 것 같았다.

얼마나 걸었는지 인식하지는 못하였는데, 어느 순간 한기가 돌았다. 주위를 둘러보니 어둑어둑해져 있어 요한은 다시 걸음을 돌려 전철역으로 향했다. 상담을 받으면서 자신을 돌아보는 재미가 있기도 했지만, 그리 만만한 작업은 아니었다. 과연 어디까지 자신의 치부를 내보일 수 있을지 심히 의심스러웠다. 그렇다고 시작한 항해를 멈출 수도 없고….

수도회에 도착하니 이미 밤이었다. 젖은 옷을 벗어 던지고 샤워실에 들어가 물줄기에 몸을 들이대고 있으니 살갗이 얼얼해지면서 정신이 드는 것 같았다. 벽에 걸린 수건을 집는데 옆 고리에 모자가 눈에 들어왔다. 그저 평범해 보일 뿐인 모자, 그것 하나를 고르기 위해 얼마나 많은 모자가게를 쑤시며 돌아다녔던가. 근 한 달 가까이 그렇게 마음에 드는 모자를 찾아 헤매자 주위에서는 자기를 보고 미쳤다고 하였다. 한 번은 동기 신부가 소리 질렀다.

"모자가 너의 색시라도 되냐? 그게 뭐라고 그렇게 고르고 또 고르느냐 말이야!"

느닷없이 소리치는 바람에 깜짝 놀라 그만 폭소를 터트리고 말았다. 그런 구박을 당하면서도 마음에 드는 모자를 사겠다며 집착을 버리지 못했던 자기, 막상 사놓고는 언제 그랬느냐는 듯이 그것을 고이 모셔만 두고 있는 자기, 자신이 생각해도 미친 짓거리였다. 왜 자기는 그렇게 이상한 데 집착을 부리는 것일까?

서당 개 삼 년에 풍월을 읊는다고 상담을 받기 시작한 이래 행위의 저변에 깔린 밑마음을 살펴보는 버릇이 생겼다. '왜 나는 모자에 그렇게 집착하지?' 하고 물음표를 던지다가 불현듯 '아, 그렇지! 자신을 모자로 가리고 싶었던 거구나!' 하는 생각이 들자, 요한은 참을 수 없다는 듯이 벌떡 일어나 정리를 시작하였다. 하지만 이번에는 이를 악물고 자신의 방만 정리하기로 다짐하였다. 그래서 많지도 않은 자신의 물품을 수도 없이 들었다 났다를 반복하였다.

다음 날 새벽에 잠을 깬 요한은 아직 동이 트기 전인데 성체조배를 하러 성당으로 향했다. 얼마나 긴 시간이 흘렀는지 알 수 없으나 사제들이 한두 명씩 들어오는 것으로 보아 미사 시간이 된 것 같았다.

미사를 마치고 다들 식당으로 향하는데 입안이 깔깔해진 요한은 그냥 그 자리에 우두커니 앉아 있었다. 얼마 후 식사가 끝났는지 관구장 신부가 성당 문을 열고 들어와 요한 곁으로 다가왔다.

"많이 힘든가?"

"…"

"어젯밤에 자네 방에서 물소리가 오랫동안 났었지."

"올라오셨습니까?"

관구장 신부는 요한이 들어왔는가 하여 그의 방으로 갔는데 샤워하는 소리가 나서 발길을 돌렸다고 하였다. 다시 갔는데 그때까지도 물소리가 여전했다고 하였다.

"제게 무슨 하실 말씀이 있습니까?"

"황유스티노라고 예전에 문 신부와 함께 공부한 적이 있다고 하는 사람이 여기를 다녀갔네. AIDS 퇴치 운동을 한다며 기금을 마련하는 중이라고 말하더군. 우리 수도회에서 도울 수 있겠느냐고 묻는데, 뭔가 인상이 고약하더라고. 우리도 후원금을 받아 운영하기 때문에 그럴 여력이 없다고 하였지. 혹시 문 신부가 잘 아는 사람인가 하여 물어보려고 했던 것이야."

이러한 말을 듣는 요한은 머리카락이 삐쭉 솟는 것 같았다. 그 작자가 결국은 돈을 원하는 거였구나 하고 깨닫는 순간 헛웃음이 쳐지는 것이었다. 수도사제가 사유재산을 가질 수 없다는 것을 아는 그가 관구장에게 접근했다는 것은 자기를 압박하기 위한 수단임이 분명했다.

"예, 소신학교 시절 학우들에게 성추행했다가 쫓겨난 작자입니다. 얼마 전에도 저를 찾아왔었습니다."

"그래? 그 친구가 문 신부에게 기금을 부탁하던가?"

"제게는 그렇게까지 말하지 않았고 조만간 만나자고 하였습니다."

"음…. 퇴치 운동 운운하며 돈을 갈취하려는 자 같으니 조심하도록 하게."

"예, 알겠습니다."

이렇게 말하고 관구장 신부가 나가자, 요한은 휘청하는 기분이었다. 저번에 신 선생과 이상섭을 만났을 때 분명히 그들이 해결해보겠다고 말했었다. 그리하여 마음을 놓았는데, 그 작자가 관구장 신부에게까지 찾아왔다는 것은 해결이 안 된다는 의미로 신경이 쓰였다. 그리고 황유스티노가 만난 사람이 관구장으로 다름 아닌 베드로 신부라는 것도 걸렸다.

베드로 형은 수도회에서 한국인으로서 처음 사제품을 받은 사람이
었다. 서양인 신부들이 그리 권위적이진 않았어도 백인우월주의에
젖어 한국인 신학생들을 위축시킬 때가 있었다. 이러한 분위기를 쇄
신하고자 베드로는 단합대회 겸 등산계획을 세웠다.

그들이 설악산을 찾았을 때는 단풍의 한참 때가 지난 뒤였다. 베드
로 신부는 등산을 떠나기 전에 나름대로 교육한다고 애를 썼지만, 신
학생들은 한겨울도 아니고 암벽을 타는 것도 아니라 그냥 공룡능선
을 넘는 것인데 뭐 그리 어렵겠느냐는 식이었다.

최단 거리라고 하는 오색에서 대청봉으로 오르는 코스를 잡았는데
다소 가파르긴 해도 그리 힘들지 않았다. 정상을 찍고 산장에서 하룻
밤을 지낸 다음 일행은 희운각을 거쳐 공룡의 등처럼 뾰족뾰족한 공
룡능선으로 향했다. 손으로 바위를 짚고 엉금엉금 기는 구간도 있었
지만, 워낙 빼어난 경관이어서 힘든 줄을 몰랐다. 탁 트인 동해와 산
수화에나 나올 법한 설악산의 암벽들은 정말 숨을 멎게끔 할 정도의
장관을 이루었다.

5~6시간을 그렇게 톱니바퀴 같은 구간을 오르락내리락하다 보니
점차 다리에 힘이 풀렸다. 베드로는 맨 뒤에서 일행이 처지지 않도록
몰아주며 나무는 미끄러우니까 밟지 말라는 주의를 틈틈이 해주었
다. 하지만 요한은 아차 하는 순간에 나무 뿌리를 밟자 쭉 미끄러져
발목이 접히면서 바위에 정강이뼈를 부딪치고 말았다. 그렇게 하여
골절사고를 당하는 바람에 걷지 못하게 되자, 통증도 통증이었지만
일행에게 엄청난 피해를 주게 되었다.

공룡능선의 끝자락이어서 다행이라며 베드로는 요한을 둘러업었다. 원래는 마등령을 거쳐 외설악으로 내려올 계획이었는데 거기는 경사가 심하다며 오세암 쪽으로 방향을 틀었다. 동료들이 번갈아 요한을 둘러멨지만 거의 그를 업고 내려온 사람은 베드로였다. 비 오듯 땀을 흘리는 베드로의 등에 업혀 있던 요한은 미안해 숨을 쉬기 어려울 지경이었지만, 그런 가운데서도 그 등의 온기가 그리 안온하고 따뜻할 수 없었다. 진을 있는 대로 뺐던 베드로 신부는 백담사에 다다라서는 혼절하고 말았다. 거기에서 요한은 병원으로 이송되었다.

그러지 않아도 베드로를 든든한 형으로 삼고 지내던 요한은 그런 사고 이후 더욱 베드로에게 기울었다. 두 사람이 각별하다는 것을 이해하다가도 너무 가까운 것 아니냐는 우려가 있어 요한은 해외 선교지를 정할 때 베드로가 파견된 곳과는 다른 곳으로 정했다. 그렇더라도 총회가 열리는 집회나 휴가를 받아 만나게 될 때는 요한은 언제나 베드로 신부 곁에 있었다.

몇 년 전 수도회 운영권이 한국인 첫 세대로 넘어올 때, 초대 관구장으로 누가 선출되느냐가 주요 사안이었다. 한국인으로서 첫 입회자들은 도마, 베드로, 스테파노 이렇게 세 명이 있었는데, 도마 신부는 베드로 신부보다 두 살 많았고, 스테파노는 베드로 신부보다 3살 적었다.

그런데 도마 신부는 부제 시절 여자 문제로 수도회를 잠시 나갔다가 다시 들어왔던 인물로서 사제품을 베드로 신부보다 늦게 받았다. 그런데 문제는 도마 신부가 스테파노 신부를 조종하며 베드로를 견제하려 한다는 거였다. 스테파노 신부는 여린데다가 귀가 얇아 곧잘

분쟁을 일으키는 인물이었지만 워낙 쟁쟁한 집안 출신으로 수도회에 어려운 일이 있으면 많은 도움을 주었다.

처음으로 선출방식을 도입해 관구장을 뽑을 때 사제들 간에는 술렁임이 있었다. 두말할 것도 없이 요한은 베드로 신부를 위해 발 벗고 나섰으며, 베드로 신부가 관구장으로 선출되었을 때 누구보다 기뻐했던 인물이다.

수도회 내에 있었던 병폐는 서양인 사제들이 편견을 갖고 있다는 점이었다. 한 번 밉상으로 보면 끝까지 밉게 보는 고질적인 면을 갖고 있어 한국인들은 힘들어했다. 문화차이에 기인한 것인지 아니면 우월감에서 비롯한 편협함 때문인지는 알 수 없으나, 자존심이 상했던 사람들은 한국인 초대 관구장으로 선출된 베드로 신부가 그런 울분을 화끈하게 해소해주기를 고대했다.

하지만 베드로 신부는 기존의 틀을 한꺼번에 변화시키는 것은 바람직하지 않고, 또 한국이라는 낯선 나라에 와서 청춘을 바친 사람들이니만큼 존중해야 한다며 신중한 태도를 보였다. 그리하여 울분이 쌓여있던 한국인 사제들 간에는 실망이 만연되었고, 나 신부의 사건도 그런 갈등의 표출이었다. 이러한 사실에 안타까움을 가졌던 요한이 언젠가 한 번 충언한다고 말했던 적이 있는데, 하필 그때 예민해질 대로 예민해져 있던 베드로 신부가 노여움을 표시하는 바람에 무안해진 요한은 마음의 문을 닫은 상태로 지냈다.

관구장 신부에게서 황유스티노에 관한 이야기를 들은 요한은 그사이 어떤 말이 오갔는지 확인해보기 위해 신 선생에게 연락하였다. 하지만 신 선생은 이상섭이가 황영철을 만나 해결 짓겠다고 하여 자기는 빠졌다고 대꾸했다. 그러면서 알고 싶으면 이상섭에게 직접 전화를 해보라며 그의 전화번호를 알려주었다.

그 전화번호를 바라보며 요한은 망설였다. 그가 자기를 지나치게 이상화하는 것 같아 연락을 끊었었는데, 인제 와서 자신의 필요에 따라 연락한다는 것이 왠지 걸렸다. 그는 자기의 갑작스러운 단절로 방황하다 AIDS까지 걸린 인물이기 때문에 직접적인 책임은 없지만 아무래도 미안했다. 그리하여 망설이다가 엄습해오는 불안을 이기지 못해 요한은 이상섭에게 전화를 걸고 말았다.

"황영철이 AIDS 퇴치 기금조성 운운하며 수도회를 찾아왔다는데, 정말 그가 그러한 일을 하고 있나요?"

이러한 질문을 받은 이상섭이 낙담하듯 말했다.

"그 사람이 기어이 그곳까지 찾아갔군요. 일전에 제가 그를 만나 이 일에서 손을 떼어달라고 당부를 했습니다. 그러자 그는 자신이 문요한 신부를 찾는데 들인 수고가 얼마인데 그렇게 쉽게 말하느냐며 불쾌한 반응을 보였지요. 남을 후려치고 사는데 이골이 난 사람으로 이반 사이에서도 평판이 좋은 편이 아닙니다. 아무튼 제가 다시 만나 보도록 하겠습니다. 여러모로 괜한 소란을 일으켜 죄송합니다."

"이런 일로 연락을 드려 미안합니다. 조만간 뵙도록 하지요."

통화를 마치고 요한은 길게 숨을 내쉬었다. 앞으로 이 일이 어떠한 파장을 얼마나 깊이 남길지 예측할 수 없었다. 그러지 않아도 자신의 입지가 말이 아닌데, 그것도 모자라 수도회에 똥물을 끼얹게 하는 게 아닌가 하여 여간 참담한 게 아니었다.

저번에 빗속을 뚫고 왔다가 상담을 받던 도중 일찍 돌아갔던 요한,

그가 다시 왔을 때의 모습은 여간 해쓱한 게 아니었다. 자리에 앉아서도 좀처럼 입을 열지 않는 요한을 바라보다 선희가 물었다.

"문 신부님께서 그동안 자신을 돌아보는 일을 열심히 하셨는데, 요즈음 무엇 때문에 그렇게 힘들어하시는지 궁금합니다."

"…."

선희는 가능한 한 현시점의 살아있는 내용에 더 관심을 두고자 했지만, 요한은 좀처럼 초점을 현재로 옮겨오지 않고 그냥 저번처럼 회고에 몰입하고자 하였다. 선희로서는 아쉬워하면서도 현시점에 이르기까지 그가 어떤 과정을 거쳤는지를 아는 것도 중요하다고 여겨 좀 더 기다리기로 하였다.

"아버지가 돌아가신 이후 영 마음을 잡지 못하겠더라고요. 그래서 수도회에서 나와 여기저기 돌아다니는 방랑 생활을 하였습니다."

"아버님이 돌아가신 것에 충격을 많이 받으셨던 거예요?"

"…."

선희는 의아함을 갖지 않을 수 없었다. 아버지와 그리 각별하지도 않았던 사람인데 아버지의 죽음에 그토록 영향을 받는다는 것이 뭔가 이상했다. 더구나 그는 그즈음 수도회에 잘 적응하고 있던 차였기 때문이다.

"어떤 심정에서 수도회를 박차고 나오셨던 거지요? 수도회로 옮긴 이후 비로소 정착하시는 듯했는데 말입니다."

"아, 그것은…."

질문을 받은 요한은 어깨를 움찔하는 동작, 즉 머쓱할 때 보이는 동작을 취했다. 이런 모습에서 석연치 않음을 느낀 선희는 행여 요한이 다른 이야기로 넘어갈까 봐 얼른 말했다.

"아버지가 돌아가셨다는 사실이 큰 충격이긴 합니다만, 좀 더 구체적으로 무엇이 그토록 힘들었던 것인지 말씀해주시겠어요?"

이렇게 선희가 파고들자, 편편하지 않음을 느꼈는지 요한은 양미간을 찌푸렸다. 그러면서 느닷없이 양쪽 팔을 벌리며 대들 듯 물었다.

"대체 무엇을 말하라는 것입니까?"

갑자기 높아지는 요한의 목소리에 놀란 선희는 놀라움에 어금니를 지그시 물었다. 삽시간에 팽팽한 긴장감이 두 사람 사이에 감돌았다. 선희는 그러한 순간에 그가 왜 그렇게 흥분하는지를 물을 것인지, 아니면 그러한 저항이 누그러지도록 샛길을 터줄 것인지를 두고 망설였다. 그러다가 아직 시간이 있으니까 후자를 택하는 게 안전하다고 여겨 다음과 같이 말했다.

"하긴 늘 그 자리에 계시리라 믿었던 아버지께서 돌아가셨으니 자신의 무심함에 자책하는 마음이 들기도 하셨겠네요."

그러자 요한이 덥석 그 말을 잡고 응대했다.

"역마살이 있던 놈이라 그랬는지 '기회는 이때다.' 하고 뛰쳐나왔지요. 아버지에게 무심했던 인간이 사랑을 전파하는 사제가 된다는 게 부끄러웠던 것 같습니다. 하하하."

과장되게 웃음소리를 내는 요한, 그동안 보여 왔던 고지식하면서도 섬세하던 모습과는 달라 낯설게 보였다. 뭔가가 있다고 생각하며 선희는 고개를 끄덕이는 반응을 보이며 일단 넘어가기로 했다. 어차피 때가 되면 다 나오게 마련이라고 믿었다.

요한이 갑자기 퇴회하겠다고 하자, 수도회에서는 그가 아버지를 잃은 충격 때문이려니 하고 말렸다. 요한으로서도 그동안 혜택을 누렸던 터라 퇴회를 고집하기도 어려워 한발 물러섰다. 하지만 몇 달이 지나도록 요한이 뜻을 접지 않자, 수도회 측에서는 마음이 정리되면 다시 오라며 요한을 쉬게 하였다.

수도회에서 나온 이후의 여정은 그야말로 정처 없이 떠도는 방랑이었다. 구인광고에 따라 처음 접한 일은 숙식 제공이 되는 버스세차장에서의 작업이었다. 대충 비누칠한 다음 고무호스로 물을 뿌려 차를 닦는 것으로 그리 어렵진 않았다. 식사는 정해진 인근 식당에 가서 먹고, 잠은 큼직한 방에 5~6명이 담요를 갖고 각자 뒹굴며 자는 식이었는데 위생은 형편없었다.

한번은 고무호스를 잘못 다루는 바람에 물줄기가 뻗쳐 작업 중인 다른 사람을 적셨다. 그러자 그가 득달같이 달려와 요한의 멱살을 잡아당기며 후려치는 바람에 요한의 코에서 피가 줄줄 흘렀다. 그런데 이러한 장면을 지켜보던 다른 이들이 와 하고 웃음을 터트리기나 했을 뿐이지 말리는 사람이 없었다. 그러한 사태에 모욕감을 느낀 요한은 그곳을 떠나겠다고 하자, 주인은 신고식이라며 참으라고만 하며 별다른 조처를 해주지 않았다.

그다음 일하게 된 곳은 수원에 있는 도매상 가게였다. 소매상인들이 물건을 주문하고 가면 자전거로 배달해주는 일이었는데, 건물 안쪽 살림집의 한 구석진 방에서 몇몇 종업원들이 잠을 잤고 식사도 그 집에서 했다. 이곳은 그런대로 지낼 만한 곳이었다.

그곳에서 일한 지 두서너 달 정도 지났을 무렵 주인집 대학생인 딸이 방학을 맞이해 서울에서 내려왔다. 그런데 어느 순간부터 그 딸과 자주 마주쳐서 처음에는 우연이려니 하였으나 너무 빈번하게 그런 일이 생기니까 뭔가 이상했다.

요한에게 연정을 품기 시작한 주인집 딸은 요한이 별다른 반응을 보이지 않자 적극적인 공세를 펼쳤다. 요한은 아무리 생각해도 그곳에 더 있다가는 곤란한 지경에 이를 것 같아 주인에게 떠나겠다는 의사를 밝혔다. 주인은 요한이 일을 잘해 떠나보내기 싫었지만, 늦추었다가는 다른 사람들 입에 오르내리는 남세스러운 일이 벌어질까 봐 요한을 놓아주었다.

전주로 내려가 시내를 걷다가 소낙비를 만났다. 비를 피하려고 요한은 증축 중인 건물 안으로 들어섰다. 거기에는 몇몇 남자들이 배관 공사를 하고 있었는데, 전혀 바쁠 일이 없었던 요한은 비가 멈출 때까지 그들의 작업을 구경했다. 그러던 중 작업하던 사람이 요한에게 옆에 있는 연장을 집어달라거나 파이프를 연결할 때 와서 잡아달라고 부탁하였다.

딱히 갈 곳도 없었던 요한은 그들이 시키는 대로 해주었고, 그 덕에 새참을 얻어먹었다. 그때 배관 공사의 우두머리가 되는 사람이 요한에게 몇 마디 묻더니, 건설은 사시사철 이루어지기 때문에 배관 일을 배우면 돈벌이가 된다고 하였다. 앞으로 무엇을 해 먹고살지에 막연했던 요한은 솔깃했고, 그리하여 그들과 합류하였다. 그들은 팀을 꾸려 건축이 있는 곳을 찾아다니며 여인숙에 머물면서 돈을 벌었다.

밥벌이를 할 수 있는 직업을 찾아가는가 싶었는데 엉뚱한 데에서 문제가 생겼다. 요한과 가깝게 지내던 팀원 중 한 형이 우연히 그 지역에서 고향 친구를 만나게 되었는데, 그 친구는 조직 깡패의 일원이었다. 일을 마친 후 그 형이 친구를 만나러 갈 때 종종 요한을 데리고 나가 함께 술을 마시곤 했다.

조직의 일원인 친구가 들려주는 이야기는 전혀 딴 세상의 이야기여서 재미있었다. 그들 세계에는 의리를 앞세운 엄격한 질서가 있었다. 상명하복으로 이루어지는 그들의 세계는 일견 남자들의 멋스러움을 지니고 있기도 했다.

그런데 가깝게 지내던 형이 요한에게 그 조직으로 함께 들어갈 생각이 없느냐고 묻는 것이었다. 요령이 부족해 번번이 면박을 당했던 그 형은 점점 조직 깡패 세계 쪽으로 마음을 기울이고 있었다. 마침 그즈음 울근불근하던 두 조직 간에 싸움이 붙어 세를 불리는 중이라고 하였다. 어영부영하다가는 함께 술을 마시며 친해졌던 그들에게 휩쓸리게 될지도 모른다는 불안감이 엄습하자 요한은 거기를 떠나기로 마음먹었다.

다시 발길을 향하게 된 곳이 바로 나환자 마을이었다. 몇 해 전 그래도 자기에게 신경 써주었던 책임자 신부에게 제대로 하직 인사도 없이 도망치듯 나왔던 게 마음 한구석에 찜찜하게 남아있었다. 딱히 갈 데가 없어서 그랬는지는 몰라도 불현듯 그때 죄송했다는 인사도 할 겸 그곳에 가서 지내보는 게 어떨까 하는 생각을 한 것이다. 아무런 부담 없이 지내기에는 거기가 안성맞춤이었다.

18. 성령 체험, 드디어 사제가 되다

다음 상담에서 요한은 나환자 마을로 가게 된 이후의 이야기를 이어갔다. 그곳의 책임자 신부에게 그리 호감을 느끼는 것은 아니었지만, 그곳은 자기 같은 사람이 머무르기에 적합했다고 하였다.

언젠가 그 신부에게 왜 그리 호감이 가지 않는지 곰곰이 생각해봤단다. 천형이라고 하는 나환자를 돌보는 그곳에서 그는 언제나 머리를 포마드로 반지르르하게 발라 넘기고 있었다고 한다. 그런 게 걸리는 것은 자신의 촌놈 콤플렉스 때문이냐고 슬쩍 묻기도 하였지만, 그러한 질문은 그냥 하는 말이지 진지한 것도 아니었다. 아무튼 그곳에 당도해 직원과 말을 나누고 있었을 때, 외출에서 막 돌아온 책임자 신부가 자기를 보더니 먼저 말을 건넸다고 하였다.

"아, 저번에 말없이 사라졌던 친구 아닌가!"

이번에는 그 신부가 정확하게 요한을 기억하고 던지는 말이었다.

"죄송했습니다. 그때 제대로 인사도 드리지 못하고 떠나서 사과를 드릴 겸 다시 찾아왔습니다."

"그래? 벌써 몇 년 전 아닌가. 그건 그렇고 그래, 지금은 뭘 하고 있나?"

"수도회 소속으로 옮겼습니다만, 다시 나와 떠돌고 있습니다."

다시 나와 떠돈다는 말에 책임자 신부는 안경 너머로 요한을 빼꼼하게 응시하다가 접견실로 가자고 하였다. 그런 다음 진지하게 몇 가지 물어보고는 요한이 아직도 마음을 잡지 못하고 붕 떠 있다는 것을 알아차렸는지 이렇게 제안했다.

"여기서 지내보면서 성소에 대해 진지하게 성찰해보도록 하게나."

사제로서의 위엄을 갖추고 그렇게 말하자, 요한은 옴짝달싹 못 하고 가만히 있었다. 사실 그로서도 대안이 없었기 때문에 그러한 제안이 반가웠다.

"예, 그렇게 하겠습니다."

불과 3~4년 사이인데 나환자 마을은 전보다 많이 커졌다. 건물이 몇 개 더 늘어났는데, 그중 하나는 후원자들을 비롯한 외부 손님들을 맞이해 식사를 하거나 파티를 개최하는 장소였다. 후원자들이 많아져 성대한 모임이 자주 열린다는 말을 듣고 문득 요한은 그전의 기억을 더듬었다.

그때도 손님이 수십 명 온다고 해 요한은 테이블을 옮기는 등 분주히 움직였다. 그러자 책임자 신부가 그 일은 다른 사람에게 맡기고 요한에겐 포크와 나이프를 챙기라고 하였다. 그래서 요한이 식탁 준비는 여자 봉사자에게 맡기는 게 어떠냐고 말했더니, 책임자 신부는 껄껄 웃으며 마음이 안 놓인다며 요한에게 하라고 했다. 그러면서 덧붙이는 말이, 가난한 집안에서 자란 열렬한 여성보다 게을러도 부잣집에서 자란 여성이 더 쓸 만하다고 하는 것이었다. 가난한 집 출신자들은 나이프나 포크를 제대로 놓을 줄 모른다며 현재로서는 그런 일을 할 사람이 마땅치 않다고 하였다.

그러한 말을 들은 요한은 훅 달아오르는 열기를 느끼면서 '아, 신부님이 이런 식으로 사람을 차별하는구나.' 하고 움찔했다. 사실 자기도 농촌 출신인데 덩달아 무시당하는 기분을 금하기 어려웠기 때문이다.

이러한 말을 선희에게 들려주다 요한은 멋쩍은 듯이 웃었다.

"그래도 배운 도둑질이 교회에 관한 것이라고 그곳에 들어가니까 익숙해서 그런지 마음이 편하더라고요."

"어떤 식으로 편합디까?"

"매일 미사에 참례하는 것도 그렇고, 사회에서 가장 천시받는 나환자들과 함께 미사를 드리고 있으면 왠지 주님이 우리와 함께하신다는 확신이 드는 거예요. 그렇더라도 심하게 일그러진 나환자들을 볼 때면 마음이 께름칙해지곤 했습니다. 어쩌다 그들과 옷깃이 스치기라도 하면 자신도 모르게 엄청 신경을 썼으니 말입니다. 하하하."

이렇게 말하며 요한은 눈을 가느다랗게 뜨더니 잊을 수 없는 은총을 그곳에서 경험하기도 했다고 말했다. 어느 날 한센병을 심하게 앓았던 노인이 장비를 잘못 건드리는 바람에 크게 다쳤단다. 마침 곁에 있었던 자기는 이것저것 따질 겨를 없이 그 노인을 들쳐 엎고 간호실로 내달렸는데, 그 과정에서 출혈이 심해 요한의 등은 물론 온 전신이 피로 물들었다고 했다.

그곳에서 지내는 나환자들은 약을 먹고 있어 세균이 활성화되지 않는다는 점을 잘 알면서도 막상 그런 상황에 노출되자, 감염에 대한 공포가 거세게 일었다고 했다. 처음에는 찜찜했는데 시간이 흐를수록 엄청난 공포에 휩싸였다고 한다. 그러면서도 행여 다른 사람이 그러한 속내를 알까 봐 전전긍긍하였다는 것이다.

자리에 누웠는데도 두려움을 이길 수 없어 성체조배라도 하면 나을까 싶어 성당으로 향하는데, 하필 그 노인이 뭐 때문인지 불편한 몸을 이끌고 홀로 나와 우두커니 서 있더란다. 그는 요한이 나타나자 자기를 도와주었던 사람임을 알아보고 환하게 웃으며 다가왔다고 한다.

"너무 감사했어요. 덕분에 다친 팔을 잘 치료하고 있습니다."

그 노인이 이런 말을 하며 다가오자, 요한은 기겁하며 뒷걸음질 쳤다. 요한의 그런 질색하는 행동을 보자 그 노인은 움찔하며 반사적으로 몸을 뒤로 뺐는데 그만 균형을 잃고 쓰러졌다는 것이다. 그런 와중에서도 그는 자신이 혐오감을 안겨주는 사람이라는 사실을 잊고 덥석 다가갔던 사실에 소리치며 사과하였다.

"아, 미안합니다. 미안합니다."

성한 사람도 아니고 수술을 마친 노인이 넘어지면서도 젊은이에게 사과하는 소리를 들으며 요한은 정신을 번쩍 차렸다. 그 순간 엄습하는 죄스러움에 요한은 기겁하고 두 손으로 얼굴을 감싸며 성당으로 내달렸다.

성당에 앉아 있으니 점차 마음이 진정되면서 좀 전 그 노인이 웃다가 철철 우는 일그러진 얼굴이 눈앞에 어른거렸다. 흉측하면서도 슬프디슬픈 그 얼굴이….

"아, 이 죄를 어찌한단 말입니까?' 하고 요한은 자신의 가슴을 쳤다. 비록 흉측한 형상으로 일그러져 있을지라도 원망하기보다 감사하며 살아가는 나환자들, 거기에 비하면 자신은 멀쩡한 형상을 하고 있으면서도 형편없이 찌그러져 있다. 고개를 들 수 없을 정도로 죄스러워 고개를 떨어트린 채 눈물짓고 있는데 어디선가 음성이 들려왔다.

"너는 나를 사랑하느냐?"

깜짝 놀란 요한이 고개를 들어 주위를 두리번거렸다. 아무도 보이지 않아 잘못 들었는가 싶어 고개를 숙이는데 다시금 들렸다.

"너는 나를 사랑하느냐?"

분명코 주님이 그렇게 묻는 거라고 믿었던 요한은 포복하며 울음을 터트렸다. '아, 이 못난 저에게 하느님의 아들이신 주님께서 사랑하느냐고 물으시다니! 이 죄 많은 저에게 그렇게 물으시다니!' 하는 감격에 요한은 꺼이꺼이 소리 내어 울며 주님께 물었다.

"이 어리석은 자에게 어이 그렇게 물으십니까?"

그러자 다시금 이렇게 응답하는 목소리가 들렸다.

"나는 너를 사랑하느니라. 너도 나를 사랑하고 따르도록 하여라."

그날 밤 그렇게 주님을 만났던 요한은 감격에 북받쳐 얼마나 울었는지 모른다. 보잘것없는 자기에게 황송스럽게도 주님께서 사랑하느냐고 물으시다니, 자신의 손을 잡아주시며 당신을 따르라고 불러주시다니!

새벽에 누군가가 성당으로 들어올 때야 비로소 정신을 차렸다. 그제야 일어선 요한은 조용히 성당을 빠져나왔다. 새벽녘의 여명으로 온 천지는 불그스름하게 물들어 있었고, 천지가 개벽하듯 요한에게 새로운 세상이 열리고 있었다. 모든 게 장엄하고 신비스럽지 않은 게 하나도 없었다.

"아, 이 세상 만물의 창조주이신 주여! 이 죄인을 긍휼히 여기소서!"

이렇게 절로 탄식하는 요한의 가슴은 감개무량함으로 벅차올랐다. 모든 게 은총이고 신비 그 자체일 따름이었다.

요한은 서둘러 수도회로 돌아갈 채비를 차렸다. 부족한 자기를 종으로 삼겠다는 주님의 부르심에 어찌 잠시인들 지체할 수 있겠는가. 책임자 신부를 찾아가 인제 돌아가 봐야겠다며 정중하게 인사드리자, 그는 물끄러미 요한을 바라보다가 요한의 환희에 찬 얼굴을 보고 서는 앞으로 걸어 나와 악수를 청했다. 성성한 눈매로 요한을 축원하는 그의 음성에는 진지함이 배어있었다.

자기와 성향은 다를지라도 그런 사제가 있어 이러한 나환자 마을이 생겼고, 그런 덕택에 봉사라는 이름 아래 번번이 이곳에 와 머물렀고, 이번에 은혜로운 성령 체험을 할 수 있었다. 그러므로 많은 은혜를 입었다고 여긴 요한은 마음을 다해 허리를 굽혀 감사드렸다.

"신부님 덕분에 많은 은혜를 입고 돌아갑니다. 그 은혜를 잊지 않도록 하겠습니다."

"자네에게서 그러한 말이 나오니 반갑네. 부디 주님의 인도하심이 있기를 비네."

이렇게 말하는 책임자 신부의 목소리는 엄숙했다. 한 번 서품을 받은 자는 영원한 사제라는 말을 이때 다시 떠올렸다고 요한은 그때의 상황을 힘주어 말했다.

일단 고향으로 향했다. 형수와 싸운 뒤 상경하고 나서는 처음 찾아가는 집이었다. 불과 1년 반 남짓 시간이 흘렀을 따름인데 고향 집은 이전과는 달리 폭삭 삭은 듯 쇠락해있었다. 동네에서 아들 부자라는 소리를 들었던 그 집도 아버지가 돌아가신 뒤 급격히 퇴락해 있었다.

요한이 수도회에서 나가버렸다는 것을 알게 된 요한 어머니의 상심은 이루 말할 수 없었다. 반려자인 남편이 떠난 사실도 힘든데, 막내 아들이 자취를 감추었다는 사실은 엄청난 충격을 주었다. 그래서 한 모금씩 마시던 술에 그날도 취해있었다.

"어머니! 요한이 왔습니다."

"뭐라고? 요한이 뉘고?"

요한이 누구냐고 묻는 말에 요한은 대성통곡을 했다. 그 강골이던 어머니가 이토록 무너져있다니…. 요한이 울부짖으며 용서를 빌자, 그를 물끄러미 바라다보던 어머니는 서서히 정신이 드는지 거칠거칠한 손을 들어 요한의 머리를 더듬었다.

"내 새끼, 우리 요한이 돌아왔구나, 장차 신부가 될 우리 요한이!"

이렇게 읊조리는 어머니의 볼에 두 줄기 눈물이 주르륵 흘렀다. 남의 입에 오르내릴까 봐 자식들에게도 요한에 대해서는 입도 벙긋하지 않고 지내던 어머니였다. 영감의 뒤를 따라 죽고 싶을 때가 한두번이 아니었지만, 그러면 요한을 영원한 불효자로 만들까 봐 하루하루를 견디고 있던 어머니였다.

서울로 떠날 때, 어머니는 형네 집에 가져다주라며 보따리 하나를 요한의 손에 들려주었다. 큰아들과 요한의 사이가 벌어지는 것을 견딜 수 없었던 어머니는 요한이 형수에게 사과하게끔 나름의 묘책을 마련했다. 큰형수와 화해하기를 원하는 어머니를 바라보며 요한은 다시금 묵직한 심정일 따름이었다. 이러한 요한에게 어머니는 다시금 당부하였다.

"내 아들 요한은 꼭 신부가 되어야 한데이."

중년에 이른 큰형은 요한이 돌아와 다행이라는 말을 건넸지만, 형수는 그때의 수모를 잊을 수 없다는 듯이 냉랭했다. 요한이 자신의 용렬함에 대해 사과하자, 형수는 고개를 양옆으로 까닥까닥 흔들기나 할 뿐 대꾸하지 않았다.

큰형은 요한에게 말하기를, 그동안 수도회에서 몇 차례 요한의 근황에 관해 물은 적이 있는데 처가와 친분이 있는 주교를 통해 수도회 측에 잘 말해두었다고 했다. 아울러 아버지께서 돌아가시기 전에 자기에게 막내가 일할 수 있는 곳을 알아봐 줄 수 있느냐고 부탁한 적이 있다고 하면서 정 사제가 되기 싫으면 취직을 시켜주겠다고 하였다.

이러한 말을 들은 요한은 그래도 핏줄이라는 생각으로 큰형에게서 가슴 뭉클한 혈육의 정을 느꼈다. 그래서 더욱 자신 있게 큰형에게 말했다.

"이제는 주님의 종으로 헌신하며 살 각오가 되었습니다."

수도회에서는 요한이 전에 성실하게 살았던 점을 좋게 봐주어 그동안 소식 없이 지냈던 점에 대해 크게 질타하지는 않았다. 그리하여 요한은 자신을 받아주는 수도회에 감사하며 그 어느 때보다 성실히 기도하며 다부지게 생활하였다. 그렇게 하여 대학원에 재학하는 중 부제품을 받았고, 2년 뒤에는 마침내 사제품을 받게 되었다. 오랫동안 목표로 해왔던 정점에 드디어 오르게 된 것이다.

서품식에서는 주교를 비롯해 수많은 사제가 대거 출동해 미사를 집전하는데, 새로운 사제들을 탄생시키는 이 날은 수많은 축하객이 모여 성대한 잔치가 이루어진다. 여기에 시골에 계신 노모는 물론 형제들과 조카들이 대거 몰려와 요한의 서품을 축하했다. 아버지가 돌아가신 이래 웃음을 잃고 살았던 어머니는 자신의 숙원이 이루어졌다며 정말이지 춤이라도 덩실덩실 출 기세였다.

어머니가 그렇게 좋아하는 모습을 처음 접하는 요한은 코끝이 찡하게 시렸다. 어려서 고사리 같은 손으로 어머니를 열심히 도와드리면, "막둥이인 너를 안 낳았으면 어쩔 뻔했노."하셨던 어머니, 평생을 자식들 뒷바라지에 고달프게 사셨던 어머니가 그토록 온전히 기뻐하시는 모습을 보니 새삼 눈물이 솟았다. 그날만큼은 이 하늘 아래 어머니를 온전히 독차지하는 주인공이 되었다.

미사가 거행되는 동안 요한은 예수님께서 제자 베드로에게 "너는 나를 사랑하느냐?"고 물으셨던 성경 구절을 수도 없이 곱씹었다. 나환자 마을에서 자기에게도 그렇게 물으셨던 성령 체험을 떠올리며 그때의 감격을 재현하고자 애썼다.

사제가 나오는 그 성대한 서품식에서 단연 주인공은 요한을 비롯한 총 5명의 예비 사제들이었다. 그들 뒤에는 감격에 겨워 연신 눈물을 닦아내는 사람도 있었고, 앞으로 그들이 걷게 될 금욕생활에 대해 안쓰러움을 어쩌지 못해 무거워하는 사람도 있었고, 기쁨을 감추지 못하고 연신 벙글거리는 사람도 있었다.

마침내 고지에 다다랐다는 기쁨보다는 묵직한 사명감에 요한의 마음은 잔뜩 굳어있었다. 뭔가 안도감이 느껴지는 것 같기도 하지만 뭐라고 표현하기 어려운 묵직한 감정에 짓눌렸다.

요한은 그 당시를 회상하며 이렇게 말했다.

"하얀 옷으로 단장하고 다른 이들과 함께 제단 앞에서 오체투지를 하고 있는데, 갑자기 두 눈에서 눈물이 뚝 바닥으로 떨어지더라고요."

"그랬어요? 많이 뭉클하셨던가 봅니다."

"그렇기는 한데…. 그 엄숙하고 성스러운 순간에 제가 뭐라고 읊조렸는지 아세요?"

"뭐라고 읊조리셨는데요?"

"제가 글쎄 '이놈의 늙은이 죽기만 해봐라. 바로 그 순간 이놈의 로만칼라를 떼어버리겠다.' 라고 읊조렸지 뭡니까. 그러한 말을 내뱉은 저 자신도 놀랐어요. 제가 때때로 그렇게 엉뚱하지 뭡니까? 하하하."

그날 이런 말로써 상담을 끝내며 요한은 소리 내어 웃었다.

그 시점에서 선희는 '그래, 그렇지!' 하였다. 그가 성령 체험을 하고 수도회로 돌아오긴 하였지만, 여전히 어머니로부터 자유롭진 못했던 인물이라는 생각을 더욱 확고히 했다. 만약 그의 어머니가 일찍 돌아가셨다면, 그는 아마 환속을 감행했었을지도 모른다고 여겼다. 그의 어머니가 돌아가셨을 때 그의 나이가 이미 50살이 넘었으니 삶의 행로를 바꾸기에는 어정쩡한 나이였다.

하지만 곧이어 선희는 갸우뚱하였다. 요한이 어머니의 뜻에 따라 사제의 길을 가긴 했지만, 그 자신도 성령 체험을 한 이후로 적극적으로 주님의 종이 되고자 했던 인물인데다 그가 원하는 유형의 삶이 따로 있었던 것 같지도 않았다. 그렇다면 그가 어떠한 심적 상태에 있었기에 어머니의 죽음을 계기로 무너진 것인지 다시 살펴야 했다. 단순할 것 같았던 그의 역동이 상담을 거듭함에 그리 단순한 게 아니라는 생각이 들기 시작하였다.

선희가 이러한 생각으로 가만히 있자, 요한 자신도 사제품을 받는 데까지 이야기를 이어오느라 숨 가빴는지 허리를 쭉 펴며 길게 숨을 내쉬었다. 그러한 모습을 보고 선희가 말했다.

"그동안 사제가 되기까지의 여정을 말씀하시느라 수고하셨습니다."

"자신의 이력을 누군가에게 이렇게 풀어놓는 게 새롭습니다. 문득 '뭘 그리 요란을 떨며 돌아쳤지?' 하는 생각이 들어 부끄럽습니다."

"그동안 상세하게 말씀하시느라 수고가 많으셨어요. 앞으로는 지나간 날들에 대한 회고보다 좀 더 생생한 현재의 이야기가 전개되었으면 하고 기대합니다."

"사실, 사제가 되고부터는 늘 반복되는 나날이었기 때문에 길게 말할 것도 없어요. 선생님께서도 제 이야기를 듣느라 애쓰셨습니다."

제2편
좌절과 혼돈

19. 좌절의 땅, 첫 선교지 캄보디아

여느 때처럼 시간에 맞춰 상담소에 가면서 요한은 '인제 무엇을 더 이야기하지?' 하는 의문과 함께 맥이 풀렸다. 사제가 된 이후부터는 해외 선교활동을 한다며 20년이라는 세월을 훌쩍 흘려보냈다. 상담을 시작할 때만 해도 자신의 일생을 훑어보는 일에 신바람을 내었지만 3개월이나 지나면서 그 재미도 확 줄었다. 더구나 말은 주로 자기가 하였고, 상담자는 그냥 듣기나 하다가 간간이 말하는 식이었는데 그렇게 하여 무슨 변화를 맞이할 수 있을지 의문이 들었다.

자리에 앉은 요한이 무엇을 더 말해야 할지 몰라 잠자코 있자, 선희가 물었다.

"지금은 어떤 마음이세요?"

"사제가 되는 정점을 찍고 나니 무엇을 더 말해야 할지 모르겠네요."

"저는 가능한 한 현재에 집중하고자 합니다만, 딱히 하실 말씀이 없으면 이왕 훑어보기 시작한 것이니까 사제품을 받은 후 오늘에 이르기까지를 간략히 요약해봐도 좋겠습니다."

그러자 요한은 알겠다는 식으로 고개를 끄덕이며 사제품을 받자 하루아침에 변해버린 자신의 위상에 적응하느라 힘들었다고 하였다. 특히 나이 든 서양인 신부들이 다 같은 동급의 사제로 대해주는 게 낯설었고, 집안에서도 가족들이 신부님이라는 존칭으로 꼬박꼬박 불러주는 게 불편했다고 하면서 다음과 같은 이야기를 들려주었다.

선교사업을 주된 활동으로 하는 수도회 소속 사제로서 요한은 해외에 파견될 준비를 하였다. 영어와 함께 파견 나갈 곳의 언어를 최소한 1년 이상 익혀야 했는데, 요한의 파견지는 캄보디아로 정해져 캄보디아어와 함께 그 나라 역사나 문화를 배웠다.

당도한 캄보디아에는 먼저 파견된 선배 4명이 있었다. 워낙 열악한 곳이라 그곳에서 할 수 있는 게 거의 없었던 탓에 요한은 선배들이 시키는 대로 따랐다. 그 나라에 가톨릭이 전파된 지는 400년이 넘는다고 하지만, 공산주의자의 만행으로 많은 파괴가 일어났던 그곳은 동남아에서도 제일 가난했다. 기존의 인프라도 거의 파괴된 상태에서 선교사들은 지역민들이 필요로 하는 생필품을 제공하면서 그들에게 다가섰다.

프랑스 지배를 받았던 탓에 서양 문화의 흔적도 남아있었으나 워낙 뿌리 깊은 불교국가라 선교가 쉽지 않았다. 특히 식민지해방 이후 군부가 들어서 부패 정부를 타도한다며 지식인들에 대한 대대적인 살육을 벌였는데 여기에는 선교사들도 많이 포함되었다고 한다. 가톨릭 신자는 가뭄에 콩 나듯 군데군데 있는데, 그들을 위해 미사를 드리고 성사를 주기 위해 오토바이를 타고 먼 길을 돌아다녔다. 특히 요한은 그곳 주민들에게 우물을 파주거나 교실과 같은 건물을 지어주는 일을 주로 담당했다. 비록 한두 칸에 불과한 교실이지만 그것을 지으면서 요한은 절에 가서 지낼 때 어깨너머로 봐두었던 연장 사용법을 유용하게 활용했다.

요한이 캄보디아에서의 생활에 대해 세세하게 말하자, 선희가 중간에 개입하였다.

"일대기를 살펴보는 것은 신부님의 핵심 주제나 핵심 갈등을 파악하기 위해서지요. 행동하게끔 하는 세력을 동기라고 하는데, 그러한 힘은 대체로 미해결된 정서적 응어리에서 비롯한다고 봅니다. 다시 말해, 문 신부님의 안녕이나 적응을 방해하는 세력들이 어떤 인간관계의 갈등에서 생성되었고, 또 어떤 식으로 영향을 미치는지를 알아보자는 것입니다."

"…."

요한은 자신의 말이 너무 늘어졌나 하여 멋쩍었다. 상담자가 관심 두는 것은 어떻게 하다 골칫덩어리가 되었는지에 대한 파악인 것 같기는 하지만 그렇다고 자신의 말을 끊고 들어오는 게 팍팍하게 느껴졌다. 어느 한순간도 동등한 관계를 맺고 있는 게 아니라, 상대는 도움을 주는 전문가이고 자기는 도움을 받는 내담자라는 생각이 들어 김이 새는 듯했다.

선희는 다소 뚱한 표정으로 있는 요한을 바라보다가 방향을 잡아주듯 질문했다.

"어쨌든 어머니의 소원에 따라 사제가 되었는데, 어머니의 돌아가심이 신부님에게 어떤 의미, 즉 어떠한 영향을 미쳤는지 살펴봤으면 합니다. 특히 어머니가 돌아가시고 나서 신부님께서 많이 흔들리셨던 것 아니에요?"

"어머니의 돌아가심이 제게 미친 영향이라…."

"어머니라는 일종의 열쇠이고, 내재한 그 뭔가가 자물통에 해당한다고 봅니다. 어머니의 작고로 내재한 갈등이 터져 나왔다고 보는데 신부님에게 내재해 있던 심적 상태가 어떤 것이었는지 궁금합니다."

알아듣겠다는 듯이 요한이 천천히 고개를 끄덕이는데, 마침 흐린 날씨가 개면서 창가의 블라인드 사이로 햇살이 들어왔다. 그러자 요한이 눈이 부시다는 듯이 얼굴을 찡그려 선희가 얼른 일어나 창의 블라인드를 조정하였다. 그러는 사이 요한은 차를 한 잔 가지고 들어오 겠다며 방을 나갔다가 1~2분 후 컵을 들고 들어와 앉았다. 그러고는 좀 전에 하던 이야기를 뒤로하고 다른 것을 질문하였다.

"상담자라는 직업이 여간 어려운 것 같지 않은데, 선생님께서는 어 떤 연유로 이런 직업을 갖게 되었는지 여쭈어봐도 될까요?"

"…."

느닷없이 던지는 사적인 질문을 받고 선희는 망설였다. 50회기 정 도의 상담을 계획하고 있는 상태에서 통찰을 겨냥한다 해도 그것은 어디까지나 의식 수준에서 어린 시절의 감정 양상과 현재의 감정 양 상 간의 관계를 살펴보는 정도일 테니까, 굳이 전이를 고려해 상담자 의 신상을 불명으로 하지 않아도 될 것 같았다. 그래서 자신의 개인 적인 이야기를 하려는 찰라, 요한이 다시 물었다.

"제가 너무 실례되는 질문을 했지요?"

"하하하, 실례라고 할 것은 없고 뭐가 뭔지 모르고 심리학을 전공 하게 되었고, 그래서 상담자가 되었던 거지요."

이렇게 거절도 아니고 적당한 선에서 대답하자, 요한이 다시 말했 다.

"… 어디서 들었는데 대체로 자신의 문제 때문에 심리학에 관심을 둔다고 하더라고요."

이렇게 요한이 겉도는 말을 하는 것을 보고 선희는 그가 앞서 한 질 문이 상담자의 질문에 답하기가 너무 어렵고 막연해서 그런지, 아니 면 그런 것에 관해 말하기 싫은 저항이 일어나서 그런지 모호하다고 생각했다. 그리하여 잠시 미적거리다 그냥 이쪽에서 진지하게 자신 을 노출하는 것도 그에 대한 존중감을 보여주는 방략이라고 여겼다.

"제게도 그런 면이 있었습니다. 어머니가 병약해 맘껏 응석을 부리지 못하고 자랐거든요. 그래서 형성된 헛헛함 때문이었는지 늘 온전하고 영원한 것에 대한 갈망을 키웠답니다."

"아, 선생님에게도 허한 게 있었다는 말씀이군요."

선희의 그런 응수가 반가웠는지 요한은 활짝 웃으며 왠지 잘 통한다는 느낌을 받았는데 바로 그런 유사성 때문이었구나 하고 생각했다. 어쩐지 동질감이 느껴져 반가웠다.

"문 신부님께서는 본인만 허하다고 여기셨나 보지요?"

"하하하, 그런 것은 아니지만 주님이 제 든든한 백인데도 간혹 가슴에 찬 바람이 휙 불곤 하거든요."

이런 말을 하다가 요한은 상담자가 앞서 말한 정서적 응어리는 인간관계에서 발생한다는 말을 기억하고, 캄보디아에서 자기를 난처하게 했던 지부장 신부와 부 지부장 신부의 얼굴을 떠올렸다.

사제품을 받고 첫 부임지에 나온 요한은 열심이었다. 그런데 이기적 성향이 강했던 지부장은 어렵거나 힘든 일이 있으면 아랫사람에게 떠넘기는 태도를 보이곤 했다. 다른 세 명의 신부들에게 그렇게 하다가 요한이 오자 힘든 일은 으레 요한에게 시켰다. 요한은 언어나 풍습 또는 그쪽 사람들의 습성을 잘 몰라 난감할 때가 많았다. 간혹 지부장에게 앞장서달라고 하면 그는 요한이 말대꾸를 한다는 식으로 못마땅해했다.

한번은 두 마을 간에 분쟁이 생겼다. 근접한 이웃 나라와는 으레 이해관계가 얽혀 반목하듯 두 마을 간에도 크고 작은 갈등이 끊이지 않았다. 두 마을 간에 싸움이 벌어지자, 가톨릭 신자였던 한 노인이 달려와 지부장 신부에게 도움을 청했다.

서로 다른 마을에 사는 처녀와 총각이 사귀었다고 한다. 하지만 같은 마을에 살면서 그 처녀를 마음에 품었던 청년이 이 사실을 알고 그녀를 겁탈하고 그녀와 사귀었던 이웃 마을의 총각을 두들겨 팼다. 그러자 두들겨 맞은 그 총각의 아버지가 동네 사람들을 몰고 와 그 청년에게 보복을 가했다는 것이다. 이렇게 하여 두 마을 간의 싸움이 벌어졌으니 양쪽 마을을 드나드는 신부가 나서서 말려주면 좋겠다고 하였다. 마침 그 총각과 청년 두 사람 다 신부들이 운영하는 교실에서 공부했던 인물들이다.

노인에게서 이런 부탁을 받은 지부장이 요한을 쳐다보며 말했다.

"문 신부가 가서 해결해봐!"

"아, 제가요? 제가 어떻게 도우라는 말씀인지…."

그런 지시를 받은 요한은 말이 서투를 뿐만 아니라 그러한 갈등을 처리하기에는 자신의 역량이 부족하다며 난감해했다. 그러자 옆에서 지켜보던 부 지부장이 이맛살을 찌푸리며 거들었다.

"그런 사태는 지부장이 나서서 해야지 제일 어린 문 신부가 가서 무엇을 한단 말입니까?"

이러한 말이 자신에 대한 도전이라고 여겼는지 지부장이 버럭 화를 냈다.

"자네는 내가 하는 말마다 토를 달고 나오는데, 왜 그래? 내가 그리 만만한가?"

이렇게 도발적으로 반응하자, 부 지부장도 물러서지 않았다.

"언제까지 그렇게 이기적으로 나올 겁니까? 선배로서 솔선수범할 생각은 하지 않고 궂은일은 다 남에게나 떠넘기고…."

이런 식으로 몇 명 되지도 않은 공동체에서 툭하면 싸움을 벌이는 통에 캄보디아에서의 생활은 불안했다. 어느새 지부장은 다른 두 신부를 자기 편으로 만들었고, 졸지에 부 지부장과 요한은 한패가 되는 식이었다.

사실, 부 지부장을 그리 좋아하지도 않았던 요한은 그와 한패로 묶이는 것이 불편했다. 그가 성실한 사람이긴 한데 괜스레 목소리에 힘을 준다거나, 본인보다 두 살 위인 지부장을 무시하듯 까버리는 태도를 종종 보였다. 그날 부 지부장이 그렇게 대든 것은 요한을 위해서라기보다 평소 지부장을 못마땅하게 여겼던 때문이다. 그리하여 요한이 누구의 편에도 서지 않고 그냥 가만히 있자, 부 지부장은 누구로 인해 벌어진 싸움인데 가만히 있느냐며 요한을 의리 없는 인간으로 취급하는 거였다. 고래 싸움에 새우 등 터진다고 요한은 번번이 그러한 상황으로 펼쳐지는 것에 염증을 느끼게 되었다.

이런 이야기를 하다가 요한은 복음을 전파한다는 사제들이 해외에 나가서 어처구니없는 짓이나 하고, 자기네들끼리 울근불근했다는 것을 외부 사람에게 이야기하는 것 같아 불편했다. 그리하여 부끄러움에 얼굴을 벌겋게 물들이며 말했다.

"선교지에 나가 정작 힘들었던 것은 선교활동이 아니라 우리끼리의 불화였으니 웃기지요? 어디 피할 데도 없는 한정된 공간에서 거친 남자들끼리 부딪치며 지낸다는 사실이 여간 고역인 게 아닙니다."

"어디서든 인간관계가 제일 어려운 과제이지요. 좁은 공간에서 동료와 뜻이 맞지 않는 데다가 패까지 갈렸으면 참 힘들었겠습니다."

"어느 순간 외로움이 훅 올라오더라고요. 거기다 다른 한 사람은 계속 공부할 궁리나 하며 책에만 묻혀 지내는 거예요. 자신의 진로에 야망을 품었던 그 친구는 결국 한국에 돌아가 공부를 더 하여 신학교 교수로 빠져버렸습니다. 그 지부에서 막내로 지냈던 저는 광야에 내던져진 사람처럼 혼자 지내듯 살았습니다. 불교 전통이 강한 국가의 사람들이라 가톨릭에 관한 관심보다 물질적인 도움에나 더 마음을 두는 것도 지치게 했고요.

"그랬겠네요."

"어느 날 침울하게 앉아 있는데 가구 위에 먼지가 뽀얗게 보이는 거예요. 그 순간 깨끗하게 닦지 않으면 미칠 것 같은 충동이 가슴에서 용솟음쳤어요. 그래서 벌떡 일어나 미친 듯이 청소를 하기 시작하였습니다. 그렇게 시작해 결국 온 집안을 다 뒤엎어 청소하였습니다. 그러고 나서는 얼마나 힘들었던지 죽은 듯이 뻗었다니까요. 하하하."

이렇게 말하며 허탈하게 웃는 요한, 그 후부터는 스트레스를 받으면 뜬금없이 대청소하는 식으로 자신의 에너지를 발산하는 게 습관처럼 되었다고 했다. 그러는 사이 지부장과 부 지부장 사이는 더 벌어졌고, 결국은 부 지부장이 자기에게는 캄보디아 생활이 맞지 않는다며 귀국해버렸다고 하였다. 요한이 그곳에 간 지 7년 만에 벌어진 상황이라고 했다.

다시 새로운 후배 신부 두 명이 왔는데, 그중 한 명이 어찌나 주변머리가 없는지 답답했다고 했다. 그래도 요한이 자신의 올챙이 시절을 생각하며 그에게 잘해주었단다. 하지만 머리가 조금 달렸던 그 친구는 요한이 하나하나 가르쳐주어도 번번이 실수하였고, 적반하장으로 도리어 자기에게 잘못 알려줘 그렇게 되었다는 식으로 요한을 공격하기 일쑤였다.

그러려니 하며 지내던 중 한번은 요한이 그 후배가 자주 쓰던 오토바이를 끌고 먼 지역으로 미사를 나갔다가 진흙 구덩이에 빠지는 바람에 당일에 돌아오지를 못했다. 다음 날 겨우 굴러갈 정도로 오토바이를 고쳐서 돌아왔더니, 그 후배는 다친 데는 없느냐고 묻는 게 아니라 자기 것을 말없이 타고 나갔다가 고장을 내었다며 길길이 뛰었다.

요한은 그 오토바이를 공용이라 여겼지 단 한 번도 그의 것이라고는 생각지 않았었다. 더욱이 다른 신부에게 그 오토바이를 써도 되냐고 물은 다음 가지고 나갔기 때문에 그가 그렇게 흥분하는 것을 보고 기가 막혔다. 하지만 그 시각에 자기가 오토바이를 쓰려 했던 그 후배는 흥분한 나머지 요한에게 욕설을 퍼부었다. 난데없이 욕을 듣게 된 요한은 열을 받아 참지를 못하고 몸을 틀어 주먹으로 벽을 친다는 것이 그만 철재 책꽂이를 내려치고 말았다. 순간 번쩍 별이 보이는 동시에 요한은 외마디 비명을 지르며 나동그라졌다. 팔이 부러졌던 것이다.

팔에 골절을 입은 요한은 참담하기 이를 데 없었다. 더구나 그곳의 의료시설은 열악해 제대로 치료받기도 어려웠다. 자칫하면 장애인이 되어버릴지도 모른다는 공포감이 엄습하기 시작하자, 요한은 그 후배와 한 공간에서 지내는 게 매우 힘들었다.

캄보디아에서의 생활에 염증을 느끼고 만 요한은 팔을 치료한다는 명분으로 급히 귀국길에 올랐다. 한국에서 치료를 마친 다음, 요한은 다시는 그곳으로 돌아가고 싶지 않다며 10년 만에 캄보디아에서의 생활을 접고 말았다.

20. 동성애 문제로 요한과 선희가 충돌

그날 상담을 마치고 돌아오는데 뭐 하나 이룬 게 없다는 생각이 불현듯 들었다. 선교지를 중간에 바꾸는 것도 그리 흔한 일은 아니다. 후배의 미숙함에 말려들어 팔까지 부러뜨렸다는 사실은 요한에게 또 다른 면에서 창피함을 갖게 했다.

무거운 심정으로 수도회에 도착하니 수취인 문요한 신부라는 이름으로 소포가 와 있었다. 한국에 온 이후 외부 사람들에게 자신의 귀국을 알리지 않았는데, 자기가 이곳에 있다는 것을 누가 알고 보냈나 하여 살펴보니 안나 수녀였다.

안나 수녀는 요한이 캄보디아에서 돌아와 3~4년 한국에 머무는 동안 알게 된 사람이었다. 귀국 후 첫해에는 병원에 다니며 쉬었는데, 그다음 해부터는 수도회의 회계업무를 보며 틈틈이 교구 성당으로 나가 해외선교 모금 운동을 펼쳤다.

그 당시 요한이 방문한 성당 중 한 곳에서 전교활동을 하고 있던 수녀가 안나였다. 대체로 외부 사제가 모금하러 가면 그곳에서 활동하는 수녀들이 관심을 보이지 않는 편인데, 안나 수녀는 고맙게도 갈 때마다 친절히 도왔다. 그런 연유로 요한은 안나 수녀에게 고마워하는 처지에 놓였다. 안나 수녀의 눈에 수도회 소속의 요한이 교구 신부들의 권위적인 모습과는 다르게 겸손하게 비쳤고, 안나 수녀는 이러한 요한의 모습을 점점 미화해가고 있었다.

마침 그즈음 중국이 공산주의에서 사회주의 국가로 변화해가면서 종교에 대한 탄압이 전보다 느슨해지는 듯했다. 그러자 해외선교를

우선으로 하는 수도회에서는 중국지역을 욕심내었고, 마침 캄보디아
로는 돌아가지 않겠다고 하면서 간간이 등산이나 하면서 지내는 요
한에게 그곳으로 갈 의향은 없느냐고 물었다.

　캄보디아에서 사제들 간의 불화로 곤욕을 치렀던 요한은 '그래, 다
른 사제들이 가 있는 선교지보다 처음부터 내가 틀을 만들어나가는
새로운 지역으로 가는 게 더 나을 수도 있겠다.' 라고 생각하였다. 그
리하여 요한이 갑자기 중국으로 떠나가자, 그동안 요한을 알게 된 이
후 간간이 성사를 그에게서 보던 안나 수녀는 무척 아쉬워했다. 내심
요한과 영적 교감을 나누며 의지하는 관계로 발전되었으면 하고 바
랐기 때문이다. 아쉬움을 쉽게 떨쳐버릴 수 없었던 안나 수녀는 그
이후 기도 때마다 요한의 평화를 빌었다.

　이러한 안나 수녀에게 자궁암이 발견되었고, 그리하여 수술을 받은
후 안나 수녀는 퇴임한 수녀들이 머무는 수양원에 가서 지냈다. 그렇
게 요양하며 지내는 동안 이냐시오 수도회의 사제가 그곳에 미사를
집전하는 일이 있었다. 이때 안나 수녀는 그 신부에게서 요한이 건강
상의 이유로 귀국하였다는 소식을 들었다. 때마침 한 신자가 면역력
을 키우는 데 토종꿀만 한 게 없다며 꿀단지 하나를 가져다주었다.
그 선물을 받아든 순간 안나 수녀는 요한에게 그것을 전해주었으면
하였다.

　꿀단지 소포를 받은 요한은 고맙다기보다 부담스러운 마음이 앞섰
다. 암에 걸려 요양하고 있는 자기나 먹고 나을 것이지, 어쩌자고 그
런 것을 자기에게 보내나 싶어 짜증이 날 정도였다. 요한은 자신도
모르게 "여자는 기회만 있으면 파고들려 한단 말이야!"하고 성가신
듯 혼잣말을 하였다.

방으로 가지고 올라갈 것도 없이 사무실에서 소포를 풀고 있는데, 때마침 자기를 찾는 전화라며 직원이 수화기를 건네주었다. 상대는 다짜고짜 소리치듯 힐난하였다.

"너무 기다리게 하지 말라고 했는데, 내가 하는 말이 말 같지 않게 들리나?"

황유스티노라는 것을 안 요한이 경직된 목소리로 퉁명스럽게 내뱉었다.

"내가 당신을 만날 이유가 없는 것 같소."

"왜 이리 뻣뻣해? 내일 저번에 갔던 그곳으로 오후 4시까지 오도록 하지. 그렇지 않으면 내가 그곳으로 가야 할 테니까."

"…"

자기를 만나러 오지 않으면 수도회로 쳐들어온다는 말은 협박의 의미였다. 자신의 대꾸도 듣지 않고 상대는 전화를 끊었다. 요한은 멍하니 선 채 '저번에 이상섭이 그를 만나 해결해보겠다고 했는데 잘 되지 않았구나.' 하고 생각했다. 기금을 모은다는 명목 아래 돈을 뜯으려는 그는 이미 관구장 신부까지 만났다. 어차피 자기에게는 뜯기고 말고 할 돈이 없다는 사실을 상기하며 요한은 벼랑 끝에 서 있는 심정이긴 하면서도 이상하리만치 무덤덤해지는 것이었다. 자신이 할 수 있는 게 아무것도 없어서인지 아니면 이제는 지쳐서인지 자신도 모르겠다는 심정이 들 따름이었다.

다음 날 요한은 병원에 가는 것도 미루어놓고 종로3가에 있는 술집으로 향했다. 내키지 않는 걸음을 내디디면서 정면 돌파를 하는 수밖에 없다고 생각했기 때문이다. 이미 와있던 황유스티노는 요한을 보자 번들거리는 얼굴로 웃음 지으며 제압하듯 말했다.

"신부가 무슨 돈이 있겠느냐마는 그래도 배 곯지 않고 잘 살고들 있지 않나? 성금이나 기부금을 끌어모으는 데는 귀재들인데 AIDS 환자들을 위해 돈을 좀 내놓는 게 뭐 그리 대수라고 그러는가. 관구장에게도 이미 운을 떼어놨으니 적으나마 성의 표시를 하도록 하지."

칼만 들지 않았을 뿐 완전 날강도였다. 그를 보기 전에는 마음이 묵직했는데 막상 그렇게 협박을 당하니까 도리어 배짱이 생기는 거였다. 죽기 아니면 살기 식의 마음이 들었고, 사실 자기에게는 단돈 100만 원도 없었다.

요한이 아무런 대꾸를 하지 않자, 그러한 반응을 예상치 못했는지 황유스티노는 험상 떨던 표정을 바꾸면서 이제는 횡설수설하는 거였다. 이상섭이 자기를 찾아와 곰님을 봐 달라고 사정하였다고도 하는가 하면, 언제는 사람을 찾아달라고 부탁하다가 이제는 그만 잊어달라고 하느냐며 화를 내기도 하였다. 흥신소에 부탁해도 최소한의 기본금이라는 게 있는데 어째 사람들이 그렇게 몰상식하냐며 쓴소리를 하였다. 그래도 옛날에 한솥밥을 먹은 인연이 있어 심하게 굴 생각은 없다는 말을 덧붙였다.

그런 뒤죽박죽인 인간에게 협박을 당하고 있는 자신에 대한 자괴감으로 요한은 아득해져 눈을 감았다. 일절 아무런 대꾸도 하지 않는 요한을 보고 어쩔 수 없었는지, 황유스티노는 수고에 대한 성의 표시 정도는 해야 할 것 아니냐고 하고는 나가 버렸다. 사라지는 그의 뒷모습을 보면서 살고자 하면 죽고, 죽고자 하면 산다더니 이게 그런 것인가 하고 요한은 의아해했다. 아울러 지난 두 달여 동안 그로 인해 시달렸던 기간이 어이없을 정도로 허망해 그날 요한은 홀로 술을 퍼마시고 말았다.

며칠 후 상담소에 온 요한은 안나 수녀에게서 받은 꿀단지 이야기를 꺼냈다.

"중국으로 떠나기 전, 제가 본당에 가서 모금 운동을 펼 때 성심껏 도와주었던 수녀가 있는데 암 수술을 받고 요양 중이라고 했어요. 그런데 그 수녀가 자기에게 들어온 꿀을 제게 보내온 겁니다. 그런데 저는 그런 선물이 고마운 게 아니라 저를 칭칭 감으려는 것 같아 싫다는 마음이 먼저 드는 거예요."

"뭘 근거로 칭칭 감는다고 여기시지요?"

"제가 귀국했다는 것을 사람들에게 알리지 않았는데, 안나 수녀가 알게 된 것도 찜찜합니다. 본인이야말로 요양 중인 환자 아닙니까? 그러면 자기가 먹든지 해야지 왜 자꾸 저를 챙기느냐 말입니다."

"하하하, 살펴주어도 탈이군요. 그 수녀님이 그리 예쁘지 않은가 보지요?"

선희가 이렇게 농담을 하자, 요한도 따라 웃었다.

"하하하, 말이 그렇게 되나요? 그 수녀가 예쁘지 않은 것은 아니고 그냥 수수하게 생겼어요. 그나저나 여자가 제게 조금이라도 다가오는 것 같으면 확 싫은 감정이 듭니다."

선희의 농담에 따라 웃던 요한은 다시금 여자가 다가오면 확 싫어진다며 양미간을 찌푸렸다. 이러한 모습에서 선희는 요한이 자기를 처음 만나는 순간부터 여자에 대한 편견을 내비쳤던 점을 기억했다. 이참에 그 점을 짚어보는 게 좋을 듯싶었다.

"이 세상 모든 것에 음양이라는 게 있어 이성 간에는 서로 끌어당기게 마련인데, 어쩌자고 여자가 그리 싫으세요? 그러면 남자가 좋으세요?"

선희가 농담하듯 이렇게 묻자, 갑자기 요한의 표정이 굳어지는 게 아닌가. 믿거니 하는 마음에서 다소 우악스럽게 "그러면 남자가 좋으세요?"하고 물었던 것인데, 요한이 경색하니까 뭔가 이상했다. 처음에는 그가 여성에 대한 편견을 내보였을 때 어머니에게 눌려서 그런가 보다 하는 정도로 치부했는데, 그렇게 질색하는 것을 보니 도리어 뭔가 이상했다. 즉, 그가 동성애 성향의 사람이 아닌가 하는 생각이 스쳤다. 그렇지 않고서야 그렇게까지 과민하게 반응할 게 뭐 있는가. 그런데 우물쭈물 지체하였다가는 그가 괜히 방어적인 거짓말을 할 것 같았다. 그러면 이미 내뱉은 거짓말을 지키기 위해 보조 거짓말을 많이 하게 될 텐데 괜한 방어가 끼어들지 않도록 선을 그을 필요가 있었다. 그리하여 선희는 선수 치듯 질문하였다.

"성 정체에 대한 혼란을 느끼셨던 게 언제부터였지요?"

의문의 단계에서 던지는 질문이 아니라 성 정체성의 혼란을 기정사실로 해놓듯 질문을 던지자, 요한은 더욱 당황하였다. '사제라는 위치상 차마 말하지 못했는데, 이미 눈치채고 있었던 것인가?' 하며 요한은 놀라며 충격에 휩싸이고 말았다.

소신학교에 시절에는 어머니를 그리워하며 추워했던 기억밖에 없다. 고등학교 1학년 때에 학우가 몸을 더듬었을 때 뭐가 뭔지 모른 채 벌벌 떨었다. 군대에서도 선임자가 덮쳤을 때도 누군가가 들어오는 바람에 별다른 일이 벌어지지는 않았다.

만약 그때 아무도 들어오지 않았다면 어찌 되었을까 하는 호기심이 들긴 했었다. 무엇보다 강렬했던 것은 설악산에서 다리에 골절을 입고 베드로 형에게 업혀 내려올 때, 죽으리만치 미안하면서도 행복했던 기억이다. 이런 기억들이 머릿속에서 포개지고 있는데, 선희가 고삐를 잡아당기듯 또다시 묻는 게 아닌가.

"실제로 동성애를 나눈 적이 있으세요?"

이런 거칠기 짝이 없는 질문을 받은 요한은 순식간에 부아가 치미는 것을 느꼈다. 아무리 사적인 영역을 다루는 상담이라도 남의 치부를 그렇게 거칠게 건드리다니…. 대체 무엇을 근거로 동성연애자로 단정하는 것인지 궁금하면서도 요한은 이글거리는 분노로 선희를 노려봤다.

자기를 쏘아보는 요한의 눈에 노기가 가득 서려 있음을 보면서 선희는 그가 동성애적 성향의 인물이라고 비로소 확실하게 알았다. 심호흡하면서 선희는 요한과 자기 사이에 진검승부가 펼쳐지고 있음을 감지했다.

침묵 속에서 서로 겨누고 있는 가운데 재깍재깍 시계의 초침만이 소리 내며 움직였다. 순식간에 발가벗겨지듯 자신의 진면모를 들켜버린 요한은 한일자로 입을 굳게 다문 채 옴짝달싹하지 않았고, 선희 역시 요한이 도망치지 못하도록 그물을 던져 놓고는 멈춰 섰다. 그렇게 대치하는 가운데 팽팽한 긴장감이 고조되고 있었다.

이윽고 선희가 포승줄을 풀듯 말했다.

"오늘 말씀하기가 어려우시면 다음 시간에 하셔도 됩니다. 어차피 우리가 목표로 하는 것은 번민으로부터 자유로워지자는 것이니까요."

"…."

이렇게 달아날 구멍을 마련해주어도 요한은 아무런 대꾸도 하지 않았다. 선희는 요한의 노여움을 풀어줄 요량으로 다시 말했다.

"이 상담에서는 어떻게 하면 잘 적응하며 살 수 있느냐는 것에 역점을 두고자 합니다. 그동안 신부님께서 어떻게 살아오셨는지를 쭉 살펴본 목적은 현재에 악영향을 미치는 것이 어떤 것인지, 어떤 게 정리되지 않아 발목을 잡는지에 대해 알아보기 위해서였습니다."

선희가 이렇게 설명했던 이유는 그의 동성애에 관해 질문은 그의 치부를 노출시키고자 해서가 아니라, 좀 더 원만한 적응을 향해 나아가는 데 혹시 그런 게 걸림돌이 되지 않는가 하여서라고 강조했다.

"…."

여전히 요한은 아무런 대꾸도 하지 않았고, 잠시 후 선희는 다시 물었다.

"지금 어떤 마음이세요?"

선희가 이렇게 물으며 부드럽게 미소 짓자, 요한은 울컥하며 걷잡을 수 없는 서글픔에 목이 메었다. 사제라는 자가 이렇게 형편없는 모습을 하고 앉아 있다는 게 너무나도 수치스럽고 아팠다. 자기가 사제만 아니었어도 이토록 무참하지는 않았을 것이다. 그렇다면 자기에게 사제라는 사실은 무거운 짐이지 싶었다.

이윽고 요한이 입을 열었는데, 좀 전에 있었던 사안에 대해서는 일언반구도 하지 않고 다른 이야기를 하였다. 얼마 후 수도회 50주년 기념행사가 있다며 그 준비 때문에 몇 주 상담을 쉬었다가 다시 오겠다고 하였다. 이렇게 말하는 요한은 상담을 쉴 수 있는 그런 핑계를 말한다는 게 얼마나 통쾌한지 몰랐다.

그렇게 상담을 쉬겠다고 말하는 것을 듣고 선희는 놀랐지만, 두말하지 않고 알겠다고만 대꾸하였다. 50주년 기념행사 준비로 상담에 올 수 없다는 게 사실이든 핑계이든 그가 그렇게 선택해 말한 이상 따지는 것이 불필요했다. 그리하여 선희는 요한에게 연속성을 위해 상담을 건너뛰지 않는 게 바람직하다고만 일러주었다.

하지만 요한은 선희의 그런 말에 일언반구도 없이 급히 상담소를 빠져나왔다. 그렇게 돌아서는 요한의 뒷모습을 선희는 허탈한 심정으로 물끄러미 바라다볼 뿐이었다.

21. 50주년 기념행사장에 명희 출현

요한은 상담을 건너뛰지 않는 게 좋다고 했던 상담자의 말을 걷어찬 것 같아 통쾌하였다. 수도회가 한국에 진출한 지 50주년이기 때문에 거의 모든 사제가 분주한 것은 사실이다. 그렇더라도 굳이 상담을 쉬어가면서까지 기념행사에 매달릴 필요는 없었지만, 그렇게라도 상담에 대해 반기를 든 게 시원했다.

행사의 총책을 맡은 총무국장이 얼마 전에 요한에게 도움을 청했다. 작년부터 추진위원회가 발족하여 작업을 해왔으나 경험 부족으로 우왕좌왕하기만 했단다. 행사일은 다가오는데 뭐 하나 제대로 된 게 없다고 걱정을 태산같이 하였다. 그리하여 알아보니 정말 그대로 두었다가는 큰일 나지 싶었다. 무엇보다 수도회의 발전상을 대외로 알리는 행사이기 때문에 특별히 신경 쓸 게 한두 가지가 아니었다.

홍보도 해야 하고, 출판물을 준비해야 하고, 각계 인사를 초대하는 등 챙겨야 할 것들이 산적해 있는데 거의 아무것도 한 것이 없었다.

요한이 관여하면서 그런 행사는 여느 때처럼 수도회 내부에서 조촐하게 해서 될 성질의 것이 아니고 대형호텔에서 대대적으로 치러야 할 행사라고 주장했다. 그러나 사제들 간에는 의견이 분분하게 갈라지며 찬반론이 거세게 일었다. 종교단체이니까 소박하게 하자는 의견에서부터 큰 행사이니만큼 고급스럽게 하는 게 필요하다는 등 정말 분분했다. 그러면서 중간 정도의 규모로 치르자는 타협론이 우세했지만, 요한은 이 행사는 이냐시오 수도회의 위상이 걸린 것이라며 크게 개최해야 한다고 밀어붙였다.

의견 대립이 첨예할 때 최종 결정권자인 관구장 신부가 요한의 손을 들어주었다. 그래서 작업이 커지고 있는데 이러한 일을 주도하는 요한이 피식 웃었다. 오래전에 나환자 마을의 책임자 신부가 화려하게 처신하는 것을 비판적으로 바라보던 자기였는데, 어느새 그분을 따라 하는 형상을 취하고 있으니…. 정말 죽는 순간까지 언제 어떻게 변할지 모르니 절대로 입바른 소리를 하는 게 아니라는 생각을 절로 하였다.

요한은 행사에서 사회자를 맡기로 하였다. 주교님을 비롯한 각계 인사와 VIP급 후원자들을 초빙하는 자리인 만큼 수도회의 초기 회원인 요한이 하는 게 행사의 격조를 높인다고 하였다. 그뿐만 아니라 행사를 그렇게 키운 인물이 요한이기 때문에 진행도 맡아서 하는 게 좋다는 의견이었다. 아무튼 그날의 행사를 깔끔하게 진행하기 위해 좌석 배치라든가 내빈소개에 곁들이는 인사말 등 세세하게 신경 쓸 게 많았다.

50주년 기념행사가 벌어지는 당일, 요한은 모처럼 만에 말끔하게 정복을 차려입고 이리저리 자신의 모습을 거울에 비춰보았다. 화사하게 미소도 지어보며 나름의 준비를 단단히 하였다.

일찍 호텔에 도착해 조명이나 마이크를 비롯해 갖가지 물품이 제대로 갖춰졌는지 하나하나 점검하고 나니까, 관구장을 비롯한 수도회 신부들이 다들 정장을 하고 들어섰다. 실수가 없도록 긴장의 끈을 늦추지 말라는 관구장 신부의 지시를 받고, 신부들은 행사장 입구 양쪽으로 줄지어 늘어선 다음 도착하는 하객들을 맞이하였다. 은은하게 밴드음악이 울려 퍼지는 가운데 하객이 도착할 때마다 신학생들은 지정된 좌석으로 각각을 안내하였다.

속속 들어오는 하객들 사이에 세련된 원피스 차림에 은빛 숄을 걸치고 들어서는 여인이 있었다. 요한과 눈이 마주치자 그녀는 익숙한 사람에게 인사를 하듯 가볍게 눈인사를 하여 요한도 고개를 숙여 인사를 하였다. 이렇게 한 여인은 뒤이어 들어오는 하객에 밀려 신학생의 안내를 받으며 홀 안으로 총총히 들어갔다. 요한은 그 여인을 보내놓으면서 왠지 낯익어 보인다는 느낌으로 홀 안으로 들어가는 그녀의 뒷모습을 바라다보았다. '어디서 봤더라?' 하고 갸우뚱하는데 번쩍 불이 켜지듯 생각이 났다.

"아니, 명희 아닌가!"

자신도 모르게 외마디를 지른 요한은 기절초풍할 지경이었다. '저 애가 어떻게 여기를 왔지?' 하는 의문이 들면서 머리가 하얗게 되었다. 그러지 않아도 초대자 명단에서 이명희라는 이름을 보았던 것 같은데, 워낙 흔한 이름이라 그냥 지나쳤었다. 그런데 명단에 있던 이명희가 바로 그 사람이라니!

하지만 그렇게 멍을 때리고 있을 때가 아니었다. 계속 밀려오는 손님들을 맞이하느라 더는 이명희에 대해 생각을 할 수 없었다. 마침내 개최 시간이 되었을 때 몇몇 사제들은 뒤늦게 도착하는 하객들을 맞이하기 위해 그 자리에 남아있기로 하고, 요한은 사회를 보기 위해 단상으로 나갔다. 머릿속이 횡횡 돌았지만 온 힘을 다해 사회자 노릇에 차질이 발생하지 않도록 안간힘을 썼다.

시선이 자꾸 명희가 앉아 있는 쪽으로 갔지만, 요한은 의식적으로 다른 곳을 보고자 애를 썼다. 무슨 정신으로 200명이 넘는 하객들을 모셔놓고 사회를 보았는지 몰라도 50주년 기념행사를 성공적으로 마쳤다. 많은 사람이 그렇게 깔끔하면서도 멋들어진 행사는 처음 보았다고 칭송할 정도였다.

행사를 마치고 수도회로 돌아온 그 날밤 사제들은 자축하는 의미에서 다 같이 모여 간단히 맥주파티를 가졌다. 평소 그런 자리에서 맥주라면 사양하지 않던 요한이었지만, 그날만큼은 신경이 곤두서 맥주를 입에 대지도 못했다. 머릿속은 온통 명희가 어떻게 그곳에 왔는지에 대한 궁금함으로 가득 찼다. 그 맥주파티에서 빨리 빠져나가고 싶었지만, 그렇다고 행사가 대성공이었다며 흥겨워하는 사람들 틈에서 티도 내지 못하고 견디느라 애를 썼다.

몸은 파김치가 되었어도 정신만큼은 말똥말똥했던 요한은 그날 밤 거의 뜬눈으로 밤을 하얗게 밝혔다. 도무지 잠을 이룰 수 없었던 요한이 벌떡 일어나 세찬 물줄기에 몸을 내맡기다 다시 눕기를 반복하는 사이 동은 텄다.

아침 식사 후 요한이 초청자 명단을 훑어보며 이명희라는 이름을 찾아냈다. 그녀가 어떻게 수도회의 귀빈으로 초대되었는지 알아보니, 성기옥이라는 이름으로 수도회에 큰 액수의 기부금을 낸 바 있었다.

어찌 된 일인지 도무지 알 수 없었다. 명희를 본 게 아버지의 장례에서였으니까 벌써 사반세기도 더 되었다. 그 당시 명희는 결혼한 상태였고 아이를 낳지 못해 애를 썼던 것으로 기억되었다. 더욱이 그녀의 남편은 승려가 되려다 부모의 만류로 명희와 결혼을 했던 사람이라고 하지 않았던가.

무려 30년 가까이 되는 세월이 흐르는 동안 대체 무슨 일이 있었기에 이명희가 그러한 변신을 하고 나타났는지 알 수 없었다. 다시금 찬찬히 살펴보니 주소지가 대구로 되어있는데 남편과 함께 온 것도 아니라 혼자 나타났고, 또 성기옥은 대체 누구이기에 그 여자의 이름으로 후원을 한 것인지 궁금했다.

몇 주 상담을 쉬고 나자, 상담을 계속 받아야 하는가 하는 의문이 슬슬 올라왔다. 행사를 마치고 다시 오겠다고 했으니까 가 보긴 해야 할 것 같은데 속속들이 까발려지는 게 여간 꺼려지는 게 아니었다. 특히, 저번 회기에서 상담자가 무차별적으로 덤벼들어 자신을 동성애자로 규정한 것은 무례하기 짝이 없었다.

다른 한편, 명희가 등장하는 바람에 머릿속이 어수선해지니까 어딘가에 배설하고픈 마음 또한 간절했다. 비록 딴 이야기를 하더라도 누군가와 말을 나누고 나면 시끄러운 속이 가라앉는 것을 몇 차례 경험하였다. 그런데 상담자가 원래 그러한 역할을 하는 것인지는 모르겠지만, 조금만 틈을 보이면 여지없이 파고들어 영 성가셨다.

이러한 양가감정으로 오락가락하던 요한은 상담 약속을 잡고 말았다. 발가벗겨지는 것 같아 짜증스럽긴 해도 말을 하고 나야 후련할 것 같은 중독성이 있었다.

선희도 그 행사에 초대를 받긴 하였지만, 정기적으로 진행되는 교육 프로그램이 그날 저녁에 있어 참석하지 못했다. 그리하여 다시 요한을 만났을 때 선희는 50주년 행사에 관해 인사말을 나누었다.

"행사는 잘 마치셨지요? 큰일을 하시느라 많이 힘드셨을 텐데 인제 홀가분하시겠습니다."

"…."

선희의 인사말에 요한이 묵직한 표정을 짓자, 선희는 혹시 무슨 실수가 있었나 하여 다시 물었다.

"뭐가 잘못되었습니까?"

"아니 잘못된 게 있었던 것은 아니고…."

이런 식으로 말끝을 흐리고 뜸을 들이다 요한이 띄엄띄엄 입을 열었다.

"도대체 알 수 없는 게 인생인 것 같아요. 그 행사장에 명희가 근사하게 차려입고 나타났더라고요."

"명희요? 명희라고 하면 고향 집에 살았던 눈이 크다는 그 아이를 말씀하시는 건가요? 아버지 장지에서 가족 간에 언쟁이 불거졌을 때, 문 신부님을 그 자리에서 피하도록 해주었다는 그 사람입니까?"

"예, 그 아이입니다. 아니 이제는 아이가 아니라 중년 부인이지요. 웬일인가 하여 알아보니 그 애가 수도회에 상당한 금액을 기부하였고, 그런 연유로 초대되었더라고요."

"아, 그런 일이 있었군요."

선희도 놀라워하며 '어떤 연결 고리가 있어 거금을 기부하지?' 하는 의문을 품었다. 그런데 그런 의문보다 더 의아했던 것은 요한의 침울한 표정이었다. 예상 밖의 인물이 나타났으면 반가울 수 있는 위치의 인물인데 무엇 때문에 그리 놀라워하는지 의문이 들어 이렇게 물었다.

"명희 씨의 출현이 놀랍긴 하지만, 그렇다고 못 올 데를 온 것도 아니잖아요?"

"…"

요한은 대꾸하는 대신 '이놈의 상담자는 그냥 들어주며 지나가는 게 없어!' 하고 짜증스러워했다. 속이 답답해 먼저 말을 꺼내긴 했어도 선희가 그런 식으로 의문을 제기하니까 불편하고 얄미웠다. 동시에 상담자가 그렇게 묻게끔 빌미를 제공한 게 자신이어서 속으로 '내가 미쳤지!' 하였다.

그날 요한은 행사에 관한 이야기로만 상담 시간을 채웠다. 이왕 하는 행사니까 제대로 하자는 식으로 밀어붙였던 과정을 상세하게 말했고, 인사 문제에 불만을 품고 밖으로 나돌던 나 신부가 행사를 핑계로 슬그머니 돌아왔다고도 했다. 특히 나 신부가 그런 행사에 돈을 쏟아붓는다며 어찌나 자기를 몰아붙이던지 그에게 정나미가 떨어졌다고 하였다. 워낙 삐딱하게 말하는 친구라서 그러려니 하면서도 감정이 많이 상했다는 것이다.

그런데 야죽야죽 말을 얄밉게 해 자신의 속을 뒤집어놓았던 사무국장이 50주년 기념행사를 할 바엔 번듯하게 하자고 적극적으로 나섰단다. 이런 말을 하며 요한은 어제의 동지가 오늘의 적이 되고, 오늘의 적이 내일의 동지가 되는 게 희한하다고 하였다. 뭐 하나 고정된

게 없다는 것이다.

그런데 명희가 못 올 데를 온 것도 아니라는 질문에 삐쭉하여 50주
년 행사에 관해서만 줄곧 말했는데, 그런데도 복잡한 심경이 가라앉
는 듯했다. 주변적인 이야기나 해도 누군가와 나눈다는 게 이러한 위
력을 낳는 것일까 하여 생소하면서도 이상했다.

선희는 요한이 행사를 계기로 수도회 내에서 자신의 위치를 공고히
해나가는 것 같아 반가웠다. 이렇게 그의 상황은 점차 좋아지고 있음
에도 그는 여전히 속을 끓이는 뭔가를 가지고 있는 듯했다. 특히 자
신이 주도했던 게 잘되면 성취감을 느껴 안정을 이루는 편인데, 그는
여전히 뭔가에 정신을 팔고 있는 것 같아 '대체 뭐가 그를 불편하게
하는 것일까?' 하는 의문을 품었다.

어쨌든 명희가 행사장에 나타났다는 사실에 요한이 불편해하는 것
같으니까 그것을 다루어보기로 했다.

"명희 씨가 그곳에 왔다는 사실에 매우 놀라우셨나 봐요."

"아, 그러고 보니 어머니 장례 때도 그 애를 보진 못했던 것 같네
요. 그런데 이번에 나타났던 거예요."

"…"

선희는 명희에 관한 이야기를 더 듣고자 기다렸지만, 요한은 그런
기대를 저버리고 다른 이야기로 넘어갔다.

"어머니의 장례를 치르고 나서 중국으로 다시 갔는데, 가장 힘들었
던 게 외로움이었습니다. 언어가 서투니까 입에서 단내가 날 정도로
말을 안 할 때가 많았어요. 숙소에 들어와서도 벽에 걸어 놓은 십자
가만 마주 보는 나날이었습니다. 간혹 화교 출신인 중국 수녀하고 말
을 나누기도 했지만, 한국에서 살았어도 중국인은 중국인이더라고

요. 인정머리 없이 자기 필요로 하는 것만 딱딱 말하니까 질리게 됩디다. 그러면서 혼자 홀짝홀짝 술을 마시기 시작했더랍니다.”

“외로움을 그토록 힘들어했던 게 어머니께서 돌아가시기 전입니까 아니면 돌아가신 이후입니까?”

“처음 2년 동안은 혼자 지내면서 활동 범위를 넓히고자 정신없이 지냈고, 그 후 후배가 두 명 왔는데 이상하게 저와 잘 맞지 않아 오히려 그들과 함께 지내면서 술을 마시기 시작하였던 겁니다.”

이렇게 말하며 요한은 두 사람 중, 한 사람은 대학 때 데모하다가 잘려서 수도회에 온 친구로 맨날 정치에 관해서나 말했다고 하였다. 다른 한 사람은 나이도 어린데 자기에게 중국에 진출한 지 2년씩이나 되었는데 이루어놓은 게 뭐가 있느냐며 비난조의 말을 일삼았다는 것이다. 그러한 비난이 아주 틀린 말도 아니어서 속으로는 부글부글했어도 그리 대차지도 못한 성격으로 반박도 못 했다고 하였다.

그러던 중 어머니께서 돌아가셨다는 기별을 받고 귀국해 고향으로 달려갔고, 요한의 도착을 기다리느라 하루를 더 늦추어 4일장으로 장례를 치렀다고 하였다. 기어이 아들을 신부로 만들고자 했던 어머니의 간절함을 알고 형제들이 그런 배려를 했다고 하였다.

장례를 치르면서 요한이 알았던 사실은 어머니가 술에 취해 아버지 무덤인 봉분에 엎드려 돌아가셨다는 것이다. 이미 90대 중반의 어머니를 영주에 사는 누나가 간간이 들러 챙겨주었다고는 하지만, 독거 노인으로 그렇게 돌아가신 어머니를 이웃 사람이 발견해 끌고 내려왔다는 사실에 요한은 충격을 받았다. 하지만 아버지가 돌아가셨을 때 싸움을 벌였던 아픈 경험 때문에 자기는 이를 악물고 아무런 말도 하지 않았다고 하였다.

큰형이나 셋째 형이 어머니를 모시겠다고 하였지만, 극구 고집을 부렸던 게 어머니였기 때문에 드러내놓고 형들을 원망할 수도 없었다고 한다. 그래도 요한은 그때의 분함이 다시 살아나는지 양 주먹을 꽉 쥐면서 울었다. 그러다 급기야 꺽꺽 흐느끼기 시작하는데 그야말로 봇물이 터진 것 같았다.

어머니를 잃은 지 벌써 3년이나 되어가는데 그렇게 목 놓아 우는 요한을 선희는 물끄러미 바라보았다. 꽁꽁 싸매어두었던 슬픔을 이제야 터트리는 것 같다기보다 왠지 불편해하는 현재의 심경을 어머니의 죽음에 빗대어 표출하는 것 같았다. 그리하여 선희는 요한을 흠뻑 공감해주기보다 그냥 실컷 울게끔 내버려 두었다.

이윽고 요한의 울음이 잦아들 무렵 선희가 말했다.

"50주년 행사를 성공리에 마쳤으면 성취감을 느끼셨을 법도 한데 이렇게 우시는군요. 지금 무엇 때문에 그렇게 속상한 마음이신지 궁금합니다."

이러한 질문을 받은 요한은 순간적으로 '이게 뭐지?' 하며 어정쩡한 표정을 지었다. 아울러 선희의 예리한 지적에 움찔하면서도 무엇 하나 그냥 넘어가지 않는 야박함에 짜증이 났다. 그러면서도 자기가 이토록 울고불고 하는 게 어머니에 대한 속상함 때문이 아니라 명희 때문임을 자신도 알게 되었다.

다행인지 불행인지 상담 시간이 거의 끝나갈 무렵이었다. 그러자 선희가 마무리를 짓듯 물었다.

"지금 심정이 어떠세요?"

"후련하기도 하고 화가 나기도 하고 혼란스럽습니다. 아무튼 머리가 매우 아픕니다."

"그러시겠어요. 상담을 받는다는 게 쉬운 작업은 아닌데 아무튼 이제부터 본격적인 작업을 하게 되는 것 같습니다. 오늘은 이 정도로 하고 가시지만, 무엇 때문에 그렇게 울게 되는지 잘 살펴보시고 나누었으면 합니다. 우리의 마음을 휘젓는 것은 과거의 어떤 것이 아니라, 그 반대로 현재의 불편한 심기가 과거의 어떤 것을 끄집어들이는 편이지요. 그러므로 우리는 현재를 산란하게 하는 현시점의 자극을 찾아서 그것을 해결하도록 노력해야 합니다. 그러지 않고 끌어들인 과거의 것을 가지고 씨름하면 헛돌게 되지요. 즉, 씨름하더라도 현재 살아있는 자극과 해야지, 그 영향력이 미미한 과거를 가지고 씨름하는 것은 낭비입니다."

"..."

22. 기도방식 놓고 격돌한 요한과 선희

요한이 간 뒤에도 선희는 명희의 출연에 그가 그렇게 놀라는 이유가 뭘까 하고 곱씹었다. 그는 동성애적 성향을 지닌 사람으로 여자라면 그리 좋아하지 않는데…. 혹시 간과하는 게 있는가 하여 선희는 그동안 기록해두었던 것들을 찬찬히 훑어보았다. 그러면서 그가 아버지의 죽음 이후 어떤 이유에서 그토록 충격을 받았던 것인지, 또 어머니의 죽음 이후에는 무엇 때문에 그렇게 무너져 내렸던 것인지에 관해서는 여전히 선명하지 않다고 여겼다.

아무튼 저번에 그를 동성애적 성향의 인물로 간주하는 발언을 했을 때, 그는 노기를 드러내며 50주년 기념행사를 준비해야 한다며 상담을 중단하기도 했었다. 그러나 어쨌든 그가 점차 안정을 찾아가며 수도회 내에서도 자신의 입지를 다져가고 있는데, 느닷없이 나타난 명희의 출현으로 그가 놀라고 있음이 분명하다. 그에게 있어 명희는 과연 어떤 존재인가?

수도회에 돌아온 요한은 상담 도중 울었던 탓에 기진맥진하였지만, 그래도 뭔가 모르게 후련한 마음이었다. 어머니에 관한 이야기를 다른 사람에게 말하기는 처음이다. 막상 말을 해놓고 보니 어머니가 그렇게 돌아가셨다는 게 그리 부끄럽지도 않았다. 고령의 노인이 무덤에 쓰러져 돌아가셨다는 사실이 아프긴 하지만, 다른 사람의 무덤도 아니고 남편의 무덤이었으니 보기에 따라 낭만적이라고 볼 수 있지 않을까 싶었다. 고향을 떠나지 않으려 했던 어머니의 고집은 어쩌면 남편에 대한 애정 때문이었는지도 모르겠다는 생각이 들자 자신도 모르게 빙그레 웃음 지어졌다.

어머니가 돌아가신 이후 더욱 마음의 갈피를 잡지 못했던 것은 사실이다. 산다는 게 허망해 폭음하기도 하고, 배짱이 안 맞는 후배들과 한 공간에 있는 게 고역이어서 카지노에 가서 밤을 지새울 때가 잦았다. 그러다가 초췌한 몰골로 돌아오곤 했으니 후배들이 볼 때 기가 막히기도 했겠다는 생각이 들었다.

어머니의 임종이 자신에게 어떤 영향을 끼쳤는지 곱씹어보았으나 선명하지 않았다. 어머니를 잃었다는 상실감이 크다고 말하기도 곤란한 게 어머니가 살아계시는 동안 자주 연락을 드리지도 않았었다.

휴가를 받아 고향 집에 갔을 때나 몸이 휘도록 일했지 평소 무심하게 지냈던 게 사실이다.

　아침 식사를 마치고 사무실에 들러 신문을 뒤적이는데, 문 신부를 찾는 전화라며 직원이 연결해주었다. 황유스티노가 또 전화를 하나 싶어 상을 찡그리며 받는데, 저쪽에서 "여보세요!" 하며 여자의 목소리가 들렸다. 이명희라고 하는 거였다.

　요한이 얼어붙듯 가만히 있자, 명희는 몇 차례 '여보세요.'를 반복하다 곧 만나 뵈었으면 한다고 말했다. 그래도 대답을 하지 않자, 명희는 상대가 듣고 있는지를 확인하고는 아무런 대답이 없으니까 저번에 행사가 열렸던 호텔의 커피숍에서 보자고 제안하며 전화를 끊었다.

　졸지에 약속을 통보받은 요한은 어금니를 꾹 다물었다. 그녀를 본 게 30년 전인데 그사이 무슨 일이 있어 그토록 변신했는지, 인제 와서 자기를 만나려 하는 이유가 뭔지 알 수 없었다. 솜털이 채 가시기도 전에 된장찌개 뚝배기를 들고 방안으로 들어섰던 그 명희라는 아이가 전에는 새댁이 되어 나타나더니, 이제는 50대의 중년 부인이 되어 나타나고 있다.

　상담 일정에 맞춰 상담소를 향해가는 요한의 발걸음은 묵직했다. 틈새를 보이면 영락없이 파고들어 오는 상담자, 그런 게 싫다고 상담을 그만둘 수도 없어 가기는 하면서도 '오늘은 무슨 말을 하지?' 하고 부담스러워했다.

　돌이켜보면 중국에서 후배들과 균열이 생겼을 때 얼른 귀국을 서둘렀어야 했었다. 그들을 휘어잡거나 수용하지 못하고 일탈행동을 보이다 강제귀국을 당한 것부터 우유부단하기 짝이 없는 태도였다. '왜 그렇게 미련을 떨었을까?'하고 반문하다 문득 요한은 이미 그즈음 자기가 매너리즘에 빠져 지냈다는 것을 인식했다.

이런 삶에 대한 매너리즘이 상담을 받는다고 과연 극복될 수 있을지 의문이었다. 상담을 통해 자신에 대한 이해는 어느 정도 가능하겠지만, 이해를 하였다고 전방위적으로 퍼져있는 무력감 내지는 무망감을 과연 털어낼 수 있을지 의심스러웠다.

상담실에 들어와 자리에 앉은 요한은 단도직입적으로 물었다.

"상담을 이 정도 했으면 좀 좋아져야 하는 기미가 보여야 하는 거 아닙니까?"

도전하듯 던지는 요한의 질문에 선희는 저항이 나타나기 시작한다고 생각했다. 처음 그를 만났을 때는 그의 문제가 어머니와 관련해 있으려니 생각했었다. 하지만 그는 동성애적 성향을 가지고 있는 게 분명했고, 근래에는 명희의 출현으로 흔들리는 모습을 보이고도 있다. 그런 까닭에 부적응의 실체도 아직 선명하지 않은데, 상담 성과를 운운하다니 하는 의문을 가지며 선희는 침착하게 반문했다.

"좋아지는 기미라는 게 어떤 것이라고 여기세요?"

"… 적어도 마음만큼은 편해져야 하겠지요."

다소 뻣뻣하게 대꾸하는 것을 들으며 선희도 썩 편치만은 않았다. 문제를 꽁꽁 싸매듯 가리고 있는 사람이 도리어 그렇게 탓을 하다니!

"방금 문 신부님께서 편하지 않다고 말씀하셨는데, 어떤 점이 불편한지 구체적으로 말씀해주시겠어요?"

이런 식으로 선희가 파고들자, 요한은 '아, 이렇게 해서 또 말려들지….' 하고 생각하며 이번에는 순진하게 끌려들어 가지 않겠다고 다짐했다. 하지만 자기가 먼저 도발한 것이니 피할 수도 없어 이렇게 말했다.

"처음 여기 올 때는 뒤죽박죽 참담했던 게 맞아요. 사는 자체가 구차스럽다고 느끼던 때였으니까요. 지금 그럭저럭 지내고는 있는데 그렇다고 확실해진 것은 아무것도 없습니다. 꼭 집어 말하기는 어렵지만, 여전히 막막하니까요."

"막막하시다!"

선희가 이렇게 요한이 한 말을 따라 읊조리다 그동안 살아나온 과정을 훑는 데 치중하느라 주요 대목에서 심층적인 감정을 밀도 있게 다루지 못했다는 점을 아프게 확인했다. 그러니까 나아져 가는 듯하다가도 그는 여전히 제자리걸음을 하는 게 분명했다. 그리하여 요한의 이런 도발이 현재에 집중할 수 있는 발판으로 삼을 수 있지 않을까 하여 도리어 잘됐다고 여겼다.

"막막한 심정에 있는 것은 결과적 상태이니까, 일단 무엇에 의해 그렇게 되었는지 살펴볼까요?"

"글쎄요…. 살펴본다고 해결이 됩니까?"

"그럼 문 신부님께서는 해결을 위해 살펴보는 것보다 무엇이 더 좋은 방법이라고 보십니까?"

이렇게 선희가 맞서듯 대응하자, 요한은 망설이듯 잠자코 있다가 말했다.

"글쎄요…. 결국은 예수님께 무릎 꿇고 기도에 자신을 맡길 때 편해질 수 있지 않을까 합니다."

오랫동안 잊고 지냈던 정석을 마치 찾아내기라도 한 듯 갑자기 요한은 그렇게 말하며 목소리에 힘을 주었다. 자못 확신에 찬 표정을 짓는 것이었다.

　그런데 이러한 말을 들은 선희가 그만 팍 웃음을 터트리고 말았다.

　"무릎 꿇고 기도하신다고요? 그 연세에 그렇게 하는 게 가능하세요?"

　선희가 그렇게 말하자, 요한은 놀라 크게 눈을 치켜뜨며 그녀를 바라보는 시선에는 뭐라고 표현하기 어려운 낭패감이 묻어나왔다. 요한이 이렇게 낭패스러움을 표출하자, 그 순간 선희는 '아차!' 하고 당혹감을 감추기 어려웠다. 요한이 다름 아닌 사제인데 그에게 무릎 꿇고 기도하는 게 가능하냐고 튕겨버렸으니! 기독교에 대한 엄청난 배척으로 여겨질 수 있는 말을 하였으니…. 그러나 이미 주워 담을 수도 없는 엎질러진 물이었다.

　두 사람 간에는 무거운 침묵이 흘렀다. 이윽고 요한이 애써 마음을 억누르고 착 가라앉은 목소리로 선희에게 물었다.

　"그럼 선생님께서는 제가 어떻게 해야 마음이 편해질 거라고 보십니까?"

　바로 코앞에서 창을 겨누듯 질문하는 요한을 지켜보며 선희는 무슨 말을 어떻게 해야 할지 깜깜했다. 그동안 주로 자기가 질문을 던져왔는데, 이제는 거꾸로 내담자에게서 예리한 질문을 당하는 위치에 서고 말았다.

　세상 풍파를 겪으며 삶의 정점을 넘기고 내리막길에 접어든 사람이 어떻게 신의 전능함을 믿고 그렇게 기도할 수 있을까 하는 의문은 여전하다. 나아가 어떻게 해야 마음이 편해질 수 있느냐는 질문에는 엄밀히 말해 선희 자신도 막연하다. 상담을 시행하는 상담자로서 속내를 나누도록 도와주면 어느 정도 안정을 이루게 된다고 믿을 뿐이지, 그것이 최종적인 안정을 이루게 하는 것이라고는 생각하지 못하기 때문이다. 그나저나 상대방의 방식을 조롱하듯 쳐내는 실수를 했으니 난감하기 그지없었다. 그리하여 머뭇거리던 선희는 주섬주섬 집어삼키듯 힘없이 말했다.

"머리를 조아리며 기도하기보다 소나무 껍질처럼 주름진 얼굴로 삶과 죽음이 둘이 아니라며 박장대소하는 모습, 그러한 자유로운 태도에서 편안함을 얻을 수 있지 않을까요?"

"…"

선희가 벙벙하기 이를 데 없이 말하자, 요한은 물끄러미 앞만 내다보았다. 전혀 초점이 맞지 않는 동문서답이라는 것을 알고 있던 두 사람은 다 입을 다물었다. 이렇게 하여 긴 침묵이 이어지는 동안 선희는 온몸이 후끈 달아오르는 것을 느끼며 쥐구멍을 찾고 싶을 따름이었다. 무릎 꿇고 기도하는 게 가능하겠느냐는 질문도 무례하기 짝이 없었고, 어떻게 하면 편해질 거냐는 요한의 질문에 횡설수설하듯 어디서 주워들었던 말을 주절주절하였으니…. 앵무새가 따로 없었다.

그런데 어찌 된 일인지 요한은 아무런 표정을 짓지 않고 가만히 있었다. 그게 무슨 말이냐고 반박이라도 하면 차라리 낫겠는데, 아무런 반응도 보이지 않으니까 선희는 더 좌불안석이 되었다.

아니나 다를까 잠시 후 요한이 물었다.

"가톨릭 신자가 아니시지요?"

이러한 질문에 선희는 올 것이 왔다는 생각에 숨을 크게 들이쉬었다. 그동안 요한은 선희가 으레 가톨릭 신자려니 여겼던 모양인데, 이제는 밝힐 수밖에 없었다.

"전에는 성당에 다녔었습니다."

"그럼, 지금은 교회에 나가지 않으신다는 말씀이군요."

"그렇습니다. 어느 시점부터 신이라는 존재를 받아들일 수 없었고, 그러다 불교 쪽으로 관심을 기울이게 되었습니다."

선희의 말에 요한은 무표정하게 고개를 끄덕였다. 요한 자신도 예수님을 섬기지만 진실로 섬기고 있는지에 대해 의심하기 시작한 지 오래다. 그런 점을 자책하던 자신이었기에 선희가 냉담자가 되었다고 하여 놀랄 처지도 못 되었다. 이윽고 요한은 선희에게 다시 물었다.

"신의 존재를 거부하게 된 배경이 있을 것 같은데 제가 여쭈어봐도 될까요?"

이런 질문을 던지며 요한은 멋쩍게 웃었다. 자기가 상담자를 향하여 그런 질문, 즉 회의하게 된 배경을 묻다니 어색하면서도 그런대로 좋았다.

선희는 바로 그 순간, 누구는 도움을 주고 누구는 도움을 받던 입장이었는데 어느덧 그런 게 없어진 것을 인식하며 나쁘지 않다는 생각에 미소 지었다. 이심전심이라고 요한도 그러한 대등함이 좋았는지 함께 웃었다. 그리하여 두 사람은 좀 전의 팽팽한 긴장감에서 절묘하게 비켜서고 있었다.

어쨌든 질문을 받은 선희는 요한의 질문에 성실하게 답해주려고 노력했다. 그렇게라도 하는 게 좀 전의 실책을 덜 수 있으리라 여겼다. 즉, 어머니의 병고로 불안이나 외로움을 내재하고 살다가 어머니가 돌아가신 후 새어머니를 맞이했고, 성당을 의지처로 삼았던 자신의 어린 시절을 간략히 말했다. 그리고 다시 그 뒷이야기를 이어가려다 문득 '왜 문 신부는 내가 신을 거부하게 된 배경을 궁금하게 여기는 것일까?' 하는 의문을 품으면서 어쩌면 그도 신을 잃어버렸던 게 아닐까 하고 생각하였다. 즉, 무릎 꿇고 기도해야 한다고 말했던 것은 자신의 정체성을 찾고 싶다는 바람이지 않을까 싶었다.

이러한 사람에게 그런 식으로 기도하는 게 그 나이에 가능하냐고 퉁을 주었으니 낭패도 이런 낭패가 없었다. 게다가 어떻게 해야 마음이 편해지느냐고 물었을 때, 벙벙한 말로써 도사 같은 말을 내뱉었으니….

평소 내담자들이 어떻게 해야 마음이 편해지느냐고 물으면, 누군가와 자꾸 대화함으로써 그것이 가능해진다고 답변했었다. 그런데 요한의 질문에 그렇게 벙벙하게 대꾸한 것은 그가 사제라는 사실을 지나치게 의식했던 때문일까 하고 자신에게 반문해보았다. 그러면서 자신이 아직 설익었다고 생각하지 않을 수 없었다.

그날 상담을 마치고 되돌아오는 요한의 머릿속은 '경건함' 과 '자유로움' 이라는 개념이 엎치락뒤치락했다. 마음을 확고하게 잡으려면 주님의 은총이 있어야 할 것 같은데, 상담자는 뜬금없이 이빨 빠진 노인이 박장대소하는 모습을 말하였다. 뭔가 연결되는 게 있으니까 상담자가 그러한 말을 한 것 같은데, 자기로서는 그 둘 간에 무슨 연결이 있는지 도무지 이해되지 않았다.

상담자가 말하는 그러한 노인의 모습에 이질감이나 생소함을 느끼는 것은 아니지만, 그동안 자신이 그려왔던 성자의 모습은 푹 파인 두 눈에 고뇌가 가득 묻어나는 모습이었다. 그리하여 머리가 하얗게 센 노인이 되더라도 무릎 꿇고 경건하게 기도하는 자신의 모습을 꿈꿔왔다. 그런데 상담자가 그러한 자신의 이상에 쐐기를 박으니….

서로 추구하는 이상적인 모습이 다른 두 사람이 깊이 소통하는 게 과연 가능할지 의문이 들기도 하였다. 그동안은 그런대로 말이 통한다고 믿었는데 그것이 깨어지는 것 같은 썰렁함이 엄습했다.

23. 명희와 친정어머니의 모진 세월

명희는 요한과 만나기로 약속을 잡아놓고는 좀처럼 잠을 이루지 못했다. 어느덧 50대 중반이 되어가고 있는데 아직 사춘기 소녀처럼 떨린다는 게 믿기지 않았다. 명희가 이렇게 안절부절못하자, 이러한 딸을 지켜보는 명희 어머니는 심란했다.

명희는 일찍 아버지를 잃고 어려서부터 편편하지 못하게 자랐다. 시집을 가서도 한동안 애를 낳지 못해 조바심치더니 뒤늦게 낳았던 기옥이마저 일찍 세상을 떠나는 바람에 모진 시련을 겪은 팔자다. 그러다 겨우 원기를 회복해가는 과정에서 서울을 한두 차례 다녀오고 나서부터는 영 안절부절못하는 것이다. 딸인 명희만큼은 어미처럼 기구하지 않기를 빌었는데, 명희는 남편을 먼저 떠나보냈을 뿐만 아니라 딸마저 잃었으니…. 이러한 명희를 지켜보는 명희 어머니의 속은 말이 아니었고 그럴수록 지난 세월을 아프게 더듬었다.

팔자가 드셌었던 자기는 명희를 낳고 얼마 안 되어 남편을 잃었다. 청상과부로 어린 딸을 데리고 시댁에 얹혀사는 것도 말이 아니어서 딸을 데리고 친정으로 돌아왔다. 그러나 남동생이 결혼해 부모와 함께 살고 있었기 때문에 자기와 딸이 설 자리는 별로 없었지만, 그래도 할 수 없이 견디듯 지냈다.

마침 두 아들을 둔 홀아비가 있다는 재취 자리가 들어와 올케 눈치가 보였던 친정살이를 접고 그것을 택했다. 하지만 처음부터 전남편 소생인 명희를 데리고 가는 게 썩 보기 좋지 않다고 하여 명희를 친정에 두고 자리 잡히는 대로 데려가기로 했다.

친정 부모가 외손녀인 명희를 챙긴다고 애를 썼어도 여러 면에서 명희는 편편하기 어려웠다. 명희의 외숙모가 그리 편한 사람이 아닌데다가 명희를 갓난아이를 돌보는 애처럼 부리려 했기 때문이다. 그리하여 애를 제대로 보지 못한다며 명희에게 수시로 소리를 질렀다.

명희를 두고 갔던 탓에 친정에 자주 들르면, 그때마다 명희가 떨어지지 않으려고 갖은 애를 써 자기는 명희가 잠든 후에나 겨우 빠져나오곤 했다. 일 년 남짓을 그렇게 지내다 결국 명희를 데려왔는데, 이집에는 사춘기를 맞이한 아들이 두 명이나 있어 명희를 키우기에 그리 안전하지 않았다.

어느 날 들에 가 일을 하고 돌아왔더니, 학교에서 돌아온 명희가 마루턱에 걸터앉아 훌쩍였다.

"왜, 무슨 일이야?"

"..."

깜짝 놀라 다그쳤지만, 눈치가 빠한 명희는 대답하지 않았다. 이제 겨우 4학년생인 명희는 엄마가 속상할까 봐 말을 아꼈다. 외갓집에 있을 때 외숙모에게 혼이나 울었던 적이 있는데, 그때 왜 그러냐고 묻는 할머니에게 곧이곧대로 말했다가 경을 쳤었기 때문이다. 그 후 명희는 어린 나이에도 아무리 속상해도 말을 하는 게 아니라는 것을 본능적으로 터득했다.

마루턱에 걸터앉아 우는 딸에게 다그쳤지만 그럴수록 명희는 입을 꼭 다물었다. 하지만 블라우스 단추가 떨어진데다 치맛자락에는 흙이 뭉개져 있었고, 무릎이 까여 피가 송골송골 맺혀있는 행색을 보고 무슨 일이 있었다는 것을 직감적으로 알았다. 오빠가 그랬느냐고 소리쳐 물었어도 명희는 입을 다물고 울기나 하였다.

재취로 왔던 것은 자신을 위해서뿐만 아니라 명희를 잘 키우겠다는 욕심 때문이기도 했다. 그런데 명희의 흐트러진 옷매무새를 보는 순간 자기가 무슨 일을 했는가 싶어 억장이 무너졌다. 말을 하지 않는 딸을 더 다그쳐봐야 소용없고, 또 그 집 아들들이 그랬다는 사실을 안들 어쩌겠나 싶어 속이 뭉그러졌다.

그날 밤 놀란 가슴을 진정시키고 명희를 살살 달래어 무슨 일이 있었는지를 캐물었다. 그랬더니 오히려 명희가 큰일이 생기지는 않았다고 엄마를 안심시키는 게 아닌가. 학교에서 돌아오는 길에 중학생인 큰오빠를 만났는데 갑자기 자기를 풀숲으로 끌고 가려 했단다. 싫다고 하는 바람에 실랑이가 벌어져 넘어졌다고 하였다. 그래서 자기가 크게 울어버리니까 큰오빠가 잡아당기기를 그만두면서 아무에게도 말하지 말라고 하였단다. 그러니 절대로 아는 척하면 안 된다고 명희는 엄마에게 신신당부하였다.

그제야 그 이상 큰일이 벌어지지 않았음에 안도의 숨을 내쉬었는데 그것도 한순간이었다. 장차 한 집안에서 과연 명희를 키울 수 있을지를 생각하면 머리가 지끈거렸다.

그 이후 수시로 한숨을 쉬자, 남편은 무엇 때문이냐고 자꾸 물었다.

하지만 당신의 아들들 때문이라고 시원하게 내뱉진 못하고 속으로나 끙끙 앓았다.

　남편이 선량하긴 한데 대가 약해 아들들을 휘어잡진 못하는 인물이었다. 그저 좋은 게 좋은 사람이라서 아들을 따끔하게 야단치지도 못할뿐더러 자신도 계모라는 위치에 있어서 자칫하다가는 전처소생의 아들을 모함하는 여자로 비칠 우려가 있었다. 그래서 말도 못 하고 그만 속병이 생겨 하얀 소다 가루약을 손에 달고 살았다. 남편이 무던한 남자니까 살긴 살아야 하는데, 과연 명희를 잘 보호할 수 있을지가 관건이었다. 한참 성에 민감해진 사춘기 머슴아이들이 있는 집안에서 하루 이틀도 아니고 24시간을 감시하며 산다는 게 여간 어려운 게 아니었다. 뒤늦게 피 한 방울 섞이지 않은 사춘기의 남녀를 한 집에서 키우려 했던 게 애초부터 잘못된 생각이었다는 것을 깨달았다.

　아무래도 명희를 친정으로 다시 보내야 할 것 같았다. 그리하여 어느 날 조심스럽게 명희에게 운을 떼었다.

　"명희야 오빠들이 조금 더 클 때까지 외갓집에 가 있으면 어떨까?"

　"…"

　엄마의 입에서 그런 제안이 떨어지자, 명희는 얼어붙은 듯 꼼짝도 하지 않는데 금세 두 눈망울에는 눈물이 그렁그렁하였다. 그토록 명희가 기겁하리라고는 예상하지 못했던 터라 당황스러웠지만 내친김에 그다음 말을 이었다.

　"전에도 엄마와 떨어져 지내본 적이 있잖아. 그러니까 잠시 가 있으면 엄마가 다시 데려올 거야."

　"엄마, 나 외갓집에 가지 않을래."

　그렇게 명희는 또박또박 자기 의사를 밝혔다. 어리게만 봐왔던 딸이 그렇게 단호하게 자신의 의사를 밝히자, 자기가 놀란 나머지 더듬거리듯 말했다.

"왜? 외할머니가 명희를 예뻐하잖아."

"나도 알아. 그렇지만 거긴 가지 않을래."

"잠시면 되는데, 그것도 싫어?"

이런 식으로 몰아가자, 명희는 끝내 울음을 터트리고 말았다. 그러한 딸을 바라보다 와락 명희를 부둥켜안고 울었다. 더는 캐묻지 않아도 명희가 왜 그토록 외갓집에 가기를 싫어하는지 능히 짐작되고도 남았다. 철이 들은 명희가 시시콜콜하게 말하지 않았어도 암팡진 올케에게 여간 서러움을 받은 게 아니었다. 자기 역시 올케와 지내는 게 어려워 재취 자리가 났을 때 얼른 맞이하지 않았던가. 손위 시누이에게도 팍팍했던 올케가 어린 조카딸에게 너그러웠을 리 없었다.

달리 대안이 없어 속을 끓이던 즈음, 어느 날 새벽에 명희가 훌쩍거리며 안방으로 들어왔다. 소스라치게 놀란 자기가 왜 그러냐고 묻자, 명희는 작은오빠가 자기 방에 들어와 자기를 만졌다고 하였다.

속이 미어졌던 자기는 애꿎게 명희에게 소리쳤다.

"문고리에 숟가락을 꽂고 자라고 그토록 일렀는데, 왜 그냥 잤어? 왜 그냥 잤느냐고?"

"…"

달래기보다 엄마가 앙칼지게 소리 지르자, 명희는 움찔 놀라 새벽녘의 어두움을 뚫고 밖으로 내달았다. 그러자 남편이 "이놈의 자식이…"하는 욕설을 내뱉으며 자리에서 일어났지만 그렇다고 달려가 아들을 호되게 야단치는 것도 아니었다. 이러한 남편을 맥없이 바라보던 자기는 옷을 주섬주섬 챙겨 입고는 명희를 찾으러 밖으로 나왔다.

새벽녘의 차가운 공기가 싸하니 옷 속을 파고들었다. 동이 트기 전 검붉은 하늘 아래 명희는 어디로 내달렸는지…. 그 집이 갑자기 낯설게 여겨졌고, 어린 딸 하나 제대로 지켜주지 못하는 무력감이 몰려와 두 다리는 후들거렸다.

가슴에 돌을 얹은 듯 힘겹게 지내던 그즈음, 친정어머니가 자신의 큰언니 칠순 잔치에 같이 가자는 기별을 해왔다. 그곳에 갈 때 명희를 잘 단장시켜 데려오라고 했는데, 그렇게 말하는 친정어머니의 속 내를 능히 짐작할 수 있었다. 딸이 청상과부로 친정살이를 하다 후처로 들어가야 하는 우여곡절을 겪었지만, 그래도 지금은 잘살고 있다는 것을 여러 사람에게 보이고 싶어하는 거였다. 즉, 자신의 딸이 그렇게 팔자 사납기만 한 여자가 아니라는 점을 많은 사람에게 은근히 알리고자 하였다.

명희를 데리고 친정에 가자, 친정어머니는 자기의 수척해진 모습을 보고 무슨 일 때문이냐고 물었다. 그리하여 그동안 있었던 일을 말하며 명희를 데리고 있기가 어렵겠다고 하였다. 이러한 말을 들은 친정어머니는 선뜻 명희를 맡아주겠다고는 말하지 못하고 길게 한숨이나 내쉬었다. 며느리의 성정이 워낙 강해 본인 역시 며느리 시집살이를 하는 처지인데다, 혹시 명희로 인해 명희 어미가 재취로 들어간 자리를 박차고 나올까 봐 걱정스러웠기 때문이다.

하룻밤 묵은 다음 친정어머니와 함께 큰이모네 집으로 향했다. 그곳은 이미 친척들로 북적이었고 그 속에는 친정어머니와 이종사촌인 요한의 어머니도 와있었다. 어릴 때부터 요한의 어머니와 인근에서 함께 자란데다가 인근에 사는 연유로 친정어머니는 몇십 년의 세월이 흘렀어도 서로 각별했다. 자연히 삼대에 걸친 세 식구는 요한의 어머니와 함께 자리 잡곤 하였다.

요한의 어머니는 옆에 다소곳이 앉아 있는 명희의 머리를 쓰다듬으며 얌전하게 자랐다고 예뻐했다. 그러면 명희는 쌕쌕 웃음 지으며 수줍어하는 몸짓을 보였는데, 이러한 광경을 눈여겨봤던 자기는 명희를 요한의 어머니에게 맡기면 어떨까 하는 생각을 하였다. 그래서 친정어머니에게 귓속말로 이런 뜻을 내비치자, 친정어머니는 쓰다 달다는 말을 않고 소매 춤에서 수건을 꺼내 눈물을 찍어냈다. 이런 모습을 승낙이라고 여겼던 자기는 칠순 잔치를 마치고 집에서 돌아갈 채비를 하던 요한 어머니에게로 다가가 말했다.

"아주머니, 우리 명희를 잠깐 맡아주실 수는 없을까요?"

"명희를? 무슨 일이고?"

"…"

대답 대신 글썽이자, 요한의 어머니는 알겠다는 듯이 고개를 끄덕였다.

"쯧쯧 사정이 있나 보구먼!"

요한의 어머니도 그 수북하던 아이들을 도회지로 다 떠나보내고, 요한마저 소신학교로 보내놓고 나니 허전하기 이를 데 없었다. 그리하여 선뜻 명희를 맡아주기로 하였다.

일단 요한 어머니의 승낙을 받아놓은 자기가 명희와 집으로 돌아가는 버스를 타고서 명희에게 외할머니의 이종사촌 동생이라고 하는 그 할머니가 어떠냐고 물었다. 영문을 모르는 명희는 좋은 사람인 것 같다며, 그 할머니가 자기를 어떻게 예뻐해 주었는지를 엄마에게 들

려주기 위해 재잘댔다. 엄마와 단둘이 있자 애어른처럼 굴던 것과는
다르게 참새처럼 종알대는 명희에게 물었다.

"명희야, 그 할머니 댁에 잠시 가 있으면 안 될까?"

그 순간 명희의 종알댐은 뚝 끊겼다.

"…"

"그리 길지 않을 거야. 오빠들이 고등학교에 가게 되면 집을 떠날
테니까, 그때까지만 가 있으면 돼."

"…"

아무런 대꾸를 하지 않고 가만히 있던 명희는 고개를 돌려 창밖을
내다보았다. 하늘 높이 뻗은 미루나무가 휙휙 지나가는 모습을 바라
보며 명희는 말 없이 눈물만 흘렸다. 미루나무의 쭉 뻗은 모양과 명
희 볼에 생긴 기다란 물줄기는 서로 닮은꼴이었다.

그렇게 해 명희를 요한네 집에 맡겨 키운 게 5년이나 되었다. 그 사
이 두 아들이 어느 정도 커 도회지로 나가자, 명희를 데려오게 되었
는데 그때는 고등학교에 다녀야 해서 영주에서 자취하게끔 했다. 대
학교까지 보낼 형편은 아니었고, 명희도 자신의 처지를 아는지라 진
학을 하겠다고 말하지 않았다. 어려서부터 눈칫밥을 먹고 자란 탓에
명희는 쌕쌕 웃기나 할 뿐 좀처럼 자신의 속내를 드러내지 않았다.

명희는 고등학교를 졸업하고 취직을 하려 했지만, 일자리가 많지
않은 지방에서 그리 쉽지 않았다. 그렇다고 홀로 큰 도시로 나가는
것도 엄두가 나질 않아 주춤거리고 있는데, 중매가 들어왔다.

부잣집 아들이라고는 하나 썩 건강이 좋지 않다고 해 탐탁하게 여
기지 않았는데, 인연이 있었는지 두 사람은 결혼하여 오순도순 잘 지

내는 것 같았다. 하지만 애가 생기지 않아 마음고생을 하였는데 다행히 딸이라도 뒤늦게 낳았다. 하지만 병약했던 남편이 일찍 죽는 바람에 명희는 과부가 되어 딸 하나를 키우며 살아야 했다.

마침 명희가 그렇게 남편을 잃은 지 얼마 되지 않아 자신의 남편도 먼저 세상을 뜨는 바람에 홀로 되어 그만 농촌 생활을 정리하고 명희에게로 갔다. 그렇게 해 세 여자가 함께 살았는데, 무슨 업장이 그리 두터운지 명희의 딸은 다 자라 결혼을 하고 신혼여행을 갔다가 그만 변을 당하고 말았다.

명희가 받은 충격은 이루 다 말로 표현하기 어려웠다. 혹시 뒤따라 죽는 게 아닌가 하여 걱정을 했는데 질긴 게 목숨이라고 가까스로 이겨냈다. 그러더니 다소 늦게 나온 보상금 중 일부를 수도회에 기부하겠다고 밝혔다. 어렸을 때 요한네 집에서 은혜를 입었는데 어른이 다 돌아가셔서 막내아들이 있는 수도회에라도 기증하겠다고 하였다.

그런데 명희가 서울을 다녀오더니 자꾸 거울을 들여다보기 시작했다. 무슨 일인가 하여 희한했어도 딸을 잃은 슬픔에서 벗어나는 게 반가워 다행으로 여겼다. 그렇지만 어찌 된 일인지 얼마 전부터는 안절부절못하는 게 심상치 않아 걱정스럽기만 하였다.

24. 명희가 낳은 딸이 요한의 자식이라고 실토

만나기로 한 호텔 커피숍에 당도하니 명희는 벌써 와 있었다. 얼마 전 행사장에 나타났을 때처럼 성장한 복장은 아니었어도 제법 말쑥한 차림이었다. 가느다란 목과 커다란 눈망울에서 제법 여인의 모습이 배어 나오는 듯했다.

주문한 차가 나왔어도 겉도는 인사말이나 나누다 결국 요한이 먼저 물었다.

"그래, 무슨 일로 보자고 한 거니?"

"…"

이렇게 물었어도 명희는 좀처럼 대답하지 않아 요한이 다시 물었다.

"뭐 때문이니?"

"…"

여전히 망설이다 이윽고 입을 열었다.

"결혼하고 나서 한참 만에 딸을 낳았는데 기옥이라고 이름 지었어요. 남편은 기옥을 애지중지했지요. 그런데 워낙 병약했던 그는 일찍 저세상으로 가고 말았어요. 그래서 마침 혼자 되었던 친정어머니와 함께 그 아이를 키웠는데, 그 애가 대학교를 마치는 대로 결혼을 하더니 그만 신혼여행지에서 사고를 당해 신랑과 함께 죽고 말았어요."

"저런, 그런 불행을 겪다니 여간 상심한 게 아니었겠구나."

"그랬지요. 2년 전이었는데 제가 도무지 살 수 있을 것 같지 않았으니까요."

이렇게 담담하게 말하는 명희! 그런 이야기를 들으며 요한은 명희가 순탄하지 못한 삶을 사는 게 애잔하게 여겨졌다. 어려서도 엄마와 살지 못하고 자기네 집에 와서 지냈는데, 결혼해서도 그런 풍파를 겪다니 딱했다. 거기다 다 자란 딸마저 잃고 말았으니 기구한 팔자였다.

"그랬구나. 요즈음엔 좀 견딜 만하니?"

"친정엄마와 대구에서 살아요. 엄마가 곁에 있어 그나마 견디고 살아요."

자분자분 말하는 명희의 모습에서 요한은 한세상 굴곡 없이 산다는 게 참 어렵다는 사실을 절감하였다. 그러면서 '대체 무엇을 위해 그 많은 삶의 질곡들을 우리는 감내하는 것일까?' 하는 의문과 함께 '그래서 주님께서 서로 사랑하라고 그토록 당부하셨던 게 아닐까!' 하며 고개를 끄덕였다.

마침 명희가 앉아 있는 바로 옆에는 빨간 꽃이 한껏 자태를 뽐내고 있었다. 삶의 시련을 겪을 만큼 겪은 명희의 곰삭은 얼굴과 화사함의 극치를 이루는 진홍색의 꽃이 한눈에 들어오는 순간 요한은 현기증을 느꼈다. 한 여인의 애달픈 모습과 요염함을 있는 대로 뿜어내는 꽃이 너무 대비되어 혼란스러웠던 때문이다.

기옥이가 신혼여행지에서 신랑과 함께 변을 당한 이후, 명희는 거의 제정신으로 살지를 못하였다고 했다. 그런데 어느 순간 친정어머니가 쓰러질 것 같아 억지로 한술씩 밥을 떠 넣었고, 그렇게 하면서 가까스로 일어났다고 하였다.

닥치는 모든 환란을 비껴갈 수 없는 게 자신의 업보라는 생각이 들어 보상금 중 절반을 떼어 남편이 다니던 절에 시주하였다고 한다. 남편이 딸을 애지중지해주었던 게 고마웠고, 아무튼 두 사람 다 극락왕생하도록 천도재를 올렸다고 하였다. 그리고 보상금 중 나머지 반은 요한이 속해 있는 수도회에 기증하였다는 것이다.

명희가 50주년 기념행사에 참석하게 된 연유를 알아봤던 터라 요한도 명희가 수도회에 큰 기부자였다는 사실을 알고 있었다. 하지만 무슨 이유에서 그런 거금을 자기네 수도회에 기부하였는지 몰랐던 요한은 눈을 크게 뜨며 의아함을 내비쳤다.

명희는 말하다 말고 고개를 숙였다. 이러한 명희의 모습에 요한은 갑갑하여 자기가 먼저 말했다.

"네가 불교 신자인 것으로 알고 있는데 어떻게 가톨릭 쪽에 기부할 생각을 한 것이니?"

이렇게 요한이 묻는데, 명희는 대답 대신 그렁그렁 두 눈으로 요한을 바라보는데 그 얼굴이 발갛게 물들었다. 순간적으로 요한이 '이게 뭐지?' 하고 의아해하는데 명희가 말했다.

"제가 어렸을 때 아재를 좋아했다는 것을 모르지요?"

"네가 나를?"

요한이 놀라면서 이럴 때 뭐라고 해야 할지 몰라 그저 숨을 크게 쉬기나 하였다. 혹시 그랬던 게 아닐까 하는 생각을 할 때도 있었는데, 어쨌든 결혼한 사람이니까 그럴 리 없다고 여겼었다. 그런데 40년도 더 지난 지금에 와서 그러한 소싯적의 감정을 말하니 뭐라고 말해야 할지 몰랐다. 그래서 어정쩡한 표정으로 있자, 명희가 말을 이어갔다.

"하지만 아재는 신부가 될 사람이었기 때문에 가슴속 깊이 묻을 수밖에 없었어요. 더구나 아재는 전혀 저에게 눈길도 주지 않았고요."

"…"

이런 이야기를 들으며 요한은 '그놈의 아재라는 소리!' 하고 다시금 짜증스러워했다. 그러면서 명희 말대로 자기는 어머니 곁을 빼앗겼던 것에 불편해했던 기억을 떠올리며, '그래, 내가 원래부터 여자에게 별 관심이 없었지!' 하고 수긍하였다. 그리하여 묵묵부답으로 있자, 명희는 잠시 요한을 살피다 다시금 자신의 이야기를 조용히 읊었다. 그 내용에는 요한이 처음 듣는 내용도 있었지만 이미 들어서 알고 있는 내용도 포함되어 있었다.

　고등학교를 졸업하고 딱히 정착할 곳이 마땅치 않아 일찍 결혼하였다고 했다. 남편은 시골에서 외동아들로 태어난 사람인데, 대구로 공부하러 나갔다가 괴한에게 폭행을 당해 건강이 나빠져 대학교 진학을 포기해야만 했단다. 그는 절에서 요양하다 출가에 뜻을 두었지만, 부모의 만류로 뜻을 접고 자기와 결혼하였다. 남편은 뒤늦게 태어난 아이를 퍽 사랑했는데 그만 건강 악화로 일찍 세상을 뜨고 말았다. 43살밖에 되지 않은 외아들이 죽자 충격을 이기지 못한 그의 부모도 화병으로 연이어 세상을 하직하였다.

　졸지에 10살 된 딸을 둔 과부로서 시부모의 재산을 물려받게 되었는데, 시가 친인척들이 그 재산을 주지 않으려고 자기를 많이 괴롭혔다. 버티기 어려워 절반에 가까운 재산을 시부모의 제사를 맡아주겠다고 나서는 시삼촌에게 넘겨주고, 나머지 땅을 처분하여 자기는 대구로 이사해 홀로 된 친정어머니와 함께 살기 시작하였다.

　대구로 이사한 자기는 다달이 세를 받을 수 있는 건물을 사들여 경제적으로는 괜찮은 편이었다. 딸이 커갈수록 시간적 여유가 많아지자 자기는 방송통신대학교에 등록해 영문학을 전공하기도 했다.

　워낙 엄마와 외할머니가 정성을 기울여 키워서 그런지 기옥은 구김 없이 자랐다. 방긋방긋 웃는 인상으로 기옥은 사람들에게 사랑을 많이 받았고, 대학교에 들어가서는 군 복무를 마친 복학생과 사귀다 결혼에 이르렀다. 기옥이가 일찍 결혼하는 게 서운하기도 했지만 사귀는 남자도 괜찮은데다 집안도 좋아 굳이 반대하지 않았다. 그 남자는 대학원을 마치는 대로 유학하겠다고 하였고, 기옥이도 유학을 떠나 함께 공부할 포부를 키웠다.

기옥은 첫사랑과 결혼하는 것을 성공으로 여겨 마냥 기뻐했고, 주위 친구들도 이상적인 학내 커플이라며 많이 축복해주었다. 거기다 사돈 댁의 배려로 결혼식에서 신랑·신부가 함께 입장하는 파격을 보여 친정아버지의 부재도 드러나지 않도록 할 수 있었다.

'남태평양' 이라는 영화를 통해 인도네시아 발리에 대한 동경을 품었던 두 젊은이는 신혼여행을 그곳으로 떠났다. 그런데 그곳 해상에서 관광객을 많이 태운 배들이 충돌하면서 미처 빠져나오지 못한 사람들이 참사를 당했는데, 그 새내기 커플이 거기에 포함되어 있었던 것이다.

이런 청천벽력 같은 비보를 접한 명희는 그야말로 자지러졌다. 기옥은 자신이 살아가는 최대 의미인 동시에 희망이었는데 그렇게 명을 달리하자, 모든 게 자신의 죄 때문이라고 여겨 수십 번도 더 따라 죽으려 했었다.

하지만 자나 깨나 자기를 걱정하는 노모를 두고 차마 극단적인 선택을 할 수 없었다. 그러던 중 남편 기일에 위패가 안치되어 있는 절에 갔다가 큰스님이 모든 게 업대로 돌아가게 마련이고, 특히 부모와 자식은 동업(同業)으로 맺어진 관계라고 하신 말씀에 크게 깨닫고 죽고자 하는 생각을 가까스로 떨쳐내었다. 즉, 부모의 죄가 자식에게로 전수되는 게 아니라 부모와 자식의 관계는 비슷한 업을 가진 사람들끼리의 만남이라고 하는 데서 그나마 죄책감을 덜어낼 수 있었다.

이후 기옥이도 자신의 업보를 어찌지 못해 그렇게 간 것이고, 그렇게 자식을 잃는 슬픔을 겪는 것도 자신의 업장 때문이라고 여겼다. 죽는다고 업이 소멸하는 것도 아니고, 자살하면 오히려 업장만 더해

갈 뿐이라는 것을 깨달았다. 그러면서 살아생전에 어떻게든 선업을 지어 기존의 악업을 소멸하는 게 필요하다고 여기게 되었다.

그 무렵 요한의 누나를 만나게 되었다. 외가로 먼 친척이 되는 연유로 드물게 근황 정도는 듣는 사이였다. 그 누이는 요한이 중국으로 파견되었다는 말을 얼핏 하였다. 그런 말을 듣자 불현듯 중국에 연락해보고 싶은 마음이 들었고, 그리하여 물어물어 수도회에 연락을 취해 주소를 문의하고자 하였다.

그런데 뜻밖에도 직원이 "문 신부님께서는 얼마 전에 귀국하셨습니다."하고 말했다. 명희가 깜짝 놀라 어찌 된 일이냐고 묻자, 그 직원은 문 신부의 건강이 좋지를 않아 귀국하였다고만 짤막하게 말했다.

때마침 외국 여행에 대한 보험금이라 지체되었던 기옥의 사고에 대한 보상금이 나왔다. 다른 돈도 아니고 자식의 사망에 대한 보상금이기 때문에 손이 오그려 다른 곳에 쓸 수는 없었다. 그리하여 절반을 떼어 남편의 위패가 있는 절에 시주하였고, 나머지 절반은 문 신부가 있는 수도회에 기부하였다.

마치 무슨 서사시를 읊어나가듯 차분하게 말하는 이런 이야기를 들은 요한은 그랬느냐고 간간이 고개를 끄덕이면서도 왜 명희가 구태여 자기에게 이런 이야기를 들려주는지 오리무중이었다. 더구나 다른 돈도 아니고 딸의 사망에 따른 보상금에서 절반이나 되는 거금을 짝사랑했던 인물이 있는 수도회에 기증했다니 의아했다. 돌아가신 부모에 대한 감사를 자기가 대신 이렇게 받아도 되나 하는 의문을 품기도 하였다.

하지만 그 거금을 기부하면서 어째 자기에게 사전에 알리지도 않았는지 야속하기도 했다. 얼마 전까지만 해도 자기는 단돈 100만 원이 없어 황유스티노에게 그렇게 시달렸는데 말이다. 그래서 허탈한 마음으로 멍하니 있는데, 명희가 이야기를 거의 마쳤는지 잠시 침묵하다가 기어들어 가듯 말했다.

"기옥이가 아재의 아이였어요."

"뭐, 뭐라고?"

기옥이가 자신의 아이라는 말에 요한은 그야말로 혼비백산하였다. 벼락을 맞은 듯 옴짝달싹하지 못하는 요한과는 대조적으로 명희는 마침내 그 어려운 말을 했다는 듯이 홀가분한 표정을 지으며 그 뒷이야기를 이었다.

"죽은 남편에게는 끝끝내 말하지 않았어요. 기옥을 임신하면서 비로소 남편이 아이를 갖기 어려운 사람이라는 사실을 알았지요. 아마 그 사람은 전혀 자신에게 문제가 있다는 것을 몰랐을 거예요. 남편은 저에게 울타리였고, 기옥에게는 더할 나위 없이 많은 애정을 쏟은 사람이었어요. 그것이 고맙고 죄스러워 저 역시 그를 위해 최선을 다하며 살았고요. 그것이 합리화인지는 몰라도 자식을 낳을 수 없는 우리 부부에게 기옥은 하늘이 점지한 선물이었다고 생각하며 살았지요."

명희가 무슨 말을 하는지 제대로 들을 수 없었던 요한은 어지러워 눈을 감았다. 그러면서 깊숙이 묻어두었던 예전의 사건이 떠올라 요한은 세차게 머리를 흔들었다. 영원히 지워버리고 싶었던 순간, 평생의 오점을 남겼던 그날 밤 일이 눈앞에 어른거렸다.

차부 근처 식당에서 술을 몇 잔 들이켜고 알딸딸해져 벽에 기대고 있는 사이, 명희는 숙소를 알아보겠다고 자리를 떴다. 잠시 후 명희가 돌아와서 인근 여인숙에 방을 두 개 잡아놓았으니 그만 들어가자고 했다.

하지만 자기는 남은 술을 마저 마시고 들어가겠다며 명희 보고 먼저 들어가 자도록 하라고 일렀다. 그러자 명희도 고단함이 밀려오는지 그럼 먼저 들어가 쉬겠다고 하면서 요한에게 식당에서 좌측으로 조금만 가면 숙소가 있다고 알려주었다.

사실 명희에게도 고단하면서도 긴긴 하루였다. 며칠 동안 상갓집에서 쪽잠을 자며 고되게 일했기 때문에 피곤함이 쌓였다. 그러다가 장지에서 언성이 높아지는 것을 보고 그냥 두었다가는 싸움이 커질 것 같아 요한을 그 자리에서 피하도록 해주어야겠다고 생각했다. 그렇게 하여 요한을 끌고 집으로 갔던 것인데 가는 날이 장날이라고 남편은 집에 없었고, 그리하여 절에까지 찾아갔으나 남편은 거기에도 없었다. 그래서 되돌아오다가 차가 끊기는 바람에 어중간한 곳에서 잠을 자게 되었다. 피곤한 몸을 이끌고 먼저 숙소에 들어가 쉰다는 게 그만 깜박 잠들고 말았다.

갑자기 으르렁 쾅쾅하는 천둥소리에 명희는 깜짝 놀라 눈을 번쩍 떴다. 곧이어 후드득 비 떨어지는 소리가 들렸다. 명희는 그때까지 요한이 식당에 있을 거라 여기고 얼른 일어나 여인숙 주인에게 우산을 빌려 요한에게 가져다줄 요량으로 현관문을 나섰다. 바로 그때 요한이 비를 맞으며 후닥닥 뛰어들었다.

조금 전까지 요한은 홀로 남아 술을 마시다 눈을 감은 채 벽에 비스듬히 기대고 있는데 천둥이 요란스럽게 쳤다. 그때 퍼뜩 정신을 차린 요한은 자리를 박차고 일어나 명희가 일러준 여인숙을 찾았다. 서둘러 발걸음을 내디디는데 비가 후드득 쏟아져 내렸다. 그리하여 냅다 뛰었지만, 쏟아지는 피를 피하진 못했다.

현관에서 두 사람이 마주치자, 명희는 요한을 방으로 안내해주며 수건으로 어깨 위 물기를 닦아주고자 팔을 뻗쳤다. 그 순간 요한은 여자의 손이 몸에 닿는 것에 질겁하며 명희를 우악스럽게 밀쳐냈다. 순식간에 바닥에 나동그라진 명희와 그렇게 밀쳐낸 요한, 모두는 놀라 눈을 동그랗게 떴다. 이내 요한이 명희를 일으켜 세우고자 허리를 굽혀 손을 내밀었는데, 손을 잡은 명희의 무게를 이기지 못하고 요한은 그 위에 넘어지고 말았다. 그 순간 명희는 요한을 밀쳐내는 게 아니라 오히려 꽉 끌어당겼다.

명희의 거친 숨결이 전해지는 순간 요한은 그만 그 야릇한 그 무엇에 홀려 이성을 잃었고 그러면서 바람에 뒹구는 낙엽이 되고 말았다. 거기에는 장차 사제가 될 신학생이라는 허울도 없었고, 남의 아내라는 유부녀의 신분도 없었다. 그저 흔들리는 불빛 아래 남녀가 되어 아득하기 그지없는 나락으로 빠져들 따름이었다.

요한이 그때를 회상하며 넋을 놓자, 명희가 우두커니 앉아 있는 요한을 지켜보다 그만 자기는 가 보겠다고 하고는 일어섰다. 무슨 소리가 들리는 것도 같았지만 여전히 요한은 아무런 것도 들을 여력이 없었다. 재차 명희가 가 보겠다고 말해도 요한은 아무런 대꾸도 하지 못했다. 요한이 놀랄 거라고 예상은 했지만, 그렇게까지 충격받는 모습을 보고 명희도 더럭 겁이 나고 말았다. 그리하여 명희 역시 그곳을 뒤로하고 서울역으로 숨 가쁘게 달려갔다.

25. 요한, 환속을 고민하다

　명희가 떠난 뒤 요한은 커피숍에서 멍하니 앉아 있었다. 얼마나 많은 시간이 흘렀는지 알 수 없으나 여하튼 일어나 걸으려는데 무릎이 혹 꺾였다. 도저히 몸무게를 지탱할 수 없어 휘청이자, 웨이터가 달려와 부축해주어 간신히 택시를 타고 돌아오기는 하였는데, 어쩌면 그렇게 주위가 우중충하던지…. 온통 빛바랜 건물들이 퇴락해가는 모습을 하고 있었다.

　며칠 후 이상섭이 요한에게 전화를 걸어 황영철을 만났는데, 그가 곰님을 찾아갔었다는 사실을 듣게 되어 미안하다고 말했다. 어떻게든 자기가 그를 만나 담판을 지을 테니 그가 뭐라든 말려들지 말라고 하였다. 그러면서 작별을 하듯 부디 안녕히 계시라고 하는 것이었다.
　그리고 보니 황유스티노에 대해서는 언제부터인가 포기하듯 잊고 지냈었다. 그가 원하는 게 돈이었고, 정작 자신에게는 돈이 없었기 때문이었다. 그리고 보면 아무런 짐작이 가지 않을 때는 그토록 무섭더니 막상 의도를 알고 나니까 배포가 생겨 편해지는 게 이상했다.
　휘청거리던 자기가 그나마 상담을 받으며 서서히 나아지고 있던 차였다. 그런데 자기에게 딸이 있었다는 청천벽력 같은 소리를 듣다니! 더구나 유부녀였던 명희에게서 태어났다니…. 소설에나 있을 법한 이야기가 자신의 이야기라는 사실을 도저히 받아들이기 어려웠다. 그런 죄 많은 인간이 복음을 전한답시고 온 천지를 휘젓고 돌아다녔으니, 그런데다가 누가 마음에 들지 않으면 성깔을 있는 대로 부려대며 살았던 자기 아닌가. 코미디도 그런 코미디가 없어 요한은 헛웃음을 쳤다.

이렇게 요한이 간혹 뚱딴지처럼 껄껄 웃는다든가 아니면 넋이 빠진 듯 멍하니 있다든지 하는 행동을 보이자, 측근 사람들은 그가 최근 들어 이상해졌다며 수군거렸다. 그러자 어떤 신부가 상담을 받다 보면 잠복해 있는 온갖 것들이 올라와 그렇게 될 수 있다고 말했다. 그러자 사람들은 상담의 영향 때문으로 알고 언젠가는 좋아지겠거니 하고 넘겼다.

그즈음 수도회는 관구장 선출을 앞두고 있었다. 현 관구장인 베드로 신부가 연임하도록 할 것인지, 아니면 다른 사람을 선출할지를 두고 사제들 간에는 의견이 갈렸다. 그런 상황에서 베드로 신부는 수도회가 과도기를 잘 넘기도록 하는데 자신이 할 일이 있다며 재선출을 호소했다.

하지만 베드로 신부가 초대 관구장으로 선출될 때 혁신을 기대했던 신부들은 그것이 제대로 이루어지지 않는다고 실망하였다. 오랫동안 서양인 선교사들이 보였던 행정 체제에 문제가 많다며 그것의 변화를 바랐지만, 베드로 신부는 신중함을 보이며 서양 신부들이 만든 제도나 규율을 손대지 않았다. 그리하여 한쪽에서는 베드로 신부가 신중하게 뜸을 들였으니까 이제 열매를 맺게끔 연임시키자고 하였고, 다른 쪽에서는 실망하였다며 갈아치우자고 팽팽하게 맞섰다.

이런 와중에 베드로 신부는 요한을 불러 자신의 재선출을 위해 앞장서달라고 부탁했다. 외국인 선교사들이 척박한 한국에 와서 헌신했는데 개혁이라는 이름으로 함부로 그것을 뒤집을 수는 없었다고, 이제 어느 정도 준비를 마쳤으므로 이냐시오 수도회에 걸맞은 발전을 도모할 수 있다고 하였다.

특히 베드로 신부는 세계적으로 가톨릭의 상황이 급변하고 있으므로 신중하지 않으면 안 된다고 하였다. 그가 우려하는 것은 수도회의 존폐가 걸릴 정도로 성소자가 급감하고 있는 세계적 추세였다. 그리하여 총원에서도 각 관구를 총괄하기 힘들어하며 독립적인 운영을 권고하는 판인데, 이런 상황에서 쇄신 운운하며 조급하게 나갔다가는 각종 연결 및 지원이 끊겨 자칫 고립을 초래한다는 것이다. 그런데 문제는 한국의 이냐시오 수도회의 경우 분리 체제로서의 운영이 어렵다고 하였다. 하지만 일부 목소리 큰 사제들이 이런 위험성을 간과하고 혁신이라는 이름 아래 급진적이라고 하였다. 이미 어떤 나라에서는 문을 닫는 수도회들이 속속 나타난다는 것이다.

그러한 이야기를 들은 요한은 확실히 베드로 신부가 자기보다는 시야가 넓다는 인상을 다시금 받았다. 그러한 속내를 모르고 그가 신중론을 펴면서 후배들의 기대에 부응하지 않는다고 툴툴거렸던 자신의 행위가 부끄러웠다. 이제라도 베드로 신부가 자기를 불러 속 깊은 이야기를 해주는 게 기뻤으나 다른 한편 난감하기 짝이 없었다. 자기는 그동안 까맣게 모르고 지냈지만 어쨌든 사생아를 낳았던 인물이다. 그런 엄청난 짓을 저지르고서도 사제로 살았다는 게 너무 죄스러워 환속하려던 참이었다. 이러한 자기에게 도움을 요청하다니…. 이 죄 많은 인간이 그를 위해 무슨 일을 할 수 있겠는가.

요한은 도움을 청하는 베드로 신부에게 자신의 속내를 밝히지도 못하고 끙끙 앓았다. 다른 것이라면 몰라도 사생아를 두었다는 말을 어찌하겠는가?

눈이 빠지도록 고민하다 요한은 일단 베드로 신부를 돕기로 하였다. 환속을 신청해도 그 서류가 총원을 거쳐 로마 교황청으로부터 허가를 받아야 하는데, 그러려면 최소한 몇 달이 걸릴 것 같았다. 그때까지만이라도 베드로 신부를 위해 최선을 다하고 싶었고, 그것이 자신이 할 수 있는 마지막 의리라고 생각했다.

상대 진영에서 관구장 후보로 밀고 있는 안드레아 신부는 요한과 같은 해에 서품을 받은 동기로 요한보다 두 살 아래였다. 안드레아는 희한하리만치 선동하는 기술이 능했고, 후배들을 잘 구워삶았다. 그동안 요한은 안드레아와 그리 친하지도 않았지만 그렇다고 서로 등질 사이도 아니었다. 그래도 그가 서품 동기였기 때문에 문제가 생기면 기꺼이 그의 편에 서주곤 하였다.

그런데 이번에 안드레아가 관구장 후보로 나온다고 할 때, 요한은 뒤통수를 얻어맞은 기분이었다. 자기와 같은 동기일 뿐만 아니라 두 살 아래인 그가 관구장 후보로 나오는 판인데, 자기는 그동안 뭐 했나 하는 대비가 되면서 한없이 초라해지는 것이었다. 그제야 돌아보니 어느덧 자신이 50대 중반일 뿐만 아니라 수도회에서도 상급자 위치에 있는 게 사실이다. 그런데 나 신부와 자기만이 뒤로 처져 흐느적거리고 있으니 체면이 말이 아니었다. 어쩌다 이 지경에 이르렀는지 생각할수록 숨이 탁탁 막힐 지경으로 부끄럽고 초라했다.

요한은 약속한 상담 시간에 와서 지금까지 상담받은 게 총 몇 회기냐고 물었다. 선희가 기록지를 쳐다보며 지금까지 16회기 상담을 하였다고 대답하자, 요한은 수도회에서 1년 정도는 상담을 받으라고 하였는데 아무래도 그렇게 하기가 어려울 것 같다고 말했다. 왜 갑자기 그러는가 싶어 선희가 의아하다는 듯이 요한을 쳐다보자, 요한은 충격적인 말을 하였다.

"사제복을 벗으려고 합니다."

"환속하시려 한다고요?"

선희가 놀라서 뻥한 모습을 보이자, 요한이 다시 말했다.

"환속을 신청하면 본부의 총장을 거쳐 교황청에서 허락이 떨어지기까지 몇 달 내지 몇 년이 걸릴 걸로 봅니다만, 옷을 벗는 마당에 꾸역꾸역 상담을 받는 게 무슨 의미가 있겠습니까!"

사제복을 벗는다는 요한의 말도 뜻밖이었지만, 말하는 투가 상담을 대수롭지 않게 취급하는 것 같아 선희의 마음이 언짢았다.

"상담을 받는 목적이 사제로 남기 위한 것은 아니셨잖아요?"

선희가 다소 퉁명스럽게 묻자, 요한이 물러서듯 주춤하며 대꾸했다.

"상담을 받는 게 꼭 사제로서 잘살라고 하는 것은 아니었겠지만, 모든 것을 접고 떠나는 마당에 상담을 꾸역꾸역 받는다는 것도…."

이렇게 요한이 말꼬리를 흐리는 가운데, 선희는 '모든 것을 접고 떠나는 마당이라….' 하고 요한이 한 말을 따라 읊조렸다. 상담을 거듭할수록 상대에 대한 이해가 명료해지게 마련이다. 그런데 어찌 된 일인지 요한에 대해서는 이런가 싶으면 저것이 튀어나오고, 저건가 싶으면 또 다른 게 튀어나오는 형상이었다. 그런데다가 이런저런 마찰음이 자꾸 생겨나고 있었다. 그의 동성애적 성향도 뒤늦게야 알게 되었는데, 또다시 뜬금없이 환속하겠다고 하니…. 필경 뭔가 있는 게 분명하다. '대체 무슨 일 때문일까?' 하고 궁리하다 선희는 솔직함을 무기로 사용하기로 작정했다.

"이러한 순간을 맞이하면 마냥 작아지는 심정입니다. 나름대로 신부님을 돕겠다고 애를 써왔는데 무엇 때문인지도 모르고 상담 중단에 대한 통보나 받고 있으니 말입니다. 신부님께서는 어찌하여 자신을 돕던 사람을 이렇게 과객으로밖에 취급하지 않으시는지 서운합니다."

"제가 선생님을 과객으로밖에 취급하지 않았다고요?"

"사제복을 벗겠다는 것은 큰일이지 않습니까? 그런데 상담하는 저는 무엇 때문에 문 신부님이 그러한 결심을 하셨는지 아무것도 모르고 있으니 말입니다."

이런 식으로 선희가 정면 돌파를 시도하자, 요한은 당혹스러웠는지 멍한 표정을 지었다.

"아, 그것은⋯."

듣고 보니 상담자의 말이 틀린 말도 아니어서 변명할 수도 없었다. 자기를 위해 애쓴 사람을 초라하게 만드는 것은 예의가 아니라고 생각할 뿐더러 그동안 예의를 중시하며 살았었다. 하지만 사생아에 관한 이야기를 할 수는 없었다. 그리하여 요한은 비켜가는 식으로 다른 이야기를 꺼내고 말았다.

"부끄러워 말씀드리지 않은 게 있었습니다. 석 달 전 성 소수자들이 드나드는 술집에 갔다가 제 신분이 들통나는 일이 있었습니다. 그것으로 남의 등을 쳐서 먹고사는 인간에게 걸려 한동안 시달렸습니다."

"그러셨어요? 그동안 시달렸으면서도 제게는 말하지 않으셨던 거군요. 종잇장도 함께 들면 낫다고 하는데!"

"그랬을까요?"

이렇게 반응하며 미안해진 요한은 신 선생, 이상섭, 황유스티노 등에 관한 이야기를 해주었다. 황유스티노가 결국 요구하는 게 돈인데 자기에게는 돈이 없다고 하였다. 그런데 며칠 전에 이상섭이 자기가 해결해보겠다는 연락을 해와 한시름 놓고 있다고 하였다.

선희는 그런 말을 듣고서야 '아, 그래서 문 신부가 때때로 그렇게 어둡곤 했었구나!' 하고 뒤늦게 연결 지으며 그가 동성애적 이슈로 상당히 고심하는 인물임을 더욱 확인하였다. 하지만 그의 말대로 이상섭이 그 문제를 해결하겠다고 함으로써 한시름 놓게 되었다면 그 사안은 고비를 넘긴 것처럼 보인다. 그런데 이 시점에서 왜 그가 환속하려 드는지 의아했다.

그리하여 예의주시하던 중 '그렇지, 명희 출현에 놀라 행사를 성공리에 마친 것에 대한 성취감도 시들했었지!' 하는 점을 상기하며 명희 때문일 거라고 여겼다. 하지만 그가 동성애적 성향의 인물임을 고려한다면 명희와 연결 짓는 것도 석연치 않았다. 아무튼 하나하나 점검할 필요가 있었다.

"명희를 만나셨지요?"

마치 단정하듯 이런 질문을 던지자 요한이 움찔했다. 선희가 자기를 훤히 꿰고 있는 것 같아 당혹스러우면서도 발가벗겨진 기분이 들었지만, 그렇다고 그게 싫지는 않고 오히려 포기를 하듯 긴장이 풀려서 그런지 마음이 편해지는 것이었다. 그리하여 요한이 피하지도 않고 마치 순한 양이 되듯 순순히 대답하였다.

"예!"

이렇게 그렇다는 대꾸가 나오자, 요한과 선희 사이에는 긴 침묵이 흘렀다. 이렇게 과녁을 적중시켜놓고서도 선희는 요한에 대해 여전히 갸우뚱했다. 요한은 동성애적 성향의 사람으로 명희에게 별 관심을 가지지 않았던 사람이다. 그런데 명희로 인해 환속까지를 고려하다니…. 뭔가 자기가 모르는 게 있다고 여긴 선희가 다시 넘겨짚듯 물었다.

"신부님에게 명희는 아픔의 대상이지요?"

"…"

"아무런 대꾸를 안 하시는데, 그렇다면 긍정하시는 것으로 보겠습니다."

"…"

여전히 요한이 입을 꾹 다문 채 앞만 내려다보고 있자, 선희가 말했다.

"상담을 받는 동안에는 어떠한 중요 결정을 내리지 말라고 내담자에게 당부하곤 합니다. 상담을 하는 사이 힘들었던 것들이 마구 올라오기 때문에 혼란을 겪으면서 엉뚱한 짓을 하려고도 하기 때문입니다. 다소 늦은 감은 있습니다만, 이런 점을 신부님께 당부드립니다."

"…"

선희가 중요 결정을 혼자 내리지 말고 상담자와 상의하며 보류하라는 식으로 말해도 요한은 여전히 침묵했다.

"부득이 큰 변화를 맞더라도 자기를 돕고자 하던 상담자에게 말하지 않고 혼자 해치우듯 결정하는 것은 예의가 아니라고 봅니다. 내담자를 위해 상담하다가 그런 일을 당하면 자신이 작아지면서 참담해지지 않을 수 없지요. 부디 그런 점을 잘 양지하시기 바랍니다."

선희가 이렇게 간곡하면서도 강경하게 말하자, 그제야 요한이 입을 열었다.

"제가 저 자신만 생각하는 결례를 범했다면 사과드립니다. 염두에 두도록 하겠습니다."

"그렇게 말씀해주시어 감사합니다. 저를 소외시켜 초라하게 만들지 마세요."

"예, 노력해보겠습니다. 하지만 오늘은···."

이렇게 애원하다시피 오늘은 피하고 싶다고 말하는 요한을 바라보며 선희가 말했다.

"예, 그렇다면 다음 시간에는 꼭 신부님의 십자가를 나누도록 하십시오."

이렇게 말하면서도 선희는 다음 시간에 혹시 요한이 마음을 바꾸어 마음의 빗장을 걸어 잠글까 봐 걱정되었다. 그리하여 완전히 덮지는 못하게끔 일부나마 끄집어내고 보내야 다음 시간에 잇기가 쉬울 것 같았다.

"혹시 명희 씨가 혼자되었나요?"

"예, 그렇다고 말하더라고요."

상담자가 그렇게 넘겨짚는데, 요한이 저번처럼 튀지 않고 순순히 수긍해주었다. 그리하여 선희는 웬일인가 하고 놀라면서도 한 발짝 더 다가갔다.

"명희 씨가 문 신부님과 함께하고 싶다는 의사를 밝혔나요?"

이렇듯 위험스러운 비약을 하자, 요한이 용수철처럼 튀듯 대꾸하였다.

"아니요. 그런 것은 아닙니다."

펄쩍 뛰듯 요한이 큰 소리로 대답하다가 전구에 불이 켜지듯 요한의 머리에 확 떠오르는 게 있었다. '아, 명희가 차마 그 말을 입 밖에 내진 못했어도 나를 원한다는 거였구나.' 하고 깨달았다. 그날 자기가 기옥의 존재에 대해 너무 망연자실하니까, 명희가 차마 그러한 의도를 밝히지는 못하고 돌아갔지만, 명희가 그렇게 다가왔던 속내는 바로 그런 것이었구나 하고 깨달았다.

상담을 마칠 무렵, 요한은 곧 관구장 선출이 있는데 베드로 신부의 재임을 위해 자신이 열중해야 한다고 말했다. 일단 그 일이 끝나는 대로 다시 연락을 취해 상담 일정을 잡겠다고 하였다. 좀 전에는 사제직을 그만둘 것이기 때문에 상담도 그만둘 것처럼 말하던 데에서는 한 발 물러섰다. 그래도 요한은 잠시 쉴 뜻을 분명히 했다. 어떻게든 상담을 피하고 싶은 저항을 관구장 선출이라는 핑계를 대어 내비쳤다.

잠시 쉬더라도 상담이 종결되는 것은 아니라고 여긴 선희는 적이나 안도하였다. 그러면서 한 치 앞을 내다보기 어려운 게 사람의 일이라는 것을 실감하며, 그러한 사람을 다루는 상담이란 칼날 위에서 춤을 추는 것이란 사실을 가슴에 새겼다.

26. 애욕의 늪에서 허우적거리는 선희

요한이 관구장 선출로 잠시 상담을 쉬는 동안 선희의 마음은 편치 않고 찝찝하였다. 요한이 환속을 시사하며 상담에 대한 종결을 시사했을 때, 상담자를 초라하게 만들지 말라는 승부수를 던져 겨우 잡아 놓긴 하였다.

어쨌든 요한은 상담을 받는 동안 자신의 코앞에 닥쳐있던 성 소수자에 대한 번민을 말하지 않았었다. 그럴 뿐만 아니라 환속이라는 큰 사안에 대해서도 상담자가 명희를 만났느냐고 넘겨짚는 소동을 벌인 다음에야 속내를 드러냈다. 만약 그가 상담자를 신뢰했더라도 그토록 말을 아꼈을까 하는 회의를 지울 수 없었다. 사제라는 체면 때문에 말하기 어려울 수도 있었겠지만, 상담을 시작한 지 몇 달이 지나도록 상담자를 그렇게 경계한다는 것은 낭패스러웠다.

선희는 어떤 점이 미흡했는지를 살피면서 무엇이 잘못되었는지를 곱씹었다. 상담의 성패를 가르는 결정적인 요인은 상담자 성숙도라고 하는데, 그동안 너무 공식에 맞춰 접근하듯 한 게 아닐까 하는 생각을 하였다. 상담을 전공으로 택할 때만 하여도 이러한 작업이 성현들이 하셨던 일과 맞닿아 있다는 사실을 깊이 인식하지 못했었다. 뒤늦게 그것을 깨닫고 묵직했던 적이 있기는 하나 좀 더 그 점에 치열하지는 못했던 것 같다. 그러다 보니 생생하게 살아있는 문제에 대해서는 놓치고 이미 지나간 행로에 대해서만 언급하도록 하는 오류를 범하고 말았다.

그런데다가 삶과 죽음이 둘이 아니라는 식의 벙벙한 언급이나 하고 있었으니 생각할수록 부끄러웠다. 불교의 불이(不二)법문에 매료되었던 적이 있었고, 거기서 주워들었던 공(空) 사상을 마치 자기가 맛본 것인 양 허세를 부렸으니….

병약한 어머니로 인해 자신은 마음 놓고 투정이나 응석을 부려보지 못하며 자랐다. 자신이 중학교를 마치기도 전에 어머니가 돌아가신 연유로 아직 초등학생에 불과한 두 동생을 챙겨야 했다. 경제적으로는 어렵지 않아 큰 고생을 하진 않았지만, 마음은 늘 허기졌다. 어머니가 가톨릭 신자였기 때문에 어려서부터 성당에 다녔고, 그런 덕분에 성모마리아에게 의지하며 하루하루를 지낼 수 있었다.

대학교 입학을 계기로 상경해서도 성당 활동만큼은 소홀히 하지 않았다. 동생들도 차례차례 고등학교를 마치는 대로 상경하자, 아버지가 삼 남매가 모여 살도록 여의도에 아파트를 마련해 주어 남 보기에는 윤택했다. 둘째 여동생은 엄마가 없는 허한 마음을 가누기 어려웠는지 온통 연애에만 빠져 살았기 때문에 오히려 남자인 막내가 자기를 간간이 도왔다.

학부를 마치고 곧바로 수녀원에 입회하여 온전히 봉헌된 삶을 살았으면 하였다. 하지만 두 동생이 공부를 마치지 않은 데다가 다른 성소자들에 비해 이렇다 할 성령체험이 적어 지체하였다. 수녀원 측 성소 담당자가 좀 더 기도하며 신비체험 같은 게 있었으면 하고 바랐던 때문이다.

이런 사연으로 진로를 결정짓지 못하고 미적거릴 때, 은사인 교수는 대학교 병원에서 교수로 지내는 친구가 연구보조자를 찾는다며 그곳에 가서 일해보지 않겠느냐고 물었다. 그 의대 교수는 연구를 왕성하게 하는 사람으로서 보수를 넉넉하게 준다고 하였다.

그곳에서 2년 계약직으로 일하는 동안 여동생이라도 대학교를 졸업하면, 그때는 수녀원으로 가는 것이 덜 미안할 것 같아 그렇게 하기로 했다.

연구업적에 욕심이 많은 고 교수는 처음 만나는 자리에서 거두절미하고 업무에 관한 이야기만 하였다. 앞서 일했던 사람이 엉망진창으로 일했다며 그것부터 정리하였으면 한다고 하였다. 시리즈로 이어지는 연구이기 때문에 선행연구에 대한 자료가 명확해야 후속 연구를 할 수 있다는 것이다.

작업에 착수하고 보니 과연 자료들이 알아보기 힘들 정도로 엉켜있었다. 이것저것 궁금한 것이 있어 물어도 워낙 바빴던 고 교수는 뚱한 표정이나 지을 따름이었다. 도무지 친절하지 않은 그를 상대로 힘겨워하다 급기야 모든 것을 다 풀어서 원점에서부터 다시 틀을 잡아갔다. 그리하여 퇴근도 잊고 매달려 교차 검사를 해가며 원자료를 복원해가며 정리를 해나갔다. 그런 식으로 엄청난 시간을 들여 간신히 알아볼 수 있게끔 하자, 고 교수는 그때서야 자기를 힐긋힐긋 쳐다보았다.

타의 추종을 불허할 만큼 많은 연구를 진행하는 고 교수는 제때 퇴근하는 법이 없었다. 수시로 실험실을 드나들며 늦은 밤에야 퇴근하는 그는 의과대 다른 교수들과 어울리지도 않았고 오로지 연구에나 몰두하는 일 중독자였다. 그렇게 생활하면서도 가정이 유지되는지 의아할 지경이었는데, 다른 종합병원에 의사로 재직하는 그의 아내 역시 남편 못지않게 바쁜 사람이라는 풍문이었다.

어떤 때 출근하면 새벽부터 와있었는지 고 교수는 부스스한 모습을 보이기 일쑤였다. 그럴 때는 혼자 커피를 타 마실 수 없어 그에게도 한 잔 타 주곤 하였다. 그렇게 커피를 타주면 고 교수가 의외의 모습, 즉 어떻게 응수해야 할지 몰라 절절매는 모습을 보였다. 사람들과 교류하지도 않고 연구에나 몰두하는 외로운 늑대처럼 보이던 그가 그럴 때는 마치 산골 소년 같은 모습이었다.

이러한 고 교수가 어느 시점부터 부드러워지기 시작하더니, 어느 시점에 이르러서는 전혀 때 묻지 않은 순박한 모습을 언뜻언뜻 보이곤 했다. 40대의 쟁쟁한 의과대학 교수의 사회화되지 않은 뚱한 모습에 그토록 순박함이 묻어난다는 게 희한했다.

 그날도 마쳤어야 할 작업에 문제가 생겨 밤늦도록 씨름하고 있는데, 그 결과를 보려고 들락날락하던 고 교수가 어느 순간 자기의 어깨에 손을 얹는 게 아닌가. 전혀 예상치 못했던 행동에 어떻게 대응할지를 몰라 굳어버린 채 가만히 있자, 그는 몸을 굽혀 두 팔로 머리를 끌어안는데 그 순간 자기는 그를 밀쳐내지 못하고 눈을 감고 말았다. 이윽고 그는 앉아 있던 자기를 일으켜 세차게 안았고, 자기는 아무런 저항도 없이 그의 손이 이끄는 대로 맡기고 말았다.
 한 번도 그를 남자로 보거나 멋있다고 여겨 본 적이 없었고 단지 엄청난 양의 연구를 한다는 사실에 경의를 표할 뿐이었다. 그런데 뜨거운 숨결을 몰고 오는 한 남자를 자기는 밀어내지 못했고, 흔들거리는 불빛에 모든 것을 그냥 내맡기고 말았다. 거기에는 오직 한 남자와 한 여자만이 있을 따름이었다.
 고 교수는 자기보다 무려 16살이나 위였고 가정을 꾸린 중년의 유부남이었다. 그런데도 그날 밤 이후 그와 기이한 여정을 시작하였다. 낮에는 아무런 일도 없다는 듯 그는 퉁명스러웠고, 저녁때가 되면 천진한 소년으로 탈바꿈하는 것이었다. 자기 역시 낮에는 성실한 연구보조원으로 여느 때와 다름없이 일했고, 밤에는 성숙한 여인으로 변신하는 생활을 이어갔다. 그러한 상황이 현기증이 나도록 혼란스러웠지만 그렇다고 그에게 아무런 것도 묻지 못했다. 뭔가를 묻는다는 것 자체가 되바라지게 여겨졌고 그가 너무 높아 보이기 때문이었다.
 수녀가 되려고 연애조차 삼가며 지냈는데 직장에서 상사인 유부남과 엮이다니…. 도무지 믿을 수 없는 상황에 뭐가 뭔지 모르겠다는 심정으로 나날을 맞이하였다. 그러는 가운데 점점 그가 언젠가 결단을 내려 함께 대로를 활보할 수 있는 시간을 맞이하리라 믿었다.

하지만 정작 고 교수는 자기를 양지바른 곳에 세워 줄 궁리를 하는 것 같지 않았다. 그런 것을 감지하면서 얼마나 지옥과 천당을 번갈아 오갔던가. 전에는 어려운 일이 있으면 성체조배라도 하며 견디었는데 이제는 성당에 발을 디밀지조차 못했다. 아내가 있는 남자를 남몰래 품는 자기가 어떻게 주님 앞에 나선단 말인가. 그런데 희한한 것은 그럴수록 고 교수에게 집착하게 된다는 것이다. 심지어 그의 가정에 불행한 일이 닥쳐 그가 거리낌 없이 자기에게로 오는 꿈을 꾸곤 하였다.

일요일이면 동생들의 눈이 있어 성당에 가는 것처럼 집 밖으로 나왔지만, 성당으로 가지 못하고 교외로 쏘다니다가 들어왔다. 한번은 도봉산에 오르던 중 절 근처를 지날 때였다. 예불 시간이었는지 스님의 낭랑한 목소리가 울려 퍼지는데, 목탁 소리와 함께 허공을 가로지르는 독경 소리가 독야청청하게 들렸다. 창공을 뻗어나가다 쉬고, 또다시 마음 내키는 대로 뻗어나가는 그 소리가 어쩌면 그리 자유롭게 들리던지! 성당에서 울려 퍼지는 파이프오르간 소리나 성가는 숨을 멎게 할 정도로 정교하고 아름다워 천상의 소리 같았다. 그에 비해 스님의 독경 소리는 아무런 장식이나 기교 없이 그냥 물 흐르듯 자연스럽게 울려 퍼졌다.

극명한 대비가 이루어지는 순간, 그 자리에 털썩 주저앉아 울음을 터트렸다. 그때 왜 그토록 울었는지 아직도 선명하진 않은데, 훠이훠이 창공을 나는 스님의 독경 소리는 지옥과 같은 감옥에 갇힌 자신을 세차게 때렸던 것이지 싶다.

둑이 터지듯 그렇게 도봉산 기슭에서 소리 내어 울고 내려온 후였다. 고등학교 동창인 친구가 좋은 여승을 안다며 한 번 만나러 가자고 하였다. 그리하여 교외의 어느 사찰에 함께 갔는데, 친구는 스님이 머무는 방 가까이에 가서 소리쳤다.

"스님 계세요?"

"예, 들어오세요."

그리하여 마루로 올라가 방문을 여는데, 안에는 젊은 여자가 스님 앞에서 울고 있었다. 반사적으로 자기가 친구의 옷을 뒤로 잡아당기며 방문을 닫으려 하자, 스님이 다시 말했다.

"날씨가 추운데 어서 들어오세요."

그렇게 해 방으로 들어간 자기들이 엉거주춤 앉자, 젊은 여자는 한차례 힐끔 뒤를 돌아다보고는 다시 스님에게 좀 전에 하던 이야기를 이어가는 바람에 본의 아니게 남의 사연을 듣게 되었다.

그 여자는 유부남과 살림을 차렸는데 근래에 그가 자기를 멀리한다며 어떻게 하면 그를 자주 오게 할 수 있느냐고 스님에게 하소연하고 있었다. 첩으로 지내는 사람이 스님에게 그러한 넋두리를 하며 방법을 묻고 있다는 사실에 놀랄 수밖에 없었다.

그런데 더욱 놀랐던 것은 스님이 아무런 말도 없이 고개를 끄덕인다는 사실이었다. 그런 부끄러운 내용을 스님에게 털어놓는 여자나, 그런 말을 들어주거나 하는 스님을 이해하기 어려웠다. 게다가 그런 질펀한 사연을 말하고 있는데, 날씨가 추우니 어서 들어오라고 하는 스님의 발언도 이상했다. 부끄럽기 짝이 없는 남의 사생활을 보호해 준다는 의식 자체가 없어 보였기 때문이다. 이런 것들을 소화할 수 없어 방에 있기가 거북했던 자기는 친구의 옆구리를 툭툭 치며 나가자고 했다.

바깥이 싸늘했어도 방에 불편하게 앉아 있는 것보다 나았다. 춥긴 하였지만 여기저기 둘러보다 부처님에게 인사나 하고 돌아갈 참으로 법당문을 여니, 방에 있던 그 여자가 두 팔 벌려 절을 올렸고, 스님은 방석 위에 앉아 열심히 목탁을 두들기며 독경하였다.

그러한 두 사람을 바라보며 '저들은 대체 부처님에게 무엇을 비는 것일까?' 하는 의문을 가졌다. 그 여자는 자신이 원하는 대로 이루어 달라고 빌었겠지만, 스님은 도대체 무슨 생각을 하며 부처님 앞에서 목탁을 두들기는 것인지 묘했다.

몇 달 후 불교에 점차 매료되어가던 자기에게 친구가 초파일을 맞이하였으니 절에 가 보자고 하였다. 그날 너무 늦게 출발하는 바람에 절에 당도했을 때는 이미 행사가 끝난 뒤였고, 사람들은 옹기종기 앉아 대접에 담은 비빔밥을 먹고 있었다. 친구가 늦었어도 밥은 챙겨 먹어야 하지 않느냐며 자기를 끌고 부엌으로 갔는데, 행자처럼 보이는 삭발한 여자가 고무호스를 쥐고 바닥에 물을 뿌리고 있었다. 그 여자는 부엌에 들어온 두 사람이 가로거치는지 투박하게 소리쳤다.

"저리 비켜요. 비키라니까요."

그 소리에 얼른 비켜서는데 물을 뿌리는 그 여자가 왠지 눈에 익었다. '어디서 봤더라?' 하다가 '아, 첩살이하던 그 여자구나!' 하고 알아차리는 순간 전율이 솟았다. 바로 그 여자가 머리를 깎고 행자가 되어있었다. 법당에서 두 팔 벌려 소원을 빌던 여자와 아무런 잣대를 들이대지 않고 듣기만 하던 스님, 결국 그 여자는 자기를 판단하지 않는 스님에게로 와서 머리를 깎았다. 뭐라고 설명하기 어려운 감동이 온몸에 번지며 온통 곤두서 있던 날이 무디어지는 것 같았다.

부쩍 불교에 관한 관심이 고조되었지만, 워낙 방대해 보여 어디서부터 무엇을 살펴봐야 할지 막연했다. 그리하여 주춤하던 중 남산 자락에 있는 정사에서 경전을 강의한다는 소문을 듣고 그곳에 가 보았다. 강사로 오는 스님은 한문으로 된 경전을 한 줄씩 풀어 설명해주는 식이었다.

법문을 마치고 스님은 몇몇 사람들과 자리를 같이하곤 했는데, 그 자리에 끼어 스님을 친견하던 중 스님은 자기에게 궁금한 게 있으면 물어보라고 하였다. 그즈음 성당에는 얼씬도 못 하고 지냈던 자기는 '운명이란 게 과연 있는 것이 아닐까?' 하는 의문에 사로잡혀 지냈기 때문에 조심스럽게 물었다.

"사람들마다 각기 다른 차별적인 모습을 보이는데, 불교에서는 그 차이를 어떻게 설명하는지 궁금합니다."

"하느님이 계셔서 누구는 이렇게 살고, 누구는 저렇게 살라고 하셨겠습니까? 과거에 지은 업에 대한 과보로 현재 각기 다른 차이를 맞이하는 것이지요. 그러니까 현재를 어떻게 사느냐에 따라 또다시 미래가 다르게 펼쳐질 따름이지요. 모든 게 자신이 만든 인과응보입니다."

그러한 말을 듣는 순간 마음이 뻥 뚫리는 것 같았다. 모든 존재가 어떤 섭리에 의한다기보다 자신이 지었거나 지어가는 업의 상속자라는 사실을 명확하게 일깨워주었기 때문이다. 자신에 의한 결과, 즉 다름 아닌 자기 때문이라는 것을 아는 순간 후련함이 전신을 타고 흐르면서 누구를 탓하거나 슬퍼할 게 없다고 여기게 되었다. 모든 책임이 자신에게 있으므로 그것을 감수하면 되지 너무 가슴 조아리며 쥐어뜯을 필요가 없다는 생각이 들었다. 이때 들었던 그 시원함과 명쾌함으로 불교에 관한 관심이 급증하였다.

  고 교수의 프로젝트를 마칠 무렵 심신은 이루 말할 수 없이 피폐해졌다. 2년 가까운 세월을 지내면서 고 교수가 기존의 모든 것을 팽개치고 자신을 택하지 않으리라는 것을 감지했다. 그와 함께라면 돌팔매를 당할지라도 각오하겠다는 자기와는 달리 그는 그렇게 모든 것을 걸려고 하지 않았다. 그에게 자기는 아무것도 아니고 단지 불륜관계일 따름이라는 것을 인정하는 순간 더는 고 교수 곁에 머물 수 없었다.
  마침 그즈음 늦은 밤 고 교수와 모텔을 나와 걷다가 선임연구원으로 근무하게 된 사람과 마주쳤다. 자기에게 비교적 친절했던 그 선임연구원은 놀라움을 감추지 못하고 자기를 뚫어지게 쳐다보는데 그 눈빛에는 놀라움과 경멸의 눈빛이 가득했다. 아주 짧은 순간이었지만 그 눈빛에는 '네가 그런 여자였구나!' 하는 게 역력했다.
  연구보조원을 그만둘 즈음 머리를 깎아버릴까 하는 생각에 골몰했었다. 하지만 그렇게 하면 고 교수에게 강력한 충격을 줌으로써 자신의 속은 후련할지 몰라도 아버지를 비롯해 동생들에게 주는 충격이 너무 클 것 같았고, 주위 사람들 입에 상당히 오르내릴 것 같아 두려운 마음이 들기도 하였다.
  고심하다 정사로 출강하던 스님을 찾아가 조언을 구하고자 했다. 저번에 그랬던 것처럼 뭔가 시원한 말씀을 일러주실 것 같아서였다. 그러나 경전 강의는 이미 끝난 상태이기 때문에 물어물어 그 스님이 거주하는 암자로 찾아갔다.

그날따라 공양주 보살은 시장에 갔고, 함께 지낸다고 하는 상좌 스님도 외출 중이었는지 스님은 혼자 있었다. 삼배를 올린 다음 출가에 대해 여쭈어보자, 스님은 출가란 생사 해탈을 하겠다는 각오로 하는 것이라며 잠시 힘들거나 슬프다고 하는 게 아니라고 말했다.

그러한 말에 과연 출가에 대한 고민이 외부로부터 가해진 고통을 넘어 대 자유를 얻겠다는 각성에 기인한 것인지 돌아다봤다. 자신 있게 그렇다고 말할 수 없어 다소 시무룩해하자, 스님이 빙그레 웃으며 가까이 와 앉아보라고 하였다. 무슨 일인가 하여 무릎으로 기듯 가까이 다가가 앉았더니, 스님이 팔로 자기를 휘어 감으며 얼굴을 감싸는 게 아닌가. 애처로워 그랬는지 아니면 귀여워서 그랬는지 알 수 없지만, 당혹스러웠던 자기는 그만 두 팔로 스님을 힘껏 밀쳐 젖혔다. 그동안 스승으로 공경했었는데 적어도 그 순간 스님은 야수로 보였다. 공(空) 사상에 대해 그토록 근사한 법문을 하던 스님이 그런 식으로 애욕을 펼치다니!

충격, 실망, 허탈 등의 감정으로 휘청거리며 일어나자, 적잖이 당황한 스님은 '어허!' 하며 혀를 찼다. 미안해하기보다 자기를 까마득한 애송이로 취급하는 것 같아 도리어 어이없고 배신감이 올라왔다.

돌아오면서 끝내 울음을 터트리고 말았던 자기. 어찌하여 자신은 이곳저곳에서 그토록 애욕의 대상으로나 취급되는 것인지 한순간에 켜켜이 쌓아두었던 서러움이 북받치는 것이었다.

27. 사제복을 벗겠다는 말을 듣고 오열하는 명희

명희는 요한을 뒤로하고 서울역으로 가 기차에 몸을 실었다. 기옥이에 관해서는 친정어머니에게도 말하지 않았는데 마침내 그에게 하고 말았다. 그가 받을 충격이 크리라 짐작하였지만, 그토록 혼비백산하는 모습을 보니 자신도 심란하기 그지없었다. 요한의 넋 나간 모습이 눈앞에 어른거리는 통에 자기가 대체 무슨 짓을 하였는가 싶어 머리가 아팠다. 아침나절 대구에서 올라올 때만 하여도 설레는 마음이 있는데 돌아가는 길은 그와 반대로 이토록 고통스러울 줄이야!

언제나 자기 혼자 가슴앓이를 했을 따름이지 요한이 자기를 여자로 봐주었던 적은 없었다. 그날 일은 단지 취기에 의해 벌어졌던 것일 따름인데 뒤늦게 그에게 무엇을 기대하며 그런 말을 했는지 스스로 생각해도 기가 찼다.

일 년 전에 절에 다녀오다가 우연히 버스 정류장에서 요한의 누나와 마주쳤다. 요한의 부모에게 은혜를 받은 게 있어 그 누이의 소매를 잡아끌고 가게로 들어가 뭐라도 한 아름 안겨주고자 했다. 이때 누이는 요한이 중국에 선교하러 나가 고생하고 있다는 소식을 전해주었다.

요한이 고생스럽게 지낸다는 소식을 접하고 혹시 필요한 게 있으면 보내줄 수 있을까 하여 그의 주소를 알고자 수소문 끝에 수도회로 연락을 취했다. 그런데 뜻밖에 문 신부가 건강에 이상이 생겨 얼마 전에 귀국하였다고 직원이 알려주었다. 이때만 해도 요한에 대해서는 단지 건강해지기만을 바라는 심정이었다.

기옥의 사망에 대한 보상금이 나와 절반을 절에 시주하고 나머지를 수도회에 기부하려고 할 때 요한과 상의하려 했었다. 하지만 그가 외부인의 전화를 받지 않으려 했기 때문인지 좀처럼 연결되지 않았고, 그러던 중 수도회에서 50주년 기념행사를 한다는 사실을 알고 일단 기부를 먼저 하였다. 저세상에 간 기옥에게도 그렇게 하는 게 나쁘지 않으리라 믿었다.

그런데 욕망이라는 게 원래 그런 성질의 것인지 행사장에서 그의 차려입은 근사한 모습을 보는 순간부터 가슴이 뛰면서 간절해지는 것이었다. 비록 순서가 바뀌었어도 성기옥의 이름으로 수도회에 기부하였다는 사실을 말하고자 상경했던 것인데, 그만 요한의 집요한 질문에 무덤까지 가져가리라 다짐했던 기옥의 출생에 대한 비밀을 끝내 밝히고 말았다.

대구로 돌아온 명희는 몸져눕고 말았다. 외롭던 어린 시절 눈길 한 번 주지 않는 요한을 짝사랑하며 얼마나 쓸쓸했던가. 프란시스코를 흠모하던 클라라가 수녀가 되어 아씨시 인근에 살았던 것처럼, 장차 자기도 수녀가 되어 사제로 살 요한 곁에 살았으면 하고 염원했었다. 하지만 자기는 다른 사람과 결혼하였고, 그는 선교사로 해외로 나가고 말았다.

천둥·번개가 치던 그날 밤, 그를 품었던 것은 예상치 않게 맞이한 오랜 꿈의 결실이었다. 그 결과 임신하여 아이를 낳았던 덕분에 남편과도 결혼생활을 그나마 유지했던 게 아닐까 한다. 만약 그렇게 하여 아이를 낳지 않았다면 아마 자기는 성씨 집안에서 쫓겨나고 말았을지도 모른다.

고인이 된 남편은 자신에게나 기옥에게 더할 나위 없이 좋은 사람이었다. 자신의 병약함에 늘 미안해하면서 기옥이를 얼마나 끔찍이 아꼈던가. 그러한 남편에게 고맙고 죄스러워 자기는 그를 지극정성으로 받들며 살았다. 그리하여 주위 사람들은 자기들을 보고 천생연분의 잉꼬부부라는 칭송을 자자하게 했었다. 이랬던 남편이 일찍 저세상으로 떠났을 때 얼마나 자지러지게 울었는지 모른다. 한데 기옥이마저도 그렇게 떠날 줄이야. 이 가혹한 세상에서 더는 살고 싶지 않았다. 그래서 따라 죽으려 했지만, 그것도 뜻대로 되는 게 아니었다. 업보라는 것은 죽는다고 하여 소멸하는 게 아니라 도리어 업장만 더 두껍게 할 뿐이라고 하였다.

서울에서 돌아온 명희가 또다시 흐느적거리자 노모는 눈물 바람을 지었다. 도대체 무엇 때문에 서울에 다녀오기만 하면 딸이 그렇게 곤죽이 되다시피 하는지 모르겠다며 한숨짓는 노모의 주름진 얼굴, 그러한 어머니를 바라보며 명희는 자신을 추스르고자 안간힘을 썼다.

그러던 중 관구장 신부에게서 편지가 날아왔다. 큰 도움을 준 덕분에 50주년 행사를 잘 마쳤다며, 도움을 주신 몇몇 분들을 초대해 만찬을 나누겠다는 초대장이었다. 명희는 몇 번을 망설이다 그 초대에 응하기로 했다. 요한이 자신과 인연으로 수도회가 그러한 기부금을 받게 되었다는 사실을 말하지 않았을지도 모른다고 여겼기 때문이다.

날짜에 맞춰 시내의 만찬회 장에 갔더니, 거기에는 관구장 신부를 비롯해 몇몇 요직을 맡은 신부들이 나왔는데 요한은 그 자리에 없었다. 식사 자리에서 관구장 신부는 명희에게 관심을 기울이며, 자기네 수도회에 기부하게 된 특별한 이유라도 있느냐고 물었다. 초대받은 다른 손님들은 익히 아는 사람들이지만 명희는 생소한 인물이기 때문이었다.

질문을 받은 명희는 잘됐다는 심정으로 자기가 어렸을 때 요한의 집에서 자랐고, 결혼해서 딸을 두었는데 그 딸이 불행하게 사고를 당했다는 이야기를 간략하게 하였다. 그리고 보상금이 나온 게 있어 많이 늦긴 했지만, 일찍이 요한의 부모에게 입은 은혜에 보답하고자 또 죽은 딸의 명복을 빌고자 하는 취지에서 그렇게 했다고 밝혔다.

그제야 관구장 신부는 고개를 끄덕이며 요한이 워낙 공치사 같은 것을 하는 사람이 아니라 몰랐다며 환하게 웃었다. 진작 그런 사실을 알았더라면 문 신부도 함께 나오자고 했을 텐데 하며 아쉬움을 표했다. 이러한 말에 고무된 명희는 기왕 서울에 올라왔으니 문 신부를 만나 보고 갔으면 한다고 말했다. 그러자 관구장 신부는 그 친구가 요즈음 사람을 만나려 하지 않는 것 같은데, 자기가 말해놓겠다며 다음 날 아침에 수도회로 전화를 달라고 하였다.

그날 밤 만찬을 끝내고 호텔에 묵었다가 다음 날 오전에 관구장 신부에게 연락을 취했다. 그러자 관구장 신부는 문 신부에게 말해놓았다며 오전 중에 수도회로 오라고 하였다. 명희는 떨리는 마음으로 수도회로 내달렸다. 조금 일찍 당도해 늘 마음속으로 그리던 그곳을 둘러보는데, 관구장 신부가 나타나 접견실로 안내해주었다.

사실, 관구장 신부는 최근 들어 요한에 대해 걱정이 많았다. 자신의 연임을 위해 요한이 열심히 뛰고 있기는 한데, 어쩐 일인지 그의 심기가 어두워 보였다. 그러던 차에 명희의 이야기를 듣고, 그래도 옛 지기인 명희가 요한의 기분을 살려주는 데 이바지했으면 하여 적극적으로 만남의 자리를 주선했다.

잠시 후 요한이 접견실로 들어서자, 명희는 요한의 수척해진 모습을 보고 놀라움을 금하기 어려웠다. 불과 2~3주 전만 하여도 그렇게 홀쭉한 모습은 아니었는데 그사이 너무 많이 변해있었기 때문이다. 사실, 요한만 변화된 모습을 보였던 게 아니라 요한이 보기에 명희 역시 많이 수척해진 모습이었다.

두 사람이 서로 서먹한 듯이 말을 하지 않자, 관구장 신부는 의외라는 듯이 두 사람을 번갈아 쳐다보았다. 그러다가 이윽고 자리에서 일어나며 오래된 지기이니 많은 이야기를 나누도록 하라고 말하고는 그 자리를 떴다.

마주 앉아 있는 두 사람 사이에 무거운 침묵이 흘렀다. 이윽고 명희가 먼저 말했다.

"어젯밤 만찬회에서 관구장 신부님이 어떻게 기부를 하게 되었느냐고 물으셨어요. 그래서 어렸던 시절 문 신부님 집안에서 지냈었다는 사실을 밝혔어요. 그랬던 인연에 대한 보답으로 기부를 한 것이라고 말씀드렸지요."

"그랬구나."

이렇게 대꾸하는 요한의 모습은 저번에 망연자실하던 모습과는 달리 무겁긴 하지만 이상하리만치 차분했다.

"저번에 너무 큰 충격을 주어 걱정스러웠어요. 기옥에 대한 말은 하지 말았더라면 하는 후회를 많이 했지요. 어떻게든 죄송하다는 말을 전하고 싶어 초대장을 받고 망설임 없이 올라왔어요. 어제 저녁 식사 자리에 오시지 않아 섭섭했는데, 고맙게도 관구장 신부님이 만나보고 갈 수 있도록 이런 자리를 마련해 주셨어요."

"그렇구나."

또 이렇게 담담히 요한은 대꾸하였다. 정말이지 요한은 명희에게 아무런 할 말이 없었다. 그래도 굳이 표현하자면, 자기로 인해 평생토록 멍에를 짊어지고 살았던 여인이라 딱했다. 어쩌다 자기 같은 못난 인간을 품는 바람에 그 엄청난 십자가를 지고 살았는지 가여웠다. 그리하여 딱한 마음으로 명희를 바라보는데, 명희가 푹 고개를 숙이고 소리죽여 울부짖는 것이었다.

"미안해요, 아재!"

저번에도 아재라고 하더니 이번에도 명희는 자기를 아재라고 불렀다. 그 소리에 요한은 몇십 년 전의 모습들을 회상했다.

된장찌개가 든 뚝배기를 들고 방에 들어선 낯선 꼬마 계집아이. 그 모습 위에 부엌에서 설거지하고 나오던 더 어렸을 적의 자기 모습이 겹쳐졌다. 옷이 흥건하게 젖은 자신의 모습을 보고 큰형이 머슴아 새끼의 꼬락서니가 이게 뭐냐고 소리치던 때가 엊그제 같은데 벌써 50년이나 흘렀다. 그동안 그렇게 많은 시간이 지났는데 엉망진창의 모습이 되었을 뿐 아무것도 이룬 게 없다는 사실에 허망했고 새삼 기막혔다.

요한이 이러한 기억을 더듬고 있는데, 명희가 흐느끼던 가운데 말했다.

"너무 충격을 드린 것 같아 사과드려요."

"네가 무엇을 잘못했다고 내게 사과를 하냐? 모든 게 내 잘못이지! 정작 머리를 조아릴 사람은 네가 아니고 나야, 나!"

"다 지난 일을 뒤늦게 끄집어내어 아재를 다시 불구덩이 속으로 몰아넣고 말았어요. 용서를 빌어요."

"아니, 용서를 빌어야 할 사람은 나라고! 네가 아니야!"

"…"

이렇게 두 사람이 서로 자기가 잘못했다고 사과했는데, 잠시 후 명희가 다시 물었다.

"어떻게 해야 아재가 그런 이야기를 듣기 전 원래의 모습으로 돌아갈 수 있을까요? 지금 너무 수척해진 모습이에요."

"원래의 모습대로? 글쎄…. 곧 있을 관구장 선출을 마치는 대로 사제복을 벗을 참이야. 나 같은 죄 많은 놈이 사제복을 입고 있어서는 안 되지. 그러니까 그리 알고 더는 마음 쓸 것 없어. 그동안 마음 졸이고 살았던 것만 해도 힘들었을 텐데, 부디 다 내려놓고 가뿐하게 지내라고."

사제복을 벗겠다는 요한의 말을 듣고 명희는 심장이 멈추는 것 같았다. 그가 생각날 때마다 훌륭한 신부가 되기를 얼마나 빌었던가. 그랬던 사람을 인제 와서 자기 손으로 무너트리다니, 이런 모순이 어디 있는가!

명희는 자기가 엄청난 짓을 했다는 사실을 자각하며 몸을 부르르 떨었다. 오래전에도 사랑하던 사람을 수렁으로 밀어 넣었었다는 사실에 많이 자책했었는데, 이번에 또다시 그를 벼랑 아래로 밀어내는 짓을 하고 말았다. 이런 사실에 명희는 오열하면서도 장소가 장소인지라 우는 소리가 행여 밖으로 새 나갈까 봐 자신의 입을 틀어막았다.

그렇게 씨름하는 가운데 언뜻 요한의 어머니가 자신을 노려보는 듯했다. 당신의 아들을 이렇게 파멸로 이끈 자기를 그 어른이 용서하지 않을 것 같았다. 오래전에도 그분은 막내아들인 요한이 수도회를 나가버렸다는 것을 뒤늦게 알고 상심한 나머지 술을 많이 들이켠다는 사실을 어찌어찌 전해 들었던 적이 있다. 자신의 배는 하루하루가 다르게 불러오는데 자기로 인해 요한이 그렇게 수도회에 머물지 못하고 방황한다는 사실을 알고 남모르게 얼마나 괴로워했던가.

소리를 죽이며 우는 자기를 향해 요한은 이미 벌어진 일인데 인제 와서 운다고 될 일도 아니라며 그만 일어나라고 하였다. 마냥 그 자리에 있을 수도 없어 떠밀리듯 수도회를 빠져나온 명희는 어떻게 서울역까지 갔는지 전혀 기억이 나질 않았다.

이번에도 서울에 다녀온 명희가 축 처져 정신을 차리지 못하자, 친정어머니는 좌불안석이었다. 저번에도 한동안 자리에서 일어나질 못해 걱정했는데, 다시 서울에 다녀오겠다며 추스르기에 내심 기뻐했었다. 그런데 다시 파죽음이 되어 돌아온 명희를 보고 어머니가 속상하여 내뱉듯 말했다.

"어째 서울에만 다녀오면 이렇게 시체처럼 되는가? 도대체 무슨 일인지 이 어미도 알았으면 쓰겠다."

"미안해요, 엄니. 뭐가 뭔지 저도 모르겠어요. 잘한다고 하는 짓이 도리어 엉망진창이니 저도 미치겠어요."

"그게 대체 무슨 말이냐?"

친정어머니가 이해하지 못하고 다시 묻자, 명희는 대답 대신 소리 내어 울기 시작하는데 그것은 사람의 소리가 아니라 짐승의 울부짖음이었다. 평소 속이 깊기만 하던 딸 명희가 그렇게 짐승이 되어 처절하게 울부짖는 모습을 보게 된 명희 어머니는 그만 헉하니 그 자리에 주저앉고 말았다.

28. 상담자의 의문을 따돌리는 요한

관구장 선거를 마치고 연락을 주겠다던 요한은 한 달 정도 지나서 선희에게 전화하였다. 선거는 잘 마쳤다며 상담 약속을 잡자는 거였다. 그가 다시 연락을 주리라 믿었으면서도 선희는 그 전화가 몹시 반가웠다.

상담실에 와서 요한은 나름대로 최선을 다했고, 뜻한 바대로 되어 후련하다고 말했다. 이러한 말에 선희가 관구장 신부가 아주 고마워 했겠다고 반응하자, 요한은 그를 위해 자기가 할 수 있는 마지막 일을 해서 다행이라고 하였다.

마지막이라는 말에 선희가 주목하며 물었다.

"수도회를 나가겠다고 하신 마음에는 변함이 없으신가 봅니다."

"아직 환속허가서를 제출하진 못했는데 곧 절차를 밟으려고요."

"… 옷을 벗고 어떻게 하시려고요?"

"그 후 무엇을 어떻게 하겠다는 계획을 하고 있진 않습니다."

"…"

"지난번에 말씀드렸듯이 상담을 받는 도중에는 중대 결정은 내리지 않는 게 바람직하고, 부득이 결정하더라도 상담자와 상의하는 게 준수해야 할 도리지요."

선희가 이렇게 압박에 가까운 말을 해도 요한은 냉정하게 바닥을 내려다보기만 하였다. 자신의 말을 귀담아듣는 것인지 가늠하기 어려웠던 선희는 미적거릴 시간이 없다고 여기고 다시금 승부수를 던졌다.

"상담을 중단하더라도 상담자는 왜 그런지는 알아야 합니다. 그러지 못하면 실패하였다는 자책을 면할 수 없지요. 적어도 무엇을 잘못했는지 알아야 개선할 수 있고요. 이유도 모른 채 중단을 맞이하면 기본적인 신뢰조차 형성하지 못했다는 낭패감에서 헤어날 수 없다는 말입니다."

선희가 이런 식으로 환속하려는 이유를 말하라고 압박하자, 요한은 자신의 허물이 너무 커 떠나고자 했을 따름인데 상담자에게 상처를 남긴다는 말에 난감했다. 저번에 동성애 문제로 사제들을 형편없는 족속들로 만든 것 같아 불편했는데, 그것은 이번의 내용에 비하면 조족지혈이었다. 그야말로 삼류소설에나 나올 법한 내용을 도무지 말할 수 없어 진땀이 날 지경에 처한 요한은 한숨을 길게 내쉬었다. 그러나 정조준을 당하고 있어 피할 수도 없었다.

"말을 안 하려 했던 것은 저 자신이 너무 부끄러워서입니다. 그것도 알량한 자존심 때문인지 모르겠지만 어쨌든 저를 위해 수고를 해주셨던 분에게 낭패감을 안겨드릴 수는 없고…."

"그렇게 말씀해주시니 감사합니다. 사제직을 떠난다는 게 결코 작은 일이 아닌데 무엇 때문인지조차 모르고 상담이 중단된다면 저는 온갖 추측을 하며 골머리를 앓게 되지요."

이런 식으로 선희가 종용하자, 마침내 요한은 포기하듯 마음의 빗장을 열었다. 요한의 목소리는 무거우면서도 침착했다. 말하지 않고 떠나려 했던 것도 가톨릭계에 누를 입힐까 봐 두려워서였는데, 그렇다고 무고한 상담자를 낭패스럽게 만들 수도 없는 노릇이었다.

"아버지의 장지에서 형수와 언쟁이 벌어졌을 때, 명희가 그 자리를 피하도록 도와주었습니다. 싸움의 소용돌이에서 빠져나왔던 명희와 저는 그네 집으로 갔는데, 남편이 절에 가고 없었어요. 달리 대안이 없었던 저희는 다시 절로 찾아갔지만, 공교롭게도 명희 남편은 은사 스님과 출타해 버려 없었습니다. 그래서 도로 내려오다가 그만 막차를 놓치는 바람에 하는 수 없이 여인숙에 묵게 되었지요. 그때 식당에서 술을 마셨던 취기에 그만 명희를 안는 실수를 범하고 말았답니다."

"아, 그런 일이….."

비로소 선희는 점안하듯 전반적인 윤곽을 잡을 수 있었다. 그가 수도회 생활에 적응하다가 갑자기 그곳을 박차고 나왔던 이유를 이제 알게 된 것이다. 마침내 퍼즐이 맞춰졌다는 시원함이 스쳤다.

요한은 말이 나온 김에 다 하자는 마음이 들어서였는지 이런 말도 하였다.

"비가 많이 쏟아지던 날 선생님이 제 어깨를 닦아주려 할 때, 제가 밀쳐내는 바람에 선생님께서 쓰러지실 뻔하셨잖아요?"

"예, 그랬었지요."

"누가 저의 몸에 손을 대면 소스라치게 놀라는 습관이 제게 있었어요. 그날 그렇게 여기저기 쏘다니는 우여곡절을 겪고 나서 명희는 식사를 마치고 먼저 잡아놓은 숙소에 들어갔고, 저는 식당에 남아 술을 마시고 있는데 갑자기 우렛소리가 들리면서 비가 쏟아졌어요. 그래서 후닥닥 뛰어 여인숙으로 들어갔는데, 우산을 들고 저를 마중 나오려던 명희와 마주치자 명희는 제 몫으로 잡아놓은 방으로 안내해주었지요. 그때 명희가 제 옷의 물기를 닦아주려는데 그때도 제가 질겁하며 확 밀쳐냈지 뭡니까. 그 바람에 명희가 방바닥에 나동그라지듯 쓰러져서 제가 일으켜 세우려다 그만 엎어지면서 엉켜 들었지요."

"아, 그래서 그날 그런 기억이 올라와 그렇게 힘들어하셨던 거군요."

"엄청난 사고를 쳤던 것이지요. 감당할 길이 없어 도저히 양심상 수도회에 있을 수 없었습니다. 변명이겠지만 자학이라도 하지 않으면 견딜 수 없었던 것입니다."

"풋풋한 시기였던 만큼 많이 힘드셨으리라 봅니다."

"발길 닿는 대로 떠돌다 가장 만만했던 곳이 그래도 나환자 마을이어서 그곳으로 갔었지요. 거기서 주님을 영접하고 다시 돌아와 사제가 되기는 했습니다만, 워낙 부실했던 인물이기 때문인지 선교지에서 번번이 나동그라지고 말았습니다."

어느덧 요한은 자신을 간략하면서도 명확하게 기술하고 있었다. 이러한 말을 들으며 선희는 그가 제법 자기에 관한 이해를 한 줄기로 엮는 것 같아 반가웠다. 동시에 이렇게 안정을 이루어가던 시점에서 상담을 중단하는 게 안타까웠다. 그러나 어쩌겠는가, 할 수 있는 마지막 순간까지 최선을 다하는 수밖에 달리 방법이 없어 보였다. 그리하여 선희는 마지막이 될지도 모른다는 생각에서 다시금 탐색의 끈을 조였다.

"그런데 누가 몸에 손을 대면 왜 그리 펄쩍 뛰듯 놀라시지요? 외로우면 본능적으로 끌어당기거나 안기려 드는데 어찌하여 신부님께서는 여자를 그렇게 질색하시느냐 말입니다. 명희 씨가 물기를 닦아주려고 했을 때 무슨 마음이 들어 그렇게 밀쳐내셨던 겁니까?"

"아, 잘 모르겠어요. 저는 이상하게 여자가 좋지 않아요. 뭔가 집요하고 끈끈하게 여겨져 부담스럽단 말입니다."

요한은 자신도 모르게 다소 신경질적으로 이렇게 말하다가 자신도 왜 그런지 궁금하였다. 선희는 이제야말로 동성애적 성향에 대해 살필 기회라고 여겨 다시 물었다. 얼마 남지 않은 시간에 하나라도 더 챙겨줄 요량으로 다부지게 나갔다.

"언제부터 여자들에 대해 부담을 느끼셨던 것 같습니까?"

"글쎄, 언제부터인지는 모르겠고, 제가 평생에 걸쳐 마음을 기대며 지냈던 대상을 꼽으라면 베드로 형입니다. 그래서 이번에 유종의 미를 거두고자 나름의 최선을 다했던 거고요."

어차피 떠나가는 마당이니까 가리고 말고 할 것도 없다는 생각에서 요한은 그동안 애써 가렸던 내용을 속 시원히 털어놓았다. 그런데 희한하게 그렇게 밑바닥을 보여서 그런지 홀가분해지는 기분이 드는 것이었다. 그래서 말하는 내용과 관계없이 요한의 얼굴이 펴졌다.

이렇게 편안하게 자신의 속내를 밝히는 요한을 바라보면서도 선희는 아직 뭔가 미흡하다고 여겼다. 명희와의 일은 오래전 서품받기 전의 사고 아닌가. 그런 사고 후 그는 자책하는 세월을 보내다 성령 체험을 하면서 수도회에 복귀해 사제가 된 인물이다. 그렇다면 그 사건은 이미 과거 일인데, 왜 이 시점에서 그것이 문제가 되는지 선명치 않았다.

아직도 그가 결정적인 말을 하지 않고 있음이 분명했다. 그가 굳이 옷을 벗으려 하는 이유를 찾고자 했던 선희는 내담자에게 어느 정도 고통을 동원하는 것도 힘이라고 여기며 자신이 의문스러워하는 것을 그대로 말하는 식의 직진 돌파를 시도했다.

"명희 씨와의 사건은 이미 지난 일이고, 이번에 사제직을 내려놓으시려고 하는 결정적인 이유가 무엇입니까?"

이렇게 단도직입적으로 묻자, 요한은 선희가 그렇게 물어올 줄 알았다는 식이었는지 놀라지 않았다. 저번에 선희가 파고들 때처럼 불편해하지는 않고, 질문에 대답해주기보다는 자신의 솔직한 심정을 피력하였다.

"제가 선생님에 대한 양가감정이 있다는 것을 알고 계시나요?"

"예, 어느 정도는 알고 있습니다. 탐색하려 들면 문 신부님께서 불편해하시곤 하셨지요. 어차피 상담은 불편한 진실을 마주하는 작업이기도 하니까 그러려니 합니다."

"알고 계셨다는 말씀인데…. 이번에도 제가 감춘다고 여기시지요?"

"그렇습니다. 큰 변화는 반드시 계기가 있음으로 인해 일어나지, 아무런 이유 없이 나타나는 게 아니라고 봅니다. 즉, 사제직을 떠나시려는 결정적인 이유가 무엇인지 궁금합니다."

이렇게 선희가 직접적으로 무엇 때문이냐고 물어도 요한은 선뜻 그 이유를 밝히지 않고 다른 말로 돌렸다.

"이상하게 여자라고 하면 깎아내리고픈 마음이 들어요. 아무튼 여자를 가까이하지 말라는 교육을 받았던 저는 베드로 형을 근사하게 봤고 그를 동경하며 살았었지요. 하지만 혼자 짝사랑하듯 그리워하다 삐치기를 반복했던 세월이었습니다."

"짝사랑이라고 말씀하셨나요? 관구장 신부님께서는 문 신부님의 그러한 마음을 모르셨나요?"

"글쎄요. 가까이 다가가면 요리조리 피했던 것으로 보아 모르진 않았을 겁니다. 워낙 중심을 잘 잡는 사람으로 그런 점이 부러우면서도 야속하곤 했었지요. 아무튼 그건 그렇고, 선생님이 때로는 과감하게 후벼 파거나 밀어붙일 때가 있는데, 그럴 때는 질색하는 마음이 들더라고요. 아, 그러고 보니 돌아가신 어머니도 그렇게 대찰 때가 있었어요."

"제게서 어머니의 모습이 보이는 것 같으면 불편해하셨단 말이군요. 그럴 뿐만 아니라 누구든 가리고 싶은 것이 있는데, 그것을 알려하면 저항하게 마련이지요. 신부님이 불편해하시리라는 것을 알면서도 괜한 숨바꼭질로 시간을 낭비할까 봐 가차 없이 직진할 때가 있었습니다. 거짓말 하나를 하게 되면 백 가지 보조 거짓말을 하게 되기 때문에 혹시 그럴까 봐 서둘렀던 적이 있었어요."

"도둑이 제 발 저리듯 제가 과민하게 굴었다는 말씀이군요. 하하하."

이렇게 요한이 대담하게 척척 알아들으며 목소리를 내는 게 선희는 시원하면서도 반가웠다. 그토록 바라던 그의 자연스러운 모습이 나와 선희는 기쁜 마음에 이때라고 여기며 한 발 더 다가섰다.

"그래, 무엇 때문에 모든 것을 접고자 하시는 거예요? 50주년 행사를 준비하시면서 나름의 입지도 마련하시는 듯했는데 말입니다."

"돌이켜보니 그랬던 것 같기도 하네. ….."

요한은 이토록 유연하게 응수하면서도 여전히 선희의 질문을 피했다. 이러한 요한을 주시하며 선희는 그가 좀 더 편하게 말할 수 있도록 징검다리를 놓아주고자 했다.

"명희가 등장한 이후 신부님께서 흔들리는 모습을 보이시는데 뭐 때문입니까? 여성에게 관심이 없는 신부님께서 명희 씨와 장래를 계획하는 것도 아닐 텐데 말입니다."

선희가 이렇게 콕 집어 말했는데도 요한은 좀처럼 입을 떼지 않았다.

"…"

"오늘도 말씀하기가 어려우신가요?"

"… 이왕 그렇게까지 말이 나왔으니 다 말씀드리는 게 낫겠습니다. 저번에 행사를 마치고 나서 명희를 만났습니다. 그때 하는 말이 딸을 한 명 낳아 길렀는데, 그 애가 제 자식이라고 말하는 겁니다."

"아, 그런 일이!"

선희도 놀라 입을 다물지 못했다. 어떻게 그런 일이 벌어졌는지…. 단 하룻밤의 사고가 그렇게 엄청난 일을 초래했었다니 믿기지 않을 정도였다. 전혀 예상 밖의 이야기에 선희가 아무런 말도 못 하자, 도리어 요한이 침착하게 말해주었다.

"명희 남편은 애를 낳을 수 없었던 사람이었나 봅니다. 하지만 그도 그러한 사실을 몰랐던 것 같고, 명희는 그 아이가 어떻게 태어났는지에 대해 일절 말하지 않았다고 합니다. 그런데 아이를 애지중지했던 남편이 일찍 죽는 바람에 명희는 딸을 데리고 대구로 이사를 나왔대요. 그 딸이 결혼해 신혼여행지에 가서 그만 남편과 함께 사고를 당해 죽었다는 것입니다. 아무튼 그렇게 해 받은 보상금을 남편이 다니던 절과 제가 있는 수도회에 각각 봉헌했다는 거예요."

이런 이야기를 들으며 선희는 삶의 질곡이 가져다주는 무게에 짓눌려 현기증을 느꼈다. 그러지 않아도 누구보다 여린 마음의 소유자가 요한인데, 그런 내막을 알고 어떻게 멀쩡할 수 있겠는가 하고 그가 환속하려는 마음을 깊이 이해하였다. 정결을 지키지 못한 자신을 용납할 수 없어 자책하는 심정으로 정처 없이 배회했던 사람이 비록 죽었다 하더라도 딸이 있었다는 사실을 어찌 감당하겠는가.

하지만 이미 지난 일을 인제 와서 사제복을 벗는다고 무엇이 달라지랴 싶었다. 과연 환속으로써 자신을 벌하는 게 책임지는 태도인지는 잘 살펴봐야 할 것 같았다. 특히 그는 곧 회갑을 맞이할 남자로서 그동안 잘 살았든 못 살았든 이제 날개를 접어야 하는 시기에 다다르고 있다.

선희는 그가 겪는 정신적 충격도 충격이지만 그 못지않게 그의 현실적 기반에 대해 마음이 쓰였다. 심리적 안정이란 현실적인 토대 위에 수립되는 것이지, 기반을 잃고서는 심리적 안정도 없다고 여겼다. 그리하여 선희는 요한에게 간곡하게 말했다.

"이 모든 것을 솔직하게 나눠주신 점에 감사드립니다. 아울러 당부드리는 것은 마지막 순간까지 이렇게 나누셨으면 하는 점입니다. 지금까지 우리가 해왔던 작업이 신부님께서 어떠한 과정을 거쳐 오늘날에 이르렀는지를 살펴보는 것이었다면, 이제부터는 그래서 어떻게 해나갈지를 함께 살펴보는 작업입니다. 이제 비로소 상담의 진짜 과정을 밟게 되는 것 같습니다."

이렇게 간절히 말하는 선희를 요한은 새롭다는 듯이 쳐다보았다. 직업적 차원이 아니라 인간적 차원에서 상담자가 자기에게 깊은 관심과 애정을 기울이는 것 같아 뭉클했다. 동시에 그동안 쭉 이어왔던 회고가 상담의 주된 작업이 아니고, 진짜 작업은 이제부터라는 말이 생소하면서도 생생하게 들렸다.

"상담의 진짜 작업을 한다고요?"

의아하다는 듯이 이렇게 묻는 요한에게 선희는 힘주어 말했다.

"그렇습니다. 스스럼없이 살도록 놔두지 않고 방해하는 게 어떤 것들인지를 살피는 게 상담의 전반부라면, 그것들을 녹이고 정리하는 식으로 걷어내며 전진토록 하는 게 상담의 후반부 작업입니다. 혼자 힘으로는 그러한 작업을 하기가 어려우므로 반드시 누군가와 함께, 즉 관계 속에서 합심해 함께하는 작업이지요. 그것이 상담입니다."

이윽고 요한은 고개를 끄덕이며 대꾸했다.

"예, 그렇게 해보도록 하겠습니다. 환속에 대한 허락이 떨어지는 데 시간이 얼마나 걸릴지 잘 모르겠습니다만 일단 말씀하신 대로 따르도록 하겠습니다."

이렇게 요한은 환속 결정을 받을 때까지 상담을 연장하도록 하겠다는 의사를 밝혔다. 상담을 당장 그만둘 것처럼 말하던 태도에서 한발 뒤로 물러나는 요한의 발언에 선희가 밑줄을 긋듯 얼른 말했다.

"그렇게 말씀해주시니 저도 매우 기쁩니다."

이렇게 하여 하마터면 중단될 뻔했던 상담을 선희는 가까스로 유지케 하였다.

상담을 마치면서 요한은 아무에게도 말하지 못할 것 같았던 그 엄청난 이야기를 털어놨다는 사실에서 오는 홀가분함을 맛보았다. 저번에 황유스티노에게 협박받고 있다는 사실을 말하고 나서 다소 후련한 마음이 들기도 했는데, 이번에 명희와 관련한 말을 하고 나니 그때와는 비할 바가 안 될 정도로 편안해지는 것이었다. 그리하여 '누군가를 믿고 말한다는 게 이런 것이구나!' 하고 실감하였다.

실제 상황은 아무것도 변한 게 없는데도 마음이 한결 가벼워진다는 게 신기하였다. '상담의 맛이 이런 것인가?' 하는 의문과 함께 다소 이완이 되어서인지 수도회로 돌아가는 발걸음이 좀 전에 상담소로 향할 때보다는 가볍게 느껴지는 것이었다.

29. 숨바꼭질하는 관계들

위신이나 체면 따위를 신경 쓰지 않고 있는 그대로 말을 하니까 후련하면서도 뭔가 모르게 상담자와 대등하게 주거니 받거니 하는 것 같았다. 그래서였는지 상담자가 자기를 진정으로 걱정하는 것도 피부에 와닿는 듯했다. 그러면서 본격적인 상담은 이제부터라는 말에 솔깃해하는 자신이 우스웠다. 자신의 귀가 얇은 것인지 아니면 상담자의 수완이 좋은 것인지는 잘 모르겠으나, 어쨌든 일차 단계를 벗어나 그다음 단계로 도약하고 있다는 사실이 그리 나쁘지 않았다.

어느 날 관구장 신부가 자기에게 집무실로 오라고 하였다. 집행부를 편성하는데 요한이 총무실장에 앉아야겠다는 것이다. 이제 막 환속에 관한 절차를 밟으려 하는데 그러한 부탁을 받으니 난감했다. 그리하여 선뜻 대답하지 못하자, 관구장 신부는 요한이 으레 수락하는 것으로 여겼는지 앞으로 추진할 사업들에 관해 설명하였다.

더 늦추다가는 안 될 것 같아 요한은 중간에 말을 끊으며 자신의 처지를 밝혔다.

"환속하려고 합니다."

이러한 말이 떨어지자, 관구장 신부가 이것은 또 무슨 뜬금없는 소리냐는 듯이 소리쳤다.

"뭐? 환속이라고? 무슨 소리야!"

관구장 신부가 얼마나 크게 소리치던지, 요한이 놀라 뻥한 표정을 짓고 말았다.

"이제 좀 정신을 차리라고. 곧 환갑을 맞이하는 나이인데 여전히 자신이 젊다고 착각하는가? 상담을 받으면 좋아져야지 어쩌자고 그런 궁리나 하느냐 말일세."

언제나 신중하고 여유로운 태도를 보여 맏형 같았던 관구장 신부가 그렇게 흥분하여 목소리를 높이자, 그러한 모습을 처음 접하는 요한은 생경하였다. 그런데 희한하게도 관구장 신부의 그러한 모습이 싫은 게 아니고 좋았다. 도대체 무슨 조화인지 갸우뚱하며 관구장 신부의 말을 듣기나 하자, 관구장 신부도 흥분을 가라앉히며 심호흡을 하였다. 그러는 가운데 벽에 걸려있는 기다란 괘종시계의 바늘만이 재깍재깍 움직이는 소리를 내었다. 그러한 순간에도 시간은 조용히 흐르기나 할 따름이었다.

문득 요한은 '이 순간에도 지구는 여전히 돌아가고 있겠지!' 하는 생각을 난데없이 하였다. 지구가 돌아가든 깨어지든 자기와 무슨 상관이 있다고 그러한 생각을 하는지 자신도 어리둥절한 가운데 요한의 눈에는 눈물이 고였다.

"… 죄송합니다."

"또 그 죄송하다는 말, 대체 언제까지 그 말을 할 참이야?"

관구장 신부가 자기를 보면서 오래전 수도회를 나간다고 하던 때를 떠올리고 짜증스러워하는 것 같아 요한은 솔직하게 털어놓아야겠다고 판단했다. 곧 집행부를 꾸려야 하는 시기인데 괜한 씨름을 하며 낭패를 보게 할 수는 없다는 생각에서였다. 이미 상담자와 한 차례 말을 나누었기 때문인지 솔직하게 말하는 게 그리 어렵지 않았다.

"신학생 시절 아버지 장례 때 고향에서 명희를 만났습니다. 그 당시 그 애는 결혼한 상태였는데, 저희 식구들 간에 싸움이 나자 저를 그 자리에서 피하도록 해주었습니다. 그렇게 하다가 일이 이상하게 꼬여 술을 마신 뒤 그만 그 애와 사고를 쳤습니다. 정결을 잃었던 저는 도저히 수도회에 남아있을 수 없어서 밖으로 배회했지요. 그러다가 예수님을 영접하고 돌아와 사제품을 받았고요."

"명희라면 저번에 왔던 그 여자 아닌가?"

"예, 바로 그 여자입니다."

관구장 신부도 놀라고 말았다. 오래전 일이긴 하지만 수도회에서 잘 적응하던 요한이 아버지 장례 후 퇴회하겠다고 했었다. 그 당시 그를 이냐시오 수도회로 인도했던 자기가 얼마나 애석해했던가. 그 뒤 그가 다시 돌아왔을 때 누구보다 반겼던 사람이 자기였다.

이윽고 관구장 신부가 다시 물었다.

"그래서? 서품을 받기 전의 사고가 인제 와서 왜 문제가 되냐고?"

"저도 잘못을 용서받았다고 여겨 사제품을 받았던 것인데, 이번에야 그로 인해 명희가 임신하여 딸을 낳았다는 사실을 알게 되었습니다. 남편은 아이를 낳을 수 없는 사람이었던 것 같은데 아무것도 모르는 그는 딸을 애지중지 키우다 일찍 죽었다고 합니다. 그런데 그 딸도 신혼여행지에서 그만 사고로 죽었다는 것입니다. 그렇게 해 보상금이 나오자, 일부를 우리 수도회에 봉헌하였다고 합니다."

"그런 일이…."

소설에나 나올 법한 이야기의 주인공이 요한이라는 사실에 관구장 신부도 기가 막혔다. 어떤 사람은 숱하게 사고를 쳐도 능수능란해 아무런 흔적도 남기지 않는데, 어찌하여 요한의 경우는 한 차례의 실수가 그리도 엄청난 흔적을 남기는지 야속했다.

"아무리 얼굴이 두꺼워도 그런 엄청난 짓을 저질렀던 제가 어떻게 사제로 남아 성사를 드릴 수 있겠습니까? 자신이 그런 인간인 줄도 모르고 그동안 있는 대로 불평불만을 터트리며 살았다는 사실이 부끄럽습니다. 하루라도 빨리 사제복을 벗는 게 최소한의 도리라는 생각입니다."

"… 그래, 자네 심정은 이해하겠네. 그런데 그렇게 사제복을 벗는 게 속죄하는 방법인지 살펴보자고."

요한의 충격이 얼마나 클지 이해하면서도 관구장 신부는 그를 어떻게든 잡아두어야 할 것 같았다. 그를 곁에 잡아두고 싶은 자신의 마음도 마음이지만, 그 나이에 사제직을 떠나 어떻게 살 수 있을지 막막했기 때문이다.

"하루라도 빨리 떠나는 게 가톨릭이나 우리 수도회를 덜 욕보이는 것이라는 생각입니다."

이렇듯 확고하게 말하는 요한을 바라보며 관구장 신부는 한숨을 내쉬며 말했다.

"나도 생각을 좀 해봐야겠네. 자네도 입 다물고 있도록 하게. 무슨 말인지 알아듣겠나?"

"예, 알겠습니다. 여러모로 면목 없습니다."

이러한 이야기를 나누고 방으로 올라온 요한은 이루 말할 수 없을 정도로 참담하면서도 의외로 침착해지는 자신을 발견하였다. 상담자에게 털리고 나서도 후련했는데, 관구장 신부에게도 있는 그대로 솔직히 말하고 나니 마음이 그렇게 가벼울 수 없었다. 비로소 제대로 숨이 쉬어지는 듯하면서 긴장이 풀려서인지 온몸이 노곤해 깊이 잠들고 싶었다.

모든 것을 털어내고 푹 잠들었던 요한과는 달리 관구장 신부의 마음은 침통하고 복잡했다. 언젠가 잘 아는 주교님이 했던 말이 생각났다. 이성 문제로 물의를 일으킨 사제가 다음과 같은 두 가지 사항에 해당하면 면직을 시킬 수밖에 없다고 하는 말이었다. 하나는 대상의 남편이 그런 내막을 알았을 경우이고, 다른 하나는 아이를 낳았을 경우라고 했다. 이런 사항에 해당하면 아무리 아까운 사제라 해도 옷을 벗겨야 잡음을 막을 수 있다는 것이다.

그런데 요한의 경우는 애매했다. 명희의 남편은 그런 사건의 전모를 모른 채 죽었고, 그 딸도 이미 저세상 사람으로 현존하는 인물이 아니기 때문에 모든 게 지난 과거의 일이다. 오로지 당사자인 명희와 요한만이 알고 있는 사안인데, 뒤늦게 법석을 떤다는 것도 좀 그랬다.

관구장 신부는 이 사안을 어떻게 처리할지, 어떻게 하면 요한을 구할 수 있을지 고심했다. 특히 수도회의 총책임자로서 공정성도 지켜야 하므로 머리가 지끈거렸다.

최근 들어 가톨릭 위상이나 확장세가 많이 감소하고 있는 게 사실이다. 신이 차지하던 자리에 과학이 들어서면서 대다수 사람이 신에 대한 믿음을 잃어가는 추세다. 거기다 자본주의의 유입으로 소비를 장려하는 사회인 만큼 금욕적인 생활을 강조하는 성직 및 수도 생활은 발붙일 곳이 없다. 그러한 연유로 성소 지원자들이 확확 줄어 수도회의 선교사업도 축소해야 할 판이다. 만약 초기 구성원인 요한이 나가면 그 파장이 만만치 않아 젊은 사제들이 줄을 이을 게 뻔하다.

요한과는 신학생 때부터 각별하게 지냈다. 너무 가깝게 지내는 것 아니냐는 말이 있어 때로는 거리를 두기도 했지만, 자기를 도와 일하는데 요한처럼 헌신할 인물도 없었다. 그런데 이런 인물이 환속하겠다고 하니…. 어떻게 해야 그의 마음을 가라앉힐 수 있을지 궁리하다가 관구장 신부는 상담자를 만나보기로 했다. 상담자라면 요한에 대해 속속들이 알고 있는 사람일 테니까 묘안을 찾는 데 도움을 받을 수 있지 않을까 해서였다.

관구장 신부가 선희에게 전화를 걸어 만났으면 한다고 하자, 선희는 필경 요한 때문일 거라고 짐작하며 반가워했다. 아무래도 수도회 수장 격인 사람과 상의하면 요한에 대한 돌파구를 찾을 수 있지 않을까 해서였다.

관구장 신부는 그동안 요한 신부를 많이 도와주어서 고맙다는 인사말과 아울러 최근에 그가 도와준 덕분에 관구장 직을 연임하게 되었다고 말했다. 그러면서 근래에 요한이 흔들리는 것 같은데 전문가가 보기에 어떠냐고 조심스럽게 물었다.

선희는 고개를 끄덕이며 관구장 신부야말로 어디까지 알고 있는지를 살폈다. 관구장 신부가 모르고 있는 내용을 말했다가는 큰일 나기 때문에 말을 아끼자, 관구장 신부가 먼저 입을 열었다.

"들으셨는지 모르겠는데, 문 신부가 총원에 환속하겠다는 신청서를 내겠다고 합니다."

"예, 환속을 신청하니까 상담도 그만하겠다고 문 신부님이 말씀하셔서 제가 떠나는 순간까지 계속하라고 당부드렸습니다."

"그랬군요. 왜 환속하려는지에 관한 이유도 말했습니까?"

"가톨릭에 피해를 줄까 봐 말을 아끼는 것 같아 이유도 모른 채 상담이 중단되는 것은 상담자에게 낭패감을 안겨준다고 말씀드렸습니다. 그러자 자기를 위해 애쓴 상담자에게 그렇게는 할 수 없다며 문 신부님께서 가까스로 이유를 밝혔지요."

"그랬군요. 명희라는 여성에 대해 이야기를 했다는 말씀입니까?"

"예, 관구장 신부님께서도 명희 씨에 대해 알고 계십니까?"

이렇게 서로 알고 있다는 것을 확인하고 나서야 두 사람은 진솔하게 말을 나눌 수 있었다.

"총무실장 직을 맡기려 하자, 문 신부가 환속하겠다고 말하는 거예요. 대체 뭐 때문이냐고 물으니까, 사제가 되기 전에 명희라는 여성과 하룻밤 사고를 쳤는데, 그렇게 해 태어났던 딸이 사고로 죽었다는 사실을 최근에야 알게 되었다고 말하더라고요."

이렇게 요한에 대해 이야기하면서 관구장 신부는 자신의 견해를 밝혔다. 그가 큰 실책을 범한 것은 사실인데 이미 다 지나간 일들이기 때문에 면직보다는 정직을 시키는 정도로 징계를 내렸으면 한다는 거였다. 그렇게 말하면서 덧붙였다.

"그런데 혹시 요한이 다른 계획을 세우고 있는 것은 아닌지 모르겠습니다. 그렇다면 정직을 내리는 게 별 의미가 없으니까요."

관구장 신부의 이런 말은 혹시 상담자로서 그의 의중을 알고 있느냐는 질문이었다. 이러한 말을 들으며 선희는 정직이라면 다시 복귀하는 것을 뜻하니까 다행이라고 안도했다. 하얀 머리카락이 듬성듬성한 초로의 남자가 사제복을 벗고 도대체 무엇을 하며 살 수 있을지 한껏 걱정하였기 때문이다.

"다른 계획이라는 게 무엇을 의미하는 것인지 잘 모르겠습니다만, 문 신부님은 죄책감을 이길 수 없어 어떤 형태로든 자신을 벌하려 할 따름이지 다른 계획을 세우는 것 같아 보이지는 않았습니다."

"그러한 점을 상담 선생님께서 도와주셔야 합니다. 뭔가 불편한 것이 있으면 자학하듯 느닷없이 대청소한다며 자신을 혹사한다든가,

술에 강하지도 못한 사람이 술을 들이켜 숙취로 고생한다든가, 또는 별일 아닌 이상한 데서 벌컥거리며 흥분한다든가 하는 식의 태도를 보여 다 된 밥에 코를 푸는 식이지요. 평소 지나치다 할 정도로 깔끔하고 예의 바른데다 인정도 많아 따르는 후배들이 많아요. 그나저나 젊은 나이도 아니고 노인이 되어가는 마당에 나가서 대체 어떻게 산단 말입니까."

"예, 최선을 다해보도록 하겠습니다."

이렇게까지 말을 나누고서도 관구장 신부는 미진한 게 남는지 한마디 덧붙였다.

"그런데 혹시 그 명희라는 여자에게 가려는 것은 아닐까요?"

요한에게 혹시 다른 계획이 있는 거 아니냐고 물었어도 상담자가 명확하게 대꾸하지 않자, 관구장 신부는 자신이 염려하는바, 즉 상담자를 만나고자 했던 요지를 언어화했다.

"그러한 생각을 하셨어요?"

"아니, 혹시나 하여 말씀드려 보는 겁니다."

"어떻게 들으실지 모르겠습니다만, 문 신부님은 여성을 그리 좋아하지 않습니다."

"그런 점은 알고 있습니다만…."

관구장 신부가 이렇게 그런 점을 알고 있다고 반응하자, 선희는 혹시나 하는 생각을 가졌다. 이때까지만 해도 요한이 일방적으로 베드로 신부를 마음에 품었다고 여겼는데, 베드로 신부도 그러한 요한에게 응수했는지 궁금했다.

"명희 씨가 어떤 생각을 가졌는지는 모르겠습니다만, 문 신부님은 그런 생각을 하는 것 같지는 않습니다."

"저도 그러리라고 보지만 혹시나 하는 마음에서 한 번 여쭤보았을 따름이니 마음에 두지는 마십시오."

관구장 신부는 자신이 그렇게 질문한 것을 취소하듯 얼른 발을 뺐다. 요한을 오랫동안 알아 왔던 사람으로서 그에게 기본적인 신뢰감을 느끼지 못했다는 점을 드러낸 것 같아 민망했기 때문이다.

이참에 두 사람의 관계를 선명하게 확인해보고 싶은 마음에서 선희가 말했다.

"문 신부님이 베드로 신부님을 거의 평생에 걸쳐 연모해왔다는 것을 알고 계시지요?"

"… 예, 그리 알고는 있습니다."

'알고 있다' 와 '알고는 있다' 라는 표현에서 관구장 신부는 후자를 썼다. 이점에 주목하며 선희가 한 번 더 말했다.

"그래요. 문 신부님은 베드로 신부님에 대한 갈망을 해소할 수 없어 마음고생을 많이 했던 분으로 알고 있습니다."

"그 갈망을 승화할 수 있어야 했는데…."

선희가 한 말에 대해 관구장 신부가 반응하는 것을 보며 선희는 요한이 그야말로 홀로 짝사랑하듯 그를 흠모하였다는 것을 확인했다. 그러면서 그가 왜 그리 이러한 감정에 사로 잡혀있어야 했는지 이해하고자 했다.

어머니 입안의 혀처럼 굴다가 그 어머니에게 등 떠밀려 소신학교로 보내져 사제의 길을 걸어야 했던 요한, 어디에도 마음 붙이지 못하고 위축되어 지냈던 서울에서의 사춘기 시절, 여자를 금기시하는 교육을 어려서부터 주입받으며 그는 살아야 했다. 이러한 요한이 마음을 기대고 살았던 사람이 바로 베드로 형이었고, 마음속에서 베드로 형은 점점 이상적인 인물로 키웠던 그는 그만 그에게 집착하고 말았다.

하지만 베드로는 요한을 아껴주면서도 그의 동성애적 성향에 대해서는 외면하였던 것이 아닐까 한다. 이런 관계에서 좀처럼 정서적 충족을 이룰 수 없었던 요한은 그것에 고착하였고, 정서적 외로움과 씨름하는 어린애 같은 면을 지닌 채 나이 들어가면서 좌충우돌하는 식의 생활을 하였던 게 아닌가 하였다.

30. 자신의 상처도 내보이는 상담자

수도회에 돌아온 관구장 신부는 징계에 관한 조항들을 살폈다. 요한도 자신을 용납할 수 없어 자책하고 있는데 수도회 측에서 그냥 넘어갈 수도 없는 사안이었다.

정직이라는 중징계를 내리려면 참사위원회에서 공론화 과정을 거쳐야 하는데, 일단 내용이 드러나게 되면 꼬리표가 끝까지 따라붙게 마련이다. 이러한 이유로 고심하던 관구장 신부는 심리적인 문제로 휴직하도록 엮어가는 게 좋겠다고 생각했다. 요한이 상담받고 있다는 사실을 다른 사제들도 알고 있는 터라, 정직이긴 한데 소진의 문제로 끌고 가 한동안 쉬도록 하는 쪽으로 방향을 틀었다.

요한이 환속하겠다는 의사를 밝히자, 관구장 신부는 그가 중국에서 사제로서 품위를 지키지 못했던 점과 브라운관을 박살 냈던 점을 들어 휴직이라는 처벌을 내리겠다고 지시하였다. 자신의 중대 과오가 그런 식으로 처리되자, 전혀 예상하지 못했던 바라 어리둥절할 수밖에 없었던 요한은 염치가 없어 고개를 떨어트리며 말했다.

"고마운 말씀이긴 한데 큰 허물을 지닌 제가 무슨 염치로 사제로 남아있을 수 있겠습니까? 떠나게끔 허락해주십시오."

"고심 끝에 내린 결정이니 따르도록 하게. 순명하라는 말일세."

"…"

요한의 두 눈에서 눈물이 툭 떨어졌다. 장상에게서 순명하라는 말이 떨어진 이상 더 왈가불가하는 것은 도리가 아니었다. 그래서 아무런 말도 못 하는데 머릿속에서는 수많은 생각들이 스쳐 갔다. 위엄이 서린 엄정한 지시에는 관구장 신부의 각별한 애정이 담겨있다는 것을 누구보다 잘 알았기에 뭉클할 따름이었다.

요한이 상담을 받으러 왔을 때, 선희는 요한과의 투명한 관계를 유지하기 위해 며칠 전에 관구장 신부가 다녀갔다는 사실을 밝혔다. 그러자 요한은 별다른 놀라움을 표하지도 않고 그러냐고 말하며 자기에게 휴직이라는 징벌이 떨어졌다고 말했다.

"아, 그랬군요. 그러면 구체적으로 어떻게 하시는 거예요?"

"그렇게 결정된 이상 수도회에 머물 수는 없고 어딘가에 가서 회심하며 지내야지요. 2년 동안 귀양살이를 하는 것인데, 어디로 갈지는 알아봐야 합니다."

요한이 휴직을 받아들이기로 한 것을 확인하면서 선희는 안도의 숨을 내쉬었다.

"지금은 어떤 마음이세요?"

"고맙다는 생각밖에 없습니다. 이 나이에 어디 가서 막노동하기도 쉽지 않을 테니까요."

이렇게 요한은 비교적 현실적인 언급을 하였다. 죽기라도 하면 깔끔하지만, 그렇지 않고 살아있으면 몸뚱이 하나를 유지하기 위해 여간 수고를 해야 하는 게 아니다. 배가 고프면 먹어야 하고, 추우면 걸칠 의복을 갖춰야 하고, 밤이 되면 누울 자리가 필요하니 말이다.

"휴직은 언제부터 시작합니까?"

"공식적으로는 참사위원회에서 결정하는 대로입니다. 곧 확정될 것이기 때문에 생각했던 것보다 상담이 일찍 종결될 수도 있겠습니다."

"그렇군요."

이렇게 말하고 잠시 침묵이 흐르는데, 요한이 생각난다는 듯이 물었다.

"그런데 선생님, 저번에 그 나이에 주님께 무릎 꿇고 비는 게 가능하겠느냐고 저에게 말씀하셨던 적이 있었습니다. 왜 그것이 불가능하다고 여기시는지 물어봐도 되겠습니까?"

요한이 이렇게 묻자, 선희는 내심 쿵 하면서 '드디어 올 것이 왔구나!' 하는 심정이었다. 그는 상담자가 경거망동하게 언급한 것을 그냥 넘긴 게 아니라 마음속에 접어두고 있었을 따름이다. 아무튼 턱밑에 앉아서 그렇게 물으니까 피할 재간이 없었다. 그리하여 선희는 솔직한 게 최선의 방책이라는 평소의 신념을 상기하며 솔직하기로 마음먹었다. 그동안 요한이 자신을 열어 보였듯이, 이제는 자기가 그렇게 열어 보이는 게 두 사람 간의 대등함을 위해 괜찮다고 여겼다.

"젊었을 때는 절대자를 믿고 고개 숙였었지요. 하지만 잡다한 질곡을 거치면서 허무와 싸우게 될 때가 있곤 했습니다. 특히 이 세상에 전개되는 불공평함이라든가 전혀 예상하지 못하는 길로 들어선다든가 하는 것들을 직시하면서 그런 것들을 창조주의 뜻이라고 볼 수 없었습니다."

선희가 한마디 한마디에 자신을 담아 말하는 것을 들으며 요한은 천천히 고개를 끄덕였었다. 그로서도 어느 정도 고민하곤 했었던 내용이다. 그러니까 저번에 자신의 말에 상담자가 퍽하고 웃음을 터트렸던 것도 어쩌면 그러한 신에 대한 회의 때문이었을 것으로 이해하였다. 그 당시 그러한 선희의 반응에 언짢았던 것이 사실이지만, 그만큼 자기를 순진하게 봤다는 의미이기도 해 반박하기 어려웠다. 본인이 봐도 자기는 아직도 헛헛함과 씨름하며 꿈꾸듯 이상을 좇는 어린애 같은 면을 가지고 있었다.

하지만 그렇더라도 그 순간 무시당했던 것 같은 기분이 모두 사라지는 것은 아니었다. 자신의 미숙함에 대한 것이라면 달게 받겠는데 자신이 몸담은 세계를 폄하는 것 같아 찝찝했다. 다른 한편, 신을 믿지 않게 된 상담자의 심정에 대해 이해가 되기도 하니 어정쩡했다. 그럴 뿐만 아니라 그녀 또한 삶의 질곡을 제법 겪었던 사람이 아닌가 하는 동질감을 느끼게 되는 것이었다. 그러면서도 자신의 심리여행을 안내하는 상담자가 신의 존재를 믿지 않는 사람이라는 것이 영 서운했다.

"종교에 대한 진솔한 생각을 들여주셔서 감사합니다. 제가 탕자처럼 살았어도 결국은 그분에게로 돌아갈 것을 믿고 있는데, 선생님께서는 등을 돌려버린 것 같아 안타깝습니다."

이렇게 요한이 자신의 확고한 신앙관을 밝히자, 선희는 환한 미소를 지으며 말했다.

"그동안 신부님께서 저에게 자신을 드러내어 주셨던 것처럼 지금 저는 신부님에게 솔직히 자신을 열어 보이고자 합니다. 그리고 이런 시간을 맞이하고 있다는 게 반갑습니다."

선희의 그런 진솔한 언급에 요한은 도움을 주는 상담자와 도움을 받는 내담자 관계를 넘어서는 것 같아 고마움과 아울러 뭔가 깊숙이 와닿았다.

"굳이 그렇게 하지 않으셔도 되는데…. 아무튼 감사드립니다."

굳이 그러지 않아도 된다고 하면서도 요한은 선희의 이야기를 듣고 싶었다. 선희도 그런 요한의 마음을 느끼며 더 말했다.

"궁극적인 것은 구원일 텐데, 신이 우리를 구원해줄 것이라는 확신은 그분을 믿을 때 가능하지 않을까요? 믿어야 그것이 가능하고, 그래서 편안함을 얻을 텐데 저는 그렇게 무조건 믿는 것이 어렵습니다."

"무조건 믿어야 편안함을 얻는다고요? 선생님은 구원이 편안함을 얻는 것이라고 보십니까?"

"그렇지 않나요? 우리가 슬프고, 두렵고, 고통스러우니까 신을 찾는 거 아닙니까?"

"그렇게 볼 수도 있습니다만…."

요한은 뭔가 굉장히 어려워지는 것 같아서 하던 말을 멈추었다. 신이 무엇이냐 또는 구원이 무엇이냐를 따지기 시작하면 한없이 복잡해질 것 같았다. 자기는 원래 그렇게 이론적이거나 논리적인 사람이 아니었다. 그래서 신부들 사이에서 복잡한 개념이 논의되면 피하는 편이었다. 요한은 자신도 모르게 몸을 뒤로 젖히며 "구원은 영원한 생명을 얻는 것이 아닌가?"하고 혼잣말로 중얼거렸다.

이러한 요한을 바라보며 선희는 계속 말했다.

"과거에는 죄를 용서받고 죽어서 영원한 하느님을 만나 영생하는 것을 추구했지만, 현대에 이르러서는 신 안에서 기쁘게 사는 것을 구원으로 보지 않나요?"

이러한 말을 듣던 요한은 주춤거리며 대답하는데 왠지 목소리에 힘이 빠졌다.

"굳이 구원이 뭐냐고 묻는다면, 우리 가톨릭에서는 하느님의 은혜에 자신을 온통 맡기는 믿음을 통해 그분과의 관계를 정상화하는 것이라고 하지요. 즉, 죄를 짓게 되면서 이탈했던 자신을 하느님과 화해시키는 방법은 믿음밖에 없다고 보는 겁니다. 바로 이것을 위해 예수님이 세상에 오셨던 거고요."

요한의 말을 듣던 선희는 서로의 말이 관념적으로 흐른다고 생각하며 입을 다물었다. 상담에서는 사실적이고 구체적으로 말을 해야 헛도는 것을 피할 수 있는데, 어떻게 하다 보니 두 사람 모두 개념을 갖고 씨름하는 듯해 '아차' 하였다. 더구나 예상치 못한 변수로 명희가 나타나는 바람에 상담을 지속하기 어려운 지경인데, 오가는 대화가 이토록 벙벙한 식이어서 난감했다.

마침 요한도 그런 추상적이고 관념적인 이야기가 부담스러웠는지 말머리를 자기에게로 돌리는 것이었다. 선희로서는 여간 다행한 일이 아니었다.

"선생님은 애초에 저에 대한 상담 목표를 무엇으로 잡으셨던 겁니까?"

"처음에는 신부님의 불안정한 상태를 당면한 문제로 삼고, 언제부터 무엇 때문에 그렇게 되었는지를 살펴보고자 했습니다. 그런 과정에서 자기 이해를 수립하고자 했지요. 일단 그것이 이룩되어야 효율적으로 제어하는 힘을 키우게 되기 때문입니다. 그런데 사실 상담에서 더 중시하는 것은 관계에 대한 체험입니다. 상담자와 주거니 받거니 상호작용하면서 정화와 정리를 이루는 가운데 자신감을 키우는 것이지요. 다시 말해, 안심되는 관계에서 자기를 자꾸 표현하다 보면 매듭진 마음이 풀리고 그만큼 세상을 향해 긍정적으로 향할 수 있다고 보는 것입니다. 문 신부님과는 말이 잘 통해 이런 작업이 순조롭게 이루어질 것으로 예상했답니다."

"그렇게 봐주시니 감사합니다."

"그런데 명희 씨가 나타나면서 문 신부님은 깊숙이 묻어두었던 문제에 봉착하고 말았습니다. 그리하여 처음 잡았던 목표보다 깊이 박혀있던 환부를 도려내는 작업을 해야 하게 되어버렸습니다. 위기가 기회라고 오히려 애초에 잡은 상담 목표 이상을 우리는 겨냥하게 된 것 같습니다."

"명희가 아니었으면 깊숙이 박혀있는 환부를 그냥 덮고 지나갈 뻔했다는 말씀이군요."

"그렇습니다. 그렇지만 명희 씨가 나타나지 않아도 신부님과의 상담에서는 불가피하게 종교 이야기로 넘어갔을 가능성이 농후했다고 봅니다. 정신적 작업을 하는 사람들, 특히 종교인들은 어느 정도 현실적인 적응을 이루면 꼭 정신적 가치나 의미를 운운하며 종교를 논하려 들더라고요. 그것이 자연스러운 과정인지 아니면 상담을 받은 것에 대한 보상 차원에서 자존심을 추스르기 위한 것인지는 아직 잘 모르겠습니다."

"그렇군요."

"저번에 신부님께서 편안함을 얻으려면 무릎 꿇고 기도해야 한다고 말씀하셨을 때, 그것이 가능하겠느냐며 툭 쳤던 것은 전적으로 저의 미숙함 때문이었습니다. 그 점에 대해서는 늦게나마 진심으로 사과드립니다."

이렇게 말하며 선희가 정중하게 고개를 숙이자, 요한은 겸연쩍어하면서도 마음이 풀리는 듯하였다. 그 한마디 말이 뭐라고 순식간에 찝찝하던 마음이 홀가분해지는 것인지! 사람의 마음이란 게 참 희한했다. 그래서였는지 선희라는 인물에 관한 관심 및 호기심이 생겨났다. 그녀와 좀 더 구원에 관한 이야기를 나누었으면 하는 마음이 드는 것이었다.

"선생님께서는 제가 어떻게 해야 안정될 거라고 여기십니까?"

이런 질문을 받은 선희는 다시금 순간적으로 멈칫하고 말았다. 그가 진심으로 묻는데, 여전히 명료하게 대답할 수 없는 자신을 보았기 때문이다. 그 질문에 대해서는 저번에도 횡설수설했는데, 이번에도 잠자코 있지를 못하고 다음처럼 여전히 횡설수설 연결도 안 되는 말을 하고 말았다.

"가톨릭에 많은 분이 기도나 묵상할 때 자기를 비운다면서도 온갖 생각으로 마음을 꽉 채우는 것 같았습니다. 있는 그대로를 직시하기보다 전지전능한 하느님에 관한 생각으로 꽉 채우고서는 거기서 나오는 자기 생각을 주님의 뜻으로 오인하는 것 같습니다."

"그렇게 하는 게 마땅치 않다는 말씀입니까?"

"그랬던 것 같습니다. 그것은 제가 불교도라서가 아니라 현대사회의 조류인 과학주의에 기인한 사고 때문일 것입니다. 대상을 바라볼 때 인과관계로 설명하거나 이해하려는 경향에 길든 탓이겠지요? 사제라 할지라도 문 신부님께서는 현대사회를 살아가는 사람일 뿐만 아니라 숱한 경험을 하신 분이기 때문에 맹목적으로 하느님을 믿기가 어렵지 않겠는가 하고 생각했던 것입니다."

"…"

선희의 말에 다 동의하는 것은 아니고, 일부 수긍되는 대목이 있어 요한은 아무런 대꾸를 하지 않았다. 그러다가 요한은 선희의 말이 자기가 한 질문에 맞는 것 같지도 않고 하여 갑갑했는지 뜬금없이 방향을 틀어 이렇게 물었다.

"선생님께서 결혼을 안 하신 것으로 아는데, 맞지요?"

"예, 안 했다기보다 못했습니다. 미혼입니다."

너무나 느닷없이 던지는 사적인 질문이었지만 선희는 그러려니 했다. 그렇게 묻는 게 생뚱맞아 보이긴 했어도 그만큼 임의로워졌다는 증거가 아닐까 여겼다. 특히 요한은 깍듯하게 예의를 차리는 인물이었기 때문에 그런 격의 없는 질문을 한다는 게 발전이지 않을까 하였다. 그리고 두 달 전에 왜 상담자가 되었느냐고 물었을 때만 해도 혹시 생겨날 전이를 고려해 말을 아꼈었는데, 이제는 언제 상담이 중단될지도 모르는 시점이라 시간이 없었다. 오히려 투명성을 가지고 그와 교감하는 게 훨씬 중요하다고 판단하였다.

"수도자도 아니면서 왜 결혼을 안 하셨어요?"

요한이 이렇게 다짜고짜로 묻는 바람에 선희는 그만 웃음을 터트렸다. 예의 차리는 데 있어 둘째가라면 서럽던 사람이 그렇게 막무가내로 자신의 속내를 드러내는 게 우스웠기 때문이다. 그만큼 상담자와 거리가 좁혀져 천진스러운 모습을 마구 드러내는 것 같아 선희도 요한의 그러한 솔직한 태도에 힘을 받아 덩달아 거침없어졌다.

"유부남을 사랑했던 탓에 젊은 시절이 다 거기에 매몰되었던 때문입니다."

선희가 이렇듯 자신의 치부를 선뜻 개방하자, 요한은 놀라 더 묻지를 못하고 선희를 뻔히 바라보았다. 그러한 말까지 하리라 생각지 않았던 요한은 당황한 기색을 보이며 사과했다.

"죄송합니다. 제가 너무 사적인 질문을 드렸나 봅니다."

"괜찮습니다. 누구를 막론하고 다들 자신의 업(業)대로 살아가느라 애를 쓰는 것 같습니다. 신부님도 그렇고 저도 그랬던 게 아닐까 합니다."

이러면서 시선이 마주쳤을 때, 두 사람은 순식간에 하나가 되는 일체감에 빠져들면서 그냥 바라보기만 하였다. 특히 요한은 선희가 자신의 치부를 노출하며 자기와 동질감을 느끼도록 해주는 배려에 뭉클했다.

그 순간 상담실은 이 세상 그 어디보다 안온하며 따뜻한 곳이 되었다. 몇 달째 드나들던 그곳이 그렇게 환하고 편안한 곳일 줄이야! 평온함에 잠기던 요한은 고개를 돌려 창밖을 바라보았다. 블라인드 사이로 내다보이는 저 먼 곳의 빌딩 숲도 그 나름의 모양과 빛으로 고즈넉해 보였다.

상담을 마치고 돌아오는 내내 한 걸음 한 걸음 떼어놓는 요한의 발걸음은 진중하면서도 가벼웠다. 이 세상의 모든 사람이 그렇게 자신의 무게대로 각기 다른 형상으로 살아가고 있어도 다 똑같다는 생각에 안심이 되었다. 다들 자신의 위치에서 씨름하고 있다는 점에서 결코 외롭거나 슬프지 않은 것이었다.

자기만이 아니라 상담자도 그녀 자신의 멍에를 지고 있다고 보는 순간 친근하게 여겨졌다. 비단 상담자뿐만 아니라 주위의 모든 이들이 다 형제자매들이지 않은가하는 동질감 같은 게 느껴졌다.

　좀 전에 요한과 일체감을 느꼈던 선희도 뜻밖의 순간을 맞이한 사실에 무척이나 기뻤다. 하지만 요한이 가고 난 뒤 선희는 몸을 가누기 어려울 정도로 힘이 쑥 빠졌다. 고 교수에 대한 기억이 다시금 생생해지면서 그때의 괴로움이 엄습해왔기 때문이다.

　그동안 젊음의 멍에를 내려놓았다고 여겼고, 고 교수에 대한 감정은 어느 정도 정리되었다고 믿었었다. 그러나 짓이겨졌던 자존감의 피멍울이 덜 가셨는지 다시금 속이 메슥메슥했다.

　그럴 뿐만 아니라 요한이 어떻게 해야 자기가 안정될 것 같으냐고 물었을 때, 무엇을 어떻게 말해야 할지 몰라 또다시 횡설수설했다는 것을 간과할 수 없었다. 저번에도 그런 질문 앞에서 삶과 죽음이 둘이 아니라며 박장대소하는 노인 운운했었는데, 이번에 또다시 뚱딴지처럼 기도에 관한 말이나 하며 그 질문을 피해버렸다.

　남의 아픔을 어르기에는 자신의 수준이 아직 멀었다는 생각을 금하기 어려웠다. 요한이 자기가 어떻게 해야 안정될 것 같으냐고 물었던 그 질문, 아직도 자신은 그러한 질문에 부응할 준비가 되어있지 못하다는 사실을 뼈저리게 느꼈다. 상담자로서 쥐구멍이라도 찾고 싶은 심정이 굴뚝 같았다.

제3편

평화의 항구에 안착

31. 새로운 노선을 걷기 시작한 선희

요한과의 상담을 마친 후 선희는 좀처럼 활기를 찾지 못했다. 묻어 두었던 상처가 올라와 마음을 축 가라앉게 하였기 때문이다. 세월의 흐름 속에 무디어지는 듯하다가도 기회만 닿으면 언제 어디서고 스멀스멀 올라오는 아픔이 있었다. 죽어 없어져야만 그러한 상처도 가셔지는 것인지….

출가를 고심할 때 스님을 찾아갔다가 된서리를 맞고 돌아왔던 선희는 종교에 기우는 마음을 동여맸다. 아무리 진리를 읊어대도 한 꺼풀 벗기고 보면 욕망을 여의지 못한 사람들로 다 거기서 거기이지 싶었다.

고 교수 밑에서 일하는 것을 그만둔 선희는 대학원에 진학하는 것으로 진로를 틀었다. 선희가 대학원에 입학하였다는 사실을 알게 된 고 교수는 자기가 등록금을 대주겠다고 하였다. 하지만 선희는 도움을 받아야 할 정도로 궁색하지도 않아 거부하였다. 선희가 원하는 것은 오직 고 교수의 온전한 사랑이었지 그 외의 어떤 것도 아니었다.

그러자 고 교수는 이러한 선희에게 너무 꼿꼿한 것도 좋은 게 아니라며 성의를 그렇게 매몰차게 걷어차면 자기는 뭐가 되느냐고 서운함을 토로했다. 이러한 고 교수의 말을 들은 선희는 그동안 꾹꾹 눌러왔던 자신의 속내를 내비쳤다.

"제가 원하는 것은 고 교수님 자체이지 그 어떤 것도 아닙니다."

"… 자네가 원하는 게 뭐라고?"

이렇게 반문하는 고 교수를 바라보며 선희는 '아니, 그것을 몰라서 물으시나?' 하는 의문에 도리어 벙벙한 표정을 짓다가 내뱉었다.

"제가 그것을 어떻게 말로 표현합니까? 저에게 교수님은 모든 것이 었는데, 교수님에게 저는 무엇이었습니까?"

"내가 너를 얼마나 사랑하는지 모르는가?"

그렇게 고 교수가 반응하는 것에 선희는 기가 막힐 지경이었다. 워낙 연구에 열중하는 사람이라 세상 물정을 모른다고 해도 어쩌면 그렇게 사람 마음에 대해 모를 수 있는지 신기했다. 그러한 고 교수가 사람의 심리에 백치인지, 아니면 지독하게 자기중심적인 사람인지 분간하기 어려웠다. '제가 당신을 전부로 여기듯 당신도 저를 전부로 맞이해주실 수는 없나요?' 하는 피맺힌 절규가 목구멍까지 올라왔지만, 선희는 입술을 깨물며 그 말을 삼켰다. 더 말했다가는 추하고 치사스러워질 뿐이라는 것을 알았다. 그리하여 절망하고 있는데, 고 교수가 선희를 안으려 했다. 그 순간 선희는 처음으로 그의 손을 뿌리치며 말했다.

"교수님에게 저는 어떤 존재입니까? 저를 음지가 아닌 양지로 나오게끔 하실 의도나 의지가 교수님에게 과연 있기나 합니까?"

이렇게 속내를 드러내자, 고 교수가 놀라듯이 반문했다.

"네가 양지라고 말하는 게…. 자네가 바라는 것은 나와의 결혼인가?"

고 교수가 놀랍다는 듯이 반문하자, 선희는 그 순간 자신이 너무도 구지레하게 느껴져 울음을 터트렸다. 사실, 자기가 원하는 거는 다른 사람들 앞에 떳떳하게 나서는 것이지 다른 게 아니었다. 그러한 자신에게 결혼을 원하는 것이냐며 놀라워하니 선희로서는 억장이 무너졌다.

고 교수는 선희가 그러한 기대를 하고 있으리라고는 미처 생각지 못했기 때문에 낯설어하였다. 언제나 사려 깊게 처신하며 하자는 대로 따라주었던 선희를 마냥 착하게 여겼는데, 그토록 야무진 꿈을 꾸고 있다는 게 놀라울 따름이었다. 그래서 고 교수는 뚱한 표정으로 입을 닫고 말았다.

고 교수에게 자신의 바닥을 드러내었던 선희는 고 교수 곁에 더는 머물 수 없음을 알았다. 고 교수 역시 선희를 유순한 여자라고만 여겼는데 그런 당찬 기대를 품고 있다는 것을 알고 어정쩡했다. 자기와 함께 살아가는 것을 꿈꾸었다는 사실을 수용하지 못하는 것에 대해서는 미안하기도 했지만, 설마 그렇게까지 당찬 꿈을 꾸고 있을 줄은 몰랐다.

결국 고 교수와 연락을 끊은 선희는 있는 그대로의 그를 수용하지 못하고 서운해하는 감정을 갖는다는 게 괴로웠다. 사랑한다는 것은 상대가 자기의 뜻대로 되어주기를 바라는 게 아니라, 자기가 상대의 뜻을 따라주는 것이라고 배웠었기 때문이다. 그를 진정으로 사랑한다면 그가 자기에게 떳떳할 수 있는 자리를 제공하든 못하든 있는 그대로 수용해야 하는 게 아닌가 하고 생각을 하기도 했다. 그러면서도 고 교수가 책임이라는 게 어떤 것인지 모르는 사람 같아 썰렁해지는 마음을 금할 길 없었다. 다른 한편, 그가 어떤 인간이든 자기 자신도 욕심을 여의지 못한 여자라는 생각에 맥이 풀리는 것이었다.

대학원에 입학하니 자기와 함께 졸업한 또래들은 박사과정에 입학했거나 아니면 석사를 마치고 유학 갈 준비에 여념이 없었다. 자기가 동기들에 비해 늦었다는 생각에 선희는 부리나케 공부했다. 그렇게라도 열중하는 게 산란함을 이기는 데 보탬이 되었다.

상담 실습을 하면서 그나마 삶의 질곡을 겪었던 때문인지 학우들에

견주어 대상이나 사물을 바라보는 눈이 예리해져 있었다. 사람의 행, 불행을 결정짓는 요인은 다름 아니라 감정이라는 것을 알게 된 선희는 내담자를 볼 때마다 그 사람의 기저에 있는 주된 감정을 파악하고자 하였고, 그럴수록 확연하게 그 사람이 이해되었다.

선희가 이렇게 석사과정에서 공부에 열중하는 동안, 여동생은 학부를 마치자마자 사귀던 남학생과 결혼하겠다고 나섰다. 누가 따뜻하게 대해주면 정신없이 쏠리는 경향이 심했던 여동생은 끊임없이 연애에 열중하였고, 유유상종이라고 여동생이 데리고 온 남자도 연애에나 몰두하며 지내는 철부지처럼 보였다. 그리하여 결혼을 말렸지만, 그에게 온통 빠져있던 여동생은 이러한 언니의 말을 걷어찼다.

누구에게 말할 수도 없었던 사연을 지닌 선희는 자신이 결코 누군가에 대해 왈가불가할 처지가 아니어서 그냥 여동생을 지켜보는 수밖에 없었다. 삼 남매를 서울로 올려 보내놓고 새 여자를 맞이해 사는 아버지는 자식들이 순서대로 결혼하였으면 했다. 그래서 여동생에게 세상 경험을 더 해보고 결혼하는 게 어떠냐고 간곡하게 말했으나 딸의 고집을 꺾진 못했다.

여동생의 결혼식장에서 선희는 어머니가 살아계셨던들 여동생이 그렇게 후딱 결혼하겠는가 싶어 끊임없이 솟아나는 눈물을 닦느라 애를 썼다. 어머니의 부재가 자녀들의 정서에 이루 말할 수 없을 정도로 영향 미치고 있다는 사실에 누구보다 가슴 아파했다. 순둥이인 남동생은 이러한 큰누나가 신경 쓰였는지 "누나, 괜찮아?"하고 자주 묻곤 하였다. 그렇게 마음 써주는 동생이 고마워 한두 번씩 웃다 보니 그날의 흐름에 그런대로 따라가긴 하였다.

석사과정을 마치는 대로 박사과정에 입학한 선희는 특히 정신분석에 재미를 붙였다. 하느님의 뜻에 따라 현상이 펼쳐지는 게 아니라 무의식적 동기에 의한 것이라고 설명하는 정신분석이 설득력 있게 보였던 때문이다. 하느님의 자리에 업(業) 개념을 놓는 것에는 반대하는 사람들이 많았지만, 종교가 아닌 학문에서 논의되는 무의식을 그 자리에 놓는 것에는 큰 저항이 일어나지 않는 듯했다. 이렇게 하여 기독교와 불교 사이에서 정신분석은 일종의 타협점으로 또는 징검다리로서 역할을 하는 게 아닐까 하는 생각을 하기도 했다.

그렇다면 무의식적 동기는 어디에서 생겨나느냐고 물을 수 있는데, 타고나는 욕망이나 후천적인 상처와 같은 경험에서 비롯하는 것이라고 설명한다. 행동의 견인역할을 하는 동기가 그러한 성질을 갖는다면 그것은 불교에서 선천적인 것과 후천적인 것을 아우르는 업(業)과 비슷했다. 아무튼 모든 행, 불행은 자신의 탓이고 자신의 책임이라는 말인 듯하여 후련했다.

이렇게 정신분석에 매료되었던 선희는 자신을 철저하게 살펴보는 교육분석을 받기 시작했다. 그러면서 고인이 된 어머니에게는 그리움만이 아니라 자신이 다 자라기도 전에 가버린 것에 대한 분노가 자리하고 있음을 발견했다. 상실에 대한 분노는 외로움을 넘어 자신의 핵심 감정인 헛헛함이 자라나도록 하였고, 바로 그것이 영원에 대한 그리움으로 피어올라 신을 찾게 되었던 것이지 싶었다. 아버지가 맏딸인 자기를 유별나게 총애하긴 하였지만, 동생들에 대한 책임을 자기에게 지운듯해 그 버거움으로 아버지를 원망하는 마음이 저 깊은 곳에 있다는 것을 깨닫기도 하였다. 그러한 반발로 아버지가 그토록 서운하게 여김에도 불구하고 극구 수녀원에 가려 했던 게 아닌가 하였다.

분석가를 만나면서 선희는 부모에게 충분히 기대지 못했던 의존 욕구를 충족하며 상당히 안정되어갔다. 그렇게 심적인 의지처를 가지면서 고 교수보다 16살이나 어렸던 자기가 그를 안쓰러워하며 보살폈다는 게 병적이라는 것도 깨달았다.

그런 게 애정의 속성인지 이렇게 분석을 받으면서도 선희는 마음속 깊이에서 여전히 고 교수를 놓지 못하고 있었다. 그러한 일이 생길 리 없다는 것을 알면서도 선희는 어느 날 갑자기 고 교수가 자기를 잊을 수 없어 모든 것을 팽개치고 자기에게로 달려오는 환상을 떠올려보곤 했다. 헛된 환영이라는 것을 알면서도 외로운 마음은 그런 꿈 같은 슬픔에 기대었다.

한번은 선희가 고 교수에 대한 심경을 토로하자, 분석가는 '그가 가정에서 충족하지 못하는 사람이었구면.' 하고 지나가듯 언급하였다. 그 말을 들은 선희는 자신의 절절한 사랑이 그가 가정에서 채우지 못했던 욕구를 충족시키는 것에 불과했다는 생각이 스치면서 확 깨는 기분이었다. 그래서 넋을 놓은 듯 멍하니 있자, 선희에게 분석가는 미망에서 깨어나면 감정놀음이 눈 녹듯이 사라진다고 하였다. 즉, 그들의 만남은 두 사람의 결핍이 빚어낸 욕망의 놀음에 불과하지 않으냐고 하였다. 자신을 그토록 짓이겼던 고통을 단지 결핍이 낳은 불장난에 불과하다니….

이러한 도전을 받았던 선희는 비로소 고 교수를 객관적인 시선으로 보게 되었다. 유복하지 않은 집안에서 태어났던 그는 어려서부터 영특한데다 욕심이 많았던 인물이다. 독하게 공부해 의과대학에 들어갔던 그는 우수한 성적으로 모교 교수로 남게 되었다. 교수가 된 이후에도 수많은 연구업적을 쌓아 그는 자신의 분야에서 명성을 날렸다.

의과대학 동창이었던 그의 아내도 나름대로 쟁쟁한 의사로 다른 종합병원에 근무하였다. 두 사람 다 워낙 바쁘게 살았던 연유로 장인과 장모가 함께 살면서 두 아들을 키워주고 있다고 하였다. 그런 상황에서 그에게 가정은 단지 하숙집에 불과했었던 듯했다.

연구에만 치우치던 고 교수는 성실할 뿐만 아니라 자신의 상태를 섬세하게 읽어주던 선희에게 빠져들고 말았다. 겉보기와는 달리 선희의 품 안에서는 순진한 소년이었지만, 자기 일로 돌아가서는 말을 붙이기 어려울 정도로 번뜩이는 냉철한 사람이었다.

어느 날 선희는 분석가에게 말했다.

"고 교수님이 어떻든 그것은 그의 몫이고, 저는 그분의 여건을 있는 그대로 수용하면서 제가 한 번 사랑했던 사람을 끝까지 사랑하지 못했다는 자책을 할 때가 있곤 합니다. 그것이 지조이고 의리이지 않을까 해서요."

"하하하 갈애(渴愛)가 엄청났구먼. 자기가 품었다는 그 사실에 대해 오기를 부렸던 것은 아니고? 그런 것을 '나'라는, 즉 '내 것'이라는 아집에서 비롯하는 집착이라고 하지. 모든 게 자연스럽게 흘러가도록, 즉 집착을 떨쳐내야 편안해진다고."

분석가로부터 이런 말을 들었던 선희는 혼란스러웠다. 고 교수를 멀리하면서도 자책이라는 명분으로 그를 놓지 못하고 있는 게 아집(我執)일 따름이라고 하는 말에 한 방 맞았기 때문이다.

박사학위를 딴 이후 교수직을 얻기 위해 여기저기 동분서주하였지만 좋은 결과를 얻지 못했다. 그리하여 강사로 활동하며 선배가 운영하는 상담소에 나가 몇 년째 상담 활동을 하고 있었다.

이러한 딸을 안타깝게 바라보던 아버지가 선희에게 교수가 되는 게 어려울 것 같으면 아예 상담소를 차리라고 하였다. 어렸을 때부터 동생들을 신경 쓰도록 짐을 지웠던 사실에 대해 늘 미안하게 여겼다며 아버지는 번듯한 상담소를 차려주었다.

다행히 상담소의 운영은 그런대로 괜찮았다. 성심성의껏 상담을 하기 때문인지 선희에게 상담을 받았던 사람들이 이 사람 저 사람 소개를 해주어 그리 어렵지 않게 자리를 잡은 셈이다. 그런 덕에 40대 중반인데도 선희는 제법 안정을 이루었다.

어느 날 집으로 초청장이 날아왔다. 고 교수가 세계적인 의학지에서 선정하는 촉망받는 인물로 뽑혔고, 대학교 병원 행사가 이루어지는 날 고 교수에게 표창장 수여와 아울러 파티를 연다고 하였다. 그러한 영광된 자리가 마련되자, 고 교수는 그동안 자신의 연구를 도왔던 수많은 인물을 일일이 다 초대하였는데 거기에 선희도 포함되어 있었다.

이미 오래전의 일로 상처도 아물었고, 초대장을 받고 보니 자랑스러운 위치에 오른 고 교수를 한번 보고 싶은 마음이 들었다. 그리하여 행사장에 갔더니, 맨 앞쪽 한 테이블에 그의 가족들이 둘러앉아 있었다.

온 가족이 함께 있는 장면을 보는 선희의 가슴에 새삼스레 찌르르 통증이 스쳐 지나갔다. 자신도 그 자리에 번듯하게 앉고 싶었던 지난날의 열망을 떠올리며 선희는 자기가 얼마나 허황한 꿈을 꾸었던지 새삼 깨달았다. 고 교수와 자기 사이에는 현실에서 도저히 함께할 수 없는 유리 벽이 견고하게 처져있다는 것을 절감하였다. 눈이 멀면 그렇게 경중을 모르게 된다는 사실 앞에서 선희는 오그라들었다. 사랑이라는 이름으로 자기는 순수성을 부르짖었지만, 조금만 각도를 달리해 보면 불륜을 서슴지 않은 위험천만한 철부지였다. 와락 부끄러움이 엄습하며 '엄청난 짓을 하였었지!' 하고 자신도 모르게 신음하였다.

더욱이 그 행사장에는 전에 자기에게 호감을 보이다가 늦은 밤길에 고 교수와 나란히 걷던 자기를 보고 싸늘한 표정을 지었던 그 선임연구원도 와 있었다. 그 후 그 병원의 임상교수로 발탁된 그도 어느덧 중년의 중후한 모습을 보였는데, 선희를 알아보고서도 세월에 무디어진 탓인지 예전처럼 조소 섞인 눈길을 보내지 않고 무관심으로 일관하는 것 같았다. 피할 데가 없었던 선희도 그냥 시치미를 떼고 앉아 있었다. 나이가 들면 그렇게 얼굴이 두꺼워지는 것인지는 몰라도 달리 어찌할 도리가 없었다.

행사장을 빠져나온 선희의 발걸음은 허전하면서도 홀가분했다. 15년 가까이 되는 세월을 거치면서 엷어졌어도, 한쪽 언저리에 얹혀있던 멍에를 다 내려놓는 심정이었다. 숨통을 조이던 열망이나 자괴감도 다 지나가는 것을 보고 이 세상의 모든 게 무상하다는 것을 비로소 알 것 같았다.

32. 조카에 대한 집착과 아픔

선희 자신은 안정을 이루어가고 있었지만, 여동생의 결혼생활이 선희의 마음을 심란하게 하였다. 대학교를 졸업하자마자 결혼했던 여동생은 남편과 불화를 겪다가 이혼하고 말았다. 수많은 내담자를 상담해왔던 선희는 여동생의 역동이 야속하리만치 훤히 보여 그러한 결과는 필연이지 않을까 하고 여기기도 했다.

맏이인 자기와 남동생 사이에서 상대적으로 소외를 당했던 여동생은 어려서부터 손톱이 자라지 않을 만큼 자신의 손가락을 빨았다. 청소년기에는 친구에게 집착하는 경향을 보이더니, 대학생이 된 이후부터는 누가 자기를 예뻐해 주나에 눈독을 들이며 연애에 몰두했다. 그러다 결혼하고서는 남편에 대한 의존도가 너무 심해 불가피하게 티격태격 부부싸움을 이어갔다. 아무도 하늘을 찌를 듯한 그 기대를 채워줄 리 없었기 때문이다. 더구나 제부는 까불까불하는 자기중심적인 사람이었지 허기진 아내를 품어줄 만큼 넉넉한 남자가 아니었다. 여동생은 충족이 되지 않는지 늘 남편에게 짜증을 내었고, 결국 제부는 튕겨 나가듯 밖으로 돌았다.

결혼생활에 파탄을 맞이한 여동생은 새어머니가 계신 대전으로 가진 못하고 초등학생인 아들을 데리고 선희에게로 왔다. 제부가 외도라는 실책을 보였던 까닭에 여동생은 아들 민준을 데려올 수 있었다.

성격이 원만했던 남동생은 졸업 후 취직하는 대로 결혼하여 독립된 생활을 하였다. 그리하여 호젓하게 지냈던 선희는 여동생이 민준이를 데리고 오는 게 탐탁지 않았지만 그렇다고 거부할 수도 없었다. 여동생이 우울 증상을 보이며 상실감에 허우적거렸기 때문이다.

여동생이 우울증을 극복하는 데에는 족히 2~3년 이상 소요되었다. 그러는 동안 선희는 선택의 여지 없이 조카까지 보살펴야 했는데, 그 과정에서 다시금 옛날처럼 가장 노릇을 해야 했다. 조카인 민준이는 외탁을 해 외할아버지의 용모를 빼닮았고, 선희와 어디를 가면 아들이냐고 할 정도로 엄마인 여동생보다 선희를 더 닮았다. 그래서였는 지 민준이는 이모인 선희를 퍽 따랐고, 선희도 그러한 민준을 애지중 지해 여동생이 간혹 누가 엄마인지 모르겠다며 입을 삐죽 내밀 정도 였다.

민준은 어린아이인데도 자신의 욕구를 그리 드러내지 않았다. 선희 는 이러한 모습이 혹시 애어른의 징표가 아닐까 하여 민준에게 그때 그때 있는 그대로 자신의 욕구나 상태를 표현하라고 등을 토닥였다. 그래도 타고난 DNA라는 게 있는지 민준은 늘 의젓했다. 그러한 민 준이를 바라보며 선희는 그가 여동생의 배를 빌려 이 세상에 왔지만, 오히려 자기와 더 인연이 있는 아이가 아닐까 하고 생각했다. 어느 때는 민준이가 학교에서 돌아와 학원에 가기 전에 잠시라도 주거니 받거니 하는 몇 마디를 나누고 싶어 일찍 집에 가고 싶을 정도로 끈 끈하게 지냈다.

어느덧 민준이가 고달픈 중·고등학교 생활을 마치고 원하던 대학 교에 진학하는 쾌거를 이루었다. 그리하여 온 식구가 기뻐하였는데, 대학 생활을 하던 중 민준이가 어지럽다고 하였다. 그리하여 병원에 갔지만 거기서도 대수롭지 않게 여겨 그냥 지나쳤다. 그러다 마침내 밝혀진 진단명은 혈액암의 일종인 백혈병이라는 것이었다. 미처 피 어나지도 않은 청년 민준이가 그런 치명적인 병을 앓다니! 그야말로 청천벽력이었다.

민준의 병을 인정하기도 어려웠지만 각 병원에서 권하는 치료 방법 에 차이가 심했다. 민준에게 어떤 치료법이 최적인지 식별하는 것도 어려웠지만, 그쪽 방면에 명의가 있다고 하는 병원에는 대기자가 많 아 입원하기도 쉽지 않았다.

다급해진 선희는 고심 끝에 고 교수를 떠올렸고 그분에게 도움을 청하는 게 어떨까 하고 생각했다. 그분에게만은 끝까지 꼿꼿하고 싶었던 선희로서는 쉽지 않은 결단이었다. 그 당시 고 교수가 퇴임한 지 몇 년이 흘렀지만 그래도 워낙 영향력을 끼쳤던 분이라 그분이 나서주면 하루빨리 입원이라도 할 수 있을 것 같았다.

선희가 연락을 취하자, 고 교수는 흔쾌히 나서며 선희에게 도움을 주고자 했다. 적극적으로 알아봐 준 덕분에 민준이의 입원을 서두를 수 있었다.

고 교수와 오랜만에 호텔 커피숍에서 만났을 때, 선희는 세월의 무상함을 실감했다. 시상식에서 그를 보았던 10년 전의 모습과는 달리 머리숱이 많이 빠졌고, 그래서인지 많이 늙어 보였다. 세월 앞에 장사 없다고 그토록 위세 등등하던 그분도 현직에서 물러나니까 한낱 보통 사람의 모습에 불과했다.

한때 그토록 온전히 품고 싶어 하던 대상이 바로 이 사람이었나 하여 의아할 정도였다. 여전히 퉁한 표정이었지만, 찬찬히 선희를 훑어보는 눈매는 부드러웠다.

"너를 찾고 싶었던 순간들이 많았지."

이렇게 말하며 탁자 위로 손을 내미는 고 교수, 사랑하는 여자를 위해 무엇을 어떻게 할지 모르는 남자였기에 그를 두고 많이 아파했었다. 그런 사람을 물끄러미 바라보던 선희는 인제는 그가 그 정도로 무딘 사람이라는 사실을 아무런 감정 없이 그냥 그대로 인정할 수 있을 것 같았다. 기대하는 바가 없기 때문인지 '그래, 그는 그런 사람이었지!' 하며 아무런 야속함도 일어나지 않았고 그저 빙긋이 웃을 수 있었다. 그리하여 선희는 탁자 위로 손을 올려 그의 손등 위에 포개놓았다.

"제 자존심 때문에 곁에 있을 수 없었던 거예요."

"... 가끔 만날 수 있을까?"

그렇게 말하는 고 교수를 보며 선희는 입가에 미소를 띠었다. 애욕이라는 게 이처럼 끈질긴 것인가 하는 의아심과 함께 여전히 자기중심성을 벗어나지 못하는 그의 어린애 같은 면을 바라보았다. 그는 여전히 한 여자의 젊음과 삶이 얼마나 뒤틀린 채 속절없이 흘러갔는지 모르는 것 같았다. 그의 그런 둔감함을 두고 얼마나 막막했고 얼마나 외로워했던가. 어쩌면 그는 죽을 때까지 한 여성이 자괴감으로 얼마나 괴로워했는지 영영 모를 것 같았다.

선희는 빙긋이 웃으며 천천히 고개를 좌우로 흔들었다.

이러한 모습을 보던 고 교수가 물었다.

"사랑하는 사람이 있는가?"

"그렇지는 않습니다."

"자네는 나를 어떻게 생각할지 몰라도 나는 자네를 늘 그리워하며 지냈어. 순수하게 나를 받아주었던 사람이 자네라는 것을 알기 때문이야."

"그렇게 말씀해주시는 것만으로도 이제 저는 충분합니다. 사실 저는 고 교수님 전부를 원했던 사람이었어요."

"..."

고 교수의 주선으로 신속한 입원 외에도 여러 가지 혜택을 받았다. 하지만 민준은 좀처럼 회복의 기미를 보이지 않았다. 그러는 사이 여동생과 이혼하고 나서 다른 여자와 살았던 제부는 그 생활이 순탄치 않았는지 그녀와 헤어진 후 다시 나타났다. 아들인 민준이가 위중하다는 소식을 듣고, 그동안 소홀했던 아버지 역할을 하겠다며 적극적으로 나서는 것이었다.

뒤늦게라도 친부가 그렇게 나서자 이모인 선희는 뒤로 물러설 수밖에 없었다. 무엇보다 여동생이 남편에 대한 원망을 접고 아들을 살리겠다는 명분으로 적극 그와 협동하는 태도를 보였다. 우울증을 회복하면서 남편과의 이혼을 후회했던 여동생은 그가 다시 다가오자, 민준이의 병이 가져다준 충격에서 그나마 덜 허우적거리는 것 같았다.

이러한 일련의 과정을 겪으면서 선희는 뭐라고 표현하기 어려운 소외감 내지는 이질감에 괴로워했다. 민준이가 친부와 친모의 적극적인 보살핌을 받는 게 다행이라고 여기면서도 감정적으로는 밀려나는 듯한 서운함에 뭐라고 표현하기 어려운 상실감에 빠졌다. 이러한 자신을 바라보며 그동안 민준에게 과도하게 치우쳐 지냈다는 사실을 발견하고 좌절했다. 고 교수에 대한 집착으로 그토록 짓이겨지고 나서 또다시 민준에게 그러한 집착을 반복하였다는 사실에 망연자실했기 때문이다. 집착은 고통을 낳을 뿐이라고 그렇게 되뇌면서도 또 그 짓을 반복하였던 것이다.

민준이가 회복을 하지 못하고 사선을 넘나들 때, 선희는 민준을 잃을지 모른다는 상실감만이 아니라 보호자 측에 끼이지 못하고 뒤로 물러서 있어야 하는 자신의 처지를 아파했다. 그러면서 그런 결정적인 순간에도 소외감으로 씨름하는 자신의 이기심을 보았다.

결국 민준은 저세상으로 떠나고 말았다. 길지 않은 삶을 살면서 그는 어머니와 아버지의 재결합이라는 선물을 주고 간 반면, 자기에게는 비수를 꽂고 떠났다. 집착이 얼마나 아프고 허망한 것인지를 가슴

깊이 새겨놓고 그는 홀연히 가버렸다.

정신없이 정을 쏟았던 대상, 민준의 죽음을 통해 선희는 다시금 우리의 삶이 환영의 놀음이라는 생각을 하였다. 대체 무엇을 위해 그러한 놀음을 반복하는 것인지 알 수 없었다. 아무것도 모른 채 끌면 끌리는 대로 이리 치이고 저리 치이는 하루하루가 허망해 견디기 어려웠다.

삶이 고(苦)라는 것을 모르지 않았지만 어디까지나 머리로 이해하는 정도일 따름으로 번번이 타성에 젖어 살았다. 그러다 민준이의 죽음을 계기로 삶이란 괴물이 아가리를 쫙 벌리고 있는 것처럼 우리를 기실 벼랑으로 몰아 가고 있다는 다급함이 몰려왔다. 그래서였는지 그동안 쌓아왔던 많은 것들이 하찮아 보이기 시작했다.

심연을 뒤흔드는 변화가 달가울 리 없지만 올 것이 왔다는 느낌이었다. 마침내 선희는 그러한 불안하고 불만스러운 상태로는 지낼 수 없다는 생각, 즉 더는 기존의 관성이나 사회규범에 맞추어 표류하듯 살 수 없다는 생각에 이르렀다. 우리를 에워싸고 있는 고통을 좀 더 진지하고 철저하게 넘어서지 않으면 안 될 것 같았다.

고통을 확실하게 넘어서려면 양자 중 택일을 해야 할 것 같았다. 절대자에게 귀의하여 모든 것을 그분에게 맡기고 단지 빈 마음으로 살아가든지, 아니면 어떤 상태나 현상의 본질을 자신이 직접 직시해나가는 방법일 것 같았다. 전자가 자신을 비우는 믿음의 방법이라면 후자는 자신이 수행하는 방법인데, 어떤 게 진정으로 고통을 넘어서게 하는지를 놓고 선희는 저울질했다.

아무래도 전자가 더 쉬울 것 같은데, 그쪽 방법을 택하려면 절대자를 믿어야 한다는 전제조건을 받아들여야 한다. 그런데 대체 무엇을 근거로 절대자가 편의상 동원된 개념이 아니고 참된 신이라고 믿을 수 있을지 모호하고 막막했다. 그것이 자기에게는 쉬운 방법이 아니라 더 어려운 것이 될 것 같았다.

결국 선희는 후자 쪽으로 가기로 했다. 그쪽이 어렵고 고달파도 단순하게 믿지 못하는 대가이니 감수하는 도리밖에 없다고 생각했다. 이렇게 해 믿음으로 기도하기보다 직접 수행하는 쪽으로 기우는 자신을 바라보며, 선희는 고통을 넘어서고자 하는 작업이 감상적인 수준을 넘는 진지한 것이 되도록 하기 위해서는 침착하면서도 치밀하게 접근하지 않으면 안 된다고 여겼다.

삶이 지닌 허구성을 직시하려면 일단 그동안 추구했던 이상이나 가치를 옆으로 밀쳐두어야 하지 싶었다. 그 모든 것을 내려놓고 처음부터 철저히 하지 않으면, 몇 차례 내동댕이쳐졌듯이 되풀이되는 고통 속에 부유할 게 뻔했다. 하지만 그동안 자신을 지탱해왔던 기준이나 가치를 옆으로 밀어낸다는 것은 전면적인 부정을 뜻하는 것으로 그야말로 대혁명을 의미하는 것일 테고, 그렇게 하는 데에도 적지 않은 힘이 필요할 듯하였다.

마음이 이렇게 후끈 달아올랐지만, 선희는 예전에 스님을 찾아갔다가 곤혹스러웠던 기억 때문에 선뜻 절을 찾지 못했다. 어설프게 머리만 비대해진 스님을 만나 괜스레 번잡스러워지느니 차라리 혼자 해보겠다며 독학을 하기로 작정했다. 마음 가는 곳에 길이 있다고 마침 우리가 사용하는 현대적인 어휘로 정리해놓은 불교 서적들을 접할 수 있었다.

영국 학자들이 인도를 점령했던 시절 석가모니의 가르침에 매료되어 그들이 서양 사회에 소개한 불교는 위력에 대한 찬탄이 아니라 논리적으로 전개되었다. 특히 스리랑카의 불자 출판협회(BPS)에서 간행한 불서 및 논문들은 치우치지 않아 깔끔하였고, 그것들을 번역한 게 한국에서도 나오고 있었다.

전에 접했던 경전이나 불교 책자들은 중국을 거쳐 우리나라에 전래된 북방불교로서 중국 특유의 현란함과 과장됨이 많았다. 이런 것들에 비해 선희가 접한 책자들은 가능한 한 초기형태의 불교를 그대로 유지하고자 하는 남방불교의 것들이었다.

같은 불교인데도 북방불교와 남방불교 간에는 큰 차이가 있었다. 동북부 아시아지역으로 전파된 북방불교에서는 대승불교라고 하여 이타행을 강조하며 진아(眞我)를 찾도록 하는 돈오(頓悟)를 중시하였다. 특히 화두를 가지고 탐구하는 선불교를 꽃피운 듯했다. 이러한 대승불교를 받아들인 한국 불교는 호쾌한 특성이 강한 선불교로 지나치게 관념화되면서 어수선해지지 않았나 싶다.

이런 것에 회의하기 시작한 일부 사람들은 기본을 철저히 해야 한다는 자성의 소리를 내면서 석가모니 가르침을 원래대로 보존하고자 노력해온 남방불교에 관심을 기울이기 시작했다. 초기불교라고도 일컬어지는 남방불교에서는 철저한 수행, 즉 정진력을 증진해 사물의 실상을 보도록 하는 지혜를 강조하였다. 몸과 마음에 와닿는 대상을 있는 그대로 바라보는 관법(위파사나) 수행을 하노라면, 어떤 것이든 주체 없이 단지 변화하는 과정만 있을 뿐이라는 것을 알게 된다고 하였다. 즉, 사물의 실상을 철저히 봄으로써 아무것에도 집착하지 않는 자유로움에 이른다는 것이다.

선희는 부처님의 위용이나 가피와 같은 것들을 배제하고 엄격한 이치로 설명하는 것에 역점을 둔 초기불교에 끌렸다. 대 자유라는 깨달음에 이르려면 일단 지혜가 계발되어야 한다며 체계적인 수행법을 제시하고 있으므로 차근차근 따라가면 될 것 같았다.

초기불교에 대한 책자를 구입해 꼼꼼히 읽어가며 선희는 불교의 기본골격을 잡아갔다. 방대하게 여겨지는 불교인 만큼 이러한 작업부터 해야 할 것 같았다. 그리하여 고(苦), 집(集), 멸(滅), 도(道)라고 하는 네 가지 진리, 즉 사성제(四聖諦)를 근간으로 불교의 전반적인 내용을 살펴보기 시작했다.

모든 게 변화하는 과정에 있는 연유로 그 자체가 불완전하고 고단하다는 의미의 고성제(苦聖諦), 그렇게 고(苦)를 이루는 이유는 갈애나 집착과 같은 것들이 연기를 통해 생성되기 때문이라는 집성제(集聖諦), 그러한 고통을 넘어서려면 갈애나 집착이 나타나는 것을 완전히 소멸하면 된다고 하는 멸성제(滅聖諦), 열반이라고 일컬어지는 이런 완전한 상태에 이르기 위해 실천적 수행 방법으로 여덟 가지 항목인 팔정도를 망라하는 도성제(道聖諦), 이것들을 하나하나 연결해감에 따라 불교가 일목요연하게 눈에 들어왔다. 즉, 불교에서는 갈애와 같은 집착으로 인해 고달픔이 펼쳐지기 때문에 고통을 완전히 벗어난 평온함에 이르기 위해서는 실제적인 수행을 해야 한다는 것이다.

불교에서 말하는 존재의 실상은 이렇게 정리되는 것 같았다. 이 세상 어떤 것도 고정되지 않고 다 변화한다는 무상(無常), 그러한 변화 도상에 있는 것들은 완전하지 않기 때문에 불만족에 기인한다고 하는 고(苦), 그리고 그 어느 것에도 영원불변하는 영혼이니 자아니 하는 것과 같은 실체가 없다는 무아(無我)를 철저히 앎으로써 그 어디에도 매이지 않는다는 것이다. 다시 말해, 이 세상에 존재하는 그 어느 것도 영원하거나 불변하는 것은 없고, 단지 이런저런 원인과 조건에 의지해(緣起) 생성되는 현상의 흐름만이 있을 뿐이라고 하는 듯했다.

이것을 철저히 깨달았을때 어디에도 매이지 않는 대자유를 획득한다는 것이다.

33. 쥐구멍이라도 찾고픈 선희

관구장 신부가 요한의 거취 문제를 참사위원회에 넘기자, 위원들은 상담을 받는 과정에 있는 사람을 왜 새삼 거론하고자 하는지 의아해하며 관구장 신부가 요한에게 재충전의 기회를 주고자 그렇게 밀어붙이는 것으로 이해했다. 그렇게 관구장 신부가 매끄럽게 접근하는 통에 아무도 토를 달지 않았고, 그렇게 하여 요한은 2년 휴직을 하는 것으로 결정되었다.

관구장 신부는 요한에게 수도회와 연결 닿는 곳에서 2년을 지내는 게 좋겠다고 말했다. 수도회에서는 징계를 받거나 휴양해야 하는 사제들을 위한 장소를 아직 가지고 있지 못했기 때문에 본인이 원하는 장소가 있으면 그곳으로 갈 수 있다고 하였다.

"어디에 가서 지내고 싶은가?"

"글쎄요…."

저번에 대충 들은 바가 있어 그렇게 되리라고 짐작했던 요한은 무덤덤하게 대꾸하였다. 징계를 받는 자인데 머물 곳을 알아서 결정하라고 하니 그것도 막연했다. 이미 머리가 희끗희끗하기 때문에 아무데나 갈 수도 없는 게 현실이었다. 한국 사회에서는 노인에 대해 그 나이에 걸맞은 대접을 해주어야 한다는 인식이 팽배해있어 운신하기가 그리 자유롭진 않기 때문이다.

순간적으로 요한은 '몇 척 되지도 않는 이 몸뚱이 하나 뉠 곳이 하늘 아래 그렇게도 없는가!' 하는 생각에 피식 웃음이 터져 나왔다. 그동안 가난했어도 의식주에 대해서는 아무런 걱정 없이 살아왔다는 사실이 새삼 감격스러웠다.

이렇게 만감이 교차하여 어정쩡한 표정을 하는 요한을 향해 관구장 신부가 물었다.

"그래, 휴직하는 동안 무엇을 하며 어떻게 지내고 싶은가?"

"주님을 다시 찾아야겠지요. 부끄러운 말이지만 언제부터인가 주님은 제게 관념의 대상이었지 생생하게 살아계신 분이 아니었습니다. 그러니까 타성에 젖어 주님의 종노릇도 제대로 하지 못했지요."

"그래서 주기적으로 피정을 하도록 규정하고 있지만, 매 순간 치열하게 거듭나지 않으면 타성에 젖게 마련이지. 비단 자네만 그런 것은 아니고…."

"제가 가서 근신하며 지낼만한 곳을 알고 계십니까?"

"글쎄, 미사를 집전하며 머무를 수 있는 수녀원이나 기관 같은 쪽으로 가는 게 좋겠는가, 아니면 홀로 지내고 싶은가?"

"초심으로 돌아가 다시 시작할 수 있도록 홀로 있었으면 합니다."

"알았네. 한 번 찾아보도록 하지."

막상 관구장 신부와 그런 이야기를 나누고 나니까 수도회를 떠난다는 게 코앞에 다가왔다는 사실을 실감했다. 그러면서 맞이하는 감정은 야속하게도 두려움이었다. 그동안 환속하겠다고 큰소리쳤는데 그

것도 허세임이 역력히 드러나는 통에 뭐라고 표현하기 어려운 위축
감에 입맛이 썼다.

　요한은 상담을 받으러 와서 선희에게 이렇게 말했다.

　"사람이 갈대라고는 하지만 저 자신의 가벼움에 환장하겠어요. 환
속하겠다고 큰소리를 팡팡 칠 때는 언제고 막상 떠날 때가 되니까,
'이 나이에 어디로 가지?' 하며 더럭 겁을 내는 거예요. 이토록 가볍
기 짝이 없는 제가 과연 사람 구실 하며 살 수 있을까요?"

　"또 자기를 쥐어뜯으시는군요."

　"곧 나가야 하는데 아무것도 모르겠습니다. 자신을 벌해야 한다고
나대던 인간의 꼬락서니가 이게 뭡니까? 이 존재의 가벼움이란…."

　꼬락서니라는 다소 거친 표현을 써가며 자신을 몰아붙이는 요한,
점잖은 모습을 취하려 할 때보다 훨씬 인간적으로 보이긴 하지만 초
라함을 보는 듯해 짠했다. 그리하여 선희가 잠자코 애틋하게 심정으
로 지켜보자, 요한은 자신을 쥐어뜯던 마음을 다소 누그러트리면서
자기는 어려서부터 유달리 겁이 많았다고 하였다. 형제들은 떼를 쓰
거나 자신의 잇속을 차리기 위해 슬쩍슬쩍 거짓말을 하였지만, 자기
는 그러지 못하는 대신 잘 삐쳤다고 하였다. 여자로 태어났어야 마땅
했던 인물이 바로 자기라며 요한은 너털웃음을 지었다. 그런 다음 국
면을 달리해 말했다.

　"2년 동안 휴직하는데, 그 기간에 거듭나지 않으면 미래가 없다고
봅니다. 그래서 치열하게 원점에서 다시 시작하려고요."

　선희는 고개를 끄덕이며 생각했다. 명희의 출현으로 혼란에 빠진
그를 더더욱 도와야 마땅한데, 도리어 상담을 중단해야 하니까 무거

울 따름이었다. 그러나 어쩌겠는가, 마지막 순간까지 상담자로서 할수 있는 최선을 다하는 수밖에 없었다.

"치열하게 원점에서 다시 시작한다고 말씀하셨는데, 무엇을 어떻게 하실 참이지요?"

"무엇보다 내가 누구인지, 주님이 어떤 분인지, 나아가 그분과의 관계를 다시 정립하지 않으면 안 될 것 같습니다. 더는 이런 식으로 이도 저도 아니게 살 수가 없단 말입니다."

"… 아주 본질적인 문제에 도전하지 않으면 안 된다는 말씀이시군요."

"선생님도 제가 저 자신에 대한 확립을 분명히 해야 한다고 말하지 않으셨던가요?"

"제가 자신을 확립해야 한다고 그렇게 어려운 말을 했던가요?"

선희가 이렇게 되묻자, 요한은 고개를 갸우뚱하며 대꾸하였다.

"정확히 그렇게 말씀하신 것은 아니고, 저의 주체성이 확립되어야 쉽게 흔들리지 않는다고 말씀하셨던 것 같습니다."

"그래요. 자기를 주장할 수 있는 주체성을 가져야 덜 휘둘리지요."

이렇게 선희가 응수하자, 요한이 다시 물었다.

"그런데 어떻게 해야 주체성을 확립한다고 여기십니까? 그동안 상담을 하시면서 제게 이러한 작업을 했었나요?"

요한의 이런 질문 속에 옅게나마 도전하는 게 묻어나와 선희는 정신을 바짝 차렸다. 그렇게 질문하는 것으로 보아 그의 심적 상태가 편치 않음을 감지하며 자칫 대립할 수 있겠다 싶어 조심하였다. 아무튼 그는 아직도 상담이 상담자와 주거니 받거니 하는 과정에서 자신의 감정이나 생각을 포착하고, 표현하고, 나누는 것을 거치며 자신감을 얻어 가는 과정이라는 것을 잘 모르는 것 같았다. 그리하여 선희는 요한의 이해를 돕기 위해 상담에 관해 설명하였다.

"사람은 다른 동물과 달리 성장하는 기간이 길어 장시간에 걸쳐 의존하게 마련입니다. 그래서 원만한 성장을 위해서는 양육자와 탄탄한 애착 관계를 맺는 게 필수입니다. 그런데 양육과정에서 그러한 관계를 경험하지 못하면 불안하게 마련이지요. 그런 불안을 지닌 상태에서 계기를 만나면 갈등이나 문제를 일으키게 되는데, 바로 그것이 부적응이라는 결과입니다."

"그것은 이해하였고, 제가 궁금하게 여기는 점은 그것을 상담에서 어떻게 돕느냐 하는 것입니다."

선희는 요한이 이해한다면서 그러한 점을 어떻게 돕느냐고 묻는 것에 갸우뚱했다. 그리하여 혹시 각도를 달리해 설명하면 그가 이해를 할 수 있을까 하여 이번에는 상담의 진행 과정에 관해 설명하기 시작했다.

"상담자는 내담자가 당면하고 있는 문제를 구체화한 다음, 그것을 일으킨 안과 밖의 상태나 자극을 찾아 본인에게 이해시켜 그것에 대한 대비책을 마련하도록 하지요. 그런데 사실 이러한 작업보다 더 중요한 것은 내담자가 스스럼없이 자기에 대해 표현하거나 수용 받는 경험을 통해 자신의 감정이나 생각이 부당하지 않다는 믿음을 생성하는 것입니다. 이러한 작업은 상호작용 속에서 이루어지기 때문에 상담의 본질을 관계 체험이라고 합니다."

"… 알 것 같으면서도 명확하게 와닿지 않네요."

요한의 이러한 말에 선희는 어떻게 하면 그가 선명하게 이해할 수 있을까를 궁리하며 또다시 설명해주었다.

"상담자가 공감이나 분석을 해주면, 내담자는 그것에 힘입어 정화나 자각을 이룩해나갑니다. 하지만 이런 것들은 어디까지나 표층에서 이루어지는 작업이고, 본질은 인간관계에 대한 체험입니다. 자기를 수용해주는 과정에서 중심을 세우고 마침내 나라는 주체성을 확립하는 것이지요. 그러면 웬만한 자극이 와도 버티는 힘을 가질 수 있다고 봅니다."

"그런데 선생님이 보시기에 저는 그러한 도정에서 얼마나 달성했습니까?"

이러한 질문을 받고 선희는 하던 말을 멈추었다. 이제 겨우 초기 단계를 마치고 중기로 들어설 즈음이라는 것을 솔직히 말해주는 게 바람직할지, 아니면 좀 더 긍정적으로 격려해주는 위로의 말이 더 좋을지를 궁리하다가 선희는 요한에게 묻는 식의 질문을 던졌다.

"문 신부님 자신은 어떻게 느끼셨어요? 객관적 사실보다 주관적 지각, 즉 본인이 어떻게 느끼는지가 중요하니까요."

"글쎄요⋯. 저를 쭉 훑어보면서 산발적인 것들이 '아, 이것이 이런 의미였구나!' 또는 '이런 맥락에서 그런 말이나 행동을 했던 것이구나.' 하는 식으로 정리되어갔던 게 사실입니다. 하지만⋯."

"하지만 어땠다는 것입니까? 무엇이 미진하다는 것인지 말씀해주시겠어요?"

"어떻게 표현해야 할지 잘 모르겠습니다만, 상담이 마음의 안정 이상을 도모할 수 있을지 의문입니다."

그렇게 말하는 요한을 보고 선희는 순간적으로나마 짜증스러움을 느꼈다. 그가 땀 흘리고 사는 사람이 아니라 관념에 치우쳐 사는 사제라는 점을 다시금 확인하는 듯했기 때문이다. 그동안 많은 사람을 상담하면서 느꼈던 점은 본인이 직접 경작하듯 땀을 흘리며 사는 사람들은 상담을 받으면서 어느 정도 중심을 잡으면 그것으로써 만족감을 나타낸다. 그런데 정신적인 것에 치우쳐 사는 사람들은 상담을 통해 어느 정도 안정을 이루면 꼭 그 이상을 운운하며 따지려 든다. 정말 그 이상을 중시하며 추구하기 때문인지, 아니면 상담을 받았다는 사실에 자존심이 상해 그것을 만회하려고 하기 때문인지 알 길은 없으나 대체로 그러한 경향을 띠었다. 그리하여 선희는 애써 짜증을 누르고 요한이 어떤 배경에서 그러한 질문을 던지는지 살폈다.

"신부님께서 상담에서 마음을 안정시키는 그 이상을 과연 얻을 수 있느냐고 물으셨는데, 신부님께서는 말씀하시는 그 이상이란 게 어떤 것입니까?"

막상 선희가 이렇게 되묻자, 요한은 잠시 주춤하다가 입을 열었다.

"그 이상이란 것을 어떻게 표현해야 할지 잘 모르겠습니다만, 얼마 전에 선생님께서 삶의 허무에 대해 말씀하셨던 게 주체성 확립과 어떻게 연결되는지 알고 싶습니다."

요한이 이렇게 언급하자, 선희는 의아해하며 말했다.

"제가 삶의 허무에 대해 말했다고요? 아, 그런 뜻이 아닌데….'

그러자 요한은 자기가 잘못 알아듣고 오해를 하였나 하여 당황했다. 그래서였는지 요한은 물을 한 컵 따라오겠다고 말하며 얼른 상담실을 나갔다.

잠시 후 다시 마주한 두 사람은 서로 긴장하였다. 선희는 그동안 심심찮게 거론되었던 종교적 마찰이 허무라는 주제로 건드려지고 있음을 직감하였다. 상담에서의 목표와 종교에서의 목표가 포괄적으로는 안녕으로 일치된다고 해도 추구하는 수준은 다른 게 분명하다. 전자에서는 현실적인 안정이나 적응을 목표로 하지만, 후자에서는 그러한 것의 주체인 자기를 넘어서는 것에 방점을 두는 것이지 싶었다.

요한이 이러한 공통점 및 차이점을 모를 리 없을 텐데, 굳이 이 시점에서 그 둘을 대립해보려는 게 무엇을 반영하는지 선희는 생각해보았다. 그가 그런 질문을 던지는 것은 뭔가 심사가 뒤틀려 있다는 방증, 즉 평소 가지고 있던 사제라는 위상에다 상담자가 불교적 관점을 가진 사람이라는 사실에 관한 불편함을 터트리는 게 아닐까 하였다. 아울러 요한에게 불교 용어인 무아(無我)를 왜 언급하여 이런 갈등을 생기게 했는가 하고 후회하였다.

자신이 고 교수와의 불륜으로 또는 민준에 대한 애착으로 한창 괴로워할 때 상담에서 중시하는 주체성이란 말은 막연했다. 존재의 중심성을 의미하는 그런 표현보다는 존재의 중심에 '나'가 있으므로 이 세상을 '나'와 '나 아님'이나 '내 것인 것'과 '내 것이 아닌 것'으로 양분하고, 그래서 번뇌와 고통을 자초한다는 의미가 훨씬 폐부에 와 닿았다.

그리하여 불교를 가까이하니, '나'라는 게 오온(五蘊, 즉 물질(色), 느낌(受), 지각(想), 의욕(行), 의식(識))이라고 하는 다섯 무더기가 합쳐진 것에 불과하다고 하였다. 나라는 게 기실 그런 조합에 불과하기에 그 어디에도 '나'라고 가정(假定)할 만한 궁극적 실체가 없다는 주장은 신선한 충격이었다. 즉, '내 것인 것'과 '내 것이 아닌 것'도 한낱 미망에 불과하다는 것을 알았다.

그때부터 진정으로 고통을 여의기 위해서는 가상에 불과한 '나'라는 관념을 벗어던져야 한다고 생각하기 시작했다. 그렇게 하여 무아

(無我)임을 분명하게 체득하면 비로소 구별 짓는 마음을 넘어설 수 있을 것 같았고, 그러면 더는 괴로워할 게 없을 것 같았기 때문이다.

그 후 자기는 이러한 이치를 자신의 고통에만이 아니라 상담상황으로까지 그 적용 범위를 넓혀가고자 하였다. 상담에서 내담자들에게 무아를 이해시킨다면, 고통을 극복하거나 마음의 안정을 얻는 데 효과적일 것이라고 믿었다. 그래서 자기는 요한에게 현실적인 안정을 꾀하는 수준에서 정체성을 확립해야 한다고 말하였고, 그 이상으로 좀 더 근본적인 안정을 추구하려면 '나'라고 하는 관념을 넘어서야 한다고 말했었다. 그런데 요한은 세속적 목적과 탈세속적 목적을 위계적으로 생각지 않고 평면적으로 여겨 혼란을 초래하는 것 같았다.

"신부님께서는 현실적인 적응을 넘어 좀 더 철저한, 즉 최종적인 안정을 희구하세요?"

"글쎄요. 제가 철저한 안정을 원하는지는 잘 모르겠습니다. 어쨌든 거듭나지 않으면 안 되는데, 선생님께서는 제가 이 시점에서 어떻게 해야 한다고 보십니까?"

이러한 질문에 선희는 그래도 요한이 사제이니까 좀 더 깊은 것을 원할 것이라고 여겼다. 그리하여 평소 생각하던 바를 말했다.

"자기를 넘어서는 방법에는 크게 두 가지가 있는 것 같아요. 하나는 절대자에게 자신을 내맡기면서 자신을 비워가는 것이고, 다른 하나는 '나'라는 본질을 철저히 직시하며 삼독(三毒)이라고 하는 탐욕(貪), 분노(瞋), 어리석음(痴)에 휘말려 들어가지 않도록 하는 것이라고 봅니다. 제가 저번에 신부님에게 말씀드렸던 무아(無我)는 허무를 지칭하는 게 아니라 '나'에 천착함으로써 비애, 번뇌, 고통 등을 겪게 되니까 그것을 넘어서자는 취지에서 말씀을 드렸던 것입니다."

자기가 잘못 이해했다는 사실에 이미 무안해졌던 터라 요한은 상담자가 하는 말을 주의 깊게 듣는 자세를 취하며 진지하게 물었다.

"무아(無我)라는 게 대체 무엇입니까?"

이러한 질문을 받은 상담자는 마치 요한이 제대로 물었다는 듯이 반기며 대답하였다.

"불교에서는 이 세상의 어느 것도 완전하지 않고 시시각각 변화하는 것으로 봅니다. 붓다께서는 '나'에 불변하는 영혼이니 신성이니 하는 것들은 없고, 다만 오온(五蘊)이라고 하는 다섯 종류의 무더기들이 결합해 나를 잠시 이룰 뿐이라고 설파하셨지요. 이렇게 불교에서는 모든 게 변화하고, 변화하는 그 자체가 불완전하고, 그러므로 어느 것에도 영속하는 실체는 없다고 합니다. 즉, 무아(無我)라는 것은 불변하는 실체는 없다는 뜻으로 쓰이고 있습니다."

"그러면 영혼도 없다는 말씀입니까?"

"영혼을 포함해 나라고 믿을 만한 게 아무것도 없고, 단지 변화하는 과정에서 나타나는 일시적인 구조물을 사람들은 보통 나라고 여긴다고 합니다. 그것을 철저히 이해할 때 집착을 넘어설 수 있고, 그렇게 함으로써 고통이라는 것을 완전히 극복할 수 있다고 말합니다."

선희의 이러한 설명에 요한이 즉각 치고 나오듯 큰 목소리로 말하는 것이었다.

"고난에 휩싸여 있는 우리 인간은 그러한 고통을 벗어나고자 구원을 갈구했고, 그래서 구원자로 예수님이 출현하신 것 아닙니까?"

느닷없이 이렇게 맞받아치는 요한, 졸지에 정면충돌이 일어난 것이다. 요한이 그 시점에서 그렇게 반응하리라고 예상하지 못한 선희는 순간적으로 말문을 닫았다.

"…"

자기 딴에는 요한을 위해 열심히 설명한다고 했는데, 느닷없이 한 대 얻어맞은 선희는 잠시 멍하니 있었다. 그러자 큰 목소리를 내었던 요한도 놀랐는지 가만히 있었다.

"…"

전혀 예상치 않게 정면충돌을 하고 만 두 사람은 모두 입을 닫고 무겁게 앉아 숨만 쉬었다. 한순간에 모든 것들이 정지해 있었다.

이런 가운데 선희는 비로소 요한의 상태가 불안정해 어떤 것도 받아들일 마음 태세가 아니었는데, 그것을 간과하고 마냥 설명하다 이렇게 되고 말았다고 자책했다. 어느 순간이든 내담자의 상태에 철저히 깨어있어야 하는 상담의 기본을 놓치고, 자신이 아는 불교 지식을 마구 펼치다 철퇴를 맞은 것이다. 이러한 생각이 들면서 선희는 그야말로 쥐구멍이라도 찾고 싶을 정도로 부끄러웠다.

요한 역시 선희가 열심히 말을 하고 있는데 거기다 찬물을 끼얹듯 까칠하게 굴었던 자신이 부끄러워 고개를 들지 못했다. 어쨌든 자기를 위해 최선을 다하고자 하는 사람에게 감사는커녕 느닷없이 예수님이 고통받는 우리 인간들을 위해 출현한 것 아니냐고 치받았으니!

그렇지만 영혼조차 거부하는 불교에 거부감이 드는 게 사실이었다. 삶이 '나'로부터 출발하는데 그것을 부정하면 어쩌란 것인지…. 도무지 이해도 되지 않을뿐더러 머리가 횡횡 돌았다.

상담을 마치고 일어나면서 요한의 마음은 찝찝하기 그지없었다. 곧 수도회를 떠나므로 상담자를 만날 기회도 별로 없는데 이렇게 엇나가고 말았으니 영 속이 불편했다.

선희가 느끼는 낭패감은 이루 다 표현하기 어려울 정도였다. 요한의 현 상태를 명료하게 직시했어야 하는데 그것을 등한시하고, 자신이 이해하고 있는 바를 펼쳐놓기에 여념이 없었다는 사실이 부끄러웠다. 더욱이 정신적인 가치에 치중해 있는 사람들은 틈만 있으면 개념적이고 관념적인 대화를 즐긴다고 질색하였는데, 그런 것을 싫다고 하던 본인은 한 수 더 떠 그런 모습을 유감없이 보였으니 기가 막혔다.

설익은 자신의 수준을 그보다 더 적나라하게 펼칠 수 없다고 여긴 선희는 본인을 위해서도, 상담자라는 본분을 위해서라도 더는 그렇게 지낼 수 없다는 생각에 꽂혔다. 어떻게 다 말로 표현할 수 없을 정도로 참담하였기 때문이다.

34. 요한과 스님, 진부령에서의 교류

요한이 찜찜한 마음으로 수도회로 돌아오니 사무실에 감자를 담은 상자가 배달되어 있었다. 발송인은 예전에 수도회에서 허드렛일하다 원래부터 잘 들리지 않던 귀가 점점 악화하는 바람에 이곳마저 떠났던 사람이다. 고향으로 돌아간 비오는 소아마비로 불편을 겪는 여자와 결혼하여 처가가 있는 진부령으로 가서 농사를 짓고 있었다. 이러한 그는 간간이 수확한 농산물을 수도회로 보내주곤 했다.

문득 요한은 비오에게 연락을 취해보고 싶었다. 자기보다 10살 아래였던 그는 자신을 잘 따라주었던 사람인데 차라리 그가 사는 인근으로 가서 지내보는 게 어떨까 하는 생각을 하였다.

관구장 신부에게 그러한 뜻을 밝히자, 관구장 신부도 요한이 낯선 곳으로 가서 지내느니 비오가 있는 근처에 가 있을 수 있다면 좋겠다고 여겨 곧바로 그에게 연락해보았다. 마침 인근에 움막 같은 오두막을 짓고 살던 사람이 그곳을 뜨게 되었다며 그 집을 사용할 수 있는지 알아봐 주겠다고 비오는 알려주었다.

다음 날 그곳에서 지내는 게 가능하다는 전갈을 받은 요한은 내려가서 살펴보고 말고 할 것도 없이 곧바로 짐을 쌌다. 모든 게 숨 가쁘도록 한순간에 이루어졌다.

수도회를 떠나기 전날 요한은 선희에게 연락을 취했다. 예상보다 갑작스럽게 떠나게 되었다며 서울에 올라오는 대로 다시 연락을 취하겠다고 말했다. 지난 반년 동안 자기를 상담하느라고 수고했는데 직접 작별 인사를 할 사이도 없이 떠나서 미안하다고 하였다.

상담자와 통화를 마친 요한은 지난 몇 달 동안 누군가에게 그렇게 자신을 열어 보일 수 있었다는 게 새삼스러웠다. 특히 여자에게 그렇게 하리라고는 생각지도 못했는데 그런 일이 이루어졌던 것도 신기했다.

하지만 지난 시간에 상담자가 불교에 관해 말할 때, 예수님의 출현이 우리를 고난에서 구원하고자 한 것이 아니냐고 쏘아붙였던 장면이 떠올라 얼굴을 붉혔다. 그렇게까지 쳐내듯 반박할 필요가 있었는가 하여 찝찝한 마음이지만, 왠지 상담자가 가톨릭보다 불교를 한 수위로 여기는 것 같아 불편했다.

마음만 먹으면 상담자를 만나고 떠날 수도 있었지만, 그런 복잡한 마음이어서 굳이 만나도 시원할 것 같지 않았다. 만났다가 또다시 똥

딴지같은 말을 할까 봐 겁이 나기도 해 '다음에 만나 차분하게 말하는 게 낫지!' 하는 생각으로 다소 마음에 걸리긴 해도 그냥 떠나기로 했다.

비오가 사는 곳은 설악산 북쪽 진부령 근처였다. 비오가 청력이 악화해 고향으로 내려오자, 고모는 소아마비를 앓아 결혼을 미룬 아가씨를 소개해주었다. 그들은 결혼해 처가 근처에서 딸 한 명을 낳고 살았다. 놀라운 사실은 귀가 들리지 않음에도 불구하고 비오는 상대가 말할 때의 입 모양을 보고 어느 정도 말을 하며 지낸다는 사실이었다. 엄청나게 노력한 결과라고 하였다.

비오가 안내해준 곳은 마을과는 좀 떨어진 산자락에 있는 오두막집인데 불과 2주 전까지만 해도 사람이 살았다고 한다. 당도해 보니 깔끔한데다 비오가 서둘러 필요한 물품을 갖춰놓은 덕택에 지내기에 아무런 불편이 없었다. 환속을 생각했을 때만 하여도 떠돌이 식의 삶을 염두에 두었는데, 그에 비하면 그곳의 생활은 예상치 못한 호사였다.

2~3주 지나면서 피부에 와닿는 어려움은 의식주가 아니라 온종일 입 한 번 벙긋할 수 없는 적막함이었다. 다른 사람들처럼 농사를 짓는 것도 아니고 수행납자처럼 면벽하는 것도 아닌 하루하루가 여간 길고 무료한 게 아니었다. 그러지 않아도 잠시도 가만히 있지를 못하고 뭔가를 조몰락거리는 사람인데 거기서는 할 수 있는 게 아무것도 없었다.

견디기 어려워 주위를 훑듯이 돌아다니다가 5~6km 떨어진 산기슭에 작은 암자가 있는 것을 발견했다. 작은 법당 한 채와 두서너 명 거주할 수 있는 요사채가 전부인 그곳은 양지바른 곳에 자리를 잡아서 그런지 제법 아늑했다. 요한은 거기라도 다녀와야 하루가 덜 지루할 것 같아 한두 번 다니다 보니 어느덧 매일 그곳을 둘러보게 되었다.

매번 나타났다가 표주박으로 물이나 한 모금 떠 마시고 돌아가는 요한을 그곳에 사는 스님이 눈여겨보기 시작했다. 그 스님 역시 사람을 피해 그곳에 와 치유 중인 사람으로 좀처럼 말을 걸지 않고 멀리서 주시하기나 할 뿐이었다. 그러다 어느 날 스님이 먼저 말을 건넸다.

"처사님은 어디에 계시기에 매일 이곳을 들르십니까?"

스님의 발음이 새듯 다소 어눌하게 들렸는데, 사람의 목소리를 그리워하던 요한은 그러한 질문이 반가워 웃음 지었다. 그렇게 하여 스님과 한두 마디씩 말을 트기 시작하였는데, 40대 후반으로 보이는 스님은 자기를 법현이라고 소개하며 요한에게 차라도 한잔하고 가라고 권했다.

요한이 사제라는 것을 알게 된 법현 스님은 반가워했다. 암자를 찾는 신도도 드문데다가 있다 해도 거의 다 나이 든 할머니들이었던 까닭에 법현 스님 역시 사람을 피하면서도 다른 한편으로는 그리워하고 있던 차였다. 종교는 달라도 같은 남자인데다 사제라면 정신세계를 중요하게 여기는 사람일 테니 그런대로 통하리라 믿었다.

두 사람 다 서로 종교가 달라 되도록 종교에 관한 이야기는 피하려했다. 잘못 말했다가 행여 말벗을 잃게 될까 봐 조심했다. 사람들이 나이 들어가면서 어린애처럼 자신이 잘났다고 고집하진 않아도, 자기가 지지하는 정당이나 종교로써 여전히 자기를 내세운다는 것을 그들은 알고 있었다. 하지만 시간이 흐름에 따라 누가 먼저랄 것도 없이 자신의 배경을 하나둘 말하게 되면서 자연히 종교에 관한 이야기도 나누게 되었다.

법현 스님의 은사는 제법 이름이 나 있는 수행자라고 하였다. 중국의 유명한 선사인 조주 스님이 '개에게는 불성이 없다(無).' 했는데, 어째서 없다(無)고 했는지를 탐구하는 무자 화두를 은사 스님에게서 하사받았다고 하였다. 처음에는 자신도 열심히 화두를 들며 운수납자로서 참선에 매진했다고 하였다. 하지만 수많은 사형 사제들이 화두를 들고 밤낮으로 씨름해도 뻥뻥대는 배포나 키웠지, 늘 제자리에서 맴도는 것 같았다고 하였다.

꽉 막힌 은산철벽을 뚫어내는 대오각성(大悟覺醒)을 이루려면 좀 더 힘을 길러야 할 것 같았단다. 그리하여 정진력을 키울 요량으로 일종의 기공 수련을 도입하였는데, 그런 것을 안 은사 스님이 전통적인 탐구 방법이 아니라며 못 하게 말렸다고 한다. 그래도 성급한 마음에 몰래 기공 수련을 하다 상기되는 바람에 왼쪽 머리 쪽으로 기가 터져 반신불수가 되었다고 했다.

은사의 말을 거역하고 나름대로 편법을 도입해 수행하다 사고를 맞았기 때문에 법현 스님은 숨어 지내듯 떠돌며 지냈다고 하였다. 이러한 자기를 딱하게 여긴 사숙뻘 되는 스님이 이곳 토굴에서 지내라고 하여 5년 전부터 와 있단다. 그동안 많이 회복되긴 하였어도 아직 몸의 반쪽이 시원찮아 발음이 정확하지 않다는 것이다.

요한도 자신에 대해 간략하게 해외선교를 하면서 구원자이신 예수님에 대해 절실함을 잃어 재충전하는 차원에서 이렇게 휴식하게 되었다고만 말했다. 주님을 만나는 영적 체험을 갈구하고 있다며 2년이라는 기간을 마치는 대로 수도회로 돌아갈 참이라고 덧붙였다.

어느 날 법현 스님은 그곳에서 조금 더 위쪽에 있는 간성에 가면 신을 만났다고 하는 사람들의 모임이 있다며 언제 한번 가 보자고 하였다. 신을 만난 사람들의 모임이라는 말에 요한이 갸우뚱하며 그게 어떤 것이냐고 물었다. 그러자 법현 스님은 자기 나름으로 열심히 설명해주는데 아무리 들어도 무슨 말인지 선명하게 와닿지 않았다.

법현 스님도 우연히 그런 모임을 알게 되어 몇 차례 들른 적이 있다고 하였다. 그 모임의 대장 격인 사람이 몇 해 전에 서울에서 파란만장한 생활을 정리하고 그곳에 와 자리를 잡았다는 것이다. 그러고는 일 년에 몇 차례씩 그곳에서 정기모임을 개최하는데, 거기에 오는 회원들이 자신이 경험한 신에 관한 이야기를 나누며 서로의 영적 성장을 도모한다고 하였다.

신을 체험한 사람들의 모임이라…. 신을 섬기는 사제이지만 왠지 석연치 않다는 느낌이 들었고, 어찌하여 스님이라는 사람이 그런 모임에 관심을 두는지 요한은 그게 더 궁금해 이렇게 물었다.

"불교에서는 창조주를 거부하며 무아(無我)를 주장하지 않던가요? 부처님을 따르는 스님께서는 신의 존재를 인정하지 않을 텐데 어찌하여 그런 모임에 관심을 기울이는지 궁금하군요."

요한이 이렇게 말하자, 법현 스님은 요한이 불교에 대해 어느 정도 안다고 여겼는지 힐긋 쳐다보고는 진지하게 설명하였다.

"나라는 게 오온(五蘊)의 조합에 불과해 주체가 없는 공(空)이라고 합니다만 그것은 너무 고차원적이지요. 불교를 따른다는 것은 업(業)을 믿는 사람이라는 말인데, 참된 나라고 하는 진아(眞我)가 있느냐 없느냐 하는 문제에서 의견이 분분합니다. 선불교에서 공(空) 사상을 강조하면서도 업을 짓거나 그 과보를 받는 진아를 찾으라고 하여 헷갈리기는 합니다만, 저는 윤회를 이어가는 식(識)이라는 게 있다고 봅니다. 가톨릭이나 개신교에서 말하는 신성이 바로 그것이 아닐까 합니다. 저 역시 그것을 영적 체험을 한 경험이 있는데 그 순간 그 어느 것과도 견줄 수 없을 정도로 환한 광명에 눈부셨지요. 다시금 그러한 경험과 하나가 될 때 진아를 찾을 수 있을 것 같습니다."

요한은 법현 스님이 하는 말을 들으며 뭐가 뭔지 헷갈렸다. 불교에 대해 잘 모르긴 하지만 거기서는 창조주라는 의미의 신을 인정하지 않기 때문에 불멸하는 영혼이니 자아니 하는 것 자체를 거부하는 것으로 알고 있기 때문이다. 그런데 법현 스님이 진아와의 합일을 갈구한다는 게 뭔가 이상했다. 아무튼 법현 스님의 그러한 말을 들으니까 신을 만났다고 하는 모임에서 혹시 그 의문점을 풀 수 있을까 하는 기대가 전혀 없는 것도 아니었다.

이야기를 들어볼수록 법현 스님은 깨달음이라는 것을 한순간에 깨치는 돈오(頓悟)라고 여기는 듯했다. 그러면서 전통적인 참선으로는 그것을 이룩하기 어렵다며 그는 좀 더 나은 방법을 찾고 있었고, 그 방안으로 기공 수련을 도입했던 것이지 싶었다. 즉, 나름의 절충방안을 모색하고 있는 것 같은데, 절충이라는 게 어느 정도까지는 도움을 줄지언정 그 자체가 지닌 결함 때문에 한계를 보인다는 게 요한의 생각이었다. 위대한 정신적 전통일수록 각각 독립된 기법들이 서로 긴밀하게 연결되어 전체로서만 완전한 틀을 이룬다고 보기 때문이다. 그뿐만 아니라 각 수행 체계들은 각기 다른 진리관 위에 세워져 있으므로 서로 상보관계를 이루기란 여간 어려운 게 아니라고 요한은 여겼다.

그리하여 요한이 절충주의가 가진 함정이나 모순점에 관해 간간이 설명해도 법현 스님은 귀 기울이지 않았다. 이러한 모습에서 요한은 그가 깨우침에 대한 열의는 크지만, 그것을 받쳐주는 이해는 달리는 게 아닌가 생각하며 입을 닫아버렸다. 선객이라서 그런지 기본적인 지식, 즉 체계적인 교육에 길들어 있지 않다는 인상을 지울 수 없었다.

아무튼 법현 스님은 자기 주위에 참선만 평생토록 하는 선객들이 많은데 오도 가도 못하듯 갇혀 사는 이들이 한둘이 아니라고 하였다. 그러므로 좀 더 강력한 수행법을 발굴하지 않으면 안 된다고 굳게 믿으며 요양 중이면서도 뭔가를 열심히 시도하는 것 같았다.

법현 스님이 자기 방식에 관해서만큼은 고집을 부렸어도 요한에게 기도방식에 대해서는 많은 도움을 주었다. 가톨릭에서의 기도는 대체로 염경기도, 묵상기도, 관상기도로 분류하는데 각자 하고 싶은 대로 하면 된다는 식이어서 다소 어수선했다. 그동안 요한은 상황에 따라 기도문을 반복해 읊조리는 식으로 기도하기도 하고, 성경 말씀이나 십자가의 고난을 묵상하기도 하고, 자신을 비우고 주님과 함께 머무는 식의 관상을 할 때도 있었다.

법현 스님은 불교에 염불도 있고 독송도 있지만, 마음을 고요히 하여 진리의 실상을 관찰하는 지관(止觀) 수행법이 가장 전통적이라며 그것을 가르쳐주었다. 그러한 기도 방법은 불교에 국한되는 게 아니라 어느 종교에서든 크게 도움이 될 것이라고 하였다. 특히 산란한 마음을 다스리는 데는 어느 하나에 집중해 그것에 머무는 식의 수행법이 상당히 유용하다고 했다.

그러지 않아도 산속에서 단조로운 생활을 하는 요한이 자신에게 부과한 과업은 기도였다. 하지만 기도를 할 때마다 표류하듯 떠도는 것에 아쉬움을 느낀 요한은 법현 스님에게 지관하는 방식에 대한 지도를 부탁했다. 그러자 스님은 신바람을 내며 호흡에 집중하는 방법을 알려주었고, 그것이 어느 정도 무르익어감에 따라 어느 하나의 상에 마음을 집중하는 방법을 일러주었다. 이러한 지도를 받으면서 요한은 불교가 수행 방식에 있어서만큼은 체계화가 잘 이루어졌다는 것을 발견하고 놀라워했다.

아무튼 법현 스님에게서 호흡법을 익힌 요한은 십자가에 매달린 예수님상에 마음을 고정하는 식의 기도를 하였다. 그러자 묵상이라는 이름 아래 밑도 끝도 없이 떠돌던 마음이 확고하게 붙들려지면서 기도에 탄력을 더해갔다.

한번은 불교에 대한 스님의 설명을 듣다가 요한이 혼자 피식 웃음 지었다. 상담을 받을 당시에는 상담자가 불교 색채를 띤 말을 하면 신의 존재를 부정하는 것 같아 거부감을 느끼곤 하였는데, 이제는 자기가 더 즐겨 스님이 불교에 관해 설명해주기를 바라고 있으니 뭔가 한 박자 늦게 돌아가는 것 같았다. 괜스레 삐죽대지 말고 그때 귀담아들었더라면 불교에 대해 좀 더 체계적으로 알게 되었을지도 모른다고 생각했다. 법현 스님이 불교에 대해 이것저것 말해주기는 하는데 다소 산발적이었다. 특히 궁금한 게 있어 자기가 뭘 물으면 정곡을 짚어준다기보다 자꾸 딴 이야기로 새는 것 같았다. 아무래도 그가 학승이 아니라 선승이기 때문인지 체계적인 이해보다 직감적인 이해를 중시하는 게 아닌가 하였다. 그가 자주 하는 말은 붓다의 가르침은 너무 오묘하고 깊어 말로 표현하는 게 불가능하다며 불립문자(不立文字) 운운하는데 그때마다 무슨 말인지 모호했다. 신학을 공부할 때도 삼위일체에 관한 설명이 너무 난해해 싫증을 내었었는데, 불교에도 공(空)이나 불립문자 운운하는 게 그와 비슷한 듯했다.

그래도 법현 스님 덕분에 불교에 대한 이해를 넓혀가면서 요한은 종종 상담자를 떠올리며, 전화로 상담에 대한 중단을 통보하고 떠나왔던 것을 미안하게 여겼다. 그 당시는 그렇게까지 생각하지 못했는데 그녀가 최선을 다하며 자기를 신뢰했었다는 생각을 종종 하였다. 그러면서 선희가 만약 법현 스님이 영구불변하는 진아에 대해 언급하는 것을 듣는다면 뭐라고 말할까 하고 궁금해하기도 하였다. 그녀는 불교의 특성이 무아(無我)에 있다고 했었는데, 법현 스님은 참된 나라고 하는 진아(眞我)가 있다며 그것을 찾는 게 깨달음을 얻는 것이라고 믿는 듯했다.

　그런데 이상한 것인지 아니면 당연한지 법현 스님과 교류하는 시간이 늘어날수록 요한은 자신도 모르게 그리스도를 믿는 사제로서의 위상을 되찾으려 하는 것이었다. 비록 징계를 받는 처지에 있을지라도 품을 받은 사제인 만큼 더는 물러설 수 없는 최저선이라는 게 있는 것 같았다.

　사실, 일찍 어릴 때부터 관례나 관습적으로 창조주이신 하느님을 찬양하는 식이었지 진실로 그렇게 하며 지내지를 못했다. 그러다가 나환자 마을에서 "너는 나를 사랑하느냐?"라는 생생한 예수님의 목소리를 듣는 영적 체험을 하고 나서는 그러한 체험을 다시 할 수 있기를 염원했었다. 하지만 야속하게도 그런 은총은 좀처럼 주어지지 않았고 피폐해져 갈 따름이었다. 그러다 안 되겠다는 절박한 심정으로 중국에 있을 때는 도마복음을 꺼내 들기도 했었다. 신학생 시절 떠들썩하여 그것에 관심을 가졌었지만, 교수 신부님들이 도마복음서는 정경이 아닌 외경이라고 하는 바람에 가까이하지 못했었다.

　1945년 이집트 마을의 한 절벽 아래 숨겨져 있던 항아리 안에서 발견된 고문서 다발 중의 하나가 도마복음이다. 여기서는 천국이 하늘에 있지 않고 각 개인의 깨달음에 있다고 하였다. 이 복음서에는 예수가 신성을 부여받은 메시아나 그리스도라고 자기를 표현하는 게 일절 없고, 단지 깨달은 자로서 자신을 따르는 사람들에게 깨달음을 독려하는 모습을 나타내었다.

이와는 달리 우리가 접하고 있는 27권으로 구성된 신약성경은 AD367 아타나시우스 주교가 예수에게 신성을 부여함으로써 다분히 교단의 이득과 정치적 목적을 위해 정경으로 채택된 것들이라고 하였다. 다른 나라에서는 도마복음이 예수의 진짜 말씀들에 근접한 것이라며 호응을 보내는 편이지만, 한국교회에서는 그것이 기존 교단을 흔드는 위험성을 가지고 있다며 외경으로 취급하였다.

요한은 자신의 시들해져 가는 마음을 다잡는 데 도움 되지 않을까 하여 중국에서도 도마복음을 꺼내 들었었다. 하지만 그 시절의 상황이 너무 외롭고 열악했기 때문인지 도리어 혼란만 가중되었다. 그래서 밀쳐두었다가 이번에 진부령에 올 때 그것을 챙겨왔고, 다시 읽어보기 시작했다. 불교에 대한 이해가 밑받침되어 그런지 일맥상통하는 점이 많았고, 그래서 읽기가 수월했고 이해도 잘되었다.

어느 날 요한이 법현 스님에게 신을 만난 사람들의 모임에 한번 가보자고 하였다. 도마복음과 불교의 접점을 좀 더 확실히 할 수 있을 것 같아서였다. 법현 스님은 웬일이냐는 듯한 표정을 지으면서 흔쾌히 안내해주겠다고 하였다.

두 사람은 모처럼 만에 나들이 차림을 하고 그 모임의 대표가 사는 집으로 향했다. 승려이면서도 무아(無我)보다 재생하는 식(識)을 믿으며 불멸의 진아를 깨닫고자 하는 스님, 그리고 창조주에 대한 믿음보다 깨달음을 중시하며 불교에 관심을 기울이는 가톨릭 사제, 이 두 사람은 서로 다른 종교를 가지고 있을지라도 그 어떤 공통점, 즉 두 사람 다 주류에 속하진 못한다는 의미에서 유유상종이지 않을까 하여 요한은 피식 웃었다.

그 집에는 15명 가까이 되는 사람들이 모여 있는데 여자도 몇 명 있었다. 신을 만났다고 하는 그들은 언뜻 보기에도 평범해 보이진 않았다. 아무튼 대표라는 사람은 눈빛이 날카롭게 번뜩였는데 전문 종교인들인 법현 스님과 요한을 환대해주었다.

그들의 이야기를 듣다 보니까 법현 스님이 왜 그쪽에 관심을 두었는지 조금은 알 것 같았다. 그들이 말하는 신은 그리스도교에서 말하는 그런 신이 아니라 영적인 속성을 지닌 존재를 일컫는 말 같았다. 그들은 윤회를 인정하면서도 불교에서처럼 모든 생명체가 윤회한다고 여기지 않고 오직 인간만이 하는 것으로 믿고 있었다. 자신에게 있는 신적인 속성을 향상하는 게 삶의 목적이라고 여기는 이러한 모임은 미국에서 발족하였다고 한다. 그 모임의 대표라고 하는 사람은 미국에 체류하는 동안 그것을 접한 후 한국에 돌아와서 지부를 설치하고 그것을 펼치고 있었다. 한 달에 한 차례씩 정기모임을 갖는데, 회원 중 열렬한 간부급 사람들은 분기별로 대표가 머무는 간성에 와서 밤새워 토론을 벌인다는 것이다.

자신의 신성을 계발한다는 점, 그리고 그러한 발전을 이룩하는 게 삶의 목적이라고 하는 데에는 아무런 이의가 없지만, 주의 깊게 들어보니 위험성이 있어 보였다. 자신의 경험에 과도한 의미를 부여하며 그것을 영적 체험으로 간주하는 것도 그랬고, 그러한 체험을 확실한 것으로 둔갑시켜 믿음을 강조하였기 때문이다. 엄밀히 말해 믿는다는 것은 모른다는 의미로 확실할 때는 믿음을 부각할 필요가 없는 게 아닐까 하고 요한은 생각했다.

그런데 더 위험한 것은 믿음의 수준에서 멈추는 게 아니라 비약을 통해 알고 있다고 착각한다는 것이었다. 그렇게 하여 자신만만해지니까 거칠 게 없다는 식의 태도를 비치는 것이었고, 바로 그런 점에서 그들은 자기가 옳다거나 또는 자기가 잘났다는 식의 아집을 내비치는 듯했다.

이러한 태도는 기독교 신자들에게서도 많이 봐왔었다. 자신의 간절함이 빚어낸 환영이나 신념을 가지고 주님의 인도하심이니 성령 체험이니 하며 얼마나 많은 의미를 부여하며 자신의 우월감이나 존재감을 드러내던가. 거의 모든 게 자신이 지어낸 것일 텐데 주관적인 해석으로 철옹성을 지어 그 속에 갇혀 사는 사람들이 한둘이 아니다. 아무도 허물 수 없는 그런 자아도취와 욕망을 뛰어넘는 성숙한 신앙을 식별하기가 그리 쉬운 것은 아니겠지만 어지러운 사람들이 의외로 많다.

그 모임에 모인 사람들 역시 신을 만났다며 자기가 잘났다는 아집을 여실히 드러내는 것 같아 요한의 마음은 이상하리만치 산란해졌고, 그곳을 찾아갈 때의 마음과는 달리 점점 닫히고 말았다.

다음 날 점심을 먹고 헤어지면서 요한은 기 센 사람들 틈에서 풀려나니까 여간 후련하고 기쁜 게 아니었다. 어서 빨리 자신의 처소로 돌아가 주 예수 그리스도께 모든 것을 의탁하고, 그 안에 잠기고 싶다는 마음이 간절하였다.

35. 선희, 불교 수행 시작

저번에 요한과 상담을 마치고 많이 부끄러웠던 선희는 자신이 거듭나지 않으면 안 된다는 절실함에 사로잡혔다. 젊은 시절 그늘진 사랑으로 많이 괴로워했고, 그 후 다시 조카의 죽음으로 인해 많이 힘들어했었다. 그리하여 불교에 매달렸는데 그때만 해도 교리에 대한 이해 수준, 즉 머리로 아는 수준에 머물렀지, 진정으로 그 참맛을 아는 데까지 다가가지는 못했었다.

그러다 이번에 요한과의 대면에서 호되게 넘어졌다. 불교를 머리로나 이해하였던 탓에 자기가 이해하고 있는 것을 과시하듯 불교를 설명하려 들었다. 수행을 통한 참맛을 알지 못하면 그러한 오류에 빠지기 쉽다는 사실을 아프게 깨달았다. 잘 알지도 못하는 불이(不二) 세계를 운운하려 한다거나 불교의 핵심은 이런 것이라며 장광설을 늘어놓으려 했다는 것이 다 설익어서 그랬다는 생각이다.

그럴 뿐만 아니라 일상생활에 관류하는 불만족을 극복하기 위해서는 이제 머리로 이해하는 정도가 아니라 몸으로 실천하는 수행, 즉 도덕적 수련(戒)을 토대로 집중(定)하는 것을 연마하여 지혜(慧)를 계발해야 현상의 공허성을 직관하여 더는 흔들리지 않을 수 있겠다고 여겼다.

선희가 찾은 곳은 통찰명상(vipassana)을 지도하는 수행처였다. 일단 정온(定蘊)에 해당하는 바른 노력, 바른 마음챙김, 바른 집중을 수련해야 할 것 같아서였다. 선불교에서 하나의 대상에 집중하기를 강조하는 데 반해, 통찰명상에서는 현재 나타나는 대상에 순간순간 집중하는 것에 역점을 두었다. 즉, 여기서는 각자에게 가장 근원이 되는 '나'를 몸과 마음의 결합물로 보고, 각각이 펼치는 변화과정을 놓치지 말고 바라보게끔 하였다.

나라고 하는 몸과 마음은 오온(五蘊: 몸, 느낌, 지각, 심적 형성물, 인식)으로 구성되어 있다고 하는데, 그러한 것이 움직이는 것을 여실하게 바라보라고 했다. 그러면 모든 게 원인과 결과의 흐름으로 이어갈 뿐이라는 것을 알 수 있다고 하였다. 아울러 그렇게 해나가면 우리를 번뇌케 하는 관념이나 망상과 같은 것들은 다 떨어져 나가고, 오직 대상과 그것을 인식하는 마음만이 드러난다는 것이다.

무조건적인 믿음이나 예측할 수 없는 신비체험과 같은 것에 기초하지 않고, 그러한 수행만이 자신을 평온하게 하는 체계적인 방식이라고 인식한 선희는 여타의 잡생각 없이 수행에 임할 수 있었다. 지도법사인 스님은 일단 자신의 몸이 벌이는 움직임에 집중하는 경행, 즉 한 발자국씩 발을 옮길 때마다 들고, 전진하고, 내려놓는 과정에 집중하도록 하였다. 그렇게 놓치지 않고 집중하는 힘을 키운 다음, 아무런 움직임 없이 고요히 앉아서는 호흡이 들어와 머물다 나가는 과정을 지켜보라고 하였다. 그렇게 함으로써 움직임에 예리해지면 그때부터는 훨씬 더 미세한 마음의 작용인 느낌, 생각, 감각기관에 와 닿는 현상을 자세히 살펴보라는 것이다. 이렇게 네 가지 범주로 분류되는 몸(身), 느낌(受), 정신(心), 현상(法)인 사념처(四念處)를 주의 깊게 관하도록 지도하였다.

하지만 선희로서는 마음의 움직임을 관찰하는 것은 어림없는 일이었고, 그것보다는 성글어 관찰하기 쉬울 거라는 몸의 움직임에 대해서도 놓치기 일쑤였다. 단 몇 분을 차분하게 집중하는 것을 이어가지

못하고 마음의 산만함은 이리 뛰고 저리 뛰는 식으로 끝도 없이 펼쳐
졌다.

생각다 못한 선희는 일상생활을 해가며 조금씩 수련하는 것으로는
도저히 안 되겠다 싶어 8박 9일 집중수련에 참석하였다. 일주일 단
위로 만나는 내담자들을 뒤로하고 시간을 마련하는 게 쉬운 일은 아
니었지만, 그렇게 하지 않으면 붓다의 가르침을 머리로만 이해하다
말 것 같았다.

집중수련을 위해 수련장에 도착하자 스님은 수행자들에게 두 가지
를 당부하였다. 하나는 현재 몸이 무엇을 하고 있는지 면밀하게 바라
다보는 것이고, 다른 하나는 현재 마음 상태가 어떠한지를 알라고 하
는 것이었다. 수행은 새벽 4시의 예불을 시작으로 몸과 마음이 하는
것들을 놓치지 않고 지켜보면서 밤 10시까지 계속되었다. 15명 정도
가 한 공간에서 수행하는데 혼자 지낼 때보다 더 고요했고, 모든 게
소리 없이 진행되었다.

집중수련은 생각보다 고통스러웠다. 입식에 길든 생활 습관 탓에
허벅지와 허리에서 느껴지는 통증이 만만치 않았기 때문이다. 가까
스로 그 과정을 넘기자, 몸의 움직임에 대해서는 어느 정도 주시하는
게 가능해졌어도 마음의 움직임에 대해서는 속수무책으로 놓쳤다.
잠시도 가만히 있지 못하고 왔다 갔다 하는 생각의 잔물결은 정말이
지 끝도 없었다. 이렇게 생각의 늪에 빠져 허우적거리거나 아니면 밀
려오는 지루함과 싸우다 보면 하루가 다 갔다. 고요해진다는 게 그렇
게 어렵고 지루하다는 사실에 놀랄 따름이었다.

특히 선희가 힘들어했던 것은 그동안 해왔던 상담자로서의 작업과

단지 지켜보기나 할 뿐인 수행이 정면으로 충돌한다는 점이었다. 상담자로서 지녀야 할 중요 기술은 내담자에 대한 신속한 파악이다. 이러한 파악을 위해 내담자가 보이는 몇몇 단서들을 토대로 재빠르게 가설을 세운 다음, 그것을 적용해 내담자를 분석하는 게 상담기술이다. 그런데 수행에서는 이러한 것을 일체 중단하고 깨어있는 상태에서 자신이 하는 짓을 초연히 바라보기만 해야 한다고 했다.

　일반적으로 사람들은 그때그때 접수한 인상을 토대로 자기 나름의 심적 구조물을 형성하는 까닭에 대상이 지닌 진실성을 보지 못한다고 한다. 그렇게 되면 마음은 대상을 진실성으로부터 유리시켜 나름의 해석 및 관념화 과정을 통해 왜곡한다는 것이다. 그동안 상담자로서 내담자를 신속하게 파악하기 위해 가정, 추리, 도식 등을 한껏 활용해왔던 선희로서는 이 모든 것을 중단하기도 쉽지 않았다. 생각의 덧개를 씌우지 않고 사물을 있는 그대로, 똑바로, 즉각적으로 파악하기 위해서는 익숙해 있는 그런 기술부터 정지하고 소거해야만 했다.

　그래도 끈질기게 밀어붙이자 몸의 움직임에 대해서는 어느 정도 주시가 가능해졌다. 그러면서 몸이라는 게 잠시도 고정됨 없이 변화해가는 도상에 있다는 점을 때때로 실감하기도 했다. 하지만 마음의 움직임은 번번이 놓치기 일쑤였다. 오개(五蓋)라고 하는 감각적 욕구, 악의, 둔감과 졸림, 들뜸과 걱정, 의심과 같은 것들이 수시로 침범해 마음을 한시도 가만히 두지를 않는 것이었다.

　선희가 좀처럼 마음의 움직임에 집중하지 못하고 속수무책으로 허우적대자, 지도 스님은 그렇다면 느낌에 주목해보라고 일러주었다. 연기과정(무명, 행, 식, 명색, 육처, 촉, 수, 애, 취, 유, 생, 노사)에서 앞 단계들은 과거의 업(業)에 따라 결정되는 것으로 인제 와서 어찌

할 수 없지만, 현재에 이르러 처음으로 전개되는 것은 각각의 감각기관이 대상에 접촉하면서 나타나는 수(受), 즉 느낌부터라고 하였다. 느낌은 즐거운 느낌, 괴로운 느낌, 즐겁지도 괴롭지도 않은 느낌으로 분류될 수 있는데, 바로 이러한 느낌을 예리하게 바라봄으로써 삼독(三毒)이라는 끌리거나(貪) 싫어하거나(瞋) 미혹해(癡) 하는 식의 판단을 그쳐 그것에 말려 들어가는 것을 차단할 수 있다고 하였다. 즉, 새로운 업이 벌어지는 초입인 느낌에서 잘라내는 작업을 하면 끝도 없이 이어지는 윤전을 멈출 수 있다고 하였다.

끈질기게 매달리자 조금씩 탄력을 얻어 갔다. 느낌(受)을 바라보는 힘이 생기면서 그때그때 마음이 빚어내는 생각(心)이나 감각기관에 와 닿는 대상으로서의 현상(法)을 지켜보는 게 가능해지곤 했다. 단지 바라보기만 하니까 대상에 욕심내거나 실망하는 식의 집착이 들어설 틈을 주지 않고, 오로지 대상과 그것을 바라보는 마음만 꽉 차는 것이었다. 적나라한 현장성 그대로의 경험만이 있는 경험이 종종 이루어졌다.

통찰명상인 위파사나(vipassana)를 통해 고도의 집중력이 강화되면 대상이 시시각각 변화하는 과정이 실제 보인다고 한다. 그만큼 예리해져 사물의 실상인 무상(無常)을 체험할 수 있다는 것이다. 그런 경지에 이른다면 정말이지 슬픔이나 원망 또는 허망함이 자리할 수 있을 것 같지 않았고, 죽고 사는 것도 그러한 과정의 일부로 여겨질 따름이지 싶었다.

하지만 그러한 경지는 선희에게는 그저 요원한 이상이었다. 그래도 집중수행을 거듭하면서 선희는 수시로 쏟아져 들어오는 미망들을 걷어내는 힘을 얻어 갔다. 점차 대상이나 사물을 바라보는 마음이 한결

단순해지고 고요해지는 것을 느낄 수 있었다. 오직 대상과 그것을 직시하는 예리한 마음만이 꽉 들어찬 상태가 늘어나면서 간혹 맛보게 되는 고요한 평온은 그 어디에도 비할 바가 없을 만큼 청정하고 좋았다.

일상으로 돌아와서도 다소 깊어진 덕분인지 구석구석 배어있던 자신의 애조가 점점 옅어지는 것 같았다. 감정이나 생각이 일어날 때마다 주시할 뿐이니까 그것에 휘말려 들어갈 틈이 없어지고, 그 대신 그것들이 생겼다가 사라지는 변화만이 있을 따름이었다. 이러한 감지가 여간 쾌청한 것이 아니었다.

일찍이 어머니를 잃고 외로웠던 자기는 누구는 일찍 죽고 누구는 오래 사는지에 대한 것을 비롯하여 갖가지 차이에 대해 늘 의문이었다. 동물의 세계는 말할 것도 없고 사람들만 국한해보더라도 각자는 너무도 많은 차이를 보였다. 어떤 이는 비참하게 태어나 불행한 삶을 살고, 어떤 이는 풍요와 호사스러움을 한껏 누리며 산다. 또 어떤 이는 특출한 재능을 지니고, 어떤 이는 무지렁이처럼 산다. 이러한 차이를 목격할 때마다 불평등에 의문을 품고 은근히 원망하는 마음을 품어왔던 게 사실이다.

그런데 불교에서 말하는 업(業)의 법칙을 이해하고 나니까 사물을 바라보는 마음이 한결 편안했다. 이 세상에서 행하는 행위가 미래의 운명에 영향을 미친다고 여기자, 삶이 끝나면 의식 또한 죽음과 더불어 끝난다는 허무주의를 퇴치할 수 있었다. 그럴 뿐만 아니라 차별적인 현상을 초능력자의 뜻이라고 할 때는 불만을 피할 수 없었는데, 모든 게 자기로 인해 펼쳐진 결과라고 여기니까 숙명론도 극복되는 것이었다. 나아가 어느 정도 제약이 있긴 해도 자유롭게 행동할 수 있는 여지를 인정함으로 인해 자유의지란 환상에 불과하다는 결정론과도 거리를 둘 수 있었다.

이렇게 모든 존재는 자기가 지은 업의 주인이자 상속자라는 사실이 명확하게 인식되는 순간 선희는 전율했다. 누구를 막론하고 모두가 자신의 업에서 솟아났고, 그것에 매여 있고, 심지어 그것으로 지탱하고 있다는 사실, 이 얼마나 명쾌한 설명인가.

그러니 매 순간 자신이 할 수 있는 최선을 다할 뿐이지 그 외 잡다한 업(業)을 지을 필요가 없을 것 같았다. 생각이 이렇게 단순해짐에 따라 민첩한 추론 및 분석하는 상담 작업과 대상을 있는 그대로 관조하는 예리함 간에 절묘한 조화가 일어나는 것이었다. 굳이 가설이나 도식과 같은 것을 적용하지 않아도 내담자의 상태가 선명하게 보이는 듯했기 때문이다.

특히 전공과 관련한 정신분석에서 주장하는 결정론은 인간의 행동은 자기의 자유의지에 의한 것이라기보다 동기에 의해 결정된다는 이론이다. 여기에서 동기란 의지에 영향 미치는 힘을 말하는데, 불교의 업(業) 이론에서는 숙명론과 결정론 모두를 반박하면서 원인과 조건이 맞닿은 결과로 모든 현상이 생겨날 따름이라고 하였다. 즉, 원인과 조건이 그치면 그러한 현상도 끝을 맺는다고 하므로 '어떻게 하면 마음의 안정을 얻을 수 있느냐?' 하는 문제에 좀 더 다가갈 수 있었다. 우리가 겪는 불안은 한낱 원인과 조건이 낳은 결과이지 그 이상 대단한 게 아니라는 것이다.

대체로 상담자들은 결정론적 관점을 견지하며 증상이란 일찍이 충동이나 욕구에 대한 좌절 경험이 훗날 동기로 작용해 발생시킨 것이라며, 그 모든 것을 출생 이후의 후천적인 경험으로 설명하려 드는 편이다. 그러나 수행을 거듭하면서 선희는 사람들이 보이는 특성이 출생 후 결정되는 것으로 보기보다는 상당 부분 태생적인 것으로 봐야 할 것 같았다. 선천적이든 후천적이든 모든 것이 자기에게서 비롯한 불교의 업(業) 개념은 그렇게 설명했고, 그것이 훨씬 합당해 보였다.

증상의 뿌리를 성장기에 경험한 상처 때문이라고 귀인시키면 자칫 내담자가 부모를 비롯한 환경을 탓하기 쉽다. 하지만 자신의 업(業) 때문이라고 한다면, 그 책임이 자기에게 있다고 여기게 되어 자유로워지는 데 더 도움을 줄 수 있지 않을까 하였다. 내담자 수준을 봐가며 이런 시도를 틈틈이 하면서 선희는 내담자가 하는 말에 귀 기울이는 동시에 매 순간 자신이 하는 행위를 바라보고자 하였다. 그렇게 내담자뿐만 아니라 자신마저도 관찰대상으로 삼자 훨씬 더 편안하면서도 순간순간 치밀해졌고, 내담자와의 관계 또한 훨씬 객관화할 수 있었다. 그러면서 진솔한 교감을 이루는 게 더 자연스럽고 리듬을 타듯 유연해지는 것 같았다. 내담자 측에서도 그러한 상담자에 대해 더 신뢰하는 듯했다.

가령, 어떤 내담자가 자신의 절박한 상황에 대해 울부짖었다. 자신의 욕심이나 분노 또는 어리석음으로 상황을 더 악화시켜놓고 얼마간의 실책을 범한 남편에게 모든 덤터기를 씌웠다. 어쨌든 현시점에서 혹독한 고통을 겪고 있는 그녀인지라, 선희는 굳이 그녀의 허물을 들추어내기보다 그러한 결과가 현생에서의 잘못만으로 형성된 것이겠는가 하고 범위를 확대해 보았다. 그리고는 전처럼 무리해가며 그녀가 자신의 개선점에 눈뜨도록 촉구하는 대신, 정 견디기 힘들면 순간순간 엄습해오는 고통을 그냥 바라보라고 일렀다.

이러한 말에 내담자가 무슨 말이냐는 듯이 의아해했고, 선희는 우리의 의식이란 한순간에 하나에만 집중하지 두 가지를 동시의 자각하지 못한다고 하면서 고통으로부터 자신을 지키는 방법은 도리어 고통 그 자체에 집중하는 것이라고 설명해주었다. 그러니까 남편을 원망하면 불화를 더 키우는 것은 물론 더 비참한 감정이 드는 반면에, 고통 그 자체를 밀착하듯 주시하면 더 이상의 악업을 짓지 않을 뿐만 아니라 그 고통이 사라지는 것을 보게 된다고 하였다. 그 어떤 것도 다 지나가므로 고통을 주시하면 그것이 생겼다가 이내 사라진다는 것을 알게 되기 때문이라고 하였다. 그러니까 우리가 느끼는 대부분의 고통은 우리가 마음에서 증폭시킨 것이지, 눈을 부릅뜨고 바라보면 별것 아닐뿐더러 기실 다 사라지는 것에 불과하다고 일러주었다.

어느 정도 말귀를 알아들은 그녀는 그 후 남편에 대한 원망이 올라올 때마다 각도를 바꾸어 자신의 고통을 바라다보았다고 하였다. 그러자 고통이 현저히 줄기 시작했고, 서서히 선순환의 과정을 밟아가기 시작하더라는 것이다.

선희는 이렇게 불교의 관법(觀法)으로 극심한 고통을 경감시킬 수 있음을 발견하고 기뻐했다. 새로운 가능성을 보았고, 그에 따라 상담의 지평을 넓혀갈 수 있었기 때문이다.

하지만 다른 한편, 과연 얼마나 많은 사람이 이런 실천적인 수행을 할 수 있을까 하고 회의했다. 현대사회는 예전과 달리 치열한 경쟁을 그 특징으로 하고 있는데, 이러한 시대를 살아가는 현대인들은 남들보다 뒤처지지 않고자 여념이 없다. 그런 세태에서 더 많은 것을 움켜쥐려 하는 삶의 방식과 모든 게 환(幻)일 따름이니 붙들려 하지 말고 주시하기나 하라는 삶의 방식은 달라도 너무 달랐다. 그러므로 관법수행은 너무 고차원적이고 귀족적이라 일반화하기는 어렵겠다고 생각하지 않을 수 없었다.

물론 그러한 가르침을 따르는 수많은 제자가 있었던 까닭에 2600년이나 흘렀어도 붓다의 가르침이 오늘날까지 전수되어왔던 것이리라 믿었다. 하지만 일반 사람들에게는 너무 파격적인 데다가 고도의 관찰력이나 분석력을 갖추지 않으면 가까이하기 어려운 가르침인 듯했다. 더구나 불교의 가르침, 특히 관법 수행은 생사 해탈과 같은 궁극의 문제를 겨냥한 것이지 일상 생활을 풍요롭게 하고자 하는 것이라고 보기는 어려웠다.

36. 그리움을 등에 지고 돌아서는 명희

요한은 신을 만난 사람들의 모임에 있는 동안 속이 메슥거릴 정도로 그곳에 있는 게 힘들었다. 갈증을 여의지 못해 애쓰는 무리에서 자신의 모습을 보는 것 같아 괴로웠기 때문이다.

쫓기듯 그곳을 빠져나온 요한은 자신의 오두막으로 돌아와 좀처럼 나오지를 않았다. 방에 틀어박혀 호흡에나 몰두하였고 그렇게 하는 것이 가장 편안했다. 대단한 경험을 하였다며 붕붕 떠들며 사는 사람들이 얼마나 많은지를 생각하다 과연 자기는 어떠한 모습으로 남들에게 비칠지를 생각해보았다. 그러면서 일상에서 그다지 도드라지지 않은 채 그냥 자신의 위치에서 열심인 사람들이 얼마나 아름다운 사람들인지 새삼 깨달았다.

암자로 가서 스님과 밑도 끝도 없는 이야기를 나누는 것도 민망해 요한은 간간이 비오가 일하는 곳으로 발걸음을 옮겼다. 온종일 묵묵히 일하며 땀 흘리는 비오가 대단해 보이면서, 대체 무슨 생각으로 그렇게 하루도 거르지 않고 일을 하는지 신기하였다.

비오에게 가서 한두 마디 건네다가 일을 거들기 시작했던 요한은 자기야말로 농촌에서 태어났던 사람인데, 어찌하여 그동안 그토록 흙을 멀리하며 지냈는지 의아할 지경이었다. 철학이니 신학이니 하는 것에 관해서나 머리를 굴렸지, 땅을 멀리하고 살았다는 생각에 머쓱해지는 것이었다. 선교지에 가서 우물을 파거나 교실을 짓는 등 몸 쓰는 일을 한 적은 있었지만, 그것은 어디까지나 방편이었고 주목적은 복음 전파였다.

아버지와 어머니 모두 농부였는데 그 많은 형제 중 단 한 사람도 농사를 짓는 사람이 없다는 게 새삼스레 낯설게 느껴졌다. 소위 신식 물이라고 하는 것이 들어서 그렇게 된 것인지 아니면 세상이 바뀌어서 그런지는 확실히 알 수 없으나 머리만 비대해진 가분수 형태로 살았다는 생각이 들었다. 그리하여 비오 곁에서 농사일을 거들며 지내다 보니 일용할 양식을 스스로 짓는 것에 뿌듯함을 느끼기도 했다. 돌고 돌아 원래 자신이 있어야 할 곳으로 돌아온 것 같은 기분이었다.

하루는 요한이 비오를 거들다 돌아와 쪽마루에 걸터앉아 있는데, 저쪽에서 두 여자가 걸어왔다. 한 사람은 절뚝거리는 것으로 보아 비오의 아내가 틀림없는데, 그 옆에 말쑥하게 차려입은 여자는 멀리서 봐도 도시 사람인 듯하였다. 점점 다가오는 그들을 바라보다 요한은 그 여자가 다름 아닌 명희임을 알았다.

명희가 그곳에 왔다는 사실에 적지 않게 놀랐지만, 요한은 일어나 침착하게 두 여자를 맞이했다. 명희가 비오의 아내에게 자신을 친척이라고 밝혔기 때문인지, 비오의 아내가 요한에게 말했다.

"조카 되는 분이라면서요?"

"예, 그렇습니다."

비오의 아내는 이렇게 명희를 안내해준 다음 곧바로 돌아갔고, 명희와 요한만이 남게 되었을 때 명희가 입을 열었다.

"저번에 너무 큰 충격을 드렸던 것 같아 사죄드려요. 죄송해요."

"뭘 자꾸 죄송하다고 해. 사과를 해야 할 사람은 나인데!"

이런 정도의 인사말을 나누고 걸터앉은 두 사람 사이에 침묵이 흐르자, 명희가 다시 말했다.

"저번에 환속하겠다고 해서 걱정을 많이 했어요. 수도회에 안 계신다는 것을 알고 어디로 갔는지 물어도 사무실 직원이 속 시원하게 말해주지를 않더라고요. 그래서 관구장 신부님을 찾아가 물었더니, 이곳에 있다고 말씀해주셨어요. 반기지 않을 줄 알면서도 이렇게 오고야 말았네요."

"그래, 우리가 안 만날 수는 없겠지."

요한의 입에서 이런 말이 떨어지자, 명희는 순간적으로 이게 무슨 말인가 하고 긴장했다. 그렇게 하여 다시 두 사람 사이에는 침묵이 흘렀다. 그러는 사이 명희는 이곳에 오기까지의 과정을 회상했다.

사제복을 벗겠다는 요한의 말을 들은 이후 많이 괴로워했다. 정결을 지켜야 하는 신학생을 욕망의 늪으로 빠지게 해 엄청난 시련을 겪게 했던 인물이 바로 자기였는데, 몇십 년이 흐른 뒤 그를 다시 송두리째 흔들어놨으니 자기야말로 악녀 같은 존재가 되고 말았다. 그리하여 기옥의 출생을 꼭 밝혔어야 했었나 하고 수십 번이 아니라 수백 수천 번도 더 곱씹으며 자신을 질타하였다.

보상금의 절반을 기부할 때만 해도 자신의 핏줄이 있는지조차 모르는 부녀의 인연을 조금이라도 위로하고픈 마음뿐이었다. 부녀로 맺어지는 것은 막중한 인연일 텐데, 당사자들은 전혀 모른다는 게 생각할수록 기막혔고 안쓰러웠다. 비록 기옥이가 저 세상으로 갔을지라도 둘 사이에 가로놓인 장막을 걷어내어 손잡게 해주고 싶었던 바람이었다.

그런데 초대장을 받고 50주년 행사장에 갈 채비를 하면서부터 요한에 대한 동경이 피어났다. 행사장에서 말끔한 그의 모습을 보는 순간 사춘기 소녀 때처럼 설레는 자신을 발견하였고, 결국은 무덤까지 가져가야 할 비밀을 토로하고 말았다. 대체 무엇을 위해 그것을 밝혔던 것인지….

요한이나 자신이나 이미 서로에게 지울 수 없는 상처를 준 사람들이었다. 그 당시 그는 사제가 되려는 신학생이었고, 자기는 이미 남편을 둔 유부녀로 서로 가는 길이 달랐다. 그런데도 자기는 그를 혼란의 도가니로 몰아넣었고, 뒤늦게 그런 짓을 또다시 반복하였다.

애욕이란 원래 그토록 지독한 것인지, 자책하는 와중에서도 요한이 어차피 사제복을 벗을 거라면 자기를 찾아주었으면 하고 바라는 마음이 생겨났다. 비록 껍데기에 불과할지라도 그를 품을 수만 있다면 여한이 없을 것 같았다. 어려서부터 그를 짝사랑하였고, 비록 하룻밤이라도 그와의 인연을 맺었고, 더욱이 기옥이의 생부였다.

도무지 견딜 수 없어 염치를 무릅쓰고 관구장 신부를 찾아갔다. 적어도 그분만은 자기에게 요한에 대한 소식을 알려줄 인물이라고 여겼기 때문이다. 그런데 접견실의 문을 열고 들어서는 관구장 신부의 모습은 말이 아니었다. 전과 달리 체중이 많이 빠져 있었기 때문에 놀라지 않을 수 없었다.

"저번에 비해 야위신 것 같은데 어디 편찮으세요?"

깜짝 놀라며 이렇게 묻는 자기를 바라보며 관구장 신부는 의외로 친절했다. 요한을 그 지경에 빠트린 인물이라는 것을 알고서도 자기를 친절히 맞아주는 것인지, 아니면 모르고 그렇게 하는지 알 수 없었다.

사실, 관구장 신부는 저번에 상담자를 만났을 때 그녀가 요한이 자기를 짝사랑하듯 좋아했었다고 들었던 말을 떠올리며, 이 여성 또한 그렇게 요한을 사랑하고 있다는 점에서 딱하다고 여겼다. 어쩌면 요한을 좀 더 품어주지 못한 미안함이 그녀를 좀 더 친절하게 대하도록 만드는 것인지도 몰랐다. 어쨌든 명희가 밉다기보다 안쓰러웠고, 그래서 친절히 대했다.

"얼마 전 췌장암 진단을 받았습니다. 초기는 아니어도 다행히 수술하기 좋은 부위라고 하는데, 모든 것을 주님의 은총에 맡겨야지요. 이명희 여사께서도 저를 위해 기도해주시기를 부탁드립니다."

이렇게 관구장 신부가 가리지 않고 자신의 병명을 알려주며 자기를 위해 기도해달라고 부탁하는 말을 듣고, 명희는 송구하여 몸 둘 바를 몰라 절절매었다. 그러다가 이윽고 염치를 무릅쓰고 요한에 관해 물었다.

"예, 꼭 그렇게 하겠습니다. 부디 잘 회복하셔야지요. … 송구스럽습니다만 문 신부님이 어떻게 된 것인지 여쭤워봐도 될까요?"

이러한 질문을 받은 관구장 신부는 기다렸다는 듯이 말했다.

"문 신부는 사제로 생활한 지 20년이 넘은 사람입니다. 타성에 젖어 살기를 거부하며 늘 고뇌하던 신부였지요. 그러던 차에 명희 씨의 이야기를 듣고 문 신부는 자신을 벌하고자 사제복을 벗겠다고 했습니다. 만류한 끝에 거듭나고자 휴직을 맞이해 새로운 도약을 준비하고 있습니다. 앞으로 그가 어떤 길을 가든 부디 안정되고 행복하기만을 빌 따름입니다."

관구장 신부가 하는 간곡한 한마디 한마디에 명희는 뭉클해 울컥하고 말았다. 동료인 문요한 신부를 혼란에 빠트린 여자라고 비난할 줄 알았는데, 요한이 어떤 길을 가든 행복하기만을 빌 따름이라고 하는 구절에서 그분이 진심으로 요한의 안녕을 바란다는 사실을 알 수 있었다. 그 순간 자기는 그분의 발에 엎드려 요한을 자기에게 보내달라고 사정하고픈 충동을 가까스로 참았다.

사실 그즈음 관구장 신부는 가장 중요한 것은 당사자의 마음이고 행복이지 않은가 하고 깊이 숙고했다. 요한이 명희와의 일로 사제직을 그만두겠다는 의사를 밝힐 때만 하여도 명희가 걸림돌이라는 생각을 금하기 어려웠다.

하지만 요한이 그곳을 떠난 지 20개월 가까이 흐르는 동안 많은 변화를 맞이했다. 재임하고 나서는 지체할 수 없는 사안들을 처리하느라 고생하였고, 이러한 과정에서 사제들의 이기적이고 거친 모습들을 적나라하게 봐야 했다. 복음을 전하는 사제라는 자들이 어찌 그토록 이기적이고 비타협적인지…. 혈연으로 묶인 가족관계에서는 용서

하지 않을래야 않을 수 없는 사안들에 부딪히면서 품을 넓히게 마련이다. 하지만 독신으로 살아가는 사제들은 비위에 거슬리면 그냥 피해버릴 수 있기 때문인지 엄청나게 비좁고 편협한 모습을 드러냈다. 그런 모습들을 보면서 진정으로 사랑하고 성장하려면 결혼생활을 통해 용서하고 양보하는 것을 배워야 하는 게 아닐까 하는 생각을 수도 없이 하였다.

그 어떤 것도 본인의 안녕을 능가할 수 없다고 여기게 된 결정적 계기는 자신의 병마였다. 체중이 점점 줄어 처음에는 과로려니 하다가 어느 순간 견딜 수 없는 통증이 찾아와 병원에 갔더니 췌장암이라고 했다. 췌장암은 초기증상이 거의 나타나지 않으므로 통증을 느낄 정도면 상당히 진행되었다는 것이다. 생존율이 낮아 위험한 암이긴 한데 다행히 수술하기 좋은 부위여서 희망을 품어볼 만하다고도 하였다.

어쨌든 췌장암이라는 사실 자체가 주는 충격은 만만치 않았다. 자신도 놀랐지만, 특히 가족들의 걱정이 이만저만 큰 게 아니었다. 고령인 80대 부모를 비롯해 형제뿐만 아니라 사촌들까지 들썩이며 걱정을 하는데, 정작 몸담은 수도회에서는 조용했고 누구도 가족처럼 걱정하지 않았다. 그러한 것을 절제된 태도라고도 볼 수 있지만, 진심으로 걱정하는 진정성은 있어야 할 것 같은데 실망스럽게도 그렇지 못했다.

씁쓸해지는 마음을 다스리기 위해 관구장 신부는 처지를 바꿔놓고, 옆에 있는 동료가 그러한 병에 걸렸을 때 자기라면 어떻게 했겠느냐고 곱씹어보았다. 자기 역시 별반 다르지 않을 것 같았다. 그러면서 독신으로 사는 사람들의 가슴이 진정으로 뜨거워지는 게 과연 가능할까 하는 의심을 하게 되었다.

때마침 이럴 즈음 수도회를 찾아온 명희를 바라보며 관구장 신부는 명희가 요한에 대해 걱정하는 절절함을 읽었고, 요한이 원하기만 한다면 그녀와 함께 여생을 보내는 것도 나쁘지 않겠다는 생각을 스치듯 하였다. 요한의 성향상 그것이 가능할지는 차치하더라도….

너무 세속적인 시각인지 몰라도 은퇴 후 사제들의 생활은 그야말로 뒷방 늙은이 생활과 다름없는 게 사실이다. 요한도 왕성하게 활동하는 시기를 넘긴 사제로서 싫든 좋든 이제는 내리막길에 들어선 사람이므로 사제로 복귀한다 해도 퇴임 후의 생활은 뻔해 보였다.

명희는 잠시 생각하던 데에서 벗어나 요한에게 관구장 신부의 병고에 대해 아느냐고 물었고, 요한이 금시초문이라며 고개를 좌우로 흔들자, 명희가 관구장 신부의 병에 대해 알려주었다. 그러한 소식을 듣는 요한이 아무런 반응을 보이지 않았어도 속으로는 쿵 하고 말았다. 이러한 요한의 속을 알 리 없는 명희는 요한의 누나를 비롯해 그 누나에게서 들었던 가족에 관한 이야기도 들려주었다. 누구는 어떻게 지내고, 누구의 자녀는 어떤 대학교에 들어갔고, 누구는 어디에서 어디로 이사를 하였고….

그러한 이야기를 들으며 요한은 자기야말로 그들에게서 멀리 떨어져 나온 별똥별 같은 존재라는 느낌을 다시 가졌다. 어머니가 돌아가신 이후 연락을 끊었던 때문인지 그들에 관한 이야기를 듣는 동안, 그들이 과연 예전에 한 지붕 아래에서 살았던 형제들이었나 하는 의심이 들 정도였다.

아울러 한동안 서운한 나머지 그들과 상종도 하지 않겠다며 부글부글했던 자신의 졸렬한 모습이 우스웠다. 구차스러워 생각하기조차 부끄러운데, 어머니가 돌아가신 후 조금 남아있던 집터를 팔아 신부가 무슨 돈이 필요하냐며 자기네들끼리 나눠 가졌을 때 모든 정나미가 떨어졌다. 아무리 사제라 할지라도 본가의 후원이 있으면 그만큼 입지가 있게 마련인데, 그런 것을 몰라주는 게 서운했었다. 더구나 자기는 어머니의 소원에 따라 형들도 마다한 사제의 길을 걸었고, 휴가를 받기만 하면 고향에 내려가 허리가 휘어지도록 이불 빨래며 지붕 수리 등 온갖 짓을 다해 어머니를 살펴드렸던 인물이 아니었던가. 그런데 그 얼마 되지도 않는 돈을 자기네끼리 나누고 말다니! 어리석게도 자기는 그 돈이 얼마 되지 않아 그냥 자기에게 몰아줄 줄 알았다. 그렇게 김칫국을 마셨으니 생각만 해도 낯 뜨거워지는 일이 아닐 수 없다.

각자 다 자신의 삶을 살아가느라 버거워하는 판에 사제가 된 막동이를 신경 써주지 않는다고 뭘 그리 섭섭해하였던지…. 다시 생각해보면 부끄럽고 부질없는 일이다. 오히려 봉헌된 삶을 살기로 작정한 자기가 그들에게 베풀고 헌신하는 모범을 보였어야 했는데, 그 반대로 삐쳐서 연락도 끊고 살았으니 그 옹졸함에 새삼 기가 찼다.

이러한 생각으로 부끄러움이 올라와 어금니를 꽉 다물고 있는데, 영문을 모르는 명희는 자기가 무슨 실수를 하였는가 해 어찌할 바를 몰라 절절맸다. 그렇게 좌불안석하는 명희를 바라보며 요한은 그녀가 새삼 안쓰럽게 보였다. 어찌하여 이 여인은 그토록 속이 비좁고 자신의 앞가림도 못하는 인간을 연모해 평생을 고생하는가 싶어 딱했다.

요한은 명희에게 일어나 걷자고 했다. 그렇게 제안해놓고 보니, 자기가 명희에게 뭔가를 먼저 권해보기는 처음인 듯했다. 어렸을 때는 장차 신부가 될 사람이라고 어머니가 떠받드는 바람에 명희도 덩달아 자기를 떠받들어 주었고, 아버지 장례식에서도 난처한 상황에 몰리자 명희가 피신시켜 주었고, 얼마 전 수도회에 거금을 기부하여 자신의 위상을 한껏 높여준 것도 명희였다. 이렇게 받기만 했던 자기는 늘 불만이나 표출하고 살았으니….

따스한 햇볕을 받으며 구불구불한 오솔길을 걷는 동안 두 사람은 별로 말이 없었다. 요한의 뒤를 따르던 명희는 문득 오래전에 남편과 선을 봤던 그 당시를 떠올렸다. 하필 이곳에 와서 그때의 기억을 떠올리는 것은 대체 무슨 조화인지! 낯선 남자와 마주 앉은 어색함을 이기지 못해 절절매던 자기에게 걷자고 제안했던 그 남자, 그는 평생토록 자기에게 친절했었다. 남의 씨를 임신해 낳았어도 아무것도 몰랐던 그는 자기와 기옥에게 한결같았다. 비록 명이 짧아 일찍 저세상에 갔어도 많은 것을 남겨주고 간 그 남자 덕택에 자기는 현재 윤택함을 누리고 있다. 그렇게 많은 것을 받았던 자기가 짝사랑에 대한 미련을 떨치지 못해 요한을 찾아와 이렇게 걷고 있다는 게 왠지 죄스러웠다. 어쩌자고 삶은 이렇게 숨바꼭질하듯 흘러가는지….

30년도 더 된 예전의 풋풋했던 모습들이 눈앞에 그려지자 그만 명희는 울컥하고 말았다. 모두가 팔자대로라고는 하지만, 이토록 나이 들어서도 요한을 잊지 못해 여기까지 찾아온 자기 모습이 야속했던 때문이다.

요한은 명희가 자기에게 쏠리는 감정으로 이곳까지 찾아왔다는 사실을 감지하며 그녀에게 대체 무엇을 어떻게 해주어야 할지 막막했다. 명희가 자기에 대해 갖는 감정은 그야말로 외롭던 마음이 만들어낸 이상이고, 실제의 자기는 앞가림도 못하는 패잔병이니 말이다.

어느 지점에 다다라 걸터앉자, 나뭇가지와 이파리 사이로 넘실대는 빛살에 명희의 얼굴이 명암으로 얼룩졌다. 손바닥으로 사이사이 내리쬐는 햇살을 가리며 명희가 먼저 입을 열었다.

"이런 제가 어리석다고 욕하시겠지만, 아재가 아파서 중국에서 돌아왔다는 소식을 접했을 때는 마음이 아팠고 어떻게든 도왔으면 했어요. 그런데 막상 뵙고 나니까 마음이 달라지면서 점점 욕심이 생겨나더라고요. 얼마나 어리석은 꿈을 꾸었느냐면 아재를 다시 품고 싶다는 거였어요. 그래서 아재가 사제복을 벗겠다고 했을 때 충격을 받으면서도 다른 한편에서는 반기는 마음이 들지 뭐예요."

명희가 솔직담백함을 넘어 과감하게 자신의 심경을 밝히는데, 그렇게 자신을 표현하는 명희가 당차 보였다. 그동안 봐왔던 모습은 전전긍긍하는 여리고 아린 모습이었는데, 이번에는 담대하게 자신을 표현하니 말이다. 그랬기 때문인지 요한도 덩달아 편안하게 명희의 말을 들었고, 그래서였는지 어느 순간에는 재잘대듯 떠드는 모습이 마치 여동생 같았다.

"그랬구나!"

"오늘 이곳도 반반의 심정으로 왔던 거예요. 저로 인해 귀양살이하는 사람에게 사죄하고픈 마음도 있고, 그와는 반대로 아재가 저와 함께할 수 있을지를 염탐하고자 하는 욕심스러운 마음도 있고요."

"음, 그래서 온 게로구나."

명희의 당돌 맞는 말을 들으면서도 요한의 마음은 의외로 담담했고, 그래서 싫다기보다 그냥 그러려니 했다. 부담스럽다기보다 그 모든 말이 명희의 생각이고 감정이라고 느껴지는 것이었다.

그런데 오히려 놀란 사람은 명희였다. 그렇게 평정심을 유지하는 요한이 먼 거리에 있는 사람 같아 낯설기도 했지만, 도리어 마음 놓고 자신을 다 드러낼 수 있어 편했다. 여자의 마음이 그렇게 악착스러운 것인지 명희는 기어이 바닥의 속내를 드러내는 말을 추가했다.

"곧 휴직을 마치시면 수도회로 돌아가실 참인가요?"

"글쎄…. 아직 정하진 않았지만 그래야 하지 않을까?"

"… 그렇군요."

요한의 대답에서 명희는 '그렇구나!' 하고 고개를 끄덕이는데, 명치 끝이 아려오며 울컥 목이 메었다. 그러나 어쩌겠는가, 명희 자신도 나이를 더해가면서 이 세상 어느 것도 욕심대로 되지 않는다는 것을 어렴풋이 알아가고 있는 터였다. 안달한다고 되는 것도 아니고 무엇이든 될 대로 되어질 뿐이라는 것을 어느덧 인정하는 나이에 다다르고 있었다.

명희는 요한과 헤어지면서 봉투를 하나 내밀었다. 많은 돈은 아니지만 필요한 곳에 쓰면서 불편 없이 지냈으면 한다고 말했다. 요한이 그럴 필요 없다고 사양해도 명희는 극구 그 봉투를 두고 일어섰다.

저 멀리까지 배웅을 나가 그리움을 등에 지고 타박타박 돌아가는 명희를 바라보며 요한은 오랫동안 등에 지고 살았던 돌덩이 하나를 내려놓는 듯했다. 다행히 명희가 눈물을 머금기보다 묵묵하게 입가에 미소를 머금는 용기 있는 모습을 보이며 떠나는 게 여간 고맙고 다행스럽지 않았다. 인연의 실타래가 때로는 가깝게 때로는 멀리서 그렇게 흘러 흘러가는 것 같았다.

그날 밤 요한은 아무런 것도 염두에 두지 않고 오직 호흡에만 집중하였다. 이슥한 밤이 되도록 미동도 하지 않고 오직 들숨 날숨에만 집중하였고, 그러한 흐름만이 밤새 고요히 흘렀다.

  다음 날 눈을 떠보니 옆에 밀쳐두었던 봉투가 눈에 띄었다. 열어보
니 100만 원짜리 수표 열 장이 들어있었다. 평생에 걸쳐 그런 큰돈을
쥐어보지 못했던 요한은 물끄러미 그것을 바라다보았다. 빈털터리로
지내다 누가 멀리 떠나면 송별회를 준비한다며 그때나 아낌없이 술
을 사면서 호사를 부리던 자기였다.
  다시금, 자기만 배제하고 형제들이 돈을 나눠 가졌다고 상종도 안
하겠다며 토라졌던 자신의 모습, 황유스티노가 다만 얼마라도 내놓
으라며 수모를 주었던 순간들이 떠올랐다. 한동안 돈 봉투를 응시하
던 요한은 돈이란 한 번 만지기 시작하면 바다 한가운데서 갈증을 느
낀다며 바닷물을 떠 마시는 사람처럼 될 것 같다고 생각하였다.
  잠시 후 요한은 비오 부부에게 가서 그동안 자신을 돌보느라 수고
많이 했다며 그 봉투를 내밀었다. 그러자 비오나 그의 부인은 한사코
사양했다. 그리하여 요한이 그들에게 받으라고 간청을 거듭하다 한
쪽에 밀쳐두고 나왔는데, 그동안 신세를 진 것에 대해 그나마 갚는
것 같아 여간 기쁜 게 아니었다.
  하지만 다음 날 비오는 그 봉투를 들고 와 요한에게 도로 내밀며 너
무 많아 받을 수 없다고 하였다. 그래도 가져가라고 하자, 그는 근래
에 요한이 농사일을 거들어주어 자기네들도 고맙게 여기고 있다고
하였다. 요한은 정 그렇다면 절반이라도 받으라며 비오에게 절반의
금액을 넘겨주었다.
  각자 장애를 안고 살아도 비오와 그의 부인은 순박하기 이를 데 없
는 사람들이었다. 그런 이들에 비해 자기는 많은 것을 누리고 살았어

도 늘 허기진 마음으로 가난하게 살았으니…. 도대체 자기라는 인간은 어디서부터 손을 대어야 하는지 새삼 부끄러웠다.

37. 죽음의 문턱을 넘나드는 요한

　명희에게 베드로 신부의 병고를 들었던 요한은 시외전화가 가능한 비오의 처가로 가서 수도회로 전화를 걸었다. 전화를 받은 직원은 관구장 신부가 언제 어디에서 수술을 받는지에 대해 알려주었고, 요한은 자기가 병문안을 가봐도 되는지 알아봐달라고 부탁하였다. 돌아온 회신은 관구장 신부가 수술을 마치고 입원해 있을 때 한 번 다녀가도 좋다는 것이었다.

　서울을 떠난 지 채 2년도 안 되었는데 주위가 낯설게 느껴졌다. 사람이 망각의 존재라고 산천초목이나 바라보다 복잡한 서울을 바라보니, 언제 그 속에서 살았던가 하여 아득해지는 심정이었다. 그사이 변했으면 얼마나 변했다고 그렇게 이질적으로 보이나 싶어 요한은 피식 웃으며 모든 것을 마음이 지어낸다는 의미의 일체유심조(一切唯心造)라는 구절을 떠올렸다. 그러면서도 '가톨릭 사제가 이러면 곤란한데….' 하고 혼자 중얼거렸다.
　수도회 직원이 일러준 병실로 찾아가니, 베드로 신부가 혼자 비스듬히 누워있었다. 몰라볼 정도로 수척해진 모습에 철렁하는 것을 느끼면서도 요한은 짓궂게 말했다.

"에이, 시시하게 이게 뭡니까?"

"어, 요한 신부! 올라왔구먼. 그래 잘 지내고 있는가?"

"아무리 봐도 백수로 지내는 게 제 체질인 것 같습니다. 베드로 신부님께서도 골치 아픈 것 다 내려놓고 백수로 지내시지요?"

"그러지 않아도 그러려고 하네."

이런 식으로 아무렇지도 않은 양 인사를 나누는 두 사람, 그들에게는 동료애 이상의 끈끈함이 있었다. 이윽고 베드로 신부는 명희가 찾아왔었다는 이야기를 요한에게 하자, 요한도 얼마 전 명희가 진부령을 다녀가는 바람에 병고에 대한 소식을 알게 되었던 거라고 응수했다.

잠시 후 간호를 맡던 젊은 신부가 볼일을 마치고 들어왔다. 그러자 베드로 신부는 요한에게 그날 밤 자기 곁에 있을 수 있느냐고 묻고는 그 젊은 신부에게 수도회에 돌아갔다가 다음날 오라고 일렀다.

병실에 두 사람만 남게 된 그 날밤, 요한은 이냐시오 수도회를 처음 방문하던 날 밤 둘이서 오랫동안 이야기를 나누었던 때를 떠올렸다. 벌써 30년이나 흘렀는데도 그때의 떨림이나 환희가 생생하게 기억되었다.

수술 후 기력이 달렸던 베드로 신부는 요한과 말하던 중 툭 잠에 떨어졌다. 그렇게 쇠잔해진 베드로 신부의 모습을 보고 있자니, 그와 관련한 지난날의 장면들이 주마등이 돌아가듯 하나하나 펼쳐졌다.

신학생 시절 성골이니 진골이니 하며 큰 싸움이 일어날 뻔했을 때 그것을 진화했던 베드로 형의 멋진 모습, 나환자 마을에서 초라한 행색을 하고 있을 때 그가 자기를 봐서 도망쳤던 기억, 그가 소속해 있는 수도회로 이적해 형제로 살면서 즐거워하던 순간들, 설악산에서 사고를 당하고 그의 등에 업혀 내려올 때 한없이 포근했던 때가 바로 엊그제 같은데, 그 한가운데 우뚝 서 있던 베드로 형이 어느새 병든 노인이 되어 누워있다.

과연 그 우상이었던 이가 저 사람인가 하고 낯설어하다가 요한은 그를 사모하는 마음으로 힘겨워하던 지난 세월을 회상했다. 사제품을 받은 이후에는 사제라는 의식으로 무장하는 바람에 전처럼 스스럼없이 그의 곁에 있을 수 없었다. 파견지를 달리하면서까지 그와 거리를 두고자 했지만, 마음은 늘 베드로 형을 쫓았다. 특히 캄보디아에서 도망치듯 돌아와 지낼 때 자기가 너무 가까이하려 했기 때문인지, 아니면 총장 선출을 앞두고 대외적인 시선을 의식했기 때문인지 그는 거리를 두려 했었다. 그런 것을 견디기 어려워했던 자기는 마음을 추스르느라 얼마나 북한산을 헤집고 다녔던가. 그러다 제대로 준비도 하지 않은 채 중국으로 떠났다가 고생은 고생대로 하고, 형편없이 무너지는 바람에 강제귀국을 하는 형편에 놓이고 말았다. 그러다 엉뚱한 데 울분을 터트려 상담까지 받게 되었으니….

얼마나 산다고 사람들은 이렇게 우여곡절을 겪으며 숨바꼭질하는지 의아했다. 자기는 베드로 형의 해바라기 노릇을 하고 있는데, 어쩌자고 이상섭이란 인물은 자기에게 마음을 빼앗겼는지! 그런데다가 또 명희는 어쩌자고 앞가림도 못하는 이런 인간에게 그렇게 목을 매는지 희한했다. 모두가 자기가 만든 환영을 끌어안고 거기에 빠져 사는 게 딱하기도 하고 우습기도 하였다.

도대체 자기는 무엇 때문에 그토록 베드로 형을 이상화했던 것일까? 그의 어떤 점에 그렇게 끌렸던 것인지? 이런 의문 속에서 요한은 다시금 베드로 형이라는 사람을 찬찬히 훑어보았다.

베드로는 전형적인 중산층 가정에 태어나 아쉬운 게 뭔지 모른 채 살았던 사람이다. 그렇게 자랐기 때문이겠지만 그는 언제 어디에서고 자신이 하고 싶은 말을 다 하는 편이었고, 또 그가 하는 말은 반듯한데다 균형도 잡혀 설득력이 있었다. 이런 베드로에 비해 자기는 여러모로 촌스러웠을 뿐만 아니라 남 앞에 잘 나서지도 못하는 소극적인 인물이었다. 게다가 그는 뒤늦게 사제가 되어서도 수도회에서 한국인 첫 세대라며 한껏 주목을 받으며 화려하게 산 인물이다. 한국인으로서 첫 관구장에 오르기도 하였고….

병마와 씨름하다 잠에 떨어진 베드로, 외견상 남부럽지 않게 살았어도 그 역시 자신에게 부과된 삶을 살아내느라 애를 썼던 인물이 아닐까 하였다. 자기와 다소 다른 점을 지나치게 미화시켜서 봤던 것이지 하는 생각이 들기도 했다. 그렇다면 그것 역시 미망이 빚어낸 놀음이지 싶었다. 문득, 그렇게 대상을 미화시켜놓고 선망하듯 살았던 자신이나 병마 앞에서 흔들리는 촛불 같은 그나 딱하긴 마찬가지라는 생각에 서글픔이 목구멍을 타고 비릿하게 올라왔다.

수술의 통증 때문인지 베드로 신부는 쌕쌕 한 차례씩 숨을 몰아쉬며 고통스러워했다. 수술이 잘되었다고는 하나 암이라는 게 언제 어떻게 반란을 일으킬지 모르니 안심할 수 없는 병이라고 하였다. 그런 애잔한 마음에 손을 내밀어 베드로 신부의 찡그린 얼굴을 쓰다듬는데, 그 순간 요한의 손이 파르르 떨렸다. 그나 자기나 다 딱하다고 여기는 그 순간에도 베드로 형을 쓰다듬는 손에 그러한 떨림이 있다는 사실에 요한 자신도 놀라 마지않았다.

그날 밤 요한은 탁자 위에 놓인 십자가상을 향해 오랫동안 기도드렸다. 그 순간 자신이 할 수 있는 최선이 기도였고, 그래서 그는 기도에 온전히 자신을 맡기며 시간이 흐르는 것조차 잊고 있었다.

다음 날 아침 눈을 뜬 베드로 신부가 요한에게 말했다.

"지난밤에는 자네가 열심히 기도한 덕분으로 잠을 푹 잔 것 같아."

베드로 신부가 통증으로 눈을 떠보니, 요한이 깍지 낀 두 손에 이마를 대고 기도에 잠겨 있었다. 그렇게 기도하는 요한의 모습을 보고 베드로 신부는 마음이 푹 놓이면서 요한이 그렇게 자신의 곁에 있다는 사실에 안도했다. 그가 옆에 있다는 사실이 그렇게 좋을 수 없는 것이었다.

아침 식사를 마치고 얼마 후 간호를 맡은 젊은 신부가 돌아오자, 요한은 떠날 채비를 하며 베드로 신부에게 하직 인사를 했다.

"부디 잘 회복하시기를 기도하겠습니다."

이렇게 인사를 하고 돌아서는데, 베드로 신부가 묻는 것이었다.

"요한, 휴직을 마치는 대로 돌아오는 거지?"

이러한 질문을 받은 요한은 '이게 무슨 말이지?' 하고 갸우뚱했다. 면직이 아닌 휴직을 결정할 때 이미 끝난 이야기가 아닌가. 그런데 새삼스레 그것을 자기에게 묻다니!

"…"

얼른 대답하지 못하고 요한이 가만히 있자, 그러한 요한을 살피며 베드로 신부가 또박또박 힘주어 말했다.

"어디에서 살든 자네가 행복할 수만 있다면 나는 기꺼이 보내줄 참이라네."

"예, 알겠습니다. 감사합니다."

이렇게 대꾸하고 돌아서서 병원을 빠져나오는 내내 요한의 마음은 뭐라고 표현하기 어려웠다. 자기가 환속하겠다고 할 때만 해도 불편한 심기를 드러내며 이미 지난 일이기 때문에 정직 정도면 충분하다고 했던 사람이 베드로 신부였다. 그리하여 정직 형태의 휴직으로 징계 수위를 낮춰 자기를 잡아두었던 사람이다. 그런 인물이 이제는 자기에게 어디에서 살든 행복하게 살 수만 있다면 보내주겠다고 하니!

요한은 베드로 신부가 큰 병을 앓게 되면서 뭔가 바뀌었다는 것을 감지했다. 환속하겠다고 했을 때 극구 말렸던 사람이 베드로 신부였는데, 이제 그는 자기가 어디를 가든 행복하기만 하면 굳이 수도회에 묶어두지 않겠다는 말이다. 문득 베드로 신부의 마음 씀씀이에서 요한은 소유하려 들지 않는 사랑, 즉 푸근한 사랑이 어떤 것인지 느꼈다.

시외버스 터미널에 도착해 진부령으로 향하는 버스에 몸을 실었다. 밤새 기도로 앉아 있었던 탓인지 눈을 뜨지 못할 정도로 잠이 쏟아졌다. 정신을 차릴 수 없을 만큼 깊은 잠에 곯아떨어졌다가 눈을 뜨니, 어느새 버스는 구불구불한 강원도 산길을 달리고 있었다.

창밖을 내다보니 아직 4월 초순이라 햇살은 눈 부셔도 나무들은 여전히 겨울 색을 띠고 있었다. 누리끼리한 모습들이 촘촘히 구름 떼를 이루고 있는데, 희한한 것은 45년 전 소신학교 시절 서울로 올라갈 때 차창 밖으로 봤던 나무들과는 그 모습이 달랐다. 방학을 마치고 서울로 올라갈 때의 나무들은 추워 보였었고, 휴교를 맞아 집으로 돌아갈 때의 나무는 마냥 포근해 보였었다. 그런데 지금 오두막으로 돌아가는 길에 보이는 나무들은 아무런 채색 없이 그냥 자신의 모습을 드러내고 있었다. 쓸쓸해 보이지도 않고 포근해 보이지도 않는 나무로서 그냥 그 자체로 자리하고 있는 듯했다.

거처로 돌아와서 지낸 지 며칠 후였다. 별로 말을 하지 않던 비오가 입 모양에 특별히 신경을 쓰며 암자에 사는 스님이 얼마 전에 자살한 것을 알고 있느냐고 물었다. 놀란 요한이 다시 물으니까, 비오는 자기도 아내에게 전해 들었다고만 하였다.

그러고 보니 암자에 들른 지도 꽤 오래되었다. 그사이에 그런 일이 벌어졌다는 사실에 요한의 마음이 영 편치 않았다. 법현 스님이 빨리 깨닫고자 조바심을 치는 게 좀 이상했어도 자기에게 불교에 대해 많은 것을 알려준 사람이었다. 특히 호흡법이니 좌선법이니 하는 것들을 알려준 덕분에 기도하는 데 많은 도움을 받았다. 무엇을 원하는 식의 기복적인 기도나 아니면 자기식대로의 산만한 기도방식에서 벗어나 체계적으로 마음을 비워가는 기도를 할 수 있었던 것은 순전히 법현 스님 덕분이었다. 불교에서만큼 수행 방식을 체계적으로 갖춘 종교가 또 있을까 할 정도였으니 말이다.

요한은 무거운 심정으로 암자로 향했다. 그곳에는 전에 마주친 적이 있는 법현 스님의 사숙이라는 스님이 있었다. 어떻게 된 일이냐고 묻자, 그 스님은 간단하게 말해주었다. 고인이 된 법현은 자기 고집대로 수행하다 병을 얻었고, 이곳에 와서 회복하고자 애를 썼어도 어느 이상 호전을 이루지 못했다고 하였다. 특히 자신이 고수하던 방법에서 한 걸음도 나가지 못하자 그만 극단적인 선택을 한 것 같다고 하였다. 그러면서 그 사숙이라는 스님은 인생이란 다 그렇게 허망한 것 아니냐며 껄껄 웃었다. 잘 알려지지 않아서 그렇지, 그렇게 수행하다 진전을 이루지 못하고 자살하는 수좌들이 의외로 많다며 대수롭지 않다는 식이었다.

이런 이야기를 듣는 요한은 무거운 마음을 금할 길 없었다. 한두 사람도 아니고 많은 사람이 전 생애를 걸고 한 소식 얻겠다고 애쓰다 극단적인 선택을 한다면 뭔가 단단히 잘못되었다고 생각하였다. 진 아(眞我)라는 것을 설정하고, 그것을 깨부순다며 공(空)개념을 들이대다 그만 길을 잃고 헤매는 형상이었다. 하지만 불교에 대해 깊이 알지도 못하는 자기가 그런 말을 할 것도 못 되어 입을 꾹 다물고 돌아섰다.

암자를 뒤로 하고 돌아오는 요한은 한없이 스산했다. 깨달음이 뭐라고 그것을 위해 그토록 몸부림치다 벼랑 끝으로 자기를 몰아세우는 것인지 몸서리가 쳐졌다. 한 걸음도 더는 떼놓을 수 없을 만큼 옴짝달싹하지 못해 자살한 법현 스님, 타성에 젖어 갈팡질팡하기보다 그렇게 깔끔하게 죽는 것도 나쁘지 않겠다고 생각하면서 요한은 그가 부럽기도 하였다. 다만 마음에 걸리는 것은 근래에 그를 찾지 않아 더욱 그를 쓸쓸하고 암울하게 만들었을지도 모른다는 자책이었다.

움막으로 돌아오니 마음은 더욱 무거웠다. 고기잡이배를 타고 나가 망망대해에서 자신이 한 방울의 물에도 미치지 못한다는 생각에 울컥했던 적이 있다. 법현이라는 존재가 그렇게 사라졌어도 세상은 여전히 아무렇지 않아 한다는 사실에 현기증이 일며 왈칵 눈물이 쏟아졌다. 이 광대한 우주에 잠시 왔다 흔적도 없이 사라지는 티끌 같은 존재들이 뭘 그리 미련을 갖고 아파하는 것인지!

허망함에 옴짝달싹하기도 싫었다. 그러다 보니 입안이 까칠까칠해져 밥을 먹는 것도 귀찮았다. 그러는 사이 기력이 떨어져서인지 누워있게만 되었다. 티끌에도 미치지 못할 것 같은 자기가 사라진다 해도 아무런 상관도 없을 이 세상에 꾸역꾸역 살아야 하는 이유를 도무지 찾을 수 없었다. 어느 순간 아득하게 나락으로 빠져드는 것 같으면서 요한은 자신도 모르게 '주여, 이 죄인을 불쌍히 여겨 거두소서!' 하고 읊조렸다.

무슨 소리가 들리는 것 같아 눈을 떠보니 비오의 딸이 머리맡에서 재잘대고 있었다. 요한과 눈이 마주치자, 그 아이는 반색을 하며 신부님이 눈을 떴다며 호들갑을 떨었다.

며칠째 요한이 전혀 모습을 드러내지 않자, 궁금하게 여겼던 비오가 그 오두막집에 올라와 봤다. 그랬더니 요한이 반듯하게 누워 의식을 잃고 있었다. 하마터면 큰일 날 뻔하였다고 했다.

비오 부부의 극진한 간호로 요한의 의식은 점차 돌아왔다. 이제 좀 정신이 드느냐고 걱정하는 비오에게 달리 할 말이 없던 요한은 단식 해보려다 그만 그렇게 된 것 같다고 얼버무렸다. 요한이 하는 말을 믿는지 마는지, 비오는 단식은 시작할 때보다 풀 때가 더 어렵다고 한다며 회복을 잘하는 게 중요하다고 하였다. 이렇게 하여 그들의 간호를 받는 동안 비오의 딸은 요한에게 아프면 안 된다고 나불대는데 영락없는 참새의 모습이었다.

그런 천진스러움이 새삼스러워 요한이 팔을 뻗쳐 머리를 쓰다듬어 주었더니, 자기를 예뻐해서 그런다고 여겼는지 그 아이는 방긋방긋 웃었다. 그 웃는 얼굴에서 요한은 오랫동안 잊고 지냈던 대목의 아내가 키우던 스님의 딸을 떠올렸다. 벌써 30년이나 된 일이니까 그 아이도 이제는 어른이 되었겠다 싶었다. 어쩌면 파르스름하게 머리 깎은 승려가 되었을지도 모르고.

갑자기 한 번도 본 적이 없지만 자기 딸이라고 하는 기옥이에 관한 생각이 떠올랐다. 그런 식으로 태어났다가 그렇게 어이없이 변을 당해 저세상으로 가는 생명도 있는가 하여 울컥 눈물이 솟았다. 어설프게 살다 생을 마감한 기옥에게 너무도 죄스러웠다.

양 볼이 축축하게 젖는 것을 느끼며 얼굴조차 모르는 기옥을 가엽게 여기며 울고 있다는 사실에 요한은 놀라워했다. 과연 자기가 딸을 생각하며 울만 한 자격이라도 있는지 의심스러웠기 때문이다. 그 아이의 존재에 대해 아무것도 모르고 지냈던 사실도 죄스러운데, 그 존재에 대해 안 이후에는 얼마나 자괴감에 빠져 지냈느냐 말이다. 그렇게 지울 수 없는 오점을 갖게 된 것 같아 괴로워해 놓고 인제 와서 그 존재를 애처로워하며 눈물짓는다는 것도 가증스럽기 짝이 없었다.

갑자기 요한이 참을 수 없다는 듯이 엉엉 소리 내어 울었다. 요한이 그렇게 큰 소리로 울자, 깜짝 놀란 비오의 딸은 두 눈을 동그랗게 뜨고 냅다 엄마의 품으로 파고들었다. 무슨 영문인지 모르는 비오 부인도 놀라며 무슨 일 때문이냐고 남편에게 묻자, 비오는 조용히 하라는 식으로 손가락으로 입을 가리며 그 자리에서 나가자고 하였다. 비오만 하여도 요한이 무엇 때문인지 확실히는 알 수 없지만, 나름의 통한으로 그렇게 우는 것으로 이해하였고 그리하여 홀로 실컷 울 수 있도록 자리를 비켜주는 것이었다.

비오 부부가 만들어주는 미음이나 죽을 먹으며 하루 이틀 지나다 보니 어느덧 한 달이 훌쩍 지나갔다. 죽음의 문턱에까지 갔다가 돌아오는 사이 진부령은 온통 새순들의 향연이 펼쳐지고 있었다. 하루가 다르게 폭신폭신 연둣빛 뭉게구름을 피워내는 갖가지 나무들, 그러는 가운데 듬성듬성 포탄 터지듯 함성을 지르는 벚나무들, 그야말로 대자연의 눈부신 향연이었다.

이런 시기를 맞이해 누구보다 바쁜 사람은 비오였다. 부지런히 이쪽저쪽 밭고랑을 손보느라 여념 없이 지내며 자신의 일희일비하는 감정을 드러내지 않고 묵묵히 일하는 비오, 그 사람이야말로 진정한 그리스도교인이지 않을까 하고 요한은 생각했다. 청각장애라는 사실을 받아들이고, 자신이 할 수 있는 범주의 것들에 온통 열중하는 그의 모습은 진정으로 참됨의 형상이었다.

이러한 비오에 비해 자기는 어떠한가? 많이 배웠거나 그리 잘나지도 않았으면서 틈만 나면 불평불만을 터트리며 시시비비를 따졌다. 전형적인 가분수의 사람이라는 게 자기 같은 사람을 두고 하는 말이지 싶었다. 이런 사람이 어찌하여 그렇게 목숨을 질기게 부지해 가는지…. 부끄러움이 엄습할 때는 자기를 살려낸 비오가 야속하기도 하였다.

휴직 기간이 거의 끝나 갈 무렵, 비오 부부는 딸의 심장에 문제가 있다는 것을 알게 되었다. 조만간 수술을 받지 않으면 위험하다고 하자, 평온하게 지내던 비오 부부는 갑자기 허둥대기 시작했다. 그러면서 요한에게 소박하게나마 예물을 바치며 딸을 위해 기도해 달라고 부탁하는 것이었다.

그들 부부에게 기도를 부탁받는 요한은 뭉클했다. 자신이 징계를 받아 휴직하고 있는데도 그들은 여전히 자기를 주님에게 이르는 통로로 여기고 있는 듯했다. 아무리 형편없이 지내도 일단 사제로서의 품을 받았으면 제자로서의 위치를 유지한다고 그들은 믿어 의심치 않는 듯했다.

정작 본인은 그런 품을 받은 자로서의 자신의 위치나 가치가 뭔지 잘 모르고 지내왔었다. 그러면서 자신을 함부로 굴리듯 살았으니 그런 게 어리석음이 아니고 무엇이겠는가 싶었다.

사제로서의 정체감에 대해 곰곰이 되씹는 나날이었다. 아직 뭔가 뿌옇고 선명하지 않아 오락가락하는 심정이지만, 비오 부부가 자기를 극진히 대하는 데서 자신도 모르게 자꾸 옷깃을 여미게 되었다. 자기가 부족해 이런 곳에 유배되어 지낸다는 것을 그들이 모를 리 없으련만, 자기를 여전히 사제로 깍듯이 모시는 그들의 고지식함에 불편하면서도 성부 성자 성령의 은혜에 절로 고개 숙이는 나날이었다.

요한은 진부령을 떠나올 때 비오 부부가 자기에게 돌려주었던 나머지 금액을 도로 다 내주었다. 그러자 한사코 전처럼 사양하는 태도를 보이는 비오 부부에게 요한은 딸의 수술비에 보태쓰도록 하라고 진지하게 일렀다. 그러자 과분하다고 눈물지으면서도 수술을 위해 당장 목돈이 필요했던 그들은 봉투를 받아쥐었다. 그러면서 요한에게 은혜를 잊지 않겠다고 거듭 감사를 표하는데, 그동안 많은 호혜를 베푼 사람은 그들이었는데 오히려 그들은 거꾸로 요한에게 은혜를 받았다고 말했다.

그곳에 처음 왔던 때처럼 가방 하나를 들고 그곳을 나서면서 요한은 세월이 유수 같다고 여겼다. 어느덧 만 2년이 흐른 것이다.

그 사이 불교에 대한 이해를 넓히면서 그 체계적인 수행법으로 기도를 제대로 하게 된 것은 무엇보다 큰 수확이었다. 신을 만났다고 하는 사람들의 모임에 갔다가 도리어 똑바로 정신을 차리지 않으면 자기가 옳다는 아집에서 벗어날 수 없다는 것을 더욱 확실히 하였으니, 지나놓고 보면 모든 게 성령의 은총이었다.

특히 묵묵한 자연의 위대함에 다시 눈뜨게 되고, 나아가 땀 흘리며 사는 삶에 대한 경외심을 가지게 된 것은 큰 소득이었다. 그 모든 것에 감사하며 가뿐한 마음으로 요한은 그곳을 뒤로하였다.

38. 요한과 선희의 재회

요한이 수도회로 돌아오자 누구보다 기뻐하는 사람은 베드로 신부였다. 수술 후 혈색이 돌아왔어도 예전의 늠름한 풍채는 간곳없고 키만 훌쩍 큰 모습이었다. 베드로 신부는 수술을 받으면서 관구장 직을 내놓고, 정기총회가 열리기 전까지는 총무 신부가 대행한다고 하였다. 그리하여 현재로서는 건강 회복에나 열중하며 미루어두었던 독서나 하며 지낸다고 하였다.

베드로 신부가 요한에게 물었다.

"나라는 정체감을 찾아야 주님을 모실 수 있다고 했었지. 그래, 자신의 정체감을 잘 정립하였는가?"

"하하하, 제가 그렇게 말씀드렸던가요? 자신이 누구인지는 잘 모르겠고, 모든 생명체는 다 각각 자신만의 행로를 걷는 게 아닐까 생각합니다. 생명이라는 게 어디서부터 시작되었는지는 알지 못하겠고, 에너지의 한 형태가 삶이지 않을까 하는 생각을 합니다."

"산에서 도를 닦고 와서 그런지 어려운 말을 하는구먼. 앞으로는 문 도사에게 한 수 배우도록 해야 할 것 같네그려. 앞으로 잘 봐주십시오, 문 도사님!"

"유머러스한 것은 여전하십니다. 저 같은 사람에게 무엇을 배운다고 그렇게 놀리세요?"

"아니, 농담이 아닐세. 이번에 병고를 치르면서 내가 얼마나 알맹이 없이 살았는지를 뼈저리게 느꼈다네. 치열하게 고민한 것 같지도 않고, 주위의 기대에 부응하듯 맞춰 사느라 여념이 없었던 게 아닐까 하는 생각을 하였지. 막상 죽는다고 생각하니까 그동안 뭐 하나 제대로 한 게 없는 거야. 업적 같은 것을 의미하는 것은 아니고 순간마다 진정으로 기쁘게 살았나 하는 의문이 생기더라고."

"아, 예! 그런데 어떻게 사는 게 순간순간을 진정으로 기쁘게 살아가는 것입니까?"

"글쎄, 그것을 잘 알지 못하는 게 내 고민이야. 되돌릴 수 없는 순간순간인데 그 시간을 기쁘게 감사하게 살아야 잘 사는 게 아닐까 하는 생각이 들어 해보는 말일세."

초로에 접어든 두 남자의 대화는 이렇게 이어져갔다. 태양이라도 품을 것 같았던 젊은 시절의 포부나 패기는 젖혀지고, 막연할지라도 겸손이 묻어나오는 말을 주거니 받거니 하였다. 뚜렷한 접점을 찾지 못할지라도 그들은 상대가 무엇을 말하는지 알 것 같았고, 그래서 두 사람 다 서로 말이 통한다는 사실에 뿌듯해하였다.

수도회에 돌아온 지 며칠 후 요한은 선희에게 전화를 걸어 만날 약속을 잡았다. 저번 상담에서 상담자가 무아(無我)를 말하며 삶을 고(苦)라고 언급할 때, 자기가 도중에 끼어들어 우리에게는 구원자가 필요했고, 그런 까닭에 예수님이 출현하신 게 아니냐고 반기를 들 듯 반박했던 장면을 떠올렸다. 뜬금없이 그런 말을 해놓고 서로가 당황해했던 상황을 떠올리며 요한은 될 수 있는 대로 빨리 상담자를 만났으면 하였다.

막판에 그렇게 난타전을 펴듯 하고 떠났기 때문에 불교에 대해 궁금해했고 그래서 그쪽에 관심을 기울였던 것인지도 모른다. 마침 법현 스님이 있어 이것저것 물어보는 게 쉬웠고, 그런 연유로 이제는 무아(無我)를 허무로 오인하는 식의 실수는 금할 수 있을 것 같았다.

그럴 뿐만 아니라 요한은 시간이 흐를수록 선희가 내담자의 위치에 있는 자기에게 최선을 다했다는 것을 간간이 느꼈다. 유부남을 사랑하느라고 젊은 시절을 다 놓치고 말았다는 것은 불륜을 의미하는데, 여간 신뢰하지 않고서는 노출하기 어려운 내용으로 여겼다. 그에 비해 자기는 어떠했는가. 사제라는 위치에 있는 많은 사람을 욕 먹일 수 없다는 이유로 자신의 동성애적 성향을 감추었는데, 그녀는 도덕적으로나 윤리적으로 좀처럼 용납할 수 없는 자신의 오점을 자기에게 말해주었다. 그러한 신뢰를 보여준 사람에게 삐딱했던 자신의 모습이 생각날 때마다 얼굴이 화끈 달아오르곤 했었다.

사실, 상담받으면서 이것저것 재었던 게 꽤 있었다. 특히 명희와 관련한 일생일대의 실책에 대해서는 영원히 묻어버리고 싶었었다. 그런데 뒤늦게 기옥이라는 여식이 있었다는 말을 듣고는 정말이지 이세상을 등지고 싶었다. 그토록 힘들었던 시기를 그나마 넘겼던 것은 어쩌면 상담자 덕분이지 않았을까 하는 생각이 들었다. 삶과 죽음이 한 끗 차이라고 그 힘든 시기에 어딘가에 털어놓을 곳이 없었다면 아마 허물어졌을지도 모른다.

상담을 이어가든 종결하든 일단 상담자와 만나 이야기를 나누고자 했다. 휴직하면서 자신이 얼마나 변화하였는지를 보여주고, 나아가

허심탄회하게 종교에 관한 이야기를 나누고 싶었다.

　요한의 전화를 받은 선희는 그를 다시 만난다는 사실에 여간 반가운 게 아니었다. 특히 종교에 대한 자신의 부주의가 그와의 상담에 악영향을 미쳤던 것 같아 많이 아파했었던 때문이다. 그가 마음의 평화를 얻기 위해 무릎 꿇고 기도하면 될 것 같다고 했을 때, 삶과 죽음이 둘이 아니라며 주름진 노인 운운했던 것에서부터 불편한 심기를 지닌 사람 앞에서 불교 지식을 펼치다 한 방 얻어맞았던 상황은 아무리 생각해도 부끄러웠다.

　아무튼 요한이라는 가톨릭 사제를 상담하면서 자신의 부족함을 여실히 느꼈고, 그것을 계기로 성장하지 않으면 안 되겠다는 절박함으로 수행을 시작했었다. 그런 덕분에 부처님의 가르침에 좀 더 다가갈 수 있었으니 요한의 존재가 여간 고마운 게 아니었다. 언젠가는 하리라 마음먹으면서도 좀처럼 착수하지 못했던 수행을 그 덕분에 할 수 있었으니 말이다.

　상담실에 들어서는 요한의 모습은 조금 야위긴 했어도 맑아 보였다. 전의 모습이 예민한 나머지 까칠하게 비쳤다면 이번의 모습은 뭔지 모르게 다져진 듯했다. 2년 만에 재회 인사를 나눈 다음 상담자가 먼저 물었다.

"어떤 심정으로 돌아오셨는지 궁금합니다."

"나라고 하는 자신에 대한 정립까지는 잘 모르겠고, 제가 돌아가야 할 곳이 여기 수도회 외에 어디 있겠는가 하는 마음으로 돌아왔습니다."

"사제로서 자격이 있느니 없느니 하며 자신을 많이 쥐어뜯으셨었
지요. 지금은 어떤 심정이세요?"

"극복이라고 하기는 좀 그렇고, 제가 평생토록 갈증으로 인한 화를
내며 살았다는 것을 알게 되었지요. 선생님께서 처음부터 제게 화가
많다고 하면서 그것의 유래를 살펴보자고 하셨는데, 그때는 그 말이
무슨 의미인지 잘 몰랐습니다. '사람 사는 게 다 그렇지 뭐.' 하는 정
도로 그냥 흘려들었었지요."

"상담에서 자꾸 말을 하도록 촉진하는 것은 내재한 화가 올라와 풀
리도록, 나아가 말함으로써 객관화를 이루게끔 하기 위해서지요. 그
런데 억압되어있던 감정을 소생시켜 희석하는 작업이 그리 순조롭기
만 하지는 않지요."

선희가 이런 식의 이야기를 이어가는데, 진지하게 귀 기울이며 듣
다가 어느 시점에서 요한이 물었다.

"선생님께서는 어떻게 지내셨습니까? 제가 지난번에 인사도 드리
지 않고 갑자기 떠난 점에 대해 좀 언짢으셨지요? 그 점에 사과드립
니다."

"언짢았다기보다 아쉬움이 컸었습니다. 문 신부님이 종교인인데
그런 점을 충분히 고려하지 못했던 것 같아 자책하였지요. 내담자의
인생에 관여하는 심리상담을 한다고 하면서 정작 저 자신은 그럴 만
한 준비가 안 되어있다는 것을 발견하는 아픈 순간들이 있었습니
다."

"그렇게 말씀하시면 제가 민망합니다. 그 당시 제가 너무 들쭉날쭉
한 상태였고, 그런 상황에서 선생님에게 예민하게 굴었던 게 사실입
니다. 그랬음에도 불구하고 선생님이 저에게 최선을 다하고자 애쓰

셨다는 점을 잘 알고 있습니다."

"그렇게 말씀해주시니 감사합니다. 나름대로 애를 썼지만, 선무당이 사람 잡는다고 잘 알지도 못하는 불교에 대해 운운했던 점에 대해서는 무척 부끄러웠습니다."

"…"

요한은 선희가 이토록 깍듯하게 자신의 미흡함에 대해 실토하자, 뭐라고 반응해야 할지 몰라 주춤했다. 선희가 자기에게 유독 더 그러는지 아니면 모든 이들에게 그러는지는 확실히 알 수 없지만, 여전히 자신에 대해 가리지 않고 내비치려 한다는 인상을 받았다. 이러는 가운데 요한은 저번 마지막 상담에서 마음이 편해지려면 어떻게 해야 하느냐는 사안을 두고 두 사람의 의견이 엇갈렸던 점을 기억했다. 그 당시 서로 통하지 못하고 뻥하고 말았던 것을 회상하며, 요한은 '지금이라면 대화가 될 수 있을까?' 하고 생각을 하며 말했다.

"제가 있던 곳에서 그리 멀지 않은 곳에 작은 암자가 있어서 거기에 자주 들렀습니다. 그곳에는 기공 수련을 하다 병을 얻어 요양하고 있던 스님이 있었는데, 그와 자주 이야기를 나누었지요. 그 스님이 불교에 대해 많은 이야기를 들려주었습니다. 그런 덕분에 불교의 특색이 무아론(無我論)에 입각해 있다는 것, 그리고 불교가 깨달음을 통해 자신을 스스로 구원하는 종교라는 것도 이해하게 되었지요."

길지 않은 요한의 말속에서 그가 불교의 요지를 이해하고 있다는 인상을 받았던 선희는 고개를 끄덕였다.

"불교에 대한 핵심적인 내용을 말씀하시네요. 불교의 양대 축을 꼽으라면 고(苦)와 멸(滅)인 것 같습니다. 붓다께서는 갈애나 집착으로 인해 삶이 고통스럽게 된다고 말씀하시며, 그것을 극복하기 위해서는 수행함으로써 모든 것의 실상이 무상하고 불만족스럽고 실체가 없다는 삼법인(三法印)을 확철하게 깨닫는 거라고 하셨다고 하니까요."

선희가 이렇게 요한의 말을 지지하자, 요한이 잠시 후 말했다.

"불교는 실천종교로서 철저하게 수행하지 않으면 허사라면서요?"

이러한 말을 들으며 선희는 요한이 말하고자 하는 게 무엇일까 하고 의아해했다. 혹시 상담자가 수행도 하지 않고 불교에 대해 운운하는지를 우회적으로 묻는 게 아닐까 하며 대꾸하였다.

"예, 저도 그렇게 알고 있습니다. 그래서 숙제로 미뤄두었던 수행을 문 신부님이 떠나신 이후 시작하였습니다. 머리로 이해한 것들을 실천하고자 마음챙김이라는 수관(隨觀) 수행을 시작하였습니다, 아직 까마득하지만, 중단 없이 해나가다 보면 언젠가 탄력을 받겠거니 합니다."

"아, 그렇군요."

이렇게 응수하다 요한은 이렇게 말했다.

"그런데 서너 달 전에 저에게 불교를 알게 해준 스님이 자살하였습니다. 대오각성(大悟覺醒)하겠다고 몸부림치다 앞이 보이질 않아 그랬는지 극단적인 선택을 하고 말았지요."

"저런! 수행에 전 생애를 걸었는데 깜깜하기만 하니까 좌절감을 이기지 못해 자살하는 수행자들이 있다고 들었습니다. 그 스님도 올바른 방법으로 차근차근히 점진적으로 접근하기보다 단박에 깨우치려는 기대에 짓눌려 그렇게 되었던 것일까요?"

두 사람 사이에 말이 끊겨 서로 가만히 있는데 요한이 궁금하다는 듯이 물었다.

"수관(隨觀) 수행이라고 하셨는데 어떻게 하는 것입니까?"

어쩐 일인지 요한이 계속 불교에 관한 질문을 하는 것이었다. 선희는 가능한 한 불교에 대해 말하지 않으려던 애초의 마음을 접고 그의 질문에 편한 마음으로 부응하고자 했다.

"어느 한 대상에 집중하여 머무는 선정(사마타)이 아니라 몸과 마음이 시시각각 변화하는 상태, 즉 지각의 영역 안에 들어오는 것들을 초연히 바라보는 관조(위파사나)를 의미합니다. 이런 식으로 바라보는 마음이 순일하고 깊어지면 마침내 지혜가 열려 사물의 본질을 꿰뚫어 보는 통찰력을 갖게 된다고 하는군요."

"아, 수행하는 방법에서 차이를 보이는군요. 선생님께서는 실제로 어떻게 수행하시는지요?"

"예, 그동안 호흡에 열중하다 근래에 시작한 것은 대상이 감각기관에 와 닿을 때 미세하게 일어나는 느낌을 바라보고자 합니다. 느낌에 근거하여 다양한 욕망이 일어나면서 뒤엉키기 시작한다고 해 바로 그 지점을 놓치지 않고 살피고자 하는 것이지요. 번번이 놓치기 일쑤이지만 계속해 나가다 보면 차차 나아지겠거니 합니다."

"그 과정이 몹시 어렵고 요원하지 않나요? 마음을 차분히 가라앉혀야 하는 그 어려운 과정을 과연 얼마나 많은 사람이 할 수 있을지 의문입니다. 그러한 방식에 일반화할 수 있는 현실성이 있다고 보십니까?"

순간적으로 요한의 목소리가 다소 고조되는 것을 느낀 선희는 '이게 무슨 말이지?' 하며 가만히 있었다. 짜증까지는 아니더라도 요한의 목소리가 좀 전에 보였던 차분함과는 달리 컸던 때문이다. 뭔가 이상하다고 느끼며 선희는 천천히 말했다.

"저도 수행을 하면서 자력성을 강조하는 불교가 대중화되기는 너무 어렵지 않겠는가 하는 생각을 하였습니다. 고도의 이해력과 수행력이 수반되지 않으면 실상을 꿰뚫어 보기가 어려울 테니까요."

"예, 제가 하고 싶은 말이 바로 그것입니다. 붓다의 가르침이 냉철하면서도 합당하게 보이긴 하는데 너무 고차원적, 즉 고급이라는 말입니다. 하루하루 벌어먹기도 힘들어하는 대다수 사람이 언제 그런 심오한 수행을 할 수 있겠느냐 말입니다. 붓다의 가르침이 더없이 뛰어난 가르침이지만 너무 어려워 평범한 일반사람들이 따를 수 있겠느냐는 의심을 하게 되어서요."

선희는 요한이 말하는 내용 하나하나에 동조하며 고개를 끄덕이면서도 다소 감정이 묻어나오는 그의 어조에 주목했다. 그의 어투에서 왠지 불교의 허점을 찾아내려는 듯한 치기가 느껴지기 때문이었다. 선희는 그가 그렇게 말하는 밑 마음이 뭘까를 생각하며 천천히 말했다.

"그래요. 붓다의 가르침이 어렵다는 것에 동의하고, 그래서 일반화되기에는 한계가 있으리라 봅니다. 그래서인지 불교 안에서 해탈에 초점을 두는 수행을 강조하는 분파가 있는가 하면, 기독교에서처럼 가피를 구하는 식의 믿음을 강조하는 분파가 있기도 합니다. 특히 현실성이 강한 중국인들은 선불교를 발달시킴과 동시에 믿음을 많이 강조하였던 듯합니다. 즉, 붓다를 신격화해 그분께 의지해 안정을 얻게끔 하는 방편을 발달시켰지요."

"그런 점은 사람들의 구원을 위해 출현한 그리스도를 모방한 것이 아닐까요?"

"글쎄요. 시기적으로 어느 것이 더 빨랐는지는 살펴봐야겠습니다.

어쨌든 기독교가 믿음을 통해 구원을 받을 수 있다고 함으로써 사람들에게 이바지했던 점은 대단하다고 여깁니다. 그런 덕분에 세계적인 종교가 된 것일 테니까요. 신부님 말씀처럼 스스로 깨우침을 얻어 자유로워지라고 하는 붓다의 가르침을 따를 수 있는 사람들은 극소수일 거라고 봅니다."

"… 선생님께서는 붓다의 가르침을 따르고 계시는데, 그것은 소수의 특권층에 속한다는 의미가 되는 거 아닙니까?"

요한이 이렇게 상담자가 소수의 특권층이 아니냐고 하자, '아하, 아직도 이런 것에 걸려있구나!' 하고 선희는 감지했다.

"하하하, 그렇게 말씀하시는 신부님은 소수의 특권층이 아닌가요?"

선희가 그렇게 웃음을 터트리며 응수하자, 어린애처럼 투정하는 요한은 무안했는지 홍당무처럼 얼굴을 붉혔다. 이러한 요한을 바라보며 선희는 그의 불편한 마음을 두 가지 측면에서 이해해야 하지 않을까 했다. 하나는 자신이 믿는 종교를 좀 더 우위에 두고 싶어 하는 욕심을 낸다는 것이고, 다른 하나는 교감을 나누는 상담자가 다른 종교를 따른다는 사실에 불편해한다는 점이다.

미묘하게 삐져나오는 요한의 이런 욕심을 어떻게 하면 극복할 수 있을지를 두고 선희는 잠시 생각했다. 종교가 가치관이나 세계관의 모태로 작용하는 것이라면, 서로 다른 종교를 가진 두 사람이 깊게 소통하는 데에는 아무래도 한계가 있을 것 같긴 하였다. 하지만 동고동락하며 함께 살아갈 관계도 아닌 한시적 관계에서 그렇게까지 따질 필요가 있을까 하는 의문이 드는 것이었다. 그리하여 선희는 활달하게 웃으며 말했다.

"하하하 다 똑같은 동색이면 재미없잖아요? 크리스마스트리가 아름다운 것은 오색 불빛의 전구들이 반짝이기 때문이 아닐까요?"

선희의 이러한 반응에 요한은 자신이 너무 많은 것을 바라며 까탈을 부렸다는 것을 깨달았다. 그리하여 얼른 동조 발언하는 태도를 보였다.

"하하하, 그렇기도 하네요."

역시 선희와 말을 나누다 보면 주파수를 잘 맞춰주기 때문인지 시원했다. 때때로 투기 어린 마음이 올라와 까칠해지기도 하지만, 대화가 되는 사람과 마주하는 것은 수학 문제를 풀어갈 때처럼 시원함을 느끼게 했다.

그날 상담을 마치고 돌아가면서 요한은 선희와 거리낌 없이 종교에 관한 이야기를 나누었다는 사실에서 좋았다. 전에는 불교에 대한 말이 나오면 잘 알아듣지 못했을뿐더러 저항감이 일어났었는데, 이제는 무슨 말인지 대충 알아들을 수 있을 뿐만 아니라 이참에 기독교와 불교를 비교해보는 것도 그리 나쁘지 않겠다고 여겼다.

진부령에서 돌아와 얼른 선희에게 전화했던 것은 미안함이나 고마움 이상으로 보고 싶은 마음 때문이지 않았나 하는 생각이 스치기도 하는 것이었다. 그리움이라고까지 표현하는 것은 너무 지나치고, 어쨌든 여성에 대해 그런 마음이 드는 자체가 신기하였다.

그런데 말하다가 불교는 대중성이 적다는 것을 트집 잡아 또 툴툴거리고 말았다고 생각하며 요한은 한숨지었다. 전보다는 많이 누그러진 것 같은데, 왜 선희 앞에만 가면 그렇게 칭얼대듯 하는지 야속했다. 그것이 아직 덜 해결된 어머니에 대한 갈증 때문인지….

39. 가톨릭과 불교가 부딪치고 악수하다

요한이 돌아오자, 수도회 신부들은 그가 앞으로 어떤 사도직을 맡을지 궁금해했다. 한번 선교지가 정해지면 퇴임할 때까지 임지를 옮기지 않는 게 일반적인데, 요한은 이미 두 나라를 거친 상태다.

요한이 다시 중국에 가겠다면 말리진 않겠지만, 다시 중국에 가는 것을 요한은 그리 내켜 하지 않았다. 그렇다고 또다시 다른 나라로 가기에도 너무 늦은 나이였다. 앞으로 일할 수 있는 기간은 10년 남짓인데 그 기간을 위해 이것저것 준비한다는 게 그리 쉽지 않았기 때문이다. 수도회 정신에 부합하는 일로 요한이 할 수 있는 게 무엇인지를 찾는 게 관건이었다.

요한으로서도 수도회로 돌아오는 게 중요한 일이었지 장차 무엇을 할 것인지에 대해서는 별로 생각한 바가 없었다. 좀 더 엄밀하게 말하자면 그동안 자신의 중심을 잡는 것에 치중했지, 그 외의 것들은 안중에 두지 않았다. 주님의 종으로 살기 위해서는 자신을 비워야지 자신의 포부나 꿈을 내세우는 게 아니라고 여겼던 까닭이다.

베드로 신부가 함께 산책하러 나가자고 하여 수도회 인근의 숲길을 걸을 때였다.

"문 신부, 자네는 앞으로 무엇을 하며 지내고 싶은가?"

"..."

"사제가 될 때 어떤 각오나 꿈을 가졌었는지 궁금하군."

"..."

요한은 묵묵히 걷기나 할 뿐 아무런 대꾸도 하지 않았다. 돌이켜 보니 남들처럼 뭔가를 이루겠다는 야무진 꿈을 가졌던 것 같지도 않았다. 언제나 코앞에 닥치는 일들이 있었고, 늘 그런 것을 처리하기에 급급했던 것 같았다. 이윽고 요한이 먼 산을 쳐다보며 말했다.

"남아로 태어나 우렁찬 꿈을 꿔보지도 않았고 단지 사제가 되는 것만을 목표로 하였던 것 같습니다. 사제가 된 이후에는 하루하루 부과된 일을 처리하느라 급급했지, 별다른 신통한 생각도 못 하고 살았던 게 아닐까 합니다."

"주님의 충실한 종이 되는 것에나 마음을 쏟았다는 말인가?"

"하하하, 그렇게 미화시키면 제가 우스워집니다."

"아니, 미화가 아니라 자네는 개인적인 성취욕 같은 것을 별로 드러내지 않았지. 어쩌면 그것이 사제들이 지녀야 할 빈 마음이겠고…. 간혹 욱하는 성질을 보여 그렇지 자네처럼 순박하게 살기도 쉽지 않지."

"듣기 민망합니다."

"그래, 어쨌건 자네 모습이 편안해 보여 기쁘다네. 이제는 자신의 가치에 눈뜨기를 바란다네."

"명심하겠습니다."

"그건 그렇고, 너무 비관적으로 보는 것인지 모르지만 앞으로 가톨릭이 축소될 게 뻔하다네. 전 세계적으로 사제 지망생이 급격히 감소하는 바람에 수도회마다 사람이 부족해 난리지. 우리 수도회의 선교사업도 방향을 틀어 이전과는 달리 축소하는 쪽으로 가야 하지 않을까 하지."

"그런가요?"

세계적인 추세가 그렇다는 것을 모르는 바는 아니지만, 수도회의 선교사업을 축소하는 쪽으로 틀어야 한다는 베드로 신부의 말에 요한은 놀랐다. 불과 얼마 전까지만 해도 수도회의 주요 사목활동은 선교라며 사회주의 국가인 중국으로 확대해 진출했는데, 그 사이 분위기가 많이 바뀐 것 같았다.

"자네가 진부령에 가 있는 동안 나도 의식의 전환을 해야 했어. 그동안 우리 수도회가 밖으로만 팽창하려고 애쓰는 바람에 사제들을 너무 혹사했고, 그러는 바람에 나가떨어지는 사람들이 여기저기에서 생겨났던 게 사실이지. 일선에서 고생한 사제들을 재충전할 만한 변변한 수양 시설 하나 갖추지 못하고 있었으니 말일세. 점점 열악해지는 세계적 추세에서 무조건 헌신하라고만 몰아붙여서는 버텨낼 사람이 그리 많지 않다고 봐. 엄밀히 말해 자네도 그런 희생자가 아닐까 한다네."

"그래서요?"

"곧 개최될 정기총회에서 이제는 고생한 사제들을 위한 수양 시설을 지어 그들이 재충전할 수 있는 장소로 활용하자는 안건을 올리려고 해. 그런데 아무리 생각해도 그 일을 맡아 해줄 사람이 자네 말고는 없는 것 같아. 그래서 자네가 앞장섰으면 해서 물어보는 것일세."

"제가요? 뭐 하나 제대로 한 것도 없이 나이만 먹은 제가 그런 중책을 맡을 수 있겠습니까?

"자네 힘으로 한다고 생각지 말고, 주님께서 하시는 일이라고 생각하기를 바란다네."

"해야 한다면 하겠습니다만, 모든 게 자신의 노선이라는 게 있어 결국은 그렇게 흘러가는 게 아닐까 하며 가능한 한 제 의도나 생각을 비우려 합니다."

"그래? 그런데 말이지, 자네에게서 언뜻언뜻 도사 같은 인상을 받곤 해. 뭔가 푹 쉬어진 것 같은 느낌을 받는단 말일세. 아무튼 많이 변했어!"

"제가 그렇게 보입니까?"

"응, 전에 그랬던 것처럼 조바심치는 면모가 보이질 않는다고. 그렇지만 도사는 되지 말게. 우리는 어디까지나 가톨릭 사제야, 가톨릭 사제! 알겠나? 하하하."

"예, 알겠습니다. 복종토록 하겠습니다."

이렇게 대꾸하며 요한은 차렷하는 자세로 멈춰서서는 베드로 신부를 향하여 거수경례하였다. 그렇게 하여 산책을 하던 두 신부는 서로 마주 바라보며 껄껄껄 배를 움켜잡고 웃었다.

초로에 접어든 두 남자의 산책은 그렇게 한가롭고 따사로웠다. 듬성듬성 서 있는 소나무들이 서로에게 그림자를 드리우지 않고 온통 햇살을 받으며 여유작작하게 서 있었다. 그 나무들은 서로 마주 보며 천진스러움을 터트리고 있는 두 사람을 찬양하듯 빙 둘러싸주었다.

다시 상담실에 와 자리를 잡은 요한은 환경의 영향이라는 게 무서운 것 같다고 말했다. 그러면서 선희에게 자기에게서 불교의 색채가 묻어 나오느냐고 물었다. 이러한 질문에 선희가 대답하는 대신 왜 그러냐고 묻자, 요한은 산책길에서 베드로 신부와 나누었던 이야기를 들려주었다. 어쨌든 자기는 가톨릭의 사제이기 때문에 사제로서의 면모를 갖추어야 하는 것 아니냐고 하였다.

선희는 요한의 말을 들으며 며칠 전에 그가 보였던 태도를 돌이켜 보았다. 불교 수행이 너무 어려운 것 아니냐며 어느 세월에 일반인들이 그런 고난도의 수행을 해 구원을 얻겠느냐고 꼬집으면서 그는 그리스도교가 가진 보편성을 내세웠다.

"그래요. 현존하는 대개의 종교에서는 영혼이나 자아를 상정하고 있지요. 특히 사람은 영혼이라는 불변하는 실체를 갖고 있다고 여기는 듯합니다. 그러나 불교에서는 모든 게 자신의 업력(業力)에 따라 잠시 이루어지는 조합일 뿐이라고 여기면서 영속하는 게 없다는 무아론을 펼치는 것 같습니다. 이러한 불교가 유일신을 믿는 종교와 정면으로 충돌하는 것은 어쩔 수 없는 일이 아닐까 합니다. 그런데 문제는 과학의 여파로 인과적 사고방식에 익숙해 있는 현대인들이 창조주 개념을 받아들일 수 있느냐 하는 것입니다. 대체 신은 누가 만들었느냐는 의심을 제기하지 않을 수 있느냐고요."

"…"

선희의 말에 요한이 아무런 대꾸도 안 하자, 선희는 다시 말을 이어갔다.

"신부님께서 유일신에 대한 믿음을 견고하게 갖고 계시는 한, 불교를 수용하기는 어려울 것으로 생각합니다. 불교에서는 창조주나 신이라고 하는 존재는 물론이고, 심지어 우리가 으레 자기라고 믿고 있는 영속적인 실체도 갈애(渴愛)가 빚어내는 환상일 따름이라고 하니 말입니다."

"…"

아무런 대꾸도 하지 않고 있었지만, 요한은 선희가 무슨 말을 하는지 알아들을 수 있었다. 자신도 도마복음을 읽는다든가 또는 법현 스님을 통해 불교를 접하면서 범재신론의 색조를 많이 띠게 되었다. 그런데 선희는 영속하는 신적인 속성을 전혀 인정하지 않고 있어 법현 스님이 하던 말과 비슷하면서도 다른 것 같아 혼란스러웠다. 선희의 말에 동조하였다가는 허무감에 빠지지는 않더라도 너무 허전해 견디기 어려울 것 같았다. 그래서 반감이 생기는지 몰라도 요한은 다소 쏘듯 반문하였다.

"창조주가 갈애가 빚어낸 환상에 불과하다고요?"

이러한 저항에 부딪힌 선희는 더는 피해 가기 어렵다고 느꼈다. 종교에 대한 시각 차이로 미묘한 마찰이 생겨났었고, 그때마다 가까스로 넘어가곤 했었다. 하지만 이제는 존중이니 배려니 하는 명분 아래 숨바꼭질하듯 피하기보다 모든 것을 솔직하게 직시하는 게 필요할 듯싶었다. 그렇게 하는 게 서로에 대한 진정한 신뢰이고 존중이라는 생각이 들었다.

"예, 우리 존재의 불완전성으로 갈애를 갖게 되는데, 거기에는 관능에 대한 갈애, 영원한 존재에 대한 갈애, 죽고 싶다는 갈애 등이 있다고 합니다. 그중에서도 영원한 존재에 대한 갈애가 가장 강력하다고 말하는 것 같습니다. 이런 말이 어떻게 들릴지 조심스럽지만, 사견(邪見) 중에서 가장 해로운 것이 영혼이나 영속하는 자아가 있다고 하는 믿음이라고 하네요."

이렇게 말하며 선희는 눈을 감았다. 신을 믿는 사제를 앞에 앉혀두고, 그가 사견을 따르고 있다는 식의 발언을 한다는 게 너무 무례한 것 같아 차마 요한을 똑바로 바라볼 수 없었던 때문이다.

아니나 다를까, 무아를 주장하는 관점에서는 그렇게 말할 수 있다는 것을 문 신부는 이해하면서도 자기를 정면으로 거부하는 것 같아 불편해지는 마음을 억누를 수 없었다. 요한은 심호흡하며 마음을 진정시키고자 애썼다.

졸지에 외나무다리에서 만나듯 정면으로 대치하고 만 두 사람은 한동안 침묵하며 옴짝달싹하지 않았다. 그들은 서로 상대를 존중하고 호감을 느껴도 정신세계의 주축인 종교가 다르기 때문인지 그렇게 대척점에 서고 말았다. 어디 피할 데도 없이 그렇게 마주치게 된 두 사람은 모두 당황하였다. 어쩔 수 없이 진검승부를 가려야 하는 순간에 다다르고 만 것이다.

이윽고 요한이 먼저 입을 열었다.

"종교의 가치는 구원에 있는 것 아닙니까? 어느 종교에서 더 많은 사람을 구원했다고 보시는지요?"

요한 역시 피해갈 수 없다고 느끼는지 적나라하면서도 과감하게 자신의 견해를 펼치는 것이었다. 선희 또한 이렇게 된 것을 시원하게 여기며 가감 없이 자신이 생각하는 바를 말했다.

"구원을 많이 하느냐 아니냐가 관건이 아니라, 어떤 것이 참이냐 아니냐가 더 중요하지 않을까요?"

이미 두 사람은 상담자와 내담자의 관계를 떠나 자신의 정체성이나 세계관의 문제로 한 치도 물러설 수 없는 위치에 서 있었다. 미루고 미루어오던 한판 대결이 벌어진 셈이다.

"누구에게 중요하다는 말입니까?"

요한이 이렇게 누구에게 중요하냐고 맞받아치자, 선희가 대꾸하였다.

"중요하다는 말이 주관적이라면 철회하겠습니다. 아무튼 제게는 일시적인 위안이 아니라 얼마나 최종적이고 철저한 것이냐, 즉 어떤 게 참된 것이냐가 중요하단 말입니다."

"신의 존재를 방편상 설정한 존재로 여기신다는 말씀이군요."

선희의 말을 이렇게 야멸차게 치받는 요한, 그러한 모습을 마주하며 선희는 어차피 겨누게 된 마당에 아무런 미진함도 남지 않도록 가열하게 대꾸하였다.

"예, 그렇습니다. 그 전지전능한 신은 대체 어디에서 왔습니까? 우리의 불안과 공포가 그러한 신을 필요로 하였고, 그래서 만들어낸 게 아니냐는 말입니다. 우리가 만들어놓고 우리가 그 앞에서 고개를 숙이는 격이지요. 상황이 다급할 때는 그러한 신에게 의지하는 것 자체가 위안으로 작용하겠지만, 정신을 차린 후에는 그러한 신의 존재에 대해 회의하지 않을 수 있을까요? 제게는 그런 가변적인 존재를 통해 얻는 일시적인 안정이 아니라 철저하고 최종적인 게 필요했습니다."

이렇게 자기에게는 철저하고 최종적인 게 필요했다고 말하는 순간 그만 선희는 울컥 울음을 터트리고 말았다. 참을 겨를도 없이 두 눈에서 눈물이 주르륵 흘렀다.

선희의 이러한 모습을 마주하던 요한은 순간적으로 멍했다. 부드럽고 친절한 듯하면서도 조금이라도 틈만 보이면 여지없이 파고들던 그 매몰찼던 상담자가 작은 참새처럼 바들대고 있다는 게 생소했다. 그 야무져 보이던 여자가 그동안 얼마나 힘겨웠으면 그렇게 철저하고 최종적인 것을 희구했는가 하여 뭉클했다. 그러면서 그녀 역시 자신의 몫인 삶을 살아내느라 얼마나 고생했겠는가 하여 동질감이 느껴지는 것이었다.

그리하여 가만히 선희를 바라보고 있는데, 그 순간 두 사람을 구분 짓던 경계가 무너지면서 하나가 되는 듯했다. 거기에는 상담자나 내담자도 없었고, 그리스도교나 불교도 없었으며, 단지 삶이라는 멍에를 짊어지고 힘겨워하는 개체들만 있었다. 모두가 똑같이 안쓰러운 존재였고, 그들을 실은 무시무종인 시간만이 표표히 흐르고 있었다.

선희는 얼마 후 눈물을 수습하면서 요한을 의식하였다. 물끄러미 선희를 바라다보는 요한의 모습이 오히려 더 처연해 보여 선희가 먼저 입을 열었다.

"제가 그만 감정적인 모습을 보였네요. 죄송합니다."

"…"

선희가 그렇게 사과성 발언을 하여도 요한은 '왜 나는 주님의 품 안에 있다고 느낄 때 가장 편안할까?' 하고 중얼거렸다. 그러한 혼잣 말을 잘 듣지 못한 선희가 말했다.

"무슨 말씀인지 제가 잘 못 들었습니다."

"불교에서 그리스도를 어떻게 여기든 저는 주님을 믿고 의지할 때 가장 안심이 됩니다."

"그렇다면 반갑습니다. 사실, 상담자로서 제가 가장 역점 두는 것은 삶이 펼쳐지는 현실에서 얼마나 안정을 이루느냐 하는 점입니다. 지금 여기(here & now)에서 실제 이루어지는 삶을 가장 중시하는 현실주의자라는 말입니다. 그래서 문 신부님이 자신의 종교에 충실함으로써 마음의 평화를 얻으신다면 그것으로 충분하지 않을까요?"

이렇게 선희가 어떤 종교를 따르든 본인이 그것을 통해 안심할 수 있다면 그것이 최고이지 않으냐고 말하자, 요한은 골똘했던 생각에서 빠져나와 고개를 끄덕이다가 질문했다.

"우매한 질문이겠지만 왜 저는 구원자이신 예수님을 따를 때 더 편 안해지고, 선생님은 선각자인 붓다를 따르는 것에 더 기울어지는 것일까요?"

이러한 질문을 받은 선희는 뻥하니 할 말을 잊었다. 요한이 좀 전에 칼날을 들이대듯 하던 때와는 달리 어린아이처럼 물었기 때문이다. 사제라는 허울도 다 벗어던지고 그렇게 묻는 게 순진무구한 어린애 같아 그만 선희는 풋 하고 웃고 말았다. 그러자 요한도 자신이 어린 애같이 굴었다고 여겼는지 소리 내어 웃었다. 그렇게 하여 웃기 시작한 그들은 참을 수 없다는 듯이 웃음을 터트리는 서로의 모습을 보고 또 얼마나 웃어젖혔는지 모른다. 영락없는 소년 소녀의 모습이었다.

선희와 요한은 새로운 국면으로 진입해 격의 없이 말했다. 신부인 요한이나 상담자인 선희가 아니고, 그렇다고 남자나 여자도 아니고, 그냥 똑같은 사람으로 그렇게 말을 나누었다.

"사람마다 기호가 다르듯이 종교에 대한 기호도 다른 것 같아요. 소통할 수 있는 가시화된 형상이기를 바라는 사람이 있는가 하면, 그러한 대상을 인위적이라 여겨 슬쩍 밀어내는 사람도 있는 것 같아요. 신부님이 전자에 저는 후자에 해당하는 게 아닐까요?"

"어떤 것을 선호하느냐는 각자의 기질이나 기호가 결정한다는 말씀이군요."

"예, 그렇습니다. 인격화된 형상에게 든든함을 느끼는 사람은 아무래도 그리스도를 더 따르게 되지 않을까요? 하지만 신을 일종의 방편으로 여기는 사람은 그렇게 할 수 없고요. 그러니까 안심을 얻는 면에서도 차이를 보일 수밖에 없으리라 봅니다. 믿음으로 자기를 비워나가는 방법이 있는가 하면, 자신의 마음을 청정하게 제어하는 방법이 있기도 하고요."

그러자 요한은 고개를 끄덕이면서도 스스럼없이 자신의 견해를 밝히는 것이었다.

"그래도 그리스도께서 우리 죄인들을 불쌍히 여겨 나타나셨고, 그것이 한 수 위라고 믿는 마음이 제게 있답니다."

이렇게 자신의 솔직한 생각을 드러내는 요한, 적어도 그 순간 그는 개의치 않고 자신을 드러냈다. 이러한 모습에 선희는 뭉클하리만치 기뻤다. 그가 상담자 앞에서 온전히 그 자신이 될 수 있기를 얼마나 고대했던가. 이렇게 그가 자기 자신에게 충실하면서 자유로워지는 듯하니까 선희도 덩달아 자유롭게 말하였다.

"그동안 '믿는 자는 복되도다.' 라고 무수히 들어오지 않았습니까? 아주 어려서부터 그런 것에 세뇌되었고, 또 자신의 것이 더 낫기를 바라는 아집(我執) 때문이지 않을까요?"

"하하하, 세뇌된 교육의 효과와 내 것이 낫다는 아집으로 인해 제가 그리스도교를 더 우월한 것으로 본다는 말씀이군요."

"예, 제게는 그렇게 비칩니다. 절대자를 조건 없이 믿는 게 가능한 사람은 그리스도교를 따르며 구원을 받고, 그렇지 못한 사람은 어렵더라도 직접 수행함으로써 자신을 해방하는 수밖에 없다고 저는 봅니다."

"… 그렇겠지요?"

"사실, 기독교가 접근하기 쉬워 보일지라도 수시로 올라오는 신의 존재에 대한 회의로 더 따르기 힘든 종교가 아닐까 합니다. 반면에 불교는 스스로 자신을 제어해가는 과정이 어렵긴 한데 체계적인 수행법이 있어 잘 따르기만 하면 회의 같은 것은 없을 듯합니다."

"선생님께서는 이해가 되어야 따르는 이성적인 사람이지요?"

"그렇게 비칩니까? 성령의 은총은 자신의 의지와는 관계없이 선물처럼 주어지는 것이라는 점에서 막막했었어요. 반면에 불교에서는 사념처(四念處: 몸, 느낌, 마음, 현상)에 관한 수관(隨觀), 즉 나를 구성하는 네 가지의 변화과정을 지켜보라는 정형화된 수행 방법이 있으니까 성실히 따르기만 하면 될 것 같더라고요."

"무슨 말인지 알겠고, 한 가지만 더 묻고 싶습니다. 어떤 유형은 사람을 강조하는 인격적인 신에 안도하고 어떤 사람은 자유를 추구하며 그런 신에 더 갑갑함을 느끼는데, 그 차이는 무엇 때문이라고 보십니까?"

요한의 이런 질문은 좀 전에 자기는 왜 구원자이신 예수님을 따를 때 더 편안해지고, 선희는 선각자인 붓다를 따르는 것을 더 좋아하는 거냐고 물었던 질문과 다를 바 없었다. 그래도 다시 묻는 것은 아직 이해되지 않고 있다는 증거로 보고, 선희는 가능한 한 피해왔던 전생이니 윤회니 하는 단어를 입에 올리고 말았다.

"글쎄요. 자신의 업(業)에 따른 차이가 아닐까 합니다. 현생의 경험만으로는 설명할 수 없는 차이들이 너무 많은 까닭에 전생을 상정하지 않을 수 없었어요. 다양한 차이를 보면서 저는 에너지의 전환으로 삶이 반복한다는 윤회를 인정할 수밖에 없었습니다. 그러는 과정에서 축적된 경험에 따라 기질이나 성향이 조금씩 다르게 형성되는 것 아닐까요?"

아니나 다를까, 요한이 튀듯 반발하였다.

"전생이라는 것은 기독교인으로서 받아들일 수 없는 개념입니다."

요한이 이렇게 단호하게 말하자, 선희는 자칫하다가는 힌두교의 흔히 거론하는 윤회로 말이 흐를까 봐 조심하였다. 윤회라는 같은 어휘를 쓸지라도 불교에서는 진아를 상정하는 의미의 윤회가 아니라 도미노 현상과 같은 식의 개념이라는데, 선희도 선명하게 알진 못하였다.

"저도 업을 짓고 과를 받는 실체가 있다는 식의 윤회를 의미하는 게 아니라, 원인과 결과로 이어지는 전환의 개념으로 이해하고 있습니다. 정신분석에서 각 개인의 증상이나 성격 형성을 경험치의 결과로 설명하는데, 이것을 좀 더 확장해 현생에서의 경험만이 아니라 그 이전의 경험으로까지 확대해 이해하고 있습니다."

"제가 궁금한 것은 왜 저 같은 사람은 우러러볼 대상을 필요로 하느냐 말입니다."

"그거야 결핍된 어머니와의 애착 관계 때문이지 않을까요?"

"제가 어머니에 대한 관계를 넘어서지 못해 그 연장에서 맴돌고 있다는 말입니까?"

"예, 한 가지 이유로 설명하는 데에는 무리가 있습니다만, 충족되지 않은 헛헛함이 문 신부님의 기층을 이루고 있었다는 거지요."

"아! …."

이렇게 신음하던 요한은 순식간에 눈시울을 붉혔다. 자신의 전 생애가 어머니에 대한 양가감정으로 점철되어 있었음을 인식하면서 새삼스레 원통하고 슬프고 기가 차는 것이었다. 눈시울을 적시던 요한이 마치 두 번 다시 맞이할 수 없는 기회인 양 더 묻는 것이었다.

"그런데 왜 저는 여자에게보다 남자에게 더 끌리는 것일까요? 타고나기를 그런 것인지 아니면 후천적으로 뭐가 잘못된 것인지…."

이런 끈질긴 질문에는 그의 아픔이 농축되어있는 듯했다. 이렇게 자신의 동성애적 성향을 객관화하려는 태도를 보고 선희는 전율하며 진지하게 말해주었다.

"호르몬의 비율 또는 환경의 영향 때문이라는 식의 의견이 분분합니다. 어쨌든 신부님은 어려서부터 어머니에 대한 양가감정을 지녔던 데다가 여자를 터부시하는 교육으로 여자를 무시했지요. 그러니 기대고 싶은 헛헛함은 마침 가까이 있던 베드로 형에게 온통 쏠렸던 거고요. 고지식했던 만큼 일편단심이었지요."

"…"

요한은 선희가 정리해주는 말을 들으며 주르륵 눈물을 흘렸다. 온 천지를 헤집고 다녀도 채워지지 않던 헛헛함의 실체가 그것이었구나 하고 일목요연해지면서 요한은 "주여, 이 죄인을 불쌍히 여기소서!" 하는 읊조림과 함께 꺼이꺼이 소리 내어 울었다.

40. 상담 종결 후 온몸에 번지는 평화

상담을 마치고 돌아서는데 뭔지 모를 홀가분함이 전신을 타고 흘렀다. 무슨 이야기를 나누었는지에 대한 기억은 없고, 기진맥진하면서도 뭔가 모르게 후련하였다. 성큼성큼 발걸음을 내디디는데 누가 뒤에서 "문 신부님!"하고 소리쳤다.

익숙한 목소리로 뒤돌아보니 사무국장을 역임했던 그 깐족거리듯 말하는 후배였다. 그냥 뒤따라오지 않고 큰소리로 자기를 불러세우는 그를 보며 요한은 머뭇머뭇했다. 한때 얼마나 불편하게 여겼던 친구인가. 멱살을 잡지는 못하고 그 대신 머그잔을 TV 브라운관에 내던지는 난동을 부려 심리상담을 시작하였으니….

언제 그런 일이 있었느냐는 듯이 웃음을 머금고 가까이 다가서는 그를 바라보며 요한은 모든 게 돌고 돈다고 생각하였다. 껄끄러웠던 시간을 뒤로하고 만면에 웃음지으며 길에서 자기를 그렇게 불러대니 말이다.

"얼마 전에 돌아오셨다는 이야기를 들었습니다. 그동안 건강하게 지내셨지요?"

"응, 자네는 어떻게 지냈는가?"

"저는 다시 파푸아뉴기니로 나갔다가 얼마 전에 휴가를 받아 잠시 돌아왔습니다. 며칠 후 다시 그곳으로 떠날 예정이고요."

"오지에서 고생이 많겠구먼."

"어디든 어렵기는 마찬가지겠지요. 중국에서 문 신부님 밑에 있었던 제 동기 율리아노도 그곳이 너무 힘들다고 툴툴거리더니 결국 이동하였어요. 지금은 대만으로 내려가 대학원에서 공부를 한다고 합니다."

이런 이야기를 들으며 요한은 중국에 있으면서 제대로 해놓은 게 없다고 선배인 자기를 치받았던 율리아노를 떠올렸다. 그 친구가 보고하는 바람에 자기는 중국에서 강제송환당하듯 도중하차하였다. 그 친구도 그곳에서 버티지를 못하고 대만으로 갔다는 사실에 요한은 피식 웃었다. 자격지심에 그랬겠지만, 사무국장이 율리아노의 동창이라고 하여 그를 얼마나 불편하게 여겼던가. 난동을 부릴 당시 아무도 다치질 않아 다행이지 하마터면 큰일 날 뻔하지 않았는가. 그뿐이 아니었다. 거실에 그와 둘이 있는 것을 견딜 수 없어 나갔다가 밤늦게 술에 취해 돌아와 대문 앞에서 얼마나 떨었던가, 그날 밤 나가지 않았다면 황유스티노에게 치욕스러운 수모도 겪지 않았을 것이다.

한 치 앞도 모르고 사는 게 우리의 모습이지 싶다. 얄밉기만 하던 전 사무국장은 50주년 기념행사에서 누구보다 자기를 지원했다. 오히려 동기인 나 신부가 쓸데없는 데 돈을 많이 쓴다며 자기를 혹독하게 비난했었다. 새삼 어제의 동지가 오늘의 적이 되고, 또 오늘의 적이 내일에는 동지가 되는 것 같았다. 수도회에 도착하자 요한이 큰 소리로 말했다.

"자네가 파푸아뉴기니로 떠날 때 맥주파티를 근사하게 열어볼까? 그 참에 나도 술 좀 마셔야겠어."

"아, 그래요? 근사한 파티를 열어주시리라 기대해도 됩니까?"

"물론이지, 그게 내 주특기인데 어디 가겠나? 하하하."

"문 신부님이 열어주시는 파티라면 기대해볼 만합니다. 감사합니다."

숙소로 돌아온 요한은 앞으로 상담을 어떻게 할 것인지 생각했다. 상경해 서둘러 선희에게 연락을 했던 데에는 이런저런 이유가 있겠지만, 말이 통하는 사람과 이런저런 속내를 나누고 싶은 마음 때문이었다. 특히 상담자가 여자라는 사실이 전혀 부담되는 게 아니라 오히려 섬세하여 더 자기에게 맞는 게 아닌가 하였다.

특히 지난번 상담에서 바닥을 샅샅이 다 훑듯 그렇게 누군가와 맞섰다는 게 신기했다. 맨정신으로 그렇게 자신을 낱낱이 드러내고서도 아무런 앙금이 남지 않고 도리어 후련한 것은 새로운 경험이었다.

일과처럼 되어버린 베드로 신부와 산책을 하는 동안 요한은 상담에 관한 이야기를 꺼냈다. 처음에는 일 년에 걸쳐 50회기 정도 상담을 받겠다고 했었는데, 지금까지 절반 정도의 상담을 받았다고 하였다. 그러면서 상황이 바뀐 지금 어떻게 하는 게 좋을지 모르겠다고 하였다.

이런 말에 베드로 신부는 잠시 생각하다 요한에게 물었다.

"그래, 최소한 그 정도는 상담을 받으라고 주문했었지. 자네가 도무지 상담을 받지 않으려고 해서 순명하라고 밀어붙였던 기억이 나네."

"그랬습니다. 그런데다가 상담자가 여자라고 제가 툴툴거렸었지요. 하하하."

"맞아! 자네가 여자를 좀 우습게 보는 경향을 보였지. 지금도 여자에 대해 그런 마음인가?"

"이제는 그런 거 없습니다. 오히려 상담자가 여자이기 때문에 여자에 대한 복잡한 감정이 더 적나라하게 드러날 수 있었던 것 같습니다."

"그렇다면 다행한 일이지. 그건 그렇고, 상담을 받았던 게 자네에게 어떻게 도움이 되었다고 보는가?"

"엎치락뒤치락 우여곡절을 겪었습니다. 강한 어머니를 거역할 수 없었던 아픔 때문인지 상담자에게 저항하면서도 잘 보이려 애썼던 이중적인 태도가 제게 많았습니다. 그래서 처음에는 자신에 대해 가리려고 애썼는데, 상담자가 어찌나 야멸차게 파고 들어오는지 열 받아 죽는 줄 알았다니까요. 하하하. 그리하여 바닥을 훑듯이 온갖 성질을 다 부리며 난리를 피웠지요. 아마 상담자가 제 꼬라지를 받아내느라 좀 힘들었을 겁니다."

"그렇다면 상담을 아주 잘 받았다는 말이 되겠구먼. 어디선가 읽었는데, 상담자가 힘이 있어야 내담자가 마음 놓고 자신의 적개심을 드러내게 되고, 그래야 빨리 치료가 된다고 하더라고. 상담자가 여자라 내심 자네의 성질을 다 받아낼 수 있을까 하고 우려했는데, 그렇지 않았다면 다행이네. ”

“아, 그런 말이 있습니까? 제게는 결코 만만한 상담자가 아니었습니다.”

“그래 상담을 받고 어떤 점이 좋아졌다고 생각하는가?”

“꼭 집어 한마디로 표현하기는 어렵고, 자신이 위치한 지금 여기가 전부라고 여기며 그냥 하루하루를 사는 것 같습니다.”

요한이 이렇게 말하자, 베드로 신부는 걷던 걸음을 멈추고 요한을 힐긋 쳐다보았다. 요한이 무엇을 말하는지 알 것 같았지만 혹시나 하여 물었다.

“그냥 하루하루를 사는 게 편안한가?”

“울근불근할 거 없이 주어지는 대로 자족하고자 합니다. 제가 좀 안달하는 편인데, 그것도 바라는 마음 때문이지 않을까 해서요.”

“많이 변했어. 그런데 살아있으면서 바라는 마음을 내지 않을 수 있을까?”

“물론 죽을 때까지 욕심과 씨름하겠지만, 덧없다고 자꾸 자신에게 되뇌면 좀 낫지 않을까 합니다.”

“마음을 비우며 살겠다는 말이구먼!”

“하하하, 말은 쉬운데 이놈의 마음이 천방지축으로 늘 들쭉날쭉한 것 같습니다. 언제 또 돌변할지 도무지 믿을 수 없으니까요.”

이러한 말을 들으며 베드로 신부는 흡족한 듯이 말했다.

“상담에 대한 경비는 책정된 것이니까, 자네가 원하는 대로 하게. 상담을 더 받고 싶으면 받고, 이 정도에서 그만하고 싶으면 종결하도록 하게나."

"예, 알겠습니다. 아무튼 그런 기회를 통해 자신에 대해 쭉 살펴보도록 해주신 점에 대해 감사드립니다. 저에게는 좋은 선물이었습니다."

베드로 신부와 상담에 관한 이야기를 나누고 나서 요한은 상담을 더 이어갈지 아니면 종결할지를 놓고 망설였다. 그러다 상담자인 선희와 상의해 결정하기로 하고 미루었다.

선희를 다시 만났을 때 요한은 물었다.

"제가 상담을 얼마나 더 받는 게 좋을까요?"

"글쎄요. 문 신부님은 어떻게 하고 싶으세요?"

"베드로 신부님은 책정된 비용이 남아있으니까, 원하는 대로 하라고 말씀하셨습니다."

"그렇다면 몇 가지 확인을 해보고 결정하도록 하시지요"

이렇게 하여 선희는 요한에 대해 돌이켜 보았다. 2년이나 상담을 쉬었다가 재개하는 것으로 그사이 많은 것이 변했다. 그러므로 처음 세웠던 목표는 이미 지나간 것에 불과했다.

"문 신부님께서 지금 어떤 심정으로 지내시는지 궁금합니다."

선희가 이렇게 묻자, 요한은 그러한 질문이 나올 줄 알았다는 듯이 천천히 고개를 끄덕이며 대답했다.

"제가 상담을 중단하고 떠났던 이유가 명희로 인한 것이었는데, 제가 있던 움막에 명희가 한 번 찾아왔습니다. 대범하다 할 정도로 솔직하게 수도회로 돌아갈 거냐고 물었습니다. 그래서 그럴 것 같다고 하자, 명희도 담담하게 받아들이는 것 같았습니다. 그렇게 확인을 하고 돌아가는 명희가 이번에는 부담스럽다기보다 가엾은 여동생 같았어요."

"딱한 마음이셨군요."

"예, 외롭게 자라서 저 같은 사람에게 마음을 빼앗겼다가 팔자가 박복해 홀로 살아가고 있으니 명희나 저나 다 똑같은 처지가 아닌가 하고 생각했습니다."

"그렇게 명희 씨를 수용하게 되었다는 사실이 반갑습니다."

이렇게 명희에 관한 이야기를 마치고 나서 선희는 다시 베드로 신부에 관해 다시 물었다. 처음에는 미처 생각하지 못했는데 요한에게 가장 중요한 인물은 베드로 신부였었다는 점을 뒤늦게 알았던 때문이다.

"베드로 신부님에 대해서는 어떤 마음이십니까?"

이렇게 묻자, 요한은 호방하게 웃음을 터트렸다.

"하하하, 여전히 빈틈없으십니다. 그냥 넘어가는 게 없으니 말입니다."

"아, 이번에도 제가 너무 들이대듯 여쭈었나요?"

"아닙니다. 그동안 상담하면서 자신의 과업에 철두철미한 선생님에게 화를 냈던 게 생각나서 드리는 말씀입니다. 하지만 그런 점 덕분에 제가 자신을 낱낱이 다 드러낼 수 있었던 것 같습니다. 가끔 심술을 부리기도 했었는데 그게 다 찔려서 그랬던 것이지 싶습니다."

"예, 제 딴에는 샛길로 새지 않게 하거나 아니면 괜한 방어가 펼쳐지지 않게 하려고 그랬던 것인데, 그런 것이 종종 사람을 질리게 만들지요?"

"아마 제가 가리고 싶은 것이 많아 그랬을 겁니다. 아무튼 요즈음 베드로 신부님을 보면서 삶이 무상하다는 것을 절로 느낍니다. 늘 크게 여겼던 인물이 수술 후 쓰러져있으니까 산다는 게 일장춘몽이라는 것을 절감하겠더라고요."

"아, 그런 것을 절감하셨군요."

"그래서 그런지 전처럼 그분에게 쏠리기보다 중심을 잡고 버티어 주었던 그분에게 감사할 따름입니다. 이런 말이 어떻게 들릴지 모르겠는데, 이제는 그분이 제게 걷자고 보채는 바람에 그분과 함께 산책하는 게 제 업무가 되었지 뭡니까? 하하하."

"한 차례 큰 고비를 넘기면서 많은 안정을 이루셨군요."

"안정을 이루었다면 선생님의 덕분이지 싶습니다. 저처럼 곡절 많은 사람이 삐죽대는 것을 견디시느라 선생님께서 고생을 많이 하셨으니까요."

"때때로 득달같이 덤벼드는 저를 감내하시느라 신부님께서도 고생을 많이 하셨습니다."

이렇게 서로의 노고를 읽어주며 두 사람은 환하게 웃었다. 모처럼만에 맞이하는 안락함이 두 사람을 부드럽게 감싸았다.

선희는 상담의 종결을 염두에 두며 마지막으로 총정리를 하고자 하였다.

"돌이켜 보니, 신부님께서 무엇 때문에 그렇게 허물어지셨던 것 같으세요?"

"캄보디아에서 도망치듯 돌아와 붕 떠 지내다가 베드로 신부가 기대만큼 저를 봐주지 않는다고 삐쳐 서둘러 중국으로 가서는 고생을 많이 했지요. 그러던 중 어머니가 돌아가시면서 그만 중심을 잃고 말앉었었지요."

"어떤 점에 그렇게 삐치셨던 거예요?"

선희가 이렇게 묻자, 요한이 씁쓸하게 웃으며 대꾸하였다.

"다 지난 일이긴 한데, 제가 캄보디아에서 돌아왔을 때 마침 파푸아뉴기니에서 베드로 신부가 초대 관구장 선거를 앞두고 귀국했지요. 제가 너무 가깝게 다가섰기 때문인지 그분은 거리를 두며 경계하고자 했고, 그런 점에 서운했던 저는 북한산을 오르다가 이상섭을 알게 되었던 것입니다. 그런데 그가 저에게 집착하려 해 훌쩍 떠난다는 게 중국이었어요."

역시 그를 끈질기게 따라붙었던 이슈는 동성애적 경향이었다. 선희가 알겠다는 듯이 고개를 끄덕이자, 요한이 스스로 그 뒷이야기를 덧붙였다.

"중국에 있을 때 어머니가 돌아가셔서 잠시 귀국했는데, 어머니가 아버지 무덤 앞에서 돌아가셨고 동네 사람들이 끌고 내려왔다는 사실에 무척 창피했습니다. 지금은 그것도 낭만일 수 있다고 여기지만 한동안 형제들에게 화를 내며 소식도 끊어버렸었지요."

"어머니가 돌아가셨을 때 사제복을 벗어버리고 싶다는 생각도 하셨던가요? 사제품을 받을 때 '이 늙은이가 죽으면 당장 로만칼라를 떼어버리겠다.'고 읊조리기도 했는데 말입니다."

"하하하, 어머니가 90대 중반에야 돌아가셨기 때문에 이미 저로서도 그렇게 할 수 있는 처지도 아니었어요. 더구나 형제들이 그나마 남은 토지를 처분하면서 자기들끼리 나누고 말았으니까요. 그래서 지금까지 연락을 두절하고 지냈는데, 돌이켜 보면 인간들이 원래 다 그런 욕망의 존재인데 뭘 그리 울근불근했나 싶습니다. 다 제 용렬스러움 때문이겠지요."

"사제라도 본가가 탄탄하면 어깨가 펴지는데 말입니다. 형제들이
뭘 몰라도 한참 모르는데 제가 가서 혼내줄까요?"

"하하하, 부디 혼쭐 좀 내주세요. 인생을 그렇게 얍삽하게 살지 말
라고 꼭 말해주세요."

"예, 분부대로 하겠습니다."

이런 식의 대화에서 웃음 지으며 선희는 어머니의 죽음이 요한의
방황에 결정적인 자극이 되었으리라는 초반에 세웠던 가설을 내려놓
았다. 어머니의 죽음이 결정적인 계기가 되었다기보다 위태로웠던
상태에 돌멩이를 하나 더 얹는 역할 정도를 한 것으로 정리했다.

"한마디로 사제로서의 정체감을 확고히 다지지 못했던 게 문제였
지 싶습니다. 어머니에 의해 신부가 되었어도 그게 바로 제 길이 아
니었나 합니다. 다른 형태의 삶을 꿈꿔본 적도 없었으므로 툴툴거릴
것도 없었지요."

"자신을 수용하신다는 말씀이군요."

"그동안 누린 것도 많은데 이제는 그 값을 해야 하지 않을까 합니
다."

상담을 종결하고 수도회에 돌아온 요한은 뭔가 벅차오르는 심정을
누를 길 없어 성당으로 향했다. 그동안 도무지 받아들일 수 없었던
육화(incarnation), 즉 하느님께서 인간인 예수 그리스도로 태어나
우리의 죄를 대신하여 돌아가신 덕분에 우리가 이렇게 은총 속에서
살아갈 수 있다는 게 뭉클하게 와 닿았다. 그리하여 요한은 절로 주
님께 무릎을 꿇고 깍지 낀 두 손에 이마를 대고 기도드렸다. 이루 말

할 수 없는 평화가 온 마음에 번지는 것이었다.

　선희 역시 요한을 마지막으로 떠나 보내면서 눈물이 핑 돌면서도 후련해지는 것이었다. 현실에서 뒤뚱거리는 내담자를 맞이하여 그가 제자리로 돌아와 안착할 수 있도록 도왔다는 데에서 오는 뿌듯함이 전신을 타고 올라왔다. 특히 정신적 기틀이 될 수 있는 종교를 서로 달리하면서도 그가 자신의 신앙을 더욱 견고히 하고, 자기 역시 불교의 가르침에 더 다가감으로써 성장을 꾀하게 되었으니 그야말로 상생의 만남이라 감사하는 마음이었다.